錢基博集

韓愈志 韓愈文讀

HANYU ZHI HANYU WENDU

傅宏星／主編　傅宏星／校訂

華中師範大學出版社

国家出版基金项目
NATIONAL PUBLICATION FOUNDATION

新出圖證(鄂)字 10 號

圖書在版編目(CIP)數據

韓愈志　韓愈文讀/錢基博著;傅宏星校訂.
—武漢:華中師範大學出版社,2012.10
(錢基博集/傅宏星主編)
ISBN 978-7-5622-5646-5

Ⅰ.①韓…　Ⅱ.①錢…②傅…　Ⅲ.①韓愈(768～824)—人物研究　②韓愈(768～824)—古典文學研究　Ⅳ.①K825.6　②I206.2
中國版本圖書館 CIP 數據核字(2012)第 174751 號

韓愈志　韓愈文讀

錢基博著

傅宏星主編　傅宏星校訂

責任編輯:郭志剛　　責任校對:郭　瑋
封面設計:甘　英　　封面製作:胡　燦
出版發行:華中師範大學出版社
社址:湖北省武漢市珞喻路 152 號　　郵編:430079
電話:027—67863426(發行部)　027—67861321(郵購)
傳真:027—67863291
網址:http://www.ccnupress.com　　電子信箱:hscbs@public.wh.hb.cn
印刷:湖北恒泰印務有限公司　　督印:章光瓊
字數:316 千字　　印張:20　　插頁:4
開本:787mm×980mm　1/16
版次:2012 年 10 月第 1 版　　印次:2012 年 10 月第 1 次印刷
印數:1—2500　　定價:43.00 圓

歡迎上網查詢、購書

錢基博先生 1950 年摄於武漢

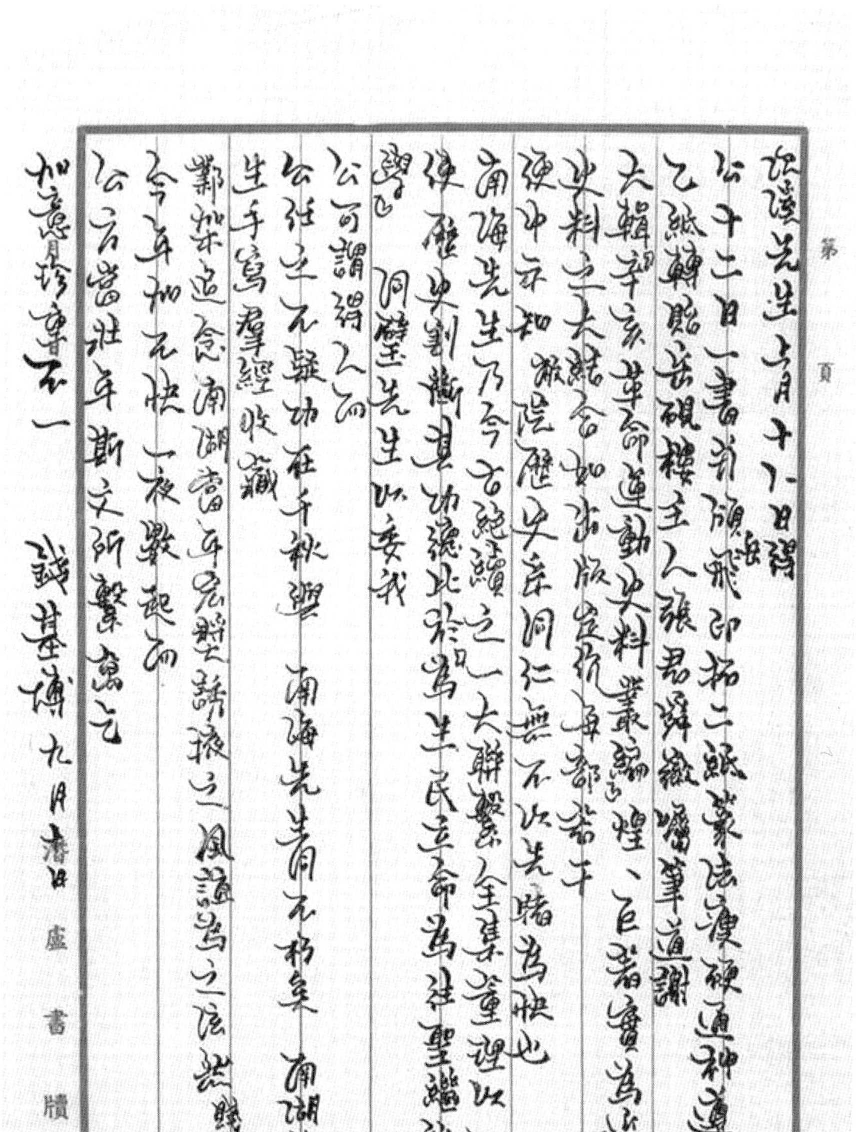
第　頁

紹儀先生：六月十八日得
公十二日一書，並頒飛印拓二紙，篆法瘦硬通神，遂以
一紙轉貽盋硯樓主人張君舜徽，囑筆道謝。
大輯辛亥革命運動史料叢編，煌煌巨著，實為近代
史料之大結合，如出版，定執牛耳。
漢中亦知　徽陞歷史系同仁無不以先睹為快也。
南海先生乃今古絕續之一大關鍵，全集董理以正
後歷史割斷其功，總此於為生民立命為往聖繼絕
學也。　同璧先生以委我
公，可謂得人，而
公任之不疑，功在千秋矣。　南海先生有不朽矣。　南湖先
生手寫群經收藏
鄭州，樂追念南湖當年宏獎誘掖之風誼，為之泫然。賤軀
今年加不快，一夜數起，而
公方當壯年，斯文所繫，為之
加意珍重。不一。　錢基博　九月廿八日

盧書牘

錢基博先生手蹟

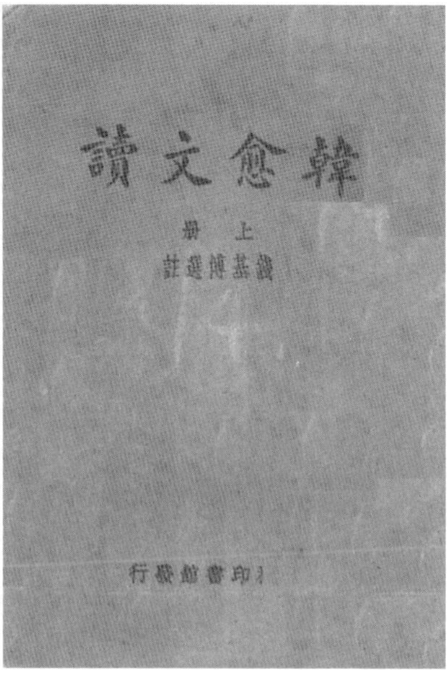

《韓愈文讀》書影

《語體文範》書影

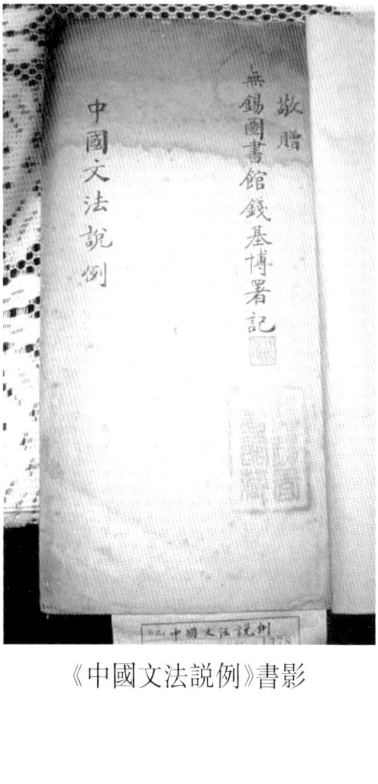

《中國文法說例》書影

《近百年湖南學風》書影

錢基博先生捐贈華中師範學院之文物藏品——戰國青銅劍

錢基博先生捐贈華中師範學院之文物藏品——陶郢爰冥幣與玉璜

出版説明

錢基博先生（一八八七——一九五七），字子泉，號潛廬、老泉，江蘇無錫人。現代著名學者、文史專家和教育家。他一生勤奮讀書，博涉古今中西，治學領域極其廣泛，曾自述："基博論學，務爲浩博無涯涘，詁經譚史，旁涉百家，抉摘利病，發其闔奥。自謂集部之學，海内罕對。子部鈎稽，亦多匡發。而爲文初年學《戰國策》，喜縱横不拘繩墨。既而讀曾文正書，乃澤之以揚馬，字矜句鍊；又久而以爲典重少姿致，叙事學陳壽，議論學蘇軾，務爲抑揚爽朗。所作論説、序跋、碑傳、書牘，頗爲世所誦稱；碑傳雜記，於三十年來民情國故，頗多徵見，足備異日監戒。論説書牘，明融事理，而益以典雅古遒之辭出之，跌宕昭彰。序跋則以生平讀書無一字滑過，故於學術文章得失利病，多抉心發奥之論。"誠爲先生終生治學生涯的實録。可是對於當今一般學人而言，恐怕衹會注意錢老先生"文在桐城陽湖之外，别闢一塗"和"集部之學，海内罕對"兩個方面，殊不知他在史學、經學、子學等方面亦造詣宏深，不僅著作數量多，而且門類齊全，幾乎無人能及。而錢先生生前，雖未能對自己的所有著作進行彙編出版，但從目前僅存的八册綫裝本《潛廬集》钞稿中，仍可以看出他對於出版文集是有所考慮和規劃的。據説，上世紀五十年代初，江蘇古籍出版社就擬議出版《錢基博全集》，可惜由於歷史的原因未能實現。一九六一年，先生之弟錢基厚亦曾爲之編訂《潛廬家藏遺文集》，可惜現在下落不明。最可歎者，"文化大革命"運動中，先生遺留的五百餘册、綿歷數十寒暑的《日記》，遭到查抄、批判，並被付之一炬。因此，二十多年前，吴忠匡、周振甫、石聲淮等前輩學人就曾呼籲社會和有關學術團體、出版單位趕緊整理出版錢先生遺著，使其人其學不至湮没無聞。

一九八六年，臨近"錢基博先生誕辰百周年"的紀念日子，華中師範大學在章開沅先生的支持下，由錢先生弟子彭祖年、石聲淮、吴忠匡等人牽頭，做了大量富有成效的工作，如一九八七年底，華中師範大學以學報特刊的形式，首次將部分遺著結集面世，爲我們瞭解錢基博提供了極大的方便。同時，湖南嶽麓書社又重新出版了錢先生的《現代中國文學史》、《近百年湖南學風》等著作。十年之後，我校曹毓英先生以此次整理工作爲基礎，精心策劃，於一九九七年十二月編輯出版了《錢基博學術論著選》，此書對推動國内錢基博研究的深入開展可謂功不可没。此後又是一個十年期，我們委托傅宏星先生陸續對錢基博遺著在全國各大圖書館的保藏情況進行了一番細緻的普查，一份相對完善詳備的著作編年目録也隨之形成了。

綜觀錢先生一生，出版各類學術專著二十六部，編撰各類教材十二部，雜著十二部，稿本、油印本等未公開發行的著作二十一部，約計七十一部，目前均分藏於全國各大圖書館、大学和民間私人手中；而他的大量學術論文、碑傳雜記、書信則散見於解放前出版的地方報紙、學術刊物、鄉賢著述、譜牒家乘和私人手中，無人問津，漸致散佚。雖然先生逝世至今，大陸方面，他的一些代表性著作多次再版，甚至影印出版，如《經學通志》、《版本通義》、《〈周易〉解題及其讀法》、《〈四書〉解題及其讀法》、《現代中國文學史》、《（增訂新戰史例）孫子章句訓義》、《近百年湖南學風》等。港臺方面，臺灣商務印書館等出版機構亦有多部錢著多次重印出版。但這些重版的著作還不到錢先生公開出版物總數的五分之一。

華中師範大學是中國真正具有百年以上歷史的少數知名大學之一。在其一百多年的發展過程中，有一批又一批篳路藍縷、披荆斬棘的先驅者，他們嘔心瀝血，殫精竭慮，爲華中師大的奠基與成長作出了無可磨滅的貢獻。

隨着我們對大學學脈與傳承精神的感悟日深，出版社已將把挖掘百年老校豐富的學術資源作爲未來工作的重心之一。整理出版一代國學大師錢基博先生的文集，華中師範大學出版社責無旁貸。可以這麽説，正是在幾代學者的共同關心和努力下，經過二十年的醖釀和籌劃，二〇〇六年六月，我們才正式將《錢基博集》列爲我社在“十一五”期間的重點出版選題，計劃分輯推出。同時，精心組織，合理安排，從資料蒐集、點校、專審和圖書設計四個方面加大資金和人員的投入，努力打造好此項精品工程。

華中師範大學出版社

二〇一〇年十二月

凡　例

一、《錢基博集》以公開出版著作爲基礎，增補了目前已發現的未公開發表的手稿本、油印本等，還包括大量散落在《新無錫》、《無錫新報》、《錫報》、《通海新報》、《南通報》、《力行日報》、《江蘇民報》、《武漢日報》等報紙，以及《婦女雜誌》、《小説月報》、《教育雜誌》、《新教育》、《東方雜誌》、《無錫縣教育年刊》、《約翰聲》、《甲寅週刊》、《國學叢刊》、《清華學報》、《清華週刊》、《光華大學半月刊》、《青鶴》、《國立師範學院季刊》、《國立師範學院旬刊》等雜誌上的散文、小説、方志、序跋、書牘、碑傳等佚文。當然還包括目前我們能夠見到的地方教育雜誌、譜牒家乘、鄉賢著述中的序跋文函、碑傳雜記等，亦予以收録。

二、關於底本的選擇和確定。專著方面，有修訂本、增訂本的，以修訂本、增訂本爲底本；如果没有修訂本、增訂本，則需要比較初版、再版，取其較優者爲底本。當然，港臺的重印本、盜印本也在此遴選範圍之内。散篇方面，某一篇文章可能會在多處發表，文字或不盡相同，則酌情取捨，若影響到對句意的理解，則用脚注説明，以利讀者判斷。部分油印本還有復本，則取其較優者爲底本。各卷所據底本，一般無標點或僅用舊式圓點者，均重新標點；底本未分段者，一般不予分段。

三、各册散篇在前，專著在後。卷内各篇（專著和散篇），一般均按成文（成書）時間先後編次。凡有年月可考而日無可考者，列於各月之末；凡有年可考而月、日無可考者，列於各年之末；年份不詳者，列入各卷之末。爲節省篇幅，避免重複，凡已經被收入專著中的篇目，又没有必要單獨歸類或按單篇發表時間分列的，則只收録一次。有改動處，酌加注釋。凡輯入《錢基博集》者，一般仍採用原有標題，個别的酌加改動。新收録的論著亦遵此例，但未經發表的書信短箋則由編者根據内容或收信人另加標題。

四、各册部分專著，注明出版机构名稱、版期。凡輯於報刊之散篇者，注明所據報刊雜誌之名稱、版期。所標時間一律採用西曆。

五、凡收入本文集的作品，均不做删改；作者的原用字、原譯名，習見的异體字、通假字，原則上保持原貌；標點符號用法，多依從作者習慣，未予改動。

六、《錢基博集》除署名主編之外，校訂者不一，亦同署名。各册由校訂者標點、校勘。底本原注用小字或（　）標明；錯别字、脱字、衍字等則用脚注予以説明；缺字用□標出。

目録

韓愈志

韓愈文讀

下編

附編

韓愈志 HANYUZHI

重版自序

余年四十三歲，寫《韓愈志》，迄今七十一，忽忽二十八年，覆勘一過，隨篇增訂。末篇《韓集籀讀録》第六，從前衹論韓文，題《韓文籀討集》；其實韓詩亦别出李、杜以開宗而自創格；遂别署題而與韓文併論之。從前論韓文，就韓論韓，而未能旁推交通，本之三代、兩漢以窮究韓文之原委；緟寫成篇，幸宿學同文有以正之！

一九五七年七月　基博記

叙　目

昌黎韓愈崛起中唐，世稱文宗，伯代所仰。然余讀蘇軾《潮州韓文公廟碑》，謂："東漢以來，道喪文敝，異端並起。歷唐貞觀、開元之盛，輔以房、杜、姚、宋而不能救。獨韓文公起布衣，談笑而麾之，天下靡然從公，復歸於正，蓋三百年於此矣！文起八代之衰，而道濟天下之溺。忠犯人主之怒，而勇奪三軍之帥。"方髫年肄誦及此，何嘗不愾慕愈爲人，低徊往復，偉其議論文章！既而齒差長，聞見稍廣。讀唐、宋人雜記，其中有涉愈者，微言諷刺，不少概見；而知言行之覈，相符實難；而愈之過不彰。又讀陳子昂、元結、獨孤及、蕭穎士、李華諸家文，上承齊、梁浮靡之習，始湔除繁濫，矯以疏樸。而《舊唐書·愈傳》亦言："大曆、貞元之間，文字多尚古學，效揚雄、董仲舒之述作；而獨孤及、梁肅最稱淵奥，儒林推重。愈從其徒游，鋭意鑽仰，欲自振於一代。"蓋獨孤諸公之於愈，如陳涉、項羽之啓漢高焉；而知文章之變，其漸有自。而愈之名獨盛，誠竊歎知人論世之難！孟子有言："誦其詩，讀其書，不知其人，可乎？是以論其世。"蓋慎之也。因就覩記所及，自《新舊唐書》旁逮唐、宋、元、明、清諸家文集及稗官野記之屬，其有片言隻字及於愈者，靡所不畢采，互勘本集以驗其信；旁涉詭聞以博其趣，成爲是志，凡六篇：曰《古文淵源篇》第一，《韓愈行實録》第二，《韓愈佚事狀》第三，《韓友四子傳》第四，《韓門弟子記》第五，而殿以《韓集籀讀録》第六。獨抒心裁，尤自得意。庶幾盡古文之流變，明韓氏之功罪。然韓氏不云乎："唯古於詞必己出，降而不能乃剽襲。"而吾是志，所自得意者，誠非己出之難，而鎔裁之難。會稽章實齋言："文士撰文，惟恐不自己出；史家之文，惟恐出之於己；其大本已不同矣。史體述而不造，史文而出於己，是爲言之無徵；無徵，且不信於後也。"此明文史之所以異。而吾志，則史之流也。嘗讀《太史公書》點竄《内外傳》、《戰國策》諸書，遂如己出。班氏襲用《史記》，微有增損，而截然爲兩家。斯如製藥冶金，隨其鎔範，形依手變，性與物從，神明變化，何嫌剽襲。涇縣包慎伯自詡所作《谷阿西傳》，採録其奏議三篇，以文筆蕪靡不及其意；而一加潤色，又恐與國史互異，致啓後人之疑；故止爲之删削移動；較量篇幅，十不存五；而未曾改易一字，醇茂痛快，頓可誦讀；既與原文殊觀，又不亂以己意。未嘗不有味乎其言。僕駑劣不文，無能爲役，而鎔裁成書，别出機杼，文詞儘非己出，神明依然故吾。昔賢可作，儻不以剽襲爲譏乎！

自宋有吕大防《文公集年譜》一卷，程俱《韓文公歷官紀》一卷，洪興祖《韓子年譜》五卷；金堂樊汝霖因之成《韓集譜注》四十五卷，又集其碑誌、祭文、序譜之屬爲一編，曰《韓文公志》五卷。莆田方崧卿增考洪興祖《譜》，且撰《舉正》以考其同異，凡十卷。諸家之書具在。獨佚樊汝霖《志》及《年譜注》。而留耕王氏伯大倅劍南時，取樊氏《志》及《年譜注》，與洪氏興祖《年譜》辨證參附正集本文之下，輒亦得窺崖略。斯以考韓愈之行實者備矣。而緟有待於吾之一志者，誠以諸家之於韓愈，如孔穎達之疏《五經》，義尚墨守，例不破注，遇有舛違，曲相彌縫；《春秋》爲賢者諱之義也。

而吾之志愈，美惡不掩，直道而行，其文則史；此所以别出諸家而自成一書。顧或者謂："神之與怪，尼父不語。而吾子載筆，乃云：東阿夢託，仲卿序其文；金甲降神，愈願從之討；弄玉不死，緟嫁於下賢；神君遷都，屬記有長吉；凡此之類，事出不經，儒者所羞道，而言之無怍，徒長巫風，無裨監戒。"是誠不然。竊謂鬼神德盛，著稱《中庸》；《明鬼》有篇，亦見《墨子》。一切心造，何幻不真。在我儘斥曰迷信，古人自徵其實有。儻必執我之所不悦，而武斷古人之所遇，擯絶之而不書，寧所以昭實録！所以《左氏春秋》，不廢神鬼；亦以典籍攸徵，未可以意廢削。《語》曰："與其過而廢之也，寧過而存之。"仍其舊録，按而不斷，其信其否，付之讀者；匪云神道設教之義，庶幾史家傳疑之旨。曰信其有，匪我思存也。或又謂："房喬《晉書》，侈陳瑣聞，比於小説，鄙俗所憙；君子譏之，謂未識大也。吾子旁摭稗官，好爲詭誕，寧曰文人之好奇，無乃詒譏於不賢歟?"則又不然。伊古人物，臧否何常：大節攸關，庸存矯飾。性情所繫，或驗細端。學書學劍，已覘項王之雄。負我負人，足徵阿瞞之悖。昔在"顧虎頭"圖寫特妙；而爲裴楷像頰上加三毛；觀者覺神明殊勝，迺曰："傳神寫照，正在阿堵中耳。"繪事如此，文亦有然。於戲！此稗官識小所以不廢，而君子觀人必於其微也！然而援引所及。必明據依。採摭攸存，不廢僞託。子厚《龍城》之録，劉斧《青瑣》之議，雖論者斥其駕名，而宋賢已見援據，亦徵傳説之有自，而采葑菲所不棄焉。

昔孔子論史記舊聞而次《春秋》，約其辭文，魯君子左丘明懼學者人人異端，各安其意，失其真；故因孔子史記，具著二百四十年本末，成《左氏春秋傳》。又稽其逸文，纂其别説，别爲《春秋外傳國語》，合爲二十一篇，其文以方《内傳》，或重出而小異。信聖人之羽翮；而述者之冠冕也。僕篹《韓愈志》既卒篇，緟采唐、宋、元、明、清人文集劄記之論文及於韓愈者，成《附録》；曰序之屬，跋之屬，考論之屬，書之屬，雜記之屬，别寫爲目，部居類次，以資參考。其中讐訂板本，參證行事，取與吾志之言相爲經緯，以拾遺補闕，明一家之學；如左氏《春秋》之有外傳焉。於戲！會稽章實齋氏不云乎："古人最重家學。叙列一家之書，凡有涉此一家之學者，無不窮源至委，竟其流别；所謂著作之標準，群言之折衷也。"余故備集睹記，不憚煩瑣，利鈍畢著，義藴究宣矣。

昔裴丞相《與皇甫湜書》，論唐中葉以前文家，而於韓愈獨致貶詞。又《寄李翱書》曰："文人之異，在氣格之高下，思致之淺深，不在其磔裂章句，隳廢聲韻也。昌黎韓愈，恃其捷足，往往奔放，不以文立制，而以文爲戲，可矣乎！"而愈之名作，莫如淮西一碑，然柳宗元駁之曰："韓十八《平淮西碑》云'左餐右粥'，何如我《平淮西雅》云'仰父俯子'。《韓碑》兼有冒子；使我爲之，便說用兵討叛矣。"又以碑文歸美裴相，時論不平。憲宗磨之以命段文昌。而與愈並世，文章有名者，則有裴相、段文昌、權德輿、元稹、劉禹錫之流，上承燕、許，力摹漢京，奇偶錯綜，而偶多於奇，單字複誼，雜廁相間，其勢不如愈雄。而好整以暇，別饒風致。故知愈在當日，未能俯視群流也。徒從日盛，遂稱宗師。而明之何大復，乃曰："古文之法亡於韓。"譽者不免溢量，訶者亦未爲允。平情而論，近推餘杭章炳麟氏。其言曰："北朝更喪亂久，文章哀息，浸已絀於江左，魏收、邢子才刻意尚文，以任、沈爲大師，終不近。會江左文體亦變。徐陵通聘，而王褒、庾信北陷，北人承其蜚色，其質素醜，外自文以妖冶，貌益不衷。陵夷至於唐世，常文蒙雜，而短書媟慢，中間亦數改化，稍稍復古以有韓、柳，自任雖夸，顧其意豈誠薄齊、梁耶！有所歆於徐、庾，而深悼北人之效法者，失其軼麗，而袛黨莽不就報章，欲因素功以爲絢乎？自知雖規陸機，摹傅亮，終已不能得其什一；故便旋以趨彼耳！"《與人論文書》則是韓愈善用北人之所長也。炳麟又曰："北方流勢本臃腫也，削而礱之，大分不出後漢。碑誄尤近。"《與人論文書》"退之石刻轉益瑰怒。而宋世效韓氏爲文章者，宋子京得其辭，歐陽永叔得其勢。"《天放樓文言序》則是韓愈不廢東京之造辭也。獨抒偉議，抉發利病，信足以破門户之拘墟，而闡韓文之閫奥。徒以造論有主，不爲韓發，採摭所及，遂從蓋闕。掇其緒論，以當拾遺云爾。一九二九年二月十四日無錫錢基博序記。

古文淵源篇第一

古文者，自韓愈厭棄魏晉六朝駢儷之文，而返之於《六經》兩漢，從而名焉者也。吴敏樹《與篠岑論文派書》曰：“文體壞而後古文興，唐之韓、柳承八代之衰，而挽之於古，始有此名。”東漢而還，文章日趨於縟綺；魏之三祖，武帝、文帝、明帝更尚文辭；忽君人之大道，好雕蟲之小藝；下之從上，有同影響，競騁文華，遂成風俗！江左齊、梁，其弊彌甚。貴賤賢愚，唯務吟咏；遂復遺理存異，尋虛逐微，競一韻之奇，爭一字之巧，《隋書·李諤傳·請革文華書》氣無奇類，文乏異采，《文心雕龍·麗辭篇》而跨略舊規，馳騖新作，《文心雕龍·風骨篇》綜而爲論，略有三體：一則啓心閑繹，託辭華曠，雖存巧綺，終致迂回，宜登公宴，本非准的；而疏慢闡緩，膏肓之病。典正可採，酷不入情，此體之源出謝靈運而成也。次則緝事比類，非對不發。博物可嘉，職成拘制。或全借古語，用申今情，崎嶇牽引，直爲偶説；唯覩事例，全失精彩。此則傅咸《五經》，應璩指事，雖不全似，可以類從。次則發唱驚挺，操調險急；雕藻淫豔，傾炫心魂，亦猶五色之有紅紫，八音之有鄭衛，斯鮑照之遺烈也。《南齊書·文學傳論》清辭巧製，止乎衽席之間；雕琢曼藻，思極閨闈之内。後生好事，遞相放習，朝野紛紛，號爲宫體。《隋書·經籍志》

“淫文破典，斐爾爲功，無被於管絃，非止乎禮義”；裴子野所爲極譏以發“雕蟲論”者也。有矯劉勰，飇起孤寒，嘗夜夢執丹漆之禮器，隨仲尼而南行，寤而喜曰：“大哉聖人之難見也，乃小子之垂夢歟！自生人以來，未有如夫子者也！敷讚聖旨，莫若注《經》；而馬、鄭諸儒，宏之已精；就有深解，未足立家。唯文章之用，實經典枝條，五禮資之以成，六典因之致用，君臣所以煥炳，軍國所以昭明。詳其本源，莫非經典；而去聖久遠，文體解散，辭人愛奇，言貴浮詭，飾羽尚畫，文繡鞶帨，離本彌甚，將遂訛濫。”《文心雕龍·序志》於是撰《文心雕龍》五十篇，論古今文體，而冠以《原道》、《徵①聖》、《宗②經》三篇。自謂：“本乎道，師乎聖，體乎經。《文心雕龍·序志》而聖文之雅麗，精理以爲文，秀氣而成采，固銜華而佩實者也。《文心雕龍·徵聖》《楚辭》者，體慢於三代，風雅於戰國，所貴酌奇而不失其真，翫華而不墜其實也。《文心雕龍·辨騷》詩者持也，持人情性。《三百》之蔽，義歸無邪。《文心雕龍·明詩》至於魏之三祖，氣爽才麗，宰割辭調，音靡節平。觀其《北上衆引》、《秋風列》篇，或述酣宴，或傷羈戍，志不出於淫蕩，辭不離於哀思，雖三調之正聲，實《韶》、《夏》之鄭曲也！《文心雕龍·樂府》至於賦者鋪也，鋪采摛文，體物寫志也；文雖新而有質，色雖糅而有本，此立賦之大體也。然逐末之儔，蔑棄其本，雖讀千賦，愈惑體要，遂使繁華損枝，膏腴害骨，無貴風軌，莫益勸戒；此揚氏所以追悔於雕蟲，詒誚於霧縠者也！”《文心雕龍·詮賦》又以：“怊悵述情，必始乎風。沉吟鋪辭，莫先於骨。若豐藻克贍，風骨不飛；則振采失鮮，負聲無力。《文心雕龍·風骨》碌碌麗辭，昏睡耳目；何者？氣無奇類，文乏異采故也。《文心雕龍·麗辭》榷而論之：則黄、唐淳而質。虞、夏質而辯。商、周麗而雅。楚、漢侈而豔。魏、晉淺而綺。宋初訛而新。從質及訛，彌近彌澹。何則？競今疎古，風末氣衰也。矯訛翻淺，還宗經誥。《文心雕龍·通變》而楚豔漢侈，流弊不還；正末歸本，不其懿歟！”《文心雕龍·宗經》其大指歸於振經誥以抹雕藻，探理道而砭文華；儻樹八家古文之典則，而掃六朝儷體之縟蕪者乎！特其文章好爲偶對，駢四儷六，足於徐、庾外自樹一幟。徐陵長書記而善言事，庾信工

① “徵”原作“宗”，今改正。
② “宗”原作“徵”，今改正。

碑版而擅鋪叙。而緦抉文心，則善議論而工析理；文章爲儷體之獨絶，而議論則以裁駢辭之浮濫。文勝則質，人同此心，凡在有識，咸共切論。梁簡文帝《與湘東王論文書》，有曰："若以今文爲是，則昔賢爲非。若昔賢可稱，則今體宜棄。比見京師文體，懦鈍殊常；競學浮疏，爭爲闡緩。"獨裴子野事梁武帝爲文，典而速，不尚靡麗，制多法古，與今文體異。《南史・裴松之傳》而今文之體於是厭。然江左宮商發越，猶貴清綺，而河朔詞義貞剛，獨重氣質。《隋書・文學傳序》宇文代魏，創業文帝，頗欲有革於浮華。於是蘇綽倡言古文；因魏帝祭廟，群臣畢至，乃受文帝命，爲《大誥》，奏行之。自是之後，文筆皆依此體。《周書・蘇綽傳》而古文之稱自此始。然綽建言，務存質樸，遂糠粃魏、晉，憲章虞、夏，雖屬詞有師古之美，矯枉非適時之用，故莫能常行焉。及至王褒、庾信南國之秀，振藻北來；其體以淫放爲本，其詞以輕險爲宗，故能誇目侈於紅紫，蕩心逾於鄭、衛；於是朝廷之人，閭閻之士，莫不忘味於遺韻，眩精於末光，猶丘陵之仰嵩岱，川流之宗溟渤也。《周書・王褒庾信傳論》時人論文體者，有古今之異。言古文者，謂王、庾爲今文；而柳虯以爲"時有今古，非文有今古"；乃爲《文質論》。《周書・柳虯傳》流宕忘反，無所取裁；格以延陵之聽，蓋亦亡國之音也。周祚不永，隋有天下。文帝初統萬機，每念斲雕爲樸；開皇四年，普詔天下公私文翰，並宜實録。其年九月，泗州刺史司馬幼之文表華豔，付所司治罪。發號施令，咸祛浮華。然時俗詞藻，猶多淫麗。治書侍御史李諤上書請革文華，言之刻骨。《隋書・李諤傳》並《文學傳序》。然而誦諤所爲，辭沿儷體；自今觀之，猶吾大夫；則甚矣其囿於習也。隋禄永終，迺集景命於唐。高祖、太宗，大難始夷，沿江左餘風，絺句繪章，揣合低卬；故王、楊王勃、楊炯爲之伯，如麗服靚妝，燕歌趙舞，雖綺麗盈前，而殊乏風骨。及玄宗好經術；群臣稍厭雕琢，索理致，崇雅黜浮，氣益雄渾，則燕、許擅其宗燕國公張説、許國公蘇頲，波瀾暢矣；然駢儷猶存。是時唐興已百年，諸儒爭自名家，嚅嚌道真，涵咏聖涯；於是蕭穎士、李華始奮起崇尚古文；賈至、獨孤及、梁肅相與爲之左右，而集其成於韓愈。然則導韓愈之前茅，而開古文之蓽路者，必以蕭穎士、李華諸人爲權輿也。唐之文章，至是蓋再變矣。《唐書・文藝傳序》一變於張説、蘇頲；再變爲蕭穎士、李華。

蕭穎士，字茂挺，蘭陵人；梁鄱陽王七世孫；敏悟夙成，四歲，屬文；

十歲，補太學生；夢有人授紙百番，開之，皆是繡花；又夢裁錦；因此文思大進。馮贄《雲仙散録》引《文筆襟喉》。觀書，一覽即誦；通百家譜系書籀學；開元二十三年，舉進士對策第一，父旻以莒丞抵罪。穎士往訴於府佐張惟一。惟一曰："旻有佳兒，吾以是獲譴不憾。"乃平宥之。天寶初，穎士補秘書正字，於時，裴耀卿、席豫、張均、宋遥、韋述皆先進，器其材，與鈞禮；由是名播天下。奉使括遺書趙、衛間，淹久不報，爲有司劾免；留客濮陽。於是尹徵、王恒、盧異、盧士式、賈邕、趙匡、閻士和、柳并等皆執弟子禮，以次授業，號蕭夫子。召爲集賢校理。宰相李林甫欲見之。穎士方父喪不詣。林甫嘗至故人舍邀穎士。穎士前往，哭門内以待。林甫不得已前吊，乃去；怒其不下己，調廣陵參軍事。穎士急中不能堪，作《伐櫻桃樹賦》《唐書·文藝傳》中曰："擢無庸之瑣質，因本枝而自庇。洎枝幹而非據，專廟廷之右地，雖先寢而或薦，豈和羹之正味！"《舊唐書·文苑傳》下，《唐書·文藝傳》"因"作"蒙"，又無"洎枝幹而非據"二句。又末句"豈"作"非"，《常州先哲叢書》刻錢唐丁氏鈔《蕭茂挺文集》"因"作"蒙"，"洎枝幹"作"汨群林"，"或"作"式"。以譏林甫。又曰："每俯臨乎蕭牆，姦回得而肆志！"《蕭茂挺文集》"肆志"作"窺覬"。蓋謂林甫之必致寇也。其後果階安禄山之亂。鼂公武《郡齋讀書志》既之官廣陵，會母喪免，《唐書·文藝傳》中。○《舊唐書·文苑傳》曰：李林甫採其名欲拔用之，乃召見，時穎士寓居廣陵，母喪，即縗麻而詣京師，徑謁林甫於政事省。林甫素不識，遽見縗麻，大惡之，即令斥去。穎士大忿，乃爲《伐櫻桃賦》云云。似穎士居廣陵母喪，在得罪林甫之前，與《唐書》不同，當以《唐書》爲正。流播吴、越，嘗謂："仲尼作《春秋》，爲百王不易法，而司馬遷作《本紀》、《書》、《表》、《世家》、《列傳》，叙事依違，失褒貶體，不足以訓。"乃起漢元年訖隋義寧，編年依《春秋》義類，爲傳百篇；在魏，書高貴崩曰："司馬昭弑帝於南闕"；在梁，書陳受禪曰："陳霸先反"。又自以梁枝孫，而宣帝逆取順守，故武帝得血食三紀。昔曲沃篡晉，而文公爲五伯；仲尼弗貶也。乃黜陳閏隋，以唐土德承梁火德，皆自斷；諸儒不與論也。有太原王緒者，僧辯裔孫，撰《永寧公輔梁書》，黜陳不帝。穎士佐之，亦著《梁蕭史譜》，及作《梁不禪陳論》以發緒義例，使光明云。史官韋述薦穎士自代，召詣史館待制。穎士乘傳詣京師；而林甫方威福自擅，穎士遂不屈，愈見疾。俄免官，往來鄠、杜間。林甫死，更調河南府參軍事。倭國遣使入朝，自陳"國人願得蕭夫子爲師者"。中書舍人張漸等諫不可而止。

安禄山寵恣。穎士語柳并曰："胡人負寵而驕，亂不久矣，東都其先陷乎?"即託疾游太室山。已而禄山反，穎士往見河南采訪使郭納，言禦守計；納忽不用；歎曰："肉食者以兒戲禦劇賊，難矣哉!"聞封常清陳兵東京，往觀之，不宿而還；因藏家書於箕潁間，身走山南。節度使源洧辟掌書記。禄山别校攻南陽。洧懼，欲退保江陵。穎士説曰："官兵守潼關，財用急，必待江淮轉餉；餉道由漢、沔；則襄陽乃今天下喉襟，一日不守，則大事去矣。且列郡數十，人百萬，訓兵攘寇，社稷之功也。賊方專山、陝；公何遽輕土地，欲取笑天下乎!"洧乃按甲不出。亦會禄山死，賊解去。洧卒，往客金陵。永王璘召之，不見。時盛王爲淮南節度大使，留蜀不遣。副大使李承式玩兵不振。穎士與宰相崔圓書，以爲："今兵食所資在東南。但楚、越重山複江，自古中原擾，則盜先起；宜時遣使以扞鎮江、淮。"俄而劉展果反；賊圍雍丘，脅泗上軍。承式遣兵往救，大宴賓客，陳女樂。穎士曰："天子暴露，豈臣下盡歡時耶！夫役兵不測，乃使觀聽華麗，一旦思歸，誰致其死哉!"崔圓聞之，即授揚州功曹參軍。《唐書・文藝傳》中秩滿，南遊，濟瓜州。渡船中有二少年，熟視穎士，相顧曰："此人甚有肖於鄱陽忠烈王也!"穎士即自歎陳是王七世孫。二子曰："吾識爾祖久矣!"穎士以廣衆中未敢詢訪；俟及岸，方將啓請，而二子忽遽負擔而去。穎士心謂非仙則神，虔心嚮矚而已。明年，穎士北歸，至於盱眙邑長之署，方與邑長下簾晝坐。吏白云："某處擒獲發塚盜六人。"登令召入，皆反接其手，束縛甚固，旅之於庭。而穎士懸認，江中二少年，亦縲紲於内，即驚曰："此二人非仙即神!"因具述曩事。邑長乃令先窮二子，須臾款服，佐驗明著，皆云發墓有年。穎士即以前説，再令詢之。曰："我嘗開鄱陽王冢，大獲金玉。當門有貴人，顔色如生，年方五十許，鬚鬢斑白，僵卧於石榻，姿狀正與穎士類似，無少差異。我舟中遇子，又知蕭氏，固是鄱陽裔也。因此啓言，我豈有他術哉!"薛用弱《集異記》一説：穎士常密遊於陳留逆旅。方食之次，忽見老翁鬚鬢皓然，眉目尤異，至門，目穎士者久之，微有歎息，又似相識，穎士疑其意，遂起揖問。老人曰："觀郎君狀貌，有似一人，不覺愴然耳!"穎士問似何人？老人曰："郎君一似齊鄱陽王!"穎士驚曰："王即某七代祖，因何識之?"老人泣曰："某姓左，昔爲鄱陽書佐，偏蒙寵遇；遭李明之難，遂爾逃亡，苟免患耳。因入山修道，遂得度世，適驚郎君，乃不知是王孫也!"遂相與泣。穎士敬異之。問其年？乃三百二十七年矣。良久乃别。《太平廣記》引《原化記》。後客死汝南逆旅，年五十二，門人共諡曰文玄先生。穎士樂聞人善，以推引後進爲己任；如李陽、李幼卿、皇甫冉、陸渭等數十人，由獎目，皆爲名士。天下推知人，稱蕭功曹。嘗兄事元德秀，而友殷寅、顔真卿、柳芳、陸據、李華、邵軫、趙驊，時人語曰殷、顔、柳、陸、李、蕭、邵、趙，以能全其交也。所與遊者，孔至、賈至、源行恭、張有略、族弟季遐、劉穎、韓拯、陳晉、孫益、韋建、韋收。獨華與齊名，世號蕭、李。嘗與華及陸據遊洛龍門，讀路旁碑，穎士即誦，華再閲，據三，乃能盡記。聞者謂三人才高下，此其分也。《唐書・文藝傳》中顧精研文事，而疏於世故。一日遊靈昌，遠至胙縣南二十里，有胡店，居民多姓胡。穎士發縣日晚，縣僚飲餞移時，薄暮方行，至縣南三五里；便即昏黑。有一婦人年二十四五，著紅衫子，繫緑裙，騎驢；嚮穎士言："兒家直南二十里，今歸，遇夜獨行怕懼，願隨郎君鞍馬同行。"穎士問女何姓？曰："胡。"穎士常見世間説有野狐，或作男子，或作女人，於黄昏之際媚人，聞云是胡，疑野狐也；遂唾叱之曰："死野狐敢媚蕭穎士！"遂鞭馬南馳，奔至胡店一客舍，叩門求宿。既解衣良久，所見婦人從外牽驢入來。其主人日："何爲衝夜？"曰："衝夜猶可，適被一害風措大，呼兒作野狐，合被捶殺！"乃知婦人者，主人之女也。穎士俯首慚恧而已。《太平廣記》引《辨疑志》。恃才傲物，緟以爲累。嘗至李韶家，見歙硯頗良。既退，語同行者曰："君識此硯乎？蓋三災石也。"同行者不喻而問之故，曰："字札不奇，硯一災。文辭不奇，硯二災。窗几狼藉，硯三災。"同行者歛眉頷之。陶穀《清異録》又嘗攜酒郊野，風雨暴至，有紫衣老父避雨；穎士頗肆陵侮。逡巡雨霽，車馬卒至；老人上馬呵殿而去，曰："吏部王尚書也！"氾攄《雲溪友議》曰："有一蕭穎士，既叨科第，輕時縱酒，不遵名教。嘗忤吏部王尚書丘，然以文識該通，堪爲敵手，君子不遺其言，幾致鞭撲王尚書，疑其爲丘也。"穎士明日具長牋造門謝。尚書責曰："恨與子非親屬，當庭訓之耳！子負文學之名，疏忽如此，止於一第乎！"穎士果終於揚州功曹參軍。王定保《唐摭言》然博通典籍，舉世無比；常使一傭僕杜亮，每一決責，便至力殫。亮養瘡平復，仍爲指使如故。人問何不去？則答曰："我豈不知！但以愛其才而慕其博奧，以此戀戀不能去。"卒至於死耳。錢希白《南部新書》庚穎士數稱班彪、皇甫謐、張華、劉琨、潘尼能尚古，而混流俗不自振；曹植、陸機所不逮也。又言裴子野善著書。所許可當世者，陳子昂、富嘉謨、盧藏用之文辭，董南事、孔述睿之博學而已。《唐書·文藝傳》中著有《游梁新集》三卷，《文集》十卷，《唐書·藝文志》而散佚者多。世傳《蕭茂挺文集》一卷，僅詩十八篇，賦十篇，表五篇，牋一篇，書五篇，序五篇耳。刊入《常州先哲叢書》，《四庫全書提要》收《蕭茂挺文集》一卷，僅賦九篇，表五篇，牋一篇，序五篇，書五篇，少詩十八篇，賦一篇。自稱："平生作文，格不近俗，凡所擬議，必希古人，魏、晉以來，未嘗留意。"今誦其文，波瀾暢矣，然駢儷猶存；惟爲邵翼作《上張兵部書》，仗氣愛奇，拓體卓犖，一變初唐雕采之辭，而於風氣有創變之功。子存，字伯誠，嘗以父所爲文，索李華序焉。辭曰：

> 開元、天寶間詞人，以德行著於時者，曰河南元君德秀，字紫芝，其行事，趙郡李華爲墓碣，已書之矣。以文學著於時者，曰蘭陵蕭君穎士，字茂挺，梁國鄱陽忠烈王之後，曾祖，某官；大父，某官；考諱某，莒縣丞，咸有德，不至尊位。君七歲能誦數經，背碑覆局；十歲以文章知名；十五名譽滿天下；十九進士擢第；歷金壇尉、揚一作桂州參軍、秘書正字、河南參軍；辭官，避地江左。永王修書請君；君遁逃不與相見。淮南連帥表君爲揚州功曹參軍。相國諸道租庸使第五琦請君爲介；君以先世寄殯嵩條，因之遷袝，終事，至汝南而歿，春秋若干。嗚呼！天下儒林爲之憔悴。君爲金壇尉也，會官不成；爲揚州參軍也，丁家艱，去官；爲正字也，親故請君著書，未終篇，御史府以君爲慢官離局，奏謫罷職；爲河南參軍也，僚屬多嫉君才名，上司以吏事責君，君拂衣渡江；遇天下多故，其高節深識皎皎如此！君謂："六經之後，有屈原、宋玉，文甚雄壯而不能經。厥後有賈誼，文辭詳正，近於理體。枚乘、司馬相如亦瓌麗才士，然而不近風雅。揚雄用意頗深。班彪識理。張衡宏曠。曹植豐贍。嵇康標舉。此外皆金相玉質，所尚或殊，不能備舉。左思詩賦，有《雅》、《頌》遺風。干寶著論，近乎王化根源。此外皆敻絶無聞焉，近日陳拾遺子昂文體最正。"以此而言，見君之述作矣。君以文章制度爲己任，時人咸以此許之；不幸歿於旅次。有文十卷，行於世，其篇目雖存，章句遺逸；古所謂有其義而無其辭者，後之爲文者取以爲法焉。今海內至廣，人民至衆，求君之比，不可復得，難乎哉！君有子

一人曰存，爲蘇州常熟縣主簿，雅有家風，知名於世；以華平生最深，見托爲序，力疾直書云爾。録《唐文粹》卷九十三

存亮直有父風，能文辭。浙西觀察使李栖筠表爲常熟縣主簿。顔真卿在湖州，與存及陸鴻漸等討摭古今韻字所原，作書數百篇。建中初，由殿中侍御史四遷比部郎中。張滂主財賦，辟存留務京師。裴延齡與滂不協；存疾其姦，去官，歸廬山，旋卒。少與韓會、梁肅等友善。韓會，韓愈之兄也。韓愈少爲存所知；自袁州還，過存廬山故居；而諸子前死，《唐書・文藝傳》中有女出家。舍所居爲西林寺，愈爲悲歎，因題詩舊堂曰："中郎有女能傳業，伯道無兒可保家。偶到匡山曾住處，幾行衰淚落烟霞！"山中傳有蕭存、魏弘、李渤同遊大林題名云。東雅堂《韓昌黎集注》卷十

李華字遐叔，趙州贊皇人。少曠達；外若坦蕩；内謹重，尚然許；每慕汲黯爲人。《唐書・文藝傳》下與穎士同年登進士第，《舊唐書・文苑傳》累中宏辭科；皆爲科首。計有功《唐詩紀事》天寶十一載，遷監察御史。宰相楊國忠支婭所在横猾。華出使，劾按不撓；州縣肅然。爲權幸見疾，徙右補闕。安禄山反，上誅守之策，皆留不報。玄宗入蜀，百官解竄，華母在鄴，欲間行輦母以逃；爲禄山所得，僞署鳳閣舍人；禄山平，貶杭州司户參軍。華自傷踐危亂，不能完節，又不能安親，欲終養而母亡，遂屏居江南。上元中，以左補闕司封員外郎召之。華喟然曰："烏有墮節危親，欲荷天子寵乎！"稱疾不拜。李峴領選江南，表置幕府，擢檢校吏部員外郎；時陳少遊鎮維揚，尤仰其名；一旦，城門吏報華入府，少遊大喜，簪笏待之。少頃，復白云："已訪蕭功曹矣！"功曹，穎士也。王定保《唐摭言》尋苦風痹，去官；客隱山陽，勒子弟力農，安於窮槁，晚事浮屠法，不甚著書；惟天下士大夫家傳墓版及州縣碑頌，時時齎金帛往請；乃彊爲應。華既觸罪銜悔，則託文章以見意；及爲《權皐銘》云："瀆而不滓，瑜而不瑕。"《元德秀銘》云："貞玉白華，不緇不磷！"《四皓贊》云："道不可屈，南山采芝。竦慕玄風，徘徊古祠。"稱道深婉，讀者憐其志。《唐書・文藝傳》下而銘元德秀一碑，則顔真卿書；李陽冰篆額；後人爭橅寫之，號爲《四絶碑》。華進士時，嘗著《含元殿賦》萬餘言。穎士見而賞之曰："《景福》之上，《靈光》之下。"《舊唐書・文苑傳》下華文辭緜麗，少宏傑之氣。而穎士則健爽自肆，時謂華所不及。而

華自疑過之；因作《吊古戰場文》，極思研榷，已成，汙爲古書，雜置梵書之庋。他日，與穎士讀之稱工；華問今誰可及？穎士曰："君加精思，便能至矣！"華愕然而服。華愛獎士類，名隨以重。若獨孤及、韓雲卿、韓會、李紓、柳識、崔祐甫、皇甫冉、謝良弼、朱巨川，後至執政顯官；而華遂廢於家，卒。《唐書·文藝傳》下有《前集》十卷，《中集》二十卷，《舊唐書·經籍志·李華文集》十卷獨孤及爲序而行焉。其辭曰：

志非言不形，言非文不彰，是三者相爲用，亦猶涉川，假舟檝而後濟。自《典》、《謨》缺，《雅》、《頌》寢，王道陵夷，文教下衰，故作者往往先文字後比興，其風流蕩而不返。乃至有飾其辭而遺其意者，則潤色愈工，其實愈喪。及其大壞也，儷偶章句，使枝對葉比，以八病四聲爲梏荸，拳拳守之，如奉法令，聞臯繇、史克之作，則呷然笑之，天下雷同，風馳雲趨；文不足言，言不足志，亦猶木蘭爲舟，翠羽爲檝，玩之於陸，而無涉川之用；痛乎流俗之惑人也，舊矣！帝唐以文德旉乂於下，民被王風，俗稍丕變。至則天太后時，陳子昂以雅易鄭，圓者寖而嚮方。天寶中公與蘭陵蕭茂挺，長樂賈幼幾，勃焉復起，振中古之風以宏文德。公之作本乎王道，大抵以五經爲泉源，抒情性以託諷；然後有歌詠。美教化，獻箴諫；然後有賦頌。懸權衡，以辯天下公是非；然後有論議。至若記叙、編録、銘鼎、刻石之作，必採其行事，以正褒貶，非夫子之旨不書；故風雅之指歸，刑政之本根，忠孝之大倫，皆見於詞。於時，文士馳騖，飈扇波委，二十年間，學者稍厭《折楊》、《皇華》，而窺《咸池》之音者，什五六。識者謂之文章中興，公實啓之。公名華，字遐叔，趙郡人，安邑令府君第三子；質實而和，純固而明，曠達而有節，中行而能斷，孝敬忠廉，根於天機，執親之喪，哀達神明。其任職釐績，外若坦蕩，而内持正性，謙而不犯，見義乃勇，舉善唯懼不及務，去惡如復讎，與朋友交，然諾著於天下；其偉詞麗藻，則和氣之餘也。學博而識有餘，才多而體愈迅，每述作筆鋒風生，聽者耳駭。開元二十三年舉進士，天寶二年舉博學宏詞，皆爲科首。由南和尉擢秘書省校書郎，八年歷伊闕尉。當斯時唐興百三十餘年，天下一家，朝廷尚文。夫羿工乎中微，拙於使人無己譽；公才與時并，故不近名而名彰，時輩歸望，如鱗羽之於虬鸞也。十一年拜監察御史，會權臣竊柄，貪猾當路，公入司方書，出按二千石，持斧所嚮，郡邑爲肅。爲奸黨所嫉，不容於御史府，除右補闕。禄山之難，方命圮族者，蔽天聰明，勇者不得奮，明者不得謀。公危行正詞，獻納以誠，累陳誅兇渠、完封疆之策。閽犬迎吠，故書留不下。時繼太夫人在鄴。初潼關敗書聞，或勸公走蜀，詣行在所。公曰："奈方寸何。不若間行問安否，然後輦母安輿而逃。"謀未果，爲盜所獲。二京既復，坐謫杭州司功參軍。太夫人棄敬養，公自傷悼，以事君故踐位，亂而不能安親；既受汙非其疾，而貽親之憂，及隨牒願終養，而遭天不吊。由是銜罔極之痛者三，故雖除喪，抱終身之戚焉，謂志已虧，息陳力之願焉。因屏居江南，省躬遺名，誓心自絶。無何，詔復授左補闕，又加尚書司封員外郎，璽書連徵，公卿已下，傾首延佇。至止之日，將以司言處公。公曰："焉有隳節辱志者，可以荷君之寵乎!"遂移疾請告。故相公梁公峴之領選江南也，表爲從事，加檢校吏部郎中。明年遇風痹，徙家於楚州，疾痼貧甚，課子弟力農圃，贍衣食。雅好修無生法，以冥寂思慮，視爵禄形骸與遺土同。唯吴、楚之君子，撰家傳，修墓版，及都邑頌賢守宰功德者，靡不齎貨幣，越江湖，求文於公，得請者以爲子孫榮。公遇暇日，時復綴録，以應其求；過是而往，不復著書。少時所著書，多散落人間。自志學至校書郎已前八卷，并《常山公主誌文》、《竇將軍神道碑》、《崔河南生祠碑》、《禮部李侍郎碑》、《安定三孝論》、《哀舊遊詩》、《韓幼深避亂詩序》、《祭王端員外沈起居興宗裴員外騰文》、《别元旦詩》并《楊騎曹序》、《王常山碑》，並因亂失之，名存而篇亡。自監察御史已後，迄至於今，所著述者，公長男羔字宗叙編而集之，斷自監察御史已前十卷，號爲前集，其後二十卷，頌、賦、詩、碑、表、叙、論、誌、記、讚、祭文，凡一百四十四篇爲中集。其中陳王業，則《無疆頌》；議世道，則《原卜論》、《質文論》；主文而譎諫，則《言醫》、《含文殿賦》；敦禮教，則《哀節婦賦》、《靈武二孝讚》、《與外孫女二孩書》；表賢達盛德，則《元魯山碣》、《房太尉頌德銘》、《崔賓客集序》、《平原張公頌》、《梁國李公傳》、《德先生誄》、《權著作墓表》、《李夫人傳》、《盧夫人頌》；一死一生之間，抒其交情，則《祭蕭功曹、劉評事、張博士文》；吟詠情性，達於事變，則《詠古詩》；辯卿大夫族姓，則《盧監冢神道碑》；思舊，則《三賢論》；自叙，則《别相里造范倫序》；詮佛教心要，而會其異同，則《南泉真禪師、左溪朗禪師碑》。其餘雖比興萬變，而未始不根於道德，故覽公之文，知公之質，不俟覿容貌，聽詞氣，而後覩其行。若使束帶立於史臣之位，具備獻替，足以潤色王度，正一代之訓典。天而病之，國不幸也！然遐叔身甚病而心甚壯，文益贍而才不竭，則前路逸氣，詎可度矣！他日繼於此而作者，當爲後集。及常游公之藩也久。公之病也，嘗以斯文見託，詒某書曰："桓譚論揚雄當有身後名，華亦謂足下一桓譚也。"及於公才，宜播其述作之美，明於後人，故拜命之辱而不讓。今著其文德，冠於篇首焉。録《毘陵集》卷十三

世傳《李遐叔文集》四卷，不知何人所編。蓋取《唐文粹》、《文苑英華》所載，裒集類次；而仍以及序冠之。然其文解散辭體，亦復明而未融，有意拗折而未臻爽朗，時爲雅練而或乏温潤；惟《吊古戰場文》，感激頓挫，雖是詞賦，而健筆有縱横之意。與蕭穎士、賈至爲文字交。嘗作賦云："星錎電交於萬緒，霜鋸冰解於千尋，擁梯成山，攢杵爲林。"穎士讀之，謂華曰："可使孟堅瓦解，平子土崩矣！"至曰："未若'天光流於紫庭，測景入於朱户；騰祥靈於黯靄，映旭日之葱蘢'。"華曰："某所自得，惟'括萬象以爲尊，特巍巍於上京，分命徵般、石之匠，下荆、揚之材，操斧執斤者萬人，涉磧礫而登崔嵬'；不讓《東西二都》也！"時人以華不能及蕭而勝於賈至！王讜《唐語林》

賈至，字幼幾，洛陽人，父曾，官中書舍人，掌制誥，以詞學見知。至以天寶十年，明經擢第，累官至起居舍人，知制誥。鼂公武《郡齋讀書志》禄山之亂，從上皇幸蜀。時肅宗即位於靈武。上皇遣至爲傳位册文，上皇覽之，歎曰："昔先帝遜位於朕，册文則卿之先父所爲。今朕以神器大寶付儲君，卿又當演誥。累朝盛典，出卿父子之手，可謂難矣！"至伏於御前，嗚咽感涕。《舊唐書・文苑傳》中坐小法，貶岳州司馬。在巴陵，計有功《唐詩紀事》與李白相遇，日酣盃酒，追憶京華舊游，辛文房《唐才子傳》有詩寄朝中友人云："江南春草獨冪冪，愁殺江南獨愁客。秦中楊柳也應新，轉憶秦中相憶人。萬里鶯花不相見，登高一望淚沾巾。"李白酬曰："賈生西望憶京華，湘浦南遷

莫怨嗟。聖主恩深漢文帝，憐君不遣到長沙。”寶應初，召復官。計有功《唐詩紀事》代宗嗣位，宰相元載以奸邪柄國；而至與之善！載有寵姬薛瑶英，工詩書，善歌舞，仙姿玉質，肌香體輕。母趙娟，故伎也；幼以香啗之，故肌香。及載納爲姬，衣龍綃之衣，一襲無一二兩，摶之不盡一握；載以瑶英體輕不勝重衣。故於異國以求是服也。至因贈詩曰：“舞怯銖衣輕，笑疑桃臉開。方知漢武帝，虚築避風臺。”載大喜，力爲薦引。蘇鶚《杜陽雜編》大曆中，位右散騎常侍卒。計有功《唐詩紀事》有集二十卷，别十五卷；《唐書·藝文志》又有十卷者。陳振孫《書録解題》至特工詩，俊逸之氣，不減鮑照、庾信，調亦清暢，且多素辭，蓋厭於漂流淪落者也。辛文房《唐才子傳》其文章在蕭穎士、李華之亞。然蕭穎士、李華碌碌麗辭，猶嫌湔洗不盡；不如元結之瘦削拗折，範經鑄子，力剗綺靡以臻於奇古不蹈襲。賈至以獻詩諂媚於元載而爲容説；而結則取憎於元載，故其將兵不得授，作官不得達，母老不得盡其養，母喪不得終其哀，間二十年；其文危苦激切，而出之以快利勁果；顧又悲憂酸傷，李商隱《李義山文集》:《唐容州經略使元結文集後序》幽約其辭義，譬古鐘磬，不諧於俚耳，而可尋玩！鼂公武《郡齋讀書志》

元結，字次山，後魏昭成皇帝孫曰常山王遵之十二代孫。父延祖，清淨恬儉，歷魏城主簿，延唐丞；思閑，輒自引去，以魯縣商餘山多靈藥，遂家焉。及終，門人謚曰太先生。結聰悟宏達，倜儻而不羈；十七始知書，乃受學於從兄德秀。嘗著《説楚賦》三篇。中行子蘇源明駭之曰：“子居今而作真淳之語，難哉！然世自澆浮，何傷元子！”顔真卿《顔魯公文集·元次山表墓碑銘》源明，京兆武功人，初名預，字弱夫，中行子其自署也；工文辭，有名天寶間，雅善杜甫、鄭虔，其最稱者結及梁肅。《唐書·文藝傳》中結以大寶十二年，舉進士，作《文編》。洪邁《容齋隨筆》曰：“元次山有《文編》十卷，李商隱作序，今九江所刻是也。”禮部侍郎陽浚曰：“一第污元子耳！有司得元子是賴！”遂登高第。顔真卿《元次山表墓碑銘》其明年，從兄德秀卒。結哭之哀，門人問曰：“夫子哭從兄也哀，不亦過乎禮歟?”對曰：“汝知禮之過而不知情之至！吾今之哀，汝知之焉而不知也！嗚呼！元大夫生六十餘年，未嘗識婦人而視錦繡；未嘗求足而言利，苟辭而便色；未嘗主十畝之地，十尺之舍，十歲之僮；未嘗皂布帛而衣，具五味而食。嗚呼！吾以元大夫德行遺來世清；不哀之，何以戒荒淫貪猥綺紈粱肉之徒也哉！”本集《元魯縣墓表》

相尚以德。又感蘇源明見知之恩，於其歿也，分宅以卹其孤。其不偷也多此類。及安禄山反，逃難於猗玗洞，因招集鄰里二百餘家奔襄陽。玄宗異而徵之；值結移居瀼溪，乃寢。乾元二年，李光弼拒史思明於河陽。肅宗欲幸河東，聞結有謀略，虛懷召問。結悉陳兵勢，獻《時議》三篇。上大悦曰：“卿果破朕憂!”遂停。乃拜結右金吾兵曹，攝監察御史，充山南東道節度參謀，仍於唐、鄧、汝、蔡等州招輯義軍。山棚高晃等率五千餘人，一時歸附。大壓賊境。於是思明挫鋭不敢南侵。璽書頻降，威望日隆。時張瑾殺史劌於襄州，遣使請罪；結爲聞奏，特蒙嘉納，乃真拜結監察；仍授部將張遠、田瀛等十數人將軍。屬荆南有專殺者；詔吕諲爲節度使。諲辭以無兵。上曰：“元結有兵在。”乃拜結水部員外郎兼殿中侍御史，充諲節度判官。屬道士申泰芝誣湖南防禦使龎承鼎謀反；并判官吴子宜等皆被決殺；推官嚴郢坐流；俾結按覆。結建明承鼎；獲免者百餘家。及諲卒，顔真卿《元次山表墓碑銘》又參山南東道來瑱府。當軍將士二千人，父隨子者四人，母隨子者二十八人。結上狀曰：“夫孝而仁者，可與言忠信；而忠信者，可以全義勇。豈有責其忠信，使之義勇，而不勸之孝慈，恤以仁惠。其將士父母等，伏望各量事給其衣食，則義有所存，恩有所及，俾人感勸，實在於此。”本集《請給將士父母粮狀》瑱納之。裴茂與瑱交惡，遠近危懼，莫敢誰何。瑱誅，結知節度觀察使事，經八月，境内晏然。代宗登極，節度使留後者例加封邑；結遜讓不受，遂歸養親；特蒙褒嘉，乃拜著作郎；遂家於武昌之樊口，著《自釋》以見意曰：“河南，元氏望也。結，元子名也。次山，結字也。世業載國史，世系在家諜。少居商餘山，著《元子》十卷，故以元子爲稱。天下兵興，逃亂入猗玗洞，著《猗玗子》三篇。後家瀼濱，乃自稱浪士，著《浪説》七篇。及有官，人以爲浪者亦漫爲官乎？呼爲漫郎，著《漫記》七篇。既客樊上，漫遂顯。樊左右皆漁者，少長相戲，更曰聱叟。彼誚以聱者，爲其不相從聽，不相鉤加，帶笭箵而盡船，獨聱齖而揮車。酒徒得此，又曰：‘公之漫，其猶聱乎？公守著作，不帶笭箵乎？又漫浪於人間，得非聱齖乎？公漫久矣，可以漫爲叟。’於戲！吾不從聽於時俗，不鉤加於當世，誰是聱者，吾欲從之？彼聱叟不慚帶乎笭箵，吾又安能薄乎著作。彼聱叟不羞聱齖於鄉里，吾又安能慚漫浪於人間。取而醉人議，當以漫叟爲稱，直荒浪其情性，誕漫其所爲，使人知無所存有，無所將待。乃爲語曰：‘能帶笭箵，全獨而保生。能學聱齗，保宗而全家。聱也如此，漫乎非耶！'”顏真卿《元次山表墓碑銘》。《自釋文》不見本集，而顏碑與《唐書》本傳所載，互有詳略，本傳較詳，今合并著之，以當葺佚。性不諧俗，制行高潔，而深抱閔時憂國之心。《四庫全書提要》所著《元子》十卷，凡一百五篇；其十四篇已見於《文編》；餘者大抵澶漫矯亢。而第八卷中所載**方國二十國事，最爲譎誕。其略曰："方國之僵，盡身皆方，其俗惡圓。設有問者曰：'汝心圓。'則兩手破胸露心曰：'此心圓耶？'圓國則反是。言國之僵，三口三舌。相乳國之僵，口以下直爲一竅。無手國，足便於手。無足國，膚行如風。"其說頗近《山海經》，固已不韙。至云："惡國之僵，男長大，則殺父；女長大，則殺母。忍國之僵，父母見子，如臣見君。無鼻之國，兄弟相逢，則相害。觸國之僵，子孫長大則殺之。"如此之類，洪邁《容齋隨筆》皆以抒感慨傷懷，而託之於詭激。尋起家爲道州刺史；觀察使奏課第一；轉容府都督兼侍御史，本管經略使；拜左金吾衛將軍，兼御史中丞，管使如故。卒年五十。顏真卿《元次山表墓碑銘》世傳《元次山文集》十卷。刊入《四部叢刊》，出明正德間，湛若水校，武定侯郭勳編刻，而《四庫全書提要》著録《次山集》十二卷。在當時名出蕭穎士、李華下；至韓愈稱數唐之文人，獨稱結云。鼂公武《郡齋讀書志》其爲文章，寧朴無華，寧瘦無腴，寧拙無巧；而微傷削薄，未能雄渾，長於使勁，短於運氣，以故遒而寡變，清而不宏；然戛戛自異。唐文在韓愈以前，力掃雕藻綺靡之習，而出之以清剛簡質者，不得不推結爲俶落權輿。韓愈之前有元結，猶陳涉之開漢高乎！所惜頓宕而波瀾不大，拗折而筋節太露。韓愈文雄而茂，筆險以渾；結則不能雄而爲遒，不能渾而爲削。蕭穎士、李華宏獎氣類；結名輩相接，而姓字不稱。獨孤及與結同時，而特爲李華、賈至所賞。

獨孤及，字至之，河南洛陽人。七歲，受《孝經》，一覽成誦。父試之；曰："汝志於何句？"對曰："立身行道，揚名於後世；是志所尚也！"自是遍覽《五經》，觀其大義，不爲章句學。十五歲，喪父，勺飲不入口者累日。母長孫氏諭以不可滅性之義。由是微進饘粥，杖而後起；既免喪，加於人一等，鄉族稱其孝焉。長孫氏高行明識，訓導甚至，及以漸教成器，卓然有立。著《延陵論》，誦者謂其評議之精，在古人右。崔祐甫《獨孤公神道碑銘》二十餘，以文章游梁、宋間，一時通人如陳兼、賈至、高適輩見及，皆色授心服，願結爲友。天寶十三年，應詔至京師。時玄宗以道莅天下，故黃、老列於學官。及以洞曉玄經對策高第，解褐，拜華陰尉。同縣房琯方有重名而貳憲部，請及相見。及因論三代之質；又問《六經》之指歸，王政之根源。琯大駭曰："非常之才也！"李華、蘇源明並許詞宗，由是聲名日起。安祿山之亂，及乃違難江南，授左金吾兵曹，辟江淮都統李峘府，掌書記，代宗以左拾遺召；因上疏陳便宜及方鎮有冒於貨賄，舉直錯枉，大者十餘事，不行，皆焚其稿。俄改太常博士，祗考古道，酌沿革之中，凡有損益，罔不悉當。新平大長公主之子裴仿，尚永清公主；初以僕射裴遵慶爲婚主。將行五禮，及實相焉。中使口宣詔旨，改命大長公主後夫姜慶初主婚事。於是及奏曰："婚姻，人道之大。使異姓主之，非禮也！且無以訓天下。臣不敢奉詔！"上從之。又議定謚法，及謂："謚者蓋跡其事業邪正而褒貶之，可使賢不肖皆勸。"故其議呂禋、盧奕、郭知運等謚，無浮美，無隱惡，事覈而文高，學者傳示以爲式。時有上議謂景皇帝未升尊位，不宜爲太祖。詔下百寮，及按《禮經》，以爲："王者禘其祖之所自出，而以其祖配之，故三代皆以受命始封君配昊天上帝。惟漢氏崛起豐、沛；豐公、太公皆無位，無功德，不可爲祖宗；故以高帝爲太祖。若景帝肇起王業，建封於唐；高祖因之，遂以爲有天下之號；天所命也，宜百代不遷。"因具故事條奏，從之。而郊廟之禮遂定。遷禮部員外郎，改吏部，歷濠、舒二州刺史，以治課璽書就加朝散大夫，檢校司封郎中，賜金印紫綬。其明年，吴、楚大旱；餓夫聚於萑蒲者十七八。唯舒安阜，近者悦，遠者來，犬牙之境，草竊不入。上聞之，詔曰："斷獄歲減，流庸日歸，以人俗之豐給，當淮湖之災旱；爾守之力也！"擢拜常州刺史，本州都團練使，涖官三年，刑罰罕用，頗類自息。既而嗜鼓琴，得眼病不理；欲聽之專也。無名氏《大唐傳載》及謂："安人之道，清而靜之則定；爲而察之則擾。"其長人也，先教愛而後法禁；不遷怒以臨下，故威而不猛；不私己以欺人，故易而無備。吏不忍欺，路不舉遺，甘露降於庭樹者二十七夕；覘者以爲久道化成之徵也。梁肅《獨孤公行狀》卒年五十三，謚曰憲。工文章，最長論議，大抵以立憲誡世，褒賢遏惡爲用；崔祐甫《獨孤公神道碑銘》非徒以詞采爲勝。《四庫全書提要》最稱傑作者，《仙掌》、《函谷》二銘、《瑯琊溪述》、《馬退山茅亭記》、《風后八陣圖記》，王士禎《香祖筆記》立言遺辭，有古風格，辯論裁正，昭德塞違，濬波瀾而去流蕩，得菁華而無枝葉；權德輿《載之文集》：《唐故常州刺史獨孤及謚議》其爲文章，則韓愈之所師，鼂公武《郡齋讀書志》引《唐實録》。而與蕭穎士先後有名。然穎士之體茂密，獨孤之文清暢。穎士爲燕、許之餘響，獨孤開韓愈之前茅。惟韓愈被服儒者；而及則皈依老氏耳。又及與元結並世能文，而咸以開韓愈之前茅。然元結之筆遒拗，獨孤之勢寬衍。結之規模狹，而及之波瀾平。尤喜鑒拔後進，如梁肅、高參、崔元翰、陳京、唐次、齊抗皆師事之。《唐書》本傳於其歿也，梁肅論輯所著，曰《毘陵集》，凡二十卷，而序於後；其辭曰：

大曆丁巳歲夏四月，有唐文宗常州刺史獨孤公薨於位，秋九月既葬。門下生安定梁肅咨謀先達，稽覽故志，以公茂德映乎當世，美化加乎百姓，若發揚秀氣，磅礴古訓，則存乎斯文；斯文之盛，不可以莫之紀也。於是綴其遺草三百篇爲二十卷，以示後嗣。且繫辭曰：夫大者天道，其次人文，在昔聖王以之經緯百度，臣下以之弼成五教。德文下衰，則怨刺形於歌詠，諷議彰乎史册。故道、德、仁、義，非文不明，禮、樂、刑、政，非文不立。文之興廢，視世之治亂，文之高下，視才之厚薄。唐興，接前代澆漓之後，承文章顛墜之運，王風下扇，作者迭起，不及百年，文章反正。其後時寖和溢，而文亦隨之。天寶中作者數人，頗節之以禮，洎公爲之，於是操道德爲根本，揔禮樂爲冠帶。以《易》之精義，《詩》之雅訓，《春秋》之褒貶，屬之於辭。故其文寬而簡，直而婉，辯而不華，博厚而高明。論人無虛美，比事爲實録；天下凜然，復覩兩漢之遺風。善乎中書舍人崔公祐甫之言也，曰："常州之文，以立憲誡世，褒賢遏惡爲用，故議論最長。其或列於碑頌，流於歌詠，峻于崧華，浩如江河。若贊堯、舜、禹、湯之命，爲誥爲典爲謨爲訓，人皆許之，而不吾試，論道之位，宜而不陟。"誠哉！公諱及，字至之，秘書監府君之第四子，道與之粹，天授之德，聰明博達，剛毅正直，中行獨復，動靜可則。仁厚積爲本行，文藝成乎餘力。凡立言必忠孝大倫，王霸大略，權正大義，古今大體。其文中雖波騰雷動，起復萬變，而殊流會歸，同致於道。故於賦遠游，頌嘯臺，見公之放懷大觀，超邁流俗。於《仙掌》、《函谷》二銘，《延陵論》，《八陣圖記》，見公識探神化，理合權道。於議郊祀配天之禮，吕禋、盧奕之謚，見公闡明典訓，綜覈名實。若夫述聖道以揚儒風，則《陳留郡文宣王廟碑》、《福州新學碑》。美紀成功，以旌善人，則《張平原頌》、《李常侍》、《姚尚書》、《嚴庶子》、《韋給事》、《韋穎叔墓誌》、《鄭氏孝行記》、《李睢陽懷州碑》。纂世德以貽後昆，則《先秘書監靈表》。陳黄、老之義，於是有《對策文》。演釋氏之奥，於是有《鏡智禪師碑》。論文變損益，於是有《李遐叔集序》。稱物狀之美，而暢其情性，於是有《瑯琊溪述》、《盧氏竹亭記》。抒久要於存没之間，則《祭賈尚書》、《相里侍郎》、《元員外》、《李庶子文》。其餘紀物叙事，一篇一詠，皆足以追蹤往烈，裁正狂簡。噫！天其以述作之柄，授夫子乎？不然，則吾黨安得遭遇乎斯文也？初，公視肅以友，肅亦仰公猶師，每申之以話言，必先道德而後文學。且曰："後世雖有作者，六籍其不可及已。荀、孟朴而少文，屈、宋華而無根；有以取正，其賈生、史遷、班孟堅云爾。吾子可以共學，庶乎成名。"肅承其言，大發蒙惑。今則已矣，知我者其誰哉！遂銜涕爲序，俾來者於是觀夫子之志。若立身行道，終始出處，皆載易名之狀，故不備之此篇。録《毘陵集》

梁肅，字敬之，一字寬中，安定人；世居陸渾。建中初，中文辭清麗科，擢太子校書郎。蕭復薦其才，授右拾遺，修史；以母羸老，不赴。杜佑辟淮南，掌書記；召爲監察御史，轉右補闕，翰林學士，皇太子諸王侍讀。卒，年四十一。贈禮部郎中。《唐書・文藝傳》中爲文章得獨孤及之傳；而好獎拔士類，尤稱知人。貞元八年，陸贄以宰相知貢舉；其後一二年所與及第者，皆赫然有聲。原其所以，蓋肅佐之。肅舉八人；韓愈《昌黎集》：《與祠部陸員外書》、《歐陽生哀辭》韓愈、歐陽詹、李觀、李絳、崔群、王涯、馮宿、庾承宣聯第，皆天下選，時稱龍虎榜！《唐書・文藝傳》下先是韓愈、李觀、李絳、崔群四人者定交久矣。共謁於肅之門。居二歲，肅未之面。而四人造肅多矣，靡不偕行。肅奇之，一旦延接愈等，俱以文學爲稱，復獎以交遊之道。既，愈、觀欲去；復止絳、群，曰："公等文行相契，他日皆振大名。然二君子位極人臣，勉旃勉旃！"後二人果如所言。天下頌肅有人倫鑒也。王定保《唐摭言》遺集二十卷，題曰《梁補闕集》，而崔恭序其端。其辭曰：

皇甫士安志好閒放，不榮軒冕，導情適志，作《高士傳》贊記遺韻，風猷尚在，而公早從釋氏，義理生知，結意爲文，志在於此。言談語笑，常所切劘，心在一乘，故叙釋氏最爲精博，與皇甫士安之所素尚，亦相放焉。則今天台大師元浩之門弟子也。摳衣捧席，與余同焉。故能知其景行，收其製作，編成二十軸以爲儒林之綱紀云。若夫明是非，探得失，乃作《西伯稱王議》。宗道德、美功成，作《皤溪銘》、《四皓贊》、《釣臺碑》、《圯橋碑》。絜當世，激清風，作《先賢贊》、《獨孤常州集序》、《觀講論語序》。美藝文，善章句，作《李補闕集序》、《隱士李君遺文序》。備教化，彰諷詠，作《中書侍郎贈太子太傅李公集序》、《開國公包君集序》。總名實，樹遺風，作《常州獨孤公遺愛頌》、《太常卿常山郡開國公崔公神道碑》。惡戎醜，思康濟，作《兵箴》。叙宗系，思祖德，作《述初賦》。病流濫，悦故居，作《過舊園賦》。明大道，宗有德，作《受命寶賦》。其餘言志導情，記會叙别，總存諸集録。歸根復命，一以貫之，作《心印銘》。住一乘，明法體，作《三如來畫讚》。知法要，識權實，作《天台山禪林寺碑》。達教源，周境智，作《荆溪大師碑》。大教之所由，佛日之未忘，蓋盡於此矣。若以神道設教，化源旁濟，作《泗州開元寺僧和尚塔銘》。言僧事，齊律儀，作《過海和尚碑銘》、《幽公碑銘》。釋氏制作，無以抗敵，大法將滅，人鮮知之。唱和之者，或寡矣。故公之文章，粹美深遠，無人能到，此事可以俟於知音，不可與薄俗者同世而論也。余之仰止，未盡其善。蓋釋氏之鼓吹歟？諸佛之影響歟？余所不者道其窮歟？常懷不言之歎，杳冥之恨爾。後之人識達希夷，意通響象，知我之言之不怍耳。若以叙人倫，正褒貶，則人皆知之，非獨情至而稱其製作也。大約公之習尚，敦古風，閱傳記，硜硜然以此導引於人以爲其常，米鹽細碎，未嘗掛口，故鮮通人事，亦賢者之一病也。夫子所謂："君子多乎哉？不多也。"故無適時之用，任使之勤，余故以皇甫士安比之。若管夷吾、諸葛亮，留心濟世，自謂棟樑，則非公之所尚也。所謂善古而不善今，知賢而不知俗；故論贊碑頌，能言賢者之事，不能言小人之稱。享年若干，以某年月日終於長安某里。朝廷尚德，故以公爲太子侍讀。國尚實録，故以公爲史館修撰。發誥令，敷王猷，故以公爲翰林學士。三職齊署，則公之處朝廷，不爲不達矣。年過四十，士林歸崇，比夫顔子、黄叔度，不爲不壽矣。其碌碌者，老於郎署，白首人世，又何補哉！於達者不可以夭壽之歎，而病於促數焉。公遺孤，殁後

而生，今已成立，則友朋之知，臧孫之後，存於此也。録《唐文粹》

亦可以覘肅之素尚焉。大抵獨孤及儒而玄，故寧静以化俗；而梁肅則文而釋，斯高懷以遺世。文章之道，通於性情。若其振六朝之頽波，拔韓愈於未顯，莫爲之前，雖美何彰！而盛名漸湮，有識歎嗟。寖極五季，於是孫光憲發憤而道曰："唐代韓愈、柳宗元洎李翱、李觀、皇甫湜數君子之文，凌轢荀、孟，糠粃顔、謝；其所宗仰者，唯梁補闕一人而已。乃諸人之龜鑑。而梁之聲采寂寂，豈《陽春白雪》之流乎！是知俗塵喧喧者，宜鑑其濫吹也！"孫光憲《北夢瑣言》庸知梁肅者；古文之所從振，韓愈由之而顯乎？述《古文淵源篇》第一。

韓愈行實録第二

韓愈字退之，河内修武人，世居縣東北三十里之南陽，居人呼其地曰韓莊，又曰韓村。陳繼儒《偃曝餘談》六世祖茂，後魏尚書令，封安定王。五代祖均，金部尚書。高祖晙，唐銀青光禄大夫、雅州刺史。曾祖泰，曹州司馬。祖睿素，朝散大夫、桂州都督府長史。李白《李太白集・武昌宰韓公去思頌碑》父仲卿以文章有名。一夕，夢一烏帽少年，風姿磊落，神仙人也；拜求仲卿，言："某有文集在建鄴李氏。公當名出一時，肯爲我討是文而序之，俾我亦陰報耳。"仲卿諾之。去復回曰："我曹植子建也。"仲卿既寤，檢鄴中書，得《子建集》，分爲十卷，異而序之。即仲卿作也。柳宗元《龍城録》爲武昌令，有美政，既去，縣人刻石頌德；而李白文其碑。李白《武昌宰韓公去思頌碑》終秘書郎。皇甫湜《皇甫持正集・韓文公墓銘》。按李白《韓公去思碑》云南陽人，而愈常自稱昌黎。李翱作愈行狀，亦云昌黎人。皇甫湜作墓誌，不言鄉貫，作神道碑乃云上世嘗居南陽，又隸延州之武陽。而《舊唐書・愈傳》亦但云昌黎人。《唐書》則云鄧州南陽人。蓋因李碑而加鄧州二字也。然考《漢書・地理志》有兩南陽：其一河内修武，即《左傳》所謂晉啓南陽也；其一南陽堵陽，即荆州之南陽郡，字與赭同，在唐屬鄧州者也。《元和姓纂》、《唐書・世系表》有兩韓氏：其一漢弓高侯穨當玄孫騫避亂，居南陽郡之赭陽，九世孫河東太守術生河東太守純，純四世孫安之，晉員外郎，二子潛、恬，恬隨司馬休之入後魏爲玄菟太守。二子都、偃，偃生後魏中郎穎，穎生播，徙昌黎棘城。其一則頹當裔孫尋，爲後漢隴西太守，世居潁川。生司空稜，後徙安定武安，至後魏有常山太守武安成侯耆徙居九門，生尚書令征南大將軍安定桓王茂，茂生均，均生晙，晙生仁泰，仁泰生叡素，叡素生仲卿，仲卿生會、介、愈，而中間嘗徙陳留。以此而推，則愈固潁川之族，尋、稜之後，而不得承騫之系矣。而洪興祖所撰年譜，但以騫之後世，嘗徙昌黎，遂附《唐書》之説，獨以赭陽爲均州，小有不同耳。及其再考二世，而見愈世系之實，則遂諱匿不敢復著仲卿、會、介、愈之名，而直以爲不可考。惟方崧卿增考，引董逌説以爲騫乃韓瑗、韓休之祖，而愈自出於尋、稜，與二書合。其論南陽，則又云今孟、懷州皆春秋南陽之地，自漢至隋二州皆屬河内郡，唐顯慶中，始以孟州隸河南府，建中中乃以河南之四縣入河陽三城，使其後又改爲孟州。今河内有河陽縣，韓氏世居之。故愈每自言歸河陽省墳墓，而女拏之銘，亦曰歸骨於河南之河陽韓氏墓，張籍祭愈詩亦云“舊塋盟津北”，則知愈爲河内之南陽人，其説獨爲得之。愈詩所謂“舊籍在東都，我家本瀍穀”，則必以地近，而後嘗徙居耳。但據此則愈與昌黎之韓異派，而每以自稱，則又有不可曉者。豈是時昌黎之族頗盛，故隨稱之，亦若所謂言劉悉出彭城，言李悉出隴西者耶？方又引孔武仲之説，亦同董氏。而王銍以爲公生於河中之永樂，今永樂猶有韓文鄉，則其説爲已詳。蓋其世系雖有不可知者，然南陽之爲河内修武則無可疑者。蓋朱熹校定《愈集》而爲考證如此。陳繼儒《偃曝餘談》曰：“修武縣東北三十里曰南陽，韓文公之故里也。居人呼其地曰韓莊，又曰韓村，愈自上世居此。”按李翱爲愈作《行狀》，曰昌黎人，而愈亦嘗自稱昌黎。昌黎，古韓氏通稱。如李必曰隴西，崔必曰博陵，孫必曰樂安耳。今修武之韓莊有愈墓存焉，則愈之爲修武人，明矣。按《唐書·地理志》，修武爲河北道懷州河内郡之屬。生三子：長會，善清言，有文章。柳宗元《先友記》與名輩盧東美、張正則、崔造爲友；好談經濟之略，嘗以王佐自許；天下士大夫謂之四夔。錢希白《南部新書》會爲夔頭，而善歌妙絶，李肇《國史補》名最高，以故多謗；柳宗元《先友記》獨李華愛奬之，而與梁肅、蕭存氣類最親。仲介，爲人孝友，一命率府參軍以卒。本集《韓滂墓誌銘》愈其季，生三歲，父歿，養於兄會舍。李翱《李文公集·韓吏部行狀》會官起居舍人，以大曆十二年夏五月，坐宰相元載黨，貶官韶州刺史。《資治通鑑》卷二百二十五愈則年十歲，隨遷韶州。會卒，鞠於嫂鄭，辛勤提挈，念寒而衣，念飢而飧，情若所生，誨化諄諄；常撫所生兒指愈而言曰：“韓氏兩世，唯此而已！”昔在韶州之行，受命於兄曰：“爾幼養於嫂，喪服必以朞！”本集《祭鄭夫人文》、

《祭十二郎文》蓋自唐制，嫂叔服小功五月也。貞觀中，魏徵、令狐德棻等議嫂叔服云：“有長年之嫂，遇提孩之叔，劬勞鞠養，情若所生，分飢共寒，契闊偕老。其在生也，愛之同於骨肉；及其死，則推而遠之，求之本原，深所未諭。且事嫂見稱，載籍非一：鄭仲虞則恩禮甚篤，顔洪都則竭誠致感，馬援則見之必冠，孔汲則哭之爲位。察其所尚，豈非先覺，嫂叔舊無服，今請服小功五月。”制可。及嫂之歿，愈遵服朞而加隆焉，所以報也。李翺《韓吏部行狀》

愈七歲好學，能記他生之所習，言出成文。李翺《韓吏部行狀》、皇甫湜《韓文公墓銘》自以孤子，幼刻苦學儒，不俟奬勵，《舊唐書》本傳日記數千百言；李漢《昌黎先生集序》比長，盡能通六經百家學。《唐書》本傳大曆、貞元之間，文字多尚古學，效揚雄、董仲舒之述作；而獨孤及、梁肅最稱淵奥，儒林推重。愈從其徒遊，鋭意鑽仰，欲自振於一代；《舊唐書》本傳而肅尤相知賞。貞元八年，宰相陸贄實知貢舉，試《明水賦》、《御溝新柳詩》，《唐科名記》以肅之薦，擢愈進士第。本集《與祠部陸員外書》時年二十五；而故相鄭餘慶亦爲延譽，由是知名於時。《舊唐書》本傳然三試博學宏辭，皆不第。本集《答崔立之書》

十二年七月，詔以舊相東都留守董晉拜檢校尚書左僕射，同中書門下平章事，汴州刺史，宣武軍節度副大使，知節度事管内支度營田，汴、宋、亳、潁等州觀察處置等使；而愈實從。陸長源自汝州刺史爲御史大夫，宣武軍行軍司馬；本集《贈太傅董公行狀》而愈名德遠出長源之下，以晉之辟，得試秘書省校書郎，爲觀察推官。或譏年輩相懸，周顧諧之曰：“大蟲老鼠，俱爲十二屬相；何怪之有！”人傳爲笑。王讜《唐語林》晉卒；愈從喪出，四日而汴軍亂，乃去依武寧軍節度使張建封。建封辟節度推官，得試太常寺協律郎。李翺《韓吏部行狀》愈發言真率，無所畏避，操行堅正；拙於世務，調四門博士，《舊唐書》本傳遷監察御史。是時關中旱饑，人死相枕藉，吏刻取怨。而愈列言：“關中，天下根本，民急如是，請寬民徭而免田租之敝。”皇甫湜《韓文公神道碑》又上章數千言，極論宫市之弊。《舊唐書》、《唐書》本傳爲幸臣所惡，貶連州陽山令；政有惠於下，及愈之去，百姓多稱愈之姓以名其子。李翺《韓吏部行狀》。○宋葛立方《韻語陽秋》曰：“韓愈自監察御史貶連州陽山令，所坐之因，傳記各異。《唐書》本傳謂上書論宫市，德宗怒，故貶。李翺《行狀》謂爲幸臣所惡，故貶。皇甫湜作《神道碑》謂貞元十九年關中旱饑，公請寬民徭，專政者惡之，故貶。按《文公集》宫市之疏不傳，而《文公歷官記》及《年譜》以謂京師旱，民饑，詔蠲租半，有司征求反急，愈與同列上疏言狀，爲幸臣所讒，幸臣者，李實也。”余考退之自陽山移江陵詩云：“孤臣昔放逐，泣血追愆尤，汗漫不省識，怳如乘桴浮，或自疑上疏，上疏豈其由？”則所坐之因，雖退之猶疑之也。集中有《上京兆李實書》，盛稱其能，曰愈來京師所見公卿大臣，未有赤心事上，憂國如閣下者。又云今年以來，不雨者百餘日，種不入土，而盜賊不敢起，穀價不敢貴，老奸宿贓銷縮摧沮。亹亹百餘言，皆叙其歌慕之意。其後實出爲華州，又有書云：“愈於久故游從之中，蒙恩獎知遇最厚，無與比者。”愈既爲實所讒，不應此書拳拳如是。及觀《江陵塗中》詩云：“同官盡才俊，偏善柳與劉，或慮語言泄，傳之落冤讎。”又《岳陽别竇司直》云：“愛才不擇行，觸事得讒謗。前年出官日，此禍最無妄。”又《和張十一憶昨行》云：“伾文未揃崖州熾，雖得赦宥恒愁猜。近者三奸悉破碎，羽窟無底幽黄能。眼中了了見鄉國，知有歸日眉方開。”又有《永貞行》以快伾文之貶，其末云：“郎官清要爲世稱，荒郡僻野嗟可矜。具書目見非妄徵，嗟爾既往宜爲懲。”則知陽山之貶，伾文之力，而劉、柳下石爲多，非爲李實所讒也。會順宗即位，改元永貞，以大赦，移江陵府法曹參軍。程俱《韓文公歷官記》、洪興祖《韓子年譜》明年，憲宗即位，爲元和元年，召權知國子博士。宰相鄭絪愛愈文，將以文學職處之。有爭先者，構愈語以飛之；洪興祖《韓子年譜》曰：“時宰相鄭絪、翰林舍人李吉甫、裴均也。”愈恐及難，遂求分司東都，權知三年，改真博士，遷都官員外郎，李翱《韓吏部行狀》分司，判祠部。而中官號功德使，司京城觀寺，尚書斂手失職。而愈按六典，盡索之以歸，誅其無良，時其出入，禁譁衆以正浮屠。皇甫湜《韓文公神道碑》日與宦者爲敵，相伺候罪過，惡言詈辭，狼藉公牒；郎官職事，獨爲煩重；乃上書尚書留守鄭餘慶，乞與諸郎官更判；本集《上鄭尚書相公啓》不許。既改河南縣令。魏、鄆、幽、鎮各爲留邸，貯潛卒，以槖罪士，官無敢問者。愈將擿其禁以壯朝廷；斷民署吏，俟旦發。留守尹以聞，皆大恐，令遽相禁。有使還爲言。憲宗悦曰：“韓愈助我者！”是後鄆邸果謀反東都，將屠留守以應淮、蔡，而後知愈之能杜奸未然也。皇甫湜《韓文公神道碑》日以職分辨於留守及尹，故軍士莫敢犯禁。入爲職方員外郎。李翱《韓吏部行狀》華陰令柳澗有皋，華州刺史閻濟美劾奏之，停澗縣務，俾攝掾曹。居數月，濟美罷，澗諷百姓遮索前年軍頓役直。代者趙昌惡之，按其獄，貶澗房州司馬。愈過華，以爲刺史陰相黨，上疏理澗。詔監察御史李宗奭按驗，得澗贓狀；再貶澗封溪尉，以妄論降愈國子博士。至是愈四爲博士矣。愈自以才高數黜，官又下遷，乃作《進學解》以自喻。宰相武元衡、李吉甫、李絳等覽其文而憐之，以其有史才，改比部郎中，史館修撰。《舊唐書》、《唐書》本傳。〇宰相姓名，據洪興祖《韓子年譜》。進《順宗實録》，詳略各有意，削去常事，著其繫於政者；説禁中事頗切直。内官惡之，往往於憲宗前言其不實。洪興祖《韓子年譜》。〇《舊唐書》本傳云："時謂愈有史筆，及撰《順宗實録》，繁簡失當，叙事拙於取捨，頗爲當代所非。穆宗、文宗嘗詔史臣添改。時愈壻李漢、蔣係在顯位，諸公難之，而韋處厚竟别撰《順宗實録》三卷。"轉考功郎中，修撰如故，尋以考功知制誥。李翱《韓吏部行狀》

初彰義軍節度使吴少陽卒；其子元濟自立。憲宗討之，環而壘者十餘軍，久未有功，乃命御史中丞裴度使諸軍按視；及還，具言賊可滅；與宰相議不合。自安禄山起范陽，陷兩京，河南北七鎮節度使，身死，則立其子，作軍士表以請，朝廷因而與之。及貞元季年，雖順地節將死，多即軍中取行軍副使將校以授之節；習以成故矣。宰相韋貫之等恬於所安，以苟不用兵爲貴，議多與度異。李翱《韓吏部行狀》。〇按李翱《行狀》及《唐書》本傳，皆言宰相而無主名，獨《資治通鑑》卷二百三十九，曰中書侍郎同平章事韋貫之，性高簡，好甄别流品，又數請罷用兵云云。意者，即韋貫之歟？獨愈奏狀言："吴元濟以淮西三小州，殘弊困劇之餘，而當天下之全力，其破敗可立而待。然所未可知者，在陛下斷與不斷耳。夫兵不多，不足以必勝，而必勝之師，必在速戰，兵多而戰不速，則所費必廣。"因條陳用兵利害，本集《論淮西事宜狀》與度議合。既數月，盜殺宰相武元衡，以主用兵也。又道擊裴度，傷其首，墜溝中；度氈帽厚，得不死。遂爲宰相以主東兵，而它相意不同，益請罷兵。《資治通鑑》卷二百三十九愈乃言："盜殺宰相而遂息兵，其爲懦甚大，兵不可以息！"尋遷中書舍人，賜緋魚袋。而宰相有不便之者，李翱《韓吏部行狀》摭其舊事，言愈前降爲江陵府法曹參軍；荆南節度使裴均館之頗厚。均子鍔凡鄙；近者鍔還省父，愈爲序餞鍔，仍呼其字。此論喧於朝列。坐是改太子右庶子。《舊唐書》、《唐書》本傳及元和十二年秋，憲宗以兵老久屯，賊未滅；詔裴度以宰相節度彰義軍，宣慰淮西，請愈以行。於是以愈兼御史中丞，賜三品衣魚，爲行軍司馬。李翱《韓吏部行狀》軍出潼關，請先乘遽至汴，感説韓弘。弘方以宣武節度使，都統諸軍，悦而用命。歸從度至郾城，審賊勢虚實，皇甫湜《韓文公神道碑》、《韓文公墓銘》知蔡州精卒悉聚界上以拒諸軍；

守城者率老弱，且不過千人；亟白度請以兵三千人間道以入，必擒吴元濟。度未及行；李翱《韓吏部行狀》而李愬以唐、鄧、隨節度使攻蔡州之西；遂用所得賊將李祐爲導，自文城因天大雪，疾馳百二十里，用夜半到蔡，破其門，取元濟，盡得其屬人卒，韓愈《平淮西碑》如愈言。先是愈奏狀言："蔡州士卒，皆國家百姓，若勢力窮，不能爲惡者，不須過有殺戮，銷其兇悖之心，貸以生全之幸。"本集《論淮西事宜狀》至是度入蔡，以皇帝命赦其人。淮西平，韓愈《平淮西碑》愈有力焉。恒、冀、深、趙節度使王承宗擅命三世矣。黨淮西之日久。而布衣柏耆乃以計謁愈，言所以服承宗者。愈與語，奇之，遂白度曰："淮西滅，王承宗膽破矣。可不勞用衆；宜使辯士奉相公書明禍福以招之，彼必服!"度然之。愈令柏耆口占爲丞相書，明禍福；使柏耆袖之以至鎮州，承宗果大恐，上表請割德、棣二州以獻。度歸京師；愈遷刑部侍郎。李翱《韓吏部行狀》詔撰《平淮西碑》，其辭主裴度，而著李愬入蔡之功列於諸將；顧先入蔡州，擒吴元濟，愬自以功第一，特不平之。愬妻出入禁中，因訴碑辭不實。詔令磨愈文。憲宗命翰林學士段文昌重撰勒石。《舊唐書》本傳或曰："事由石孝忠。"石孝忠者，生長韓、魏間，爲人猛悍多力，州里患之；後折節事李愬爲前驅，信任與家人伍。至是覩愈所撰碑，熟識其文，大恚怒，因作力推倒其碑。吏不能止，乃執詣節度使，具以聞。上甚訝之，命具獄，將盡於碑下。孝忠度必死，苟虛死，則無以明愬功；乃僞祇畏，若不勝按；伺吏隙，用枷尾拉一吏殺之。天子聞而震怒，俾送闕下，親訊之曰："汝推吾碑，殺吾吏，爲何?"孝忠頓首曰："臣一死不足以塞責；但得面天顔，則赤族無恨矣。臣事李愬久，以賤故給事，無不聞見。平蔡之日，臣從在軍前。如吴秀琳，蔡之奸賊也，而愬降之；李祐，蔡之驍將也，而愬擒之；蔡之爪牙脱落於是矣。及元濟受縛，雖丞相與諸將軍，不能先知也。蔡平，刻石記功，盡歸丞相；而愬名與諸將齒。愬固無所言矣。脱不幸更有一淮西，其將略如愬者，肯爲陛下用乎？臣所以推去碑者，不惟明愬之績，亦將爲陛下正賞罰之源。不推碑，無以爲吏擒；不殺吏，無以見陛下。臣言已矣，請就刑!"憲宗既得淮、蔡本末，又多其義，遂赦之，因名曰烈士，而磨愈文也。詩人羅隱云。羅隱《甲乙集説石烈士》

鳳翔法門寺，有護國真身塔。塔内有釋迦文佛指骨一節，其書本傳法三十年一開，開則歲豐人泰。憲宗以十四年正月，令中使杜英奇押宫人三十人持香花赴臨皋驛迎佛骨自光順門入大内，留禁中三日，乃送諸寺。王公士庶奔走捨施，唯恐在後；百姓有廢業破産，燒頂灼臂而求供養者。愈素不喜佛，《舊唐書》本傳奏疏言：“自伏羲至周文武時，皆未有佛，而年多至百歲，有過之者。自佛法入中國，帝王事之，壽不能長，梁武帝事之最謹而國大亂。請燒棄佛骨！”李翺《韓吏部行狀》疏奏，憲宗怒甚。間一日，出疏以示宰臣，將加極法。裴度、崔群奏曰：“愈言訐牾，罪之誠宜。然非内懷忠懇，豈能至此！願少寬假以來諫者。”帝曰：“愈言我奉佛太過，我猶爲容之。至謂東漢奉佛之後，帝王咸致夭促；何言之乖剌也！愈人臣，狂妄敢爾，固不可赦！”於是人情驚惋，雖戚里諸貴，亦爲愈言；乃貶潮州刺史。《舊唐書》、《唐書》本傳大官謫爲州縣，往往薄不治務；而愈臨潮州，若以資遷。皇甫湜《韓文公神道碑》既視事，詢吏民疾苦。皆曰：“郡西湫水有鱷魚，卵而化，長數丈，食民畜産將盡；以是民貧。”居數日，愈往視，令判官秦濟炮一豚、一羊，投之湫水；呪之曰：“刺史受天子命，來守此土。而鱷魚睅然不安谿潭，食民畜熊鹿麞豕，以肥其身，以繁其卵，與刺史爭爲長。刺史雖駑弱，安肯爲鱷魚低首而下哉！今潮州，大海在其南；鯨鵬之大，蝦蟹之細，無不容；鱷魚朝發而夕至。今與鱷魚約，三日乃至七日；如頑而不徙，須爲物害，則刺史選材伎壯夫，操勁弓毒矢，與鱷魚從事矣！”呪之夕，有暴風雷起於湫中；數日，湫水盡涸，徙於舊湫西六十里，而鱷魚不爲患。《舊唐書》本傳潮人感之。於是其俗婦女出行，乃以皁布丈餘蒙首以下，雙垂至膝，有視則兩手翕張其布，是名曰“文公帕”；垂今千年，仍舊稱以明不忘愈云。或曰：“愈遺製也。”梁紹壬《兩般秋雨庵隨筆》愈之至潮，嘗以表哀謝。帝頗感動，持示宰相曰：“昨得韓愈到潮州表，因思其所諫佛骨事，人是愛我；我豈不知？然愈爲人臣，不當言人主事佛，乃年促也。我以是惡其容易！”上欲復用愈，故先語及，觀宰臣之奏對。而皇甫鎛惡愈狷直，率先對曰：“愈終大狂疏，且可量移一郡。”乃改袁州刺史。袁州之俗，男女隸於人者，過期不贖，則没入出錢之家。愈至，悉計庸得贖所没，歸之父母，七百餘人；因與約禁其爲隸。《舊唐書》、《唐書》本傳在官踰年，穆宗即位，召拜國子祭酒。有直講能説禮而陋容；學官多豪族子，擯之不得共食。愈命吏曰：“召直講來，與祭酒共食！”學官由此不敢賤直講。奏儒生爲學官，日使會講，生徒多奔走聽聞；皆喜曰：“韓公來爲祭酒，國子監不寂寞矣。”李翺《韓吏部行狀》官人以藝學深淺爲顧待，品彖曹游壹不留。皇甫湜《韓文公神道碑》改兵部侍郎。

鎮州亂，殺其帥田弘正而立王庭湊；朝命深州刺史牛元翼節度深、冀以討之，不克；遂以王庭湊爲節度使。庭湊遂圍深州；元翼告急，詔愈往宣撫。既行，衆皆危之。元稹奏曰："韓愈可惜！"穆宗亦悔，有詔令至境觀事勢，無必於入。李翱《韓吏部行狀》愈曰："止，君之仁；死，臣之義。皇甫湜《韓文公墓銘》安有受君命而滯留自顧！"遂疾驅入，庭湊嚴兵拔刃，弦弓矢以逆。及館，甲士羅於庭。愈與庭湊、監軍使三人就位。既坐，庭湊言曰："所以紛紛者，乃此士卒所爲；本非庭湊心。"愈大聲曰："天子以爲尚書有將帥材，故賜之以節；不知公共健兒語，未嘗及，大錯！"甲士前奮言曰："先太史爲國打朱滔；滔遂敗走；血衣皆在。此軍何負朝廷，乃以爲賊乎？"愈告曰："兒郎等且勿語，聽愈言：愈將爲兒郎已不記先太史之公與忠矣。若猶記得，乃大好。且爲逆與順利害；不能遠引古事，但以天寶來禍福爲兒郎等明之：安禄山、史思明、李希烈、梁崇義、朱滔、朱泚、吴元濟、李師道，復有若子若孫在乎？亦有居官者乎？"衆皆曰："無！"愈又曰："田令公以魏博六州歸朝廷，爲節度使，後至中書令，父子皆授旌節，子與孫雖在幼童者，亦爲好官，窮富極貴，寵榮耀天下；劉悟、李佑皆居大鎮；王承元年始十七，亦杖節；此皆三軍耳所聞也。"衆乃曰："田弘正刻此軍，故軍不安。"愈曰："然！汝三軍亦害田令公身，又殘其家矣，復何道！"衆乃讙曰："侍郎語是！"庭湊恐衆心動，遽麾衆散出；因泣謂愈曰："侍郎來，欲令庭湊何所爲？"愈曰："神策六軍之將如牛元翼比者不少，但朝廷顧大體，不可以棄之耳。而尚書久圍之，何也？"庭湊曰："即出之。"愈曰："若真耳，則無事矣！"因與之宴而歸；而牛元翼果出。乃還於帝前盡奏與庭湊言及三軍語。帝大悦曰："卿直向伊如此道！"由是有意欲大用之。王武俊者，蓋王承宗之祖，以功贈太師；呼"太史"者，燕趙人語也。李翱《韓吏部行狀》轉吏部侍郎。

故事，尚書令史，防禁不得出入，夜鎖之；及愈爲吏部侍郎，乃曰："人所以畏鬼者，以其不能見也。鬼如可見，則人不畏矣。選人不得見令史，故令史勢重；聽其出入，則勢輕。"凡令史皆不鎖，聽出入。改京兆尹，兼御史大夫。李翱《韓吏部行狀》

時宰相李逢吉惡李紳；而紳有寵，旦夕且相，欲逐之；遂以紳爲御史中丞；而除愈京兆尹，兼御史大夫，《唐書》本傳勑曰："朕屈韓愈爲尹，宜令無參御史，不得爲故常；兼御史大夫，用優之!”紳天性褊僻，而愈不臺謁，固爲恥矣。愈之在官，禁軍老奸，宿惡不攝，盡縛送獄；皇甫湜《韓文公神道碑》於是六軍將士皆不敢犯，私相告曰：“是尚欲燒佛骨者，安可忤!”故盜賊止。遇旱，米價不敢上；京理恪然。而紳械囚送令尹決之。愈曰：“安有此!”脱械縱囚。李翺《韓吏部行狀》紳果劾奏愈，愈以詔自解。其後文刺紛然；宰相乘之，以臺府不協，兩改其官；乃出紳爲江西觀察使。愈亦罷尹，爲兵部侍郎。《唐書》本傳愈入謝。帝曰：“卿與李紳爭何事?”愈因自辨。李翺《韓吏部行狀》而紳面辭赴鎮，泣涕陳叙。穆宗憐之，乃追制以紳爲兵部侍郎；愈復爲吏部侍郎。《舊唐書》本傳

愈逮老，喜服食養生。故事，用硫黄攪粥飯啖雞男，不使交，千日烹庖，名火靈庫；云可以長氣益精。愈間日進一隻焉，始亦見功，終遂嬰疾；陶穀《清異録》顧頗以自諱。長慶四年八月，以疾免吏部侍郎。皇甫湜《韓文公墓銘》每與交友言曰：“某伯兄德行高，曉方藥，食必視本草，年止於四十二。某疏愚，食不擇禁忌；位爲侍郎，年出伯兄十五歲矣，如又不足，於何而足!且獲終於牖下，幸不至失大節，以下見先人，可謂榮矣!”李翺《韓吏部行狀》既而疾革，宵中驚悸，寤而汗洽衾裯，命侍人扶坐。夫人問故。良久，曰：“向來夢神長丈餘，金鎧揚戟，直入寢門，我不覺降階拜之。自稱大聖，嗔目謂我曰：‘睢邃骨税國世與韓爲讎，吾欲討之而不能如何?’我跪答曰：‘願從大聖討焉!’”皇甫枚《三水小牘》遂以十月二日丙子，卒於靖安里第。李翺《韓吏部行狀》。〇丙子二字，據皇甫湜《韓文公神道碑》及《墓銘》增入。將卒，告群僚曰：“吾不藥!今將病死矣。汝詳視吾手足支體，無誑人云韓愈癩死也。”王讜《唐語林》年五十七，贈禮部尚書，謚曰文。

愈爲人豐肥寡髯，彭乘《墨客揮犀》曰：“世人畫韓退之小面而美髯，著紗帽，此乃江南韓熙載耳。熙載謚文靖，江南人，謂之韓文公，因此遂謬以爲退之。退之肥而寡髯，元豐中以退之從享文宣王廟，郡縣所畫皆是熙載，後世不復可辨，退之遂爲熙載矣。”氣厚性通。李翺《韓吏部行狀》朝有大獄大疑，文武會同，莫先發言；愈援經引決，考合傳記，侃侃正色，伏其所學。皇甫湜《韓文公神道碑》與人交，洞朗軒闢，不施戟級；平居雖寢食未嘗去書，怠以爲枕，餐以飴口，講評孜孜，以摩諸生；恐不曉暢，游以詼笑嘯歌，使皆醉義忘歸；皇甫湜《韓文公墓銘》而汲引之如恐不及，爲舉科第。廣平程子齊昔範未舉進

士日，著《程子中謩》，愈稱歎之。及赴舉，白於主司曰："程昔範不合在諸生之下！"當時不第，人以爲屈。庾尚書承宣知貢舉，昔範卒以登第，爲大官，有名。王讜《唐語林》天下之士以此多皈依愈，有投書請益者，時人謂之韓門弟子；李肇《國史補》館之者十六七。常以爲："自魏、晉以還，爲文者多拘偶對，而經誥之指歸，遷、雄之氣格，不復振起矣！"故愈所爲文，務反近體，抒意立言，自成一家，《舊唐書》本傳繼道德之統，明列聖之心，獨濟狂瀾，詞彩燦爛；齊梁綺豔，毫髮都捐；有冠冕珮玉之氣，宫商金石之音，辛文房《唐才子傳》茹古涵今，無有端涯；及其酣放，豪曲快字，凌紙怪發，鯨鏗春麗，驚耀天下。然而栗密窈眇，章妥句適，精能之至，入神出天；皇甫湜《韓文公墓銘》後學之士，取爲師法，稱韓文。《舊唐書》本傳至若歌詩累百篇，而驅駕氣勢，若掀雷走電，撑決於天地之垠，詞鋒學浪，莫之京也。辛文房《唐才子傳》然唯愈爲之，沛然若有餘；至其徒李翺、李漢、皇甫湜從而效之，遽不及遠甚。從愈遊者，若孟郊、張籍，亦皆有名於時；《唐書》本傳二人名位未振，愈不避寒暑，稱薦於公卿間；而籍終成科第，榮於禄仕；後雖通貴，每退公之隙，則相與談讌論文賦詩如平昔焉。《舊唐書》本傳交於人，已而我負，終不計；死則庀其家；均食剖資，雖微弱，待之如賢戚；人詬笑之，壹不爲意。未嘗一食不對客；閨人或晝見其面，退相指語以爲異事。未嘗宿貨有餘財，每曰："吾前日解衣質食，今存有已多矣。"皇甫湜《韓文公神道碑》娶范陽盧氏，皇甫湜《韓文公墓銘》生子三人，曰昶，曰爽，曰殿中省馬進佶。本集《祭侯主簿文》而昶最著。昶字有之，生徐之苻離，小字曰苻。梁同書曰："《貫齋塗説》：'曰韓昶，小名苻，以其生於苻離也。'"見昶自爲墓誌，本集誤作符，并《年譜》亦不知即昶名也。幼而就學，性寡言笑，不爲兒戲；而拙於誦記，卒一年，不能通書得三五百字，爲同學所笑。至六七歲，未解把筆書字；而眈於爲文，出言成章，不同他人所爲。張籍奇之，爲授詩。時年十餘歲，日通一卷。籍大奇之，試授諸童，皆不及之；能以所聞曲問其義，往往不能答；受詩未通兩三卷，便自爲詩。及年十一二，樊宗師大奇之。宗師文體吊詭，與常人不同，昶讀慕之；一旦爲文，宗師大奇；其文中字或出於經史之外，宗師讀不能通。稍長，舉進士，見進士所爲之文，與宗師不同，遂改體就之，欲中其彙；年二十五，登長慶三年進士第；累官朝議郎，檢校尚書户部郎中，兼襄州别駕上柱國；韓昶自爲《墓誌銘》顧中間一爲集賢殿校理，史傳中見説金根車處，皆臆斷之曰："豈其悮歟？必金銀車。"悉改根字爲銀字。大爲時笑。至拜左拾遺，果爲諫院不受。張鷟《朝野僉載》以大中九年六月八日卒，年五十七。有男五人，曰緯，復州參軍，曰綰、曰緄、《唐書·宰相世系表》作袞。曰綺、曰紈，舉進士。韓昶自爲《墓誌銘》綰，字持之，而袞，字獻之，咸通七年，狀元及第。洪興祖《韓文公年譜》綰亦有名。

隴西李漢，字南紀，愈之女壻也。少師愈爲文，長於古學，元和七年進士，累官吏部侍郎，顧剛訐亦類愈，卒以困躓；《舊唐書·李漢傳》自以知最厚且親，遂收拾遺文，無所失墜，得賦四，古詩二百一十，聯句十一，律詩一百六十，雜著六十五，書、啓、序九十六，哀詞、祭文三十九，碑誌七十六；筆、硯、鱷魚文三，表、狀五十二，總七百；并目録合爲四十一卷，目爲《昌黎先生集》。李汲《昌黎先生集序》後人蒐其闕遺，爲《昌黎先生外集》十卷、《昌黎先生集遺文》一卷，并傳於後代。又成《論語解》十卷，其説時與俗不同。如"六十而耳順"，解云："耳當爲爾，猶言如此也。"如"曾謂泰山不如林放乎"，解云："謂當作爲，言冉有爲泰山，非禮也。"如"宰予晝寢"，解云："晝當作畫；宰予四科十哲，安得晝寢之責！"如"人之生也直"，解云："直，德字之誤；言人生稟天地之大德也。"如"子所雅言"，解云："音作言，字之誤也。"如"三嗅而作"，解云："嗅，當作鵙；鵙鵙，鳴雉之聲也。"如"子在，回何敢死"，解曰："死當作先。"如"浴乎沂"，解云："浴當作沿。"如"君子而不仁者有矣夫"，解云："仁當作備。"如"以杖叩其脛"，解云："叩當作指。"如"君子貞而不諒"，解云："諒當作讓。"如"孔子時其亡也"，解云："時當作待。"如"鄉原，德之賊"，解云："鄉原當作内柔。"都穆《聽雨紀談》而語於人曰："愈嘗注其書而不敢過求其意，取聖人之旨而合之，則足以信後生輩耳。"韓愈《答後生問論語書》未及卒業而死。葛立方《韻語陽秋》曰："愈既死，張籍祭詩有'魯論未訖注，手跡今微茫'。"則知愈晚年注《論語》未訖而絶筆也。宋世有《四注孟子》，題揚雄、韓愈、李翺、熙時子，四家撰。《中興藝文志》謂其旨意淺近，蓋依託者。獨愈生陵遲之末，皇皇仁義，有志於持世範，欲以人文化成，而道未果也。《舊唐書》本傳當其所得，粹然一出於正，刊落陳言，横鶩别驅，汪洋大肆，自詡因文見道，遂以《六經》之文，爲諸儒倡，障隄末流，反刓以樸，剗僞以真，雖蒙訕笑，跆而復奮。《唐書》本傳論其見道，豈曰探原；而言文章，百世之雄矣。其素所蓄積也。述《韓愈行實録》第二。

韓愈佚事狀第三

一、韓愈豐肥喜睡，每來吳家，必命枕簟。邵博《聞見後録》云："予舊於滏城孔寧極家見《孔戣私記》一編"云云。吴家未詳誰某。

一、韓愈入試，陸宣公贄爲主司，作《不遷怒不貳過論》。贄閲愈卷，黜之不叙。次年，宣公復主試，復試是題。愈復寫舊作，一字不易，宣公大加歎賞，擢置第一。非愈自信甚真，誰肯將落第文字，更去應試；又應舉於上年所塗抹之主司！非宣公虚心選擇，又誰肯首舉昌黎，更首舉昔年所塗抹之昌黎！皆當於古人中求之。張岱《史闕》

一、韓愈《直諫表》："近聞七月十五日，幸安國寺，禮空王，以爲崇福施信，示天下仁心。"陳元靚《歲時廣記》不見集中。

一、韓愈《擬范蠡與大夫種書》，意出千古，理振群疑，常爲孫何所稱。今集中無此作。楊慎《丹鉛總録》

一、韓愈好奇，與客登華山絶峰，度不能返，發狂慟哭，爲遺書華陰令；令百計取之乃下。李肇《國史補》詒門下從子壻張徹詩曰："洛邑得休告，華山窮絶徑。倚巖睨海浪，引袖拂天星。日駕此迴轄，金神所司刑。泉紳拖脩白，石劍攢高青。澄蘚澾拳跼，梯飊颭伶俜。悔狂已咋指，垂誡仍鐫銘！"本

集《答張徹》疑愈以形容絶險，而傳者或敷張其説，引詩以證其實有耶！薛雪《一瓢詩話》

一、韓愈與柳宗元輩三人，夜坐談鬼神變化。時風雪寒甚，窗外點點火明若流螢，須臾雖千萬點，不可數度，頃入室中，或爲圓鏡飛度往來，乍離乍合，變爲大聲去。而三人中，雖愈剛直，亦爲之動顔；宗元二人，但匍匐掩目前席而已。柳宗元《龍城録》

一、韓愈輕薄多詆，謂李程曰："某與丞相崔大群同年往還，直是聰明過人。"程曰："何處是過人者?"愈曰："共愈往還二十餘年，不曾共説著文章；此豈不是他敏慧過人也!"愈初貶之際，舍人席夔原稱席十八舍人，按范攄《雲溪友議》有席舍人夔，疑一人。爲之詞曰："早登科第，亦有聲名。"席既物故。友人曰："席無令子弟，豈有病陰毒傷寒而與不潔吃耶?"愈曰："席十八吃不潔大遲!"人問之何也? 曰："出語不是!"蓋忿其責辭云"亦有聲名"耳。韋絢、劉賓客《嘉話録》

一、泉州之南有山焉，其山峻起壁立；下有潭水，深不可測，周十餘畝；中有蛟螭，嘗爲人患。人有誤近，或牛馬就而飲者，輒爲吞食；泉人苦之有年矣，由是近山居者，咸挈引妻子，徙去他郡，以逃其患。元和五年，一夕，聞山南有雷震暴興，震數百里，若山崩之狀。一郡驚懼，里人洎牛馬雞犬俱失聲仆地，流汗被體；屋瓦交擊，樹木顛拔。自戌及子，雷電方息。明旦，往視之；其山摧墮，石壁數百仞殆盡，俱填其潭；水溢流，注滿四野。蛟螭之血，遍若玄黄。而石壁之上，有鑿成文字一十九言，字勢甚古；郡中士庶無能知者。自是居人無復患矣。懼者既息，遷者亦歸，結屋架廬，接比其地，郡守之名其地爲石銘里，蓋因字爲銘，且識其異也。後有客於泉者，能傳其字，持至東洛。而韓愈方以尚書郎爲河南令，見而識之，其文曰："詔赤黑視之！鯉魚天公卑殺牛人壬癸神，書急急!"然則詳究其義，似上帝責蛟螭之詞，令戮其害也；其字則蝌蚪篆書，故泉人無有識者矣。張讀《宣室志》

一、李河南素替杜公兼。時韓愈爲河南令，除職方員外郎。歸朝，問前後之政如何。對曰："將兼來比素?"無名氏《大唐傳載》

一、劉侍郎軻者，韶州人也。幼之羅浮、九疑，讀黄、老之書，欲學輕舉之道；又於曹溪，探釋氏關戒，遂披僧服焉，釋名溢納。北之筠州、方山等寺，又居廬岳東林寺，習《南山鈔》及《百法論》，咸得宗旨焉。獨處一室，數夢一人衣短褐曰："我書生也，頃因遊學逝此一室；以主寺僧不聞郡邑，乃瘞於牖下，而屍骸跼促。死者從直，何以安也！君能遷葬，必有酬謝。"乃訪於緇屬，果然；尋改遷於虎溪之上，求得一柏函；軻解所著之衣覆其骸骼。是夜夢書生來謝，持三雞子，勸軻立食之，"食訖當明爽；雖冥莫之道，某不妄言！"軻嚼一卵而吞；二者猶豫未食，手握之而覺，後乃精於儒學，而肆文章，兩登第，歷任史館，欲書夢中之事，不可自爲傳記。韓愈素知焉；曰："待余餘暇，當爲一文贊。"後愈謫宦，其文竟不成也。范攄《雲溪友議》初愈爲史館修撰，軻貽書勉之。而愈答意不爲然，大指稱："作史者不有人禍，則有天刑，年志已就衰退，不可自敦率，後生可畏，安知不在軻！"《韓愈外集・答劉秀才論史書》及軻任史館；朝廷凡有瑕勳，悉欲書之，冀人惕勵，擬縱董狐之筆，尤謗必至；匿其功過，尤非史職；握管躊躇，常暮則沈湎而出。愈曰："史館，國之樞機也；其如沈湎之醉何！"范攄《雲溪友議》乃知言之非艱，履之后艱。而軻之文傳者，曰《大唐三藏大遍覺法師即玄奘塔銘并序》，得三千言，刻石陝西之長安縣，署曰"朝議郎檢校尚書屯田郎中使持節洺州諸軍事守洺州刺史兼侍御史上柱國賜緋魚袋劉軻撰"王昶《金石萃編》者也。

一、韓愈文早爲裴度所不滿。而度之未顯也，有寄李翺書曰："昌黎韓愈，僕知之舊矣。近或聞諸儕類，云恃其絶足，往往奔放；不以文立制，而以文爲戲，可矣乎！今之不及之者，當大爲防焉爾！"考度作此書時，名位尚未達。其末云："昨弟來，欲度及時干進。度昔歲取名不敢自高；今孤煢若此，遊宦謂何！是不能復從故人之所勉爾。但置力田園，苟過朝夕而已。"然則度北征淮西，請愈爲行軍司馬，又令作碑；蓋在此累年之後，相知已深，非復前此也。洪邁《容齋隨筆》

一、韓愈之隨征淮西也；吴武陵自硤石望，東南氣如旗鼓牙盾，皆顛倒横斜；少選，黄白氣出西北，盤蜿相交；遂告韓愈曰："今西北，王師所在；氣黄白，喜象也。敗氣爲賊，日直木，舉其盈數，不閲六十日，賊必亡。夫天見其象，宜修事應之。且洄曲守將，急緩不可使。吴城賊將趙曄詐而輕，若以兵誘之，伏以待，一舉可奪其城，則右臂斷矣。"朱國楨《湧幢小品》愈乃獻間道之計。

一、韓愈姪孫湘，字清夫，落拓不羈；愈勉之學，乃笑作詩，有"能開頃刻花”之句。愈曰：“汝能奪造化開花乎？”湘遂聚土覆盆，良久曰：“花已發矣！”舉盆乃碧花二朵，葉間有小金字，乃詩一聯云：“雲橫秦嶺家何在？雪擁藍關馬不前。”愈未曉詩意；湘曰：“事久可驗。”愈後貶潮陽，途有一人冒雪而來，乃湘也！湘曰：“公憶花上句乎？乃今日事也。”愈詢地名，即藍關，再三嗟歎！曰：“吾爲汝足成之。”其辭曰：“一封朝奏九重天，夕貶潮陽路八千。欲爲聖朝除弊政，肯將衰朽惜殘年！雲橫秦嶺家何在？雪擁藍關馬不前。知汝遠來應有意，好收吾骨瘴江邊！”劉斧《青瑣高議》一説：“韓愈外甥，忘其名姓，幼而落拓不羈，不讀書，好飲酒；弱冠，往洛下省骨肉，乃慕雲水不歸，僅二十年，杳絶音信。元和中，忽歸長安，知識闒茸，衣服滓弊，行止乖角。愈以久不相見，容而恕之。一見之後，令於學院中，與諸表話論，不近詩書，殊若土偶；唯與小臧賭博，或厩中醉卧，三日五日。或出宿於外。愈懼其犯禁陷法，時或勗之。暇日偶見，問其所長。云：‘善卓錢鍋子。’試令爲之。植一鐵條尺餘，百步内卓三百六十錢，一一穿之，無差失者。書亦旋有詞句以資笑樂。又於五十步内雙鉤草‘天下太平’字，點畫極工。又能於爐中累三十斤炭，支三日火，火勢常熾，日滿乃消，愈甚奇之。問其修道，則玄機清話，該博真理，神仙中事，無不詳究。因説小伎云：‘能染花紅者可使碧，或一朵具五色，皆可致之。’是年秋，與愈後堂前染白牡丹一叢，云：‘來春必作含稜碧色，内合有金含稜紅間暈者；四面各合有一朵五色者。’自斸其根下，置藥而後栽培之，俟春爲驗。無何潛去，不知所之。是歲，上迎佛骨於鳳翔，御樓觀之。一城之人，忘業廢食。愈上表直諫，忤旨，出爲潮州刺史。至商山，泥滑雪深，頗懷鬱鬱。忽見是甥迎馬首而立，拜起勞問，扶鐙接轡，意甚殷勤。至翌日，雪霽，送至鄧州，乃白愈曰：‘某師在此，不得遠去，將入玄扈，倚帝峰矣。’愈驚異其言，問其師，即洪崖先生也，東園公方使柔金水玉，作九華丹，火候精微，難於暫捨。愈加敬曰：‘神仙可致乎？至道可求乎？’曰：‘得之在心，失之亦心。校功銓善，黜陟之嚴，仿王禁也。其他日復當起居，請從此逝！’愈爲五十六字詩以别之曰：‘一封朝奏九重天，夕貶潮陽路八千。本爲聖朝除弊事，豈將衰朽惜殘年！雲橫秦嶺家何在？雪擁藍關馬不前。知汝遠來應有意，好收吾骨瘴江邊！’與詩訖，揮涕而别，行入林谷，其速如飛。明年春牡丹花開數朵，花色一如其説；但每一葉花中有楷書十四字，曰：‘雲橫秦嶺家何處？雪擁藍關馬不前。’書勢精能，人工所不及。非神仙得道，立見先知，何以及於此也？或曰：‘其後愈復見之，亦得其月華度世之道，而迹未顯爾。’”《太平廣記》引《仙傳拾遺》。但未知究是姪孫，抑是甥也。然《昌黎遺文》有《徐州贈族姪詩》，曰：“我年十七八，壯氣起胸中：作書獻雲闕，辭家逐秋蓬。歲時易遷次，身命多厄窮！一名雖云就，片禄不足充。今者復何事，卑棲寄徐戎。蕭條資用盡，濩落門巷空。朝眠未能起，遠懷方鬱悰。擊門者誰子？問言乃吾宗。自云有奇術，探妙知天工。既往悵何及，將來喜還通。斯吾語非佞，當爲佐時雍。”或者謂即指湘而言。然題曰贈族姪，而不指名湘。按《唐書・宰相世系表》：湘，愈之姪孫，而非族姪也。愈仲兄介，介二子，百川，老成；而老成即所謂十二郎，著名愈文者也。子二：曰湘、曰滂。滂清明遜悌以敏；讀書倍文，功力兼人。爲文詞，一旦奇偉驟長，不類舊常。愈眎曰：“爾得無假之人耶？”退大喜，謂其兄湘曰：“某違翁且逾年，懼無以爲見；今翁言乃然，可以爲賀！”韓愈《韓滂墓誌銘》湘者，滂之兄，老成長子也，字北渚，《唐書・宰相世系表》長慶三年，登進士第；幼而能文，尤長於詩，與一時士大夫相唱和。姚合有《答韓湘詩》云：“子在名場中，屢戰還屢北。”又云：“昨聞過春闈，名係吏都籍。三十登高科，前途浩難測。”又姚合《送韓湘赴西江詩》云：“年少登科客，從事詔命新。行裝有兵器，祖席盡詩人。”《姚少監詩集》後累官大理丞。《唐書・宰相世系表》然則湘固宦進之士；而世傳爲仙，非其實也。《道緣匯録》載：愈有從姪孫湘，字清夫，號元陽子，清修寡欲，未入名場，落拓不羈，縱遊山水。長慶初，湘及第；愈教湘應舉讀書，似乃兄榮，湘對曰：“孫與公所好各異。”後愈貶潮州，路經藍關，積雪滿地，馬不能前。適湘至，爲掃除其雪，懷中出藥丸一枚與之；曰：“服之可禦瘴。”言畢，飄然而去。今人知有湘而不知有湘，知其兄而不知有弟；蓋湘湘二字形近而譌；而列仙班者，即此字曰清夫之湘；而湘則無與焉。然湘姓名不見《唐書・宰相世系表》。詳著異説，以存傳疑之旨云爾。

一、韓愈刺潮州，作文驅鱷，西徙六十餘里，仍復爲害；後有刺史以毒法殺之，鱷害乃絶。蓋著之《粵中見聞》云爾。其人姓名無考，可惜也。天下事大抵如是。文人最工於弋譽，實惠多隱而弗傳。蔣超伯《南漘楛語》

一、韓愈刺潮州，嘗暑中張皁蓋，歸而喜曰：“此物能與日輪爭功，豈細事耶！”馮贄《雲仙雜記》引《傳方略記》。

一、皇甫湜謁韓愈，愈贈以詩。湜退有言，怒愈不爲置酒。愈曰：“豈不勝以爛黄魚待汝耶?”馮贄《雲仙雜記》引《續鍾嶸句眼》。

一、韓愈有二妾：一曰絳桃，一曰柳枝，皆能歌舞。王讜《唐語林》張籍所謂“乃出二侍女，合彈琵琶箏”者也。陳善《捫蝨新語》初使王庭湊，至壽陽驛，絶句云：“風光欲動别長安，春半邊城特地寒。不見園花兼巷柳，馬頭唯有月團圓!”蓋有所屬也。柳枝後踰垣遁去，家人追獲。及鎮州初歸，詩曰：“别來楊柳街頭樹，擺弄春風只欲飛。還有小園桃李在，留花不放待郎歸。”自是專寵絳桃矣！王讜《唐語林》嘗誚京師富兒“不解文字飲，唯能醉紅裙”。然予謂愈亦未是忘情紅裙。有詩云：“銀燭未銷窗送曙，金釵半醉坐添春。”此豈空飲文字者耶！陳善《捫蝨新語》

一、潮州韓文公祠有異木，世傳退之手植，去祠數十步，種之輒死。有題文公祠者云：“韓木有情春谷暖，鱷魚無種海潭清”者是也。周紫芝《竹坡詩話》

一、韓愈草書王維《白鸚鵡賦》字徑四五寸，四十八行，行四五六字不等；末行有退之二字；相傳爲韓愈刺潮州時所書。清雍正十二年，渝州龍爲霖知潮州事，摹勒於州之韓祠東壁，石高二尺二寸，廣三丈許；乾隆三十六年，大興翁方綱附刻釋文。陸耀遹《金石續編》愈書傳者，惟此及陽山縣廨石刻“鳶飛魚躍”四字而已。汪瑔《松烟小録》曰：“見高州楊孝廉，其言陽山石刻是前明湖廣人僞作，楊能舉其名，今不復記憶矣。”然博嘗見韓愈楷書《李元賓墓誌》，字大指許，結體用歐陽，使筆如魯公，方整端厚，想見其爲人。同縣周同愈進之得拓本以眎博，時在一九一三年七月。

一、自明以來，北京吏部、翰林院、禮部、國子監土地神俱祀韓愈。至清乾隆三十六年，陽湖趙翼甌北以進士一甲第三人入翰林，謁土地祠，賦長歌以解嘲云：“瀛洲署中坎社鼓，社公傳是韓吏部。建置本末無可徵，肇祀不知意何取? 從來名賢歿爲神，各視平生所建竪；或班侍郎居碧落，或册真人位紫府，或選閻羅分殿十，或封遮須列爵五。鬼官司命周顗除，太陽都録魏徵補，白傅已列蓬萊仙，曼卿更拜芙蓉主。況公日星河嶽氣，立朝大節炳千古；絶脈能開道學先，餘事亦號文章祖；抗疏幾碎佛氏骨，從祀不慙先聖廡。豈宜罰作土地神，坐使淮陰噲爲伍！屈宋詎稱衙官職，欒郤翻充皂隸户！生前磨蝎坐命宫，曾謫嶺南鮫鱷浦，庸知身後尚蹭蹬，無端又遭左遷侮。鄉先生可祭於社，此土初非公故土。即云立社爲欒公，公未久修史官簿。區區冷官一臠肉，豈足爲公增華膴！我來展謁聊解嘲，且勿牢騷碩人俣。幸未改塑浮屠像，潮州有公像，作浮屠形，郭青螺易以木主。儒服依然端章甫。香火祠雖處末僚，翰墨緣仍近藝圃；猶勝杜陵老拾遺，變作十姨呼阿姥！”杜拾遺廟，誤作杜拾姨，塑女像，見《蓼花洲閒録》。〇戴潞《藤陰雜記》。嘉慶八年，大興朱珪方以協辦大學士兼翰林院掌院學士。一日，忽語人曰：“此間土地神，韓文公已受代去；代之者，吴雲巖殿撰鴻也。”一歲，丁祭畢，珪乘輿過土地祠門，自輿中拱手曰：“老前輩請了！”蓋若有見云。李岳《瑞春冰室野乘》

右二十事，採摭所餘，不盡實録，亦復可喜；庶以侈耳食，備異聞云爾。述《韓愈佚事狀》第三。

韓友四子傳第四

方韓愈之少也，以文會友，最早莫如李觀；其次歐陽詹云。

李觀，字元賓，李華之從子也。《唐書·文藝傳》始來自江之東；年二十四，舉進士；韓愈《李元賓墓誌》因締交韓愈，韓愈《北極贈李觀》曰：“我年二十五，求友昧其人，哀歌西京市，乃與夫子親。”貞元八年，與愈同登第；試《明水賦》、《御溝新柳詩》，而觀高等，名第四；愈第十三。《唐科名記》明年，試博學宏詞，觀中其科，而愈不在選；《顏子不貳過論》，其年所試文也，陳振孫《書録解題》獨傳《觀宏詞試中和節詔賜公卿尺書》曰：“淑節韶光媚，皇明寵錫崇。具寮頒玉尺，成器幸良工。豈止尋常用，將傳度量同。人何不取利，物亦賴其功。紫翰宣殊造，丹誠厲匪躬。奉之無失墜，恩澤自天中。”計有功《唐詩紀事》得太子校書。又一年，年二十九，客死於京師。韓愈《李元賓墓銘》觀屬文不襲沿前人，《唐書》本傳言“文貴天成”；錢希白《南部新書》時謂與韓愈相上下。《唐書》本傳李翱與觀平生不相往來；及其死也，則見其文；嘗歎：“使李觀若永年，則不遠於揚子雲矣！”李翱《與陸傪書》傳有《李元賓文編》三卷，《外集》二卷，始《郊天頌》，終《邠寧節度饗軍記》，凡雜文五十篇；附詩四篇。其爲文章不以駢偶鬭工巧，而有志復古，與韓愈同。然韓愈氣足以馭其辭，渾灝流轉；而觀用意造辭，琱琢艱深，而氣不能以運之，或格格不能自達其意，殆與劉蜕、孫樵同爲一格，而鎔鍊之功或不及；《四庫全書提要》乃欲比於韓愈，有如跛鼈追騏驥，未可以道里計也。至其中《與孟簡吏部奚員外》諸書，粗率叫呶，如醉人使酒罵坐。蓋唐中葉已後，江湖布衣挾行卷，干薦紳；延接稍遲，贈遺稍薄，則謗讟隨之，寖以成習；王士禎《池北偶談》觀諸書，亦韓愈《三上宰相》之類也。顧當琱章繪句之時，方競以騈偶鬬工巧；而觀乃從事古文，以與愈相左右，雖文體不遒，而肆意有所作，筆無停機，差不局促，此其所長；徒以詞尚馳騁，而乏深湛之思，有文無理；又氣矜之隆，令人難耐，此其所短。又以鋭於馭辭，而不謹布置，遊騎無歸，未易尋其宗趣；所以氣調警拔，發憤爲雄，而有逸氛，無雋句；有警調，無茂識。梁昭明太子序《陶淵明集》，稱其跌宕昭彰；而觀則跌宕而不昭彰者也。鍾嶸品袁彦伯詩鮮明緊健，而觀則緊健而不鮮明者也。其前編三卷，爲大順元年給事中陸希聲所編，并叙其端曰："貞元中，天子以文化天下，天下翕然興於文。文之尤高者，李元賓觀、韓退之愈。始元賓舉進士，其文稱居退之之右；及元賓死，退之之文日益高，今之言文章，元賓反出退之之下。論者以元賓早世，其文未極；退之窮老不休，故能卒擅其名。予以爲不然。要之所得不同，不可以相上下者。文以理爲本，而辭質在所尚。元賓尚於辭，故辭勝其理。退之尚於質，故理勝其辭。退之雖窮老不休，終不能爲元賓之辭。假使元賓後退之之死，亦不能及退之之質。此所以不相見也。夫文興於唐、虞，而隆於周，漢自明帝後，文體寖弱，以至於魏、晉、宋、齊、梁、隋，嫣然華媚，無復筋骨。唐興，猶襲隋故態。至天后朝，陳伯玉始復古制，當世高之。雖博雅典實，猶未能全去諧靡。至退之乃大革流弊，落落有老成之風。而元賓則不古不今，卓然自作一體，激揚發越，若絲竹中有金石聲；每篇得意處，如健馬在御，蹀蹀不能止；其所長如此，得不謂之雄文哉！自廣明喪亂，天下文集略盡。予得元賓文於漢上，惜其恐復磨滅，因條次爲三編，論其意以冠於首。"其後蜀人趙昂又得其《安邊書》至《鼂錯論》一十四首，爲《外編》二卷，附於末。

歐陽詹，字行周，泉州晉江人也。《唐書》本傳自詹已上，皆爲閩、越官，至州佐縣令者，累累有焉。韓愈《歐陽生哀辭》詹孩時，即不與衆童親狎，行止多自處；年十許歲，里中無愛者。每見江濱山畔有片景可採，心獨娱之，常執卷一編，忘歸於其間；逮風月清暉，或暮而尚留，窅不能釋；不自知所由，蓋其性所多也。不甚識文字，隨人而問章句，忽有一言契於心，移日自得，長吟高嘯，不知其止也。父母不識其志，每常謂里人曰："此男子未知其旨何如，要恐不爲汩没之餓氓也！未知爲吉耶凶耶？"鄉人有覽事多、熟於聞見者，皆賀之曰："若此家寶也，奈何慮之過歟！"自此遂日知書；操筆屬詞，其言秀而多思，率人所未言者，詹道之甚易；卒以振發於閩、越之間。李貽孫《歐陽行周文集序》閩、越於貞元以前，未有登進士第者。李錡爲福建諸州觀察使，始啓庠序，請獨孤及爲記，中有詞云："縵胡之纓，化爲青衿。"詹與其友林藻覩之歎息。林蘊《泉山銘叙》而常衮罷宰相，繼爲觀察使，治其地。衮以文辭進，有名於時；又作大官臨涖其民。鄉縣小民，有能誦書作文辭者，衮親與之爲客主之禮，觀遊宴饗，必召與之；時未幾，皆化翕然。詹於時獨秀出；衮加敬愛；諸生皆推服。韓愈《歐陽生哀辭》與林藻相繼登第，林藻《泉山銘叙》而詹第三。與詹同登而相上下者，有韓愈、李觀洎詹，並數百歲傑出。李貽孫《歐陽行周文集序》時稱龍虎榜。《唐書》本傳貞元三年，愈年十九，始至京師，舉進士，聞詹名尤甚。八年春，遂與詹文辭同考試登第，始相識。詹事父母盡孝道；仁於妻子；於朋友義以誠；氣醇以方，容貌嶷嶷然，其燕私善謔以和。最與愈交親。詹先爲國子監四門助教，嘗欲率其徒伏闕下，舉愈博士。韓愈《歐陽生哀辭》嘗遊太原，於樂籍中有所眷，及歸，乃與之盟曰："至都當相迎耳。"即灑泣而别；道中寄以詩曰："驅馬漸覺遠，迴頭長路塵。高城已不見，況復城中人！去意既未甘，居情諒多辛。五原東北晉，千里西南秦。一履不出門，一車無停輪；流萍與繫瓠，早晚期相親！"尋除國子四門助教，住京，不即迎。所眷者思之不已，經年得疾且甚，乃危粧，引髻刃而匣之，顧謂女弟曰："吾其死矣！苟歐陽生使至，可以是爲信。"緟題詩曰；"自從别後減容光，半是思郎半恨郎。欲識舊時雲髻樣，爲奴開取縷金箱！"絶筆而逝。既而詹使至，女弟如言。使者徑持歸京，具白其事。詹啓函，覩髻，誦其詩，一慟而卒。孟簡賦詩哭之，序曰："閩、越之英，唯歐陽生，以能文擢第，爰始一命，食太學之禄，助成均之教，有庸績矣！我唐貞元十五年己卯歲，曾獻書相府論大事，風韻清雅，詞旨切直。會東方軍興，府縣未暇慰薦；久之，倦遊太原，還來帝京，卒官靈臺，悲夫！生於單貧，以徇名故，心專勤儉，不識聲色。及茲筮仕，未知洞房纖腰之爲蠱惑。初抵太原，居大將軍宴席上，有妓，北方之尤者，屢目於生。生感悦之，留賞累月，以爲燕婉之樂，盡在是矣。既而南轅，妓請同行。生曰："十目所視，不可不畏!"辭焉。請待至都而來迎。許之，乃去。生竟以蹇連，不克如約。過期，命甲遣乘密往迎妓。妓因積望成疾，不可爲也；先夭之疾，剪其雲髻，謂侍兒曰："所歡應訪我，當以髻爲貺!"甲至，得之，以乘空歸，授髻於生。生爲之慟怨，涉旬而生亦歿。則韓退之作《河蕃書》所謂歐陽詹生者也。河南穆玄道訪予，常歎息其事。嗚呼！鍾愛於男女，素心效死，夫亦不蔽也！大丈夫以斷割，不爲麗色所汩，豈若是乎！古樂府詩有《華山畿》，《玉臺新詠》有廬江小吏更相死，或類於此。暇日偶作詩以繼之云："有客非北逐，驅馬次太原。太原有佳人，神豔照行雲。座上轉横波，流光注夫君。夫君意蕩漾，即日相交歡。定情非一詞，結念誓青山。生死不變易，中誠無間言。此爲太學徒，彼屬北府官。中夜欲相從，嚴城限軍門；白日欲同居，君畏仁人聞。忽如隴頭水，坐作東西分！驚離腸千結，滴淚眼雙昏。本達京師迴，駕期相追攀。宿約始乖阻，彼憂已纏綿。高髻若黄鸝，危鬢如玉蟬。纖手自整理，剪刀斷其根，柔情託侍兒：'爲我遺所歡。'所歡使者來，侍兒因復前。收淚取遺寄，'深誠祈爲傳，封來贈君子，願言慰窮泉!'使者迴復命，遲遲蓄悲酸。詹生喜言施，倒屣走迎門；長跪聽未畢，驚傷涕漣漣；不飲亦不食，哀心百千端。襟情一夕空，清爽旦日殘，哀哉浩然氣，潰散歸化元。短生雖别離，長夜無阻難；雙魂終會合，兩劍遂蜿蜒。大夫早通脱，巧笑安能干！防身本苦節，一去何由還！後生莫沈迷，沈迷喪其真!"《太平廣記》引《閩川名士傳》。詹之死也，其同年進士崔群哭之，過時而悲。愈爲詹哀辭，自書以遺群。韓愈《題哀辭後》初徐晦舉進士，不中。詹數稱之。明年，高第，仕爲福建觀察使，語及詹，必流涕。《唐書》本傳有《歐陽行周集》十卷，傳於世。其爲文力求復古，駢散間行，不屑屑爲纂組排偶；韓愈歎其文章切深喜往復。韓愈《歐陽生哀辭》然錯偶以奇，而行氣不駛；寓偶於奇，而植骨不重；累句滿紙，未能自運，何論往復；膚詞縈筆，罕所推勘，豈能切深！讀之聱牙，按之無物，不知者以爲古格，其知者望爲死氣。尤有牽附不可通者，如《自明誠論》謂："尹喜自明誠而長生。公孫弘自明誠而爲卿。張子房自明誠而輔劉。公孫鞅自明誠而佐嬴。"王士禎《池北偶談》支離滅裂，遂爲詆訾者口實云。

李觀、歐陽詹既早世，最後柳宗元獨雄文章，與韓愈頡頏。韓愈豪曲快字，凌紙怪發；宗元精裁密製，結篇緊湊；一雄肆；一密栗；天下稱曰韓、柳。柳宗元者，字子厚；其先蓋河東人。《唐書》本傳七世祖慶，爲拓跋魏侍中，封濟陰公。曾伯祖奭，爲唐宰相，與褚遂良、韓瑗俱得罪武后死。韓愈《柳子厚墓誌銘》父鎮，天寶末，遇安禄山之亂，奉母隱王屋山，常間行求養；後徙於吴。肅宗平賊，鎮上書言事，擢左衛率府兵曹參軍，佐郭子儀朔方府，三遷殿中侍御史，以事觸竇參，貶夔州司馬，還終侍御史。《唐書》本傳宗元少聰警絶衆，尤精西漢詩騷，下筆構思，與古爲侔；《舊唐書》本傳逮其父時，雖少年已自成人。韓愈《柳子厚墓誌銘》年十七，舉進士，四年，本集《與楊誨之疏解車義第二書》乃登第苑論榜，爲貞元九年，辛文房《唐才子傳》與劉禹錫爲同年及第，題名於慈恩塔。談元茂秉筆，題名起自張莒。傳者曰："押縫版子上者，率多不達，或即不久物故!"宗元起草，暗斟酌之。張復已下，馬徵、鄧文佐名盡著版矣。題名皆以姓望，而辛南容，人莫之知。元茂閣筆曰："請辛先輩言其族望。"辛君適在他處。宗元曰："東海人。"元茂曰；"爭得知?"宗元曰："東海之大，無所不容。"俄而辛至，人問其望? 曰："渤海。"衆大笑；《太平廣記》引韋絢《嘉話録》，而檢今本無也。以宗元爲輕俠也。二十四，求博學鴻辭科，二年，乃得仕，本集《與楊誨之疏解車義第二書》授校書郎，調藍田尉。《唐書》本傳儁傑廉悍，議論證據今古，出入經史百子，踔厲風發，率常屈其座人，名聲大振；一時皆慕與之交，諸公要人爭欲令出我門下，交口薦譽之。韓愈《柳子厚墓誌銘》貞元十九年，爲監察御史裏行，與韓愈同官。獨善王叔文、韋執誼。二人者，奇其才；及得政，引内禁近，與計事；《唐書》本傳而韓愈陽山之貶，疑宗元與有力。既之官，乃作詩曰："孤臣昔放逐，泣血追愆尤! 汗漫不省識，怳如乘桴浮。或自疑上疏，上疏豈其由? 是年京師旱，田畝少所收，上憐民無食，征賦半已收。有司恤經費，未免煩徵求。富者既云急，貧者固已流。傳聞閭里間，赤子弃渠溝；持男易斗粟，掉臂莫肯酬。我時出衢路，餓者何其稠! 親逢道邊死，佇立久咿嚘。歸舍不能食，有如魚中鉤。適會除御史，誠當得言秋。拜疏移閤門，爲忠寧自謀! 上陳人疾苦，無令絶其喉；下陳畿甸内，根本理宜優。積雪驗豐熟，幸寬待蠶麰! 天子惻然感，司空歎綢繆；謂言即施設，乃反遷炎州。同官盡才俊，偏善柳與劉。或慮語言洩，傳之落冤讎。二子不宜爾，將疑斷還不?"

韓愈《赴江陵途中寄贈王二十補闕、李十一拾遺，李二十六員外翰林三學士》詩。二子謂宗元與劉禹錫也。尋轉尚書禮部員外郎，叔文欲大用之；會居位不久，叔文敗；與同輩七人俱貶。宗元爲邵州刺史，在道，再貶永州司馬。既罹竄逐，《舊唐書》本傳益自刻苦，務記覽，爲詞章，汎濫渟蓄，爲深博無涯涘，而自肆於山水間；韓愈《柳子厚墓誌銘》其堙厄感鬱，一寓諸文；仿《離騷》數十篇，讀者咸悲惻。然衆畏其才高，懲刈復進，故無用力者。《唐書》本傳獨以文墨爲韓愈所推。韋珩問文章於愈，遂稱宗元以相風勵。珩因封示。宗元答書曰："足下所封示退之書，云欲推避僕以文墨事，且以勵足下。若退之之才，過僕數人，尚不宜推避於僕，非其實可知；固相假借爲之詞耳。退之所敬者司馬遷、揚雄。遷於退之固相上下。若雄者，如《太元》、《法言》及《四愁賦》，退之獨未作耳；決作之，加恢奇；至他文過揚雄遠甚。雄文遣言措意，頗短局滯澀；不若退之倡狂恣睢，肆意有所作。若然者，使雄來，尚不宜推避；而況僕耶！彼好獎人善，以爲不屈己，善不可獎；故慊慊云爾也；足下幸勿信之。且足下志氣高，好讀《南北史書》，通國朝事，穿穴古今，後來無能和；而僕稚騃，卒無所爲，但趦趄文墨筆硯淺事。今退之不以吾子勵僕，而反以僕勵吾子，愈非所宜。然卒篇欲足下自挫抑，合當世，固當；雖僕亦知無出此。吾子年甚少，知己者如麻，不患不顯，患道不立耳。此僕以自勵，亦以佐退之勵足下！"書見本集。宗元之於愈也，深嗜篤好，若有偏至；每得愈篇章，先以薔薇露灌手，薰玉蕤香。然後發讀，曰："大雅之文，正當如是！"張岱《史闕》然意有不可於愈，輒未嘗阿好不言。既，愈以比部郎中史館修撰，而有餒於內，《與秀才劉軻書》言之，宗元讀之，不喜；乃《答愈論史官書》曰："前獲書言史事，云具與劉秀才書，及今乃見書稿，私心甚不喜。與退之往年言史事甚大謬！若書中言，退之不宜一日在館下；安有探宰相意，以爲苟以史榮一韓退之耶！若果爾，退之豈宜虛受宰相榮己，而冒居館下近密地，食奉禄，役使掌故，利紙筆爲私書，取以供子弟費？古之志於道者不宜若是。且退之以爲紀録者有刑禍，避不肯就，尤非也。史以名爲褒貶，猶且恐懼不敢爲；設使退之爲御史中丞大夫，其褒貶成敗人愈益顯，其宜恐懼尤大也；則又將揚揚入臺府，美食安坐，行呼唱於朝廷而已耶！在御史猶爾，設使退之爲宰相，生殺出入升黜天下士，其敵益衆；則又揚揚入政事堂，美食安坐，行呼唱於内廷外衢而已耶！又何以異不爲史而榮其號，利其禄者也！又言‘不有人禍，則有天刑’，若以罪夫前古之爲史者；然亦甚惑。凡居其位，思直其道，道苟直，雖死，不可迴也。如迴之，莫若亟去其位。孔子之困於魯、衛、陳、宋、蔡、齊、楚者，其時暗，諸侯不能以也。其不遇而死，不以作《春秋》故也。當其時，雖不作《春秋》，孔子猶不遇而死也。若周公、史佚，雖紀言書事，猶遇且顯也；又不得以《春秋》爲孔子累。范曄悖亂，雖不爲史，其族亦赤。司馬遷觸天子喜怒；班固不檢下；崔浩沽其直以鬬暴虜；皆非中道。左邱明以疾盲出於不幸；子夏不爲史，亦盲；不可以是爲戒。其餘皆不出此。是退之宜守中道，不忘其直，無以他事自恐。退之之恐，唯在不直，不得中道；刑禍非所恐也。凡言二百年文武事多有；誠如此者，今退之曰：‘我一人也，何能明！’則同職者，又所云若是；後來繼今者又所云若是；人人皆曰‘我一人’，則卒誰能紀傳之耶！如退之但以所聞知孜孜不敢怠；則同職者，後來繼今者，亦各以所聞知孜孜不敢怠；則庶幾不墜，使卒有明也。不然，徒信人口語，每每異辭，日以滋久，則所云磊磊軒天地者，決不沈没，且亂雜無可考；非有志者所忍恣也。果有志，豈當待人督責迫蹙，然後为官守耶！又凡鬼神事渺茫荒惑无可準，明者所不道；退之之智，而猶懼於此。今學如退之，辭如退之，好言論如退之，慷慨自謂正直，行行焉如退之，猶所云若是；則唐之史述，其卒無可託乎！明天子、賢宰相得史才如此，而又不果；甚可痛哉！退之宜更思；可爲速爲，果卒以爲恐懼不敢，則一日可引去；又何以云行且謀也！今當爲而不爲，又誘館中他人及後生者，此大惑已。不勉己而欲勉人，難矣哉！”書載本集其辭峻厲已甚；而愈盛氣好攻辨，無以應也。元和十年，嘗例召至京師，又偕出爲刺史，而宗元得柳州，既至，歎曰：“是豈不足爲政耶！”因其土俗，爲設教禁。州人順賴。其俗以男女質錢，約不時贖，子本相侔，則没爲奴婢；宗元與設方計，悉令贖歸；其尤貧力不能者，令書其傭足相當，則使歸其質。韓愈《柳子厚墓誌銘》城郭巷道，皆治使端正，樹以名木，韓愈《柳州羅池廟碑》題詩曰：“柳州柳刺史，種柳柳江邊。談笑爲故事，推移成昔年。垂陰當覆地，聳幹會參天。好作思人樹，漸無惠化傳！”計有功《唐詩紀事》柳民既皆悦喜。大修孔子廟。韓愈《柳州羅池廟碑》衡湘以南爲進士者，皆以宗元爲師；其經承宗元口講指畫，爲文詞者，皆有法度可觀。韓愈《柳子厚墓誌銘》嘗與其州將魏忠、謝寧、歐陽翼飲酒驛亭，謂曰：“吾棄於時而寄於此，與若等好也。明年吾將死，死而爲神。後三年，爲廟祀我。”及期而死，韓愈《柳州羅池廟碑》實爲元和十四年十一月八日。韓愈《柳子厚墓誌銘》三年孟秋辛卯，其神降於州之後堂。歐陽翼等見而拜之。其夕，夢翼而告曰：“館我於羅池。”其月景辰，廟成，大祭。過客李儀醉酒，慢侮堂上，得疾，扶出廟門，即死。明年春，魏忠、歐陽翼使謝寧走京師，請韓愈以書其事於石。韓愈《柳州羅池廟碑》其召至京師而復爲刺史也，劉禹錫當自朗州司馬移刺播州。宗元泣曰：“播州非人所居；而禹錫親在堂；吾不忍禹錫之窮，無辭以白其大人。且萬無母子俱往理!”請於朝，將拜疏：“願以柳易播，雖重得罪，死不恨!”韓愈《柳子厚墓誌銘》會裴度亦奏其事，禹錫終易連州。《舊唐書》本傳既而宗元疾革，自柳州以書抵禹錫曰：“我不幸卒以謫死，以遺草累故人。”禹錫執書以泣，遂編次爲四十五通，行於世。劉禹錫《劉夢得文集·柳先生文集序》宗元少時嗜進，謂功業可就；既坐廢逐不振，然其才實高。《唐書》本傳迺以自力於文學詞章，每爲人言：“吾爲文章，未嘗敢以輕心掉之，懼其剽而不留也；未嘗敢以怠心易之，懼其弛而不嚴也；未嘗敢以昏氣出之；懼其昧没而雜也；未嘗敢以矜氣作之，懼其偃蹇而驕也；抑之欲其奥，揚之欲其明，疏之欲其通，廉之欲其節，激而發之欲其清，固而存之欲其重，此吾所以羽翼夫道也。本之《書》以求其質，本之《詩》以求其恆，本之《禮》以求其宜，本之《春秋》以求其斷，本之《易》以求其動，此吾所以取道之原也。參之《穀梁氏》以厲其氣，參之《荀》、《孟》以暢其支，參之《莊》、《老》以肆其端，參之《國語》以博其趣，參之《離騷》以致其幽，參之《太史》以著其潔，此吾所以旁推交通而以爲之文也。”本集《答韋中立書》既歿，韓愈實誌其墓，且以舊諗禹錫，相吊曰：“哀哉若人之不淑！吾嘗評其文，雄深雅健，似司馬子長；崔、蔡不足多也!”安定皇甫湜於文章少所排讓，亦以愈之言爲然，劉禹錫《柳先生文集序》而歎宗元爲不可及。然功力不同，風規自别。愈所窮年孜矻者，爲《尚書》、《詩》三百篇、《莊子》、《離騷》、太史公、揚雄諸家；宗元之所致力，則在《尚書》、《詩》三百篇、《左傳》、《國語》、《離騷》、《漢書》、《水經注》之書。議論之文，韓愈雄肆而盡，宗元辯核而裁；若論持之有故，言之成理，則韓不如柳。何者？韓愈善用奇以暢氣勢；宗元工爲偶以相比勘。韓愈急言竭論，孤行一意以發其辭；宗元比事屬辭，巧設兩端以盡其理；所以韓愈辭勝於理，宗元理勝於辭。昔賢以爲“辯者，别殊類使不相害，序異端使不相亂”，柳子有焉；若韓公，則“煩辭以相假，飾辭以相惇，巧譬以相移，引人聲使不得及其意”爾！碑誌之文，韓愈事多實叙而駛以奇，乃用太史公之傳體；宗元語爲虚美而凝以駢，厥承班孟堅之《漢書》；顧亦有承徐、庾之南朝體者，《南府君霽雲睢陽廟碑》、《張公舟墓誌銘》，是也；而《南府君廟碑》特奇偉，入後震蕩以議論，堆垛化爲烟雲，筆力横恣，徐、庾之所未逮者焉。韓愈服膺儒者；而宗元兼通佛學，所爲《龍安海禪師碑》、《南嶽雲峰寺和尚碑》、《大明和尚碑》，談空顯有，深入理奥，難在虚無寂滅之教，寫爲宏深肅括之文，其氣安重以徐，其筆辨析而肆；鉤賾索隱，得未曾有；此固韓愈之所不屑爲，而亦韓愈之所不能爲者也。然宗元集中，有有意於韓愈爭能者：韓愈有《元和聖德詩》、《平淮西碑》，而宗元則爲《平淮西雅表》、《平淮西雅》及《貞符》，皆仿《詩》、《書》。韓愈有《感二鳥賦》、《復志賦》、《閔己賦》、《别知賦》，而宗元則爲《佩韋》、《解祟》、《懲咎》、《閔生》諸賦，皆仿《離騷》。韓愈有《進學解》、《送窮文》，而宗元則爲《瓶賦》、《牛賦》、《乞巧文》、《駡尸蟲文》，皆學揚雄。韓愈有《爭臣論》、《鄆州谿堂詩序》，而宗元則爲《館驛使壁記》、《嶺南節度使饗軍堂記》、《邠寧進奏院記》、《興州江運記》、《賀進士王參元失火書》，皆脱胎《左傳》、《國語》。韓愈有《答崔立之書》、《與崔群書》，而宗元則爲《許京兆孟容書》、《與楊京兆憑書》、《與蕭翰林俛書》，皆脱胎太史公《報任少卿書》。韓愈有《伯夷頌》，而宗元則爲《伊尹五就桀贊》，皆以自喻。韓愈有《五箴》，而宗元則爲《戒懼箴》、《憂箴》，皆以自箴。韓愈有《雜説》、《獲麟解》，而宗元則爲《羆説》、《蝜蝂傳》、《臨江之麋》、《黔之驢》、《永某氏之鼠》、《鞭賈》，比物連類，抑揚諷諭，皆以諸子之議論，而託詩人之比興；韓愈有《圬者王承福傳》，而宗元則爲《捕蛇者説》、《種樹郭槖駝傳》、《梓人傳》，借題抒嘅，抑揚諷諭，又以諸子之議論，而爲史傳之傳記；同爲諸子之支與流裔也。他如韓愈有《師説》，宗元則有《答韋中立論師道書》；韓愈有《張中丞傳後序》，宗元則有《段太尉逸事狀》；韓愈有《驅鱷魚文》，宗元則有《宥蝮蛇文》；韓愈有《後十九日復上宰相書》、《應科目時與人書》，宗元則有《上門下李夷簡相公書》；辭意即異，蹊徑儘似，若有意，若無意。韓愈跌蕩雄肆，氣運而化；宗元雋傑廉悍，辭辯以覈。韓愈刻畫人物，工於叙事；宗元冥搜物象，獨擅寫景。韓愈碑傳，隨事肖形，萬怪惶惑，非宗元所能；而宗元記永、柳山水，博攬物態，逸趣横生，而字矜語鍊，句句如鑄；窮態極妍，刻意鏤畫，而清曠自怡，蕭閒出之；心凝形釋，有在筆墨蹊徑之外，亦豈韓愈所及哉。至其識古書之真僞，如《論語辨》、《辨列子》、《辨文子》、《辨鬼谷子》、《辨晏子春秋》、《辨鶡冠子》諸篇，讀書得間，辨折拗峭之筆，清深曠邈之致，意緒風規，亦非韓愈《讀儀禮》、《讀荀子》、《讀墨子》所及也。詩工五言，往往融情入景，而託之禪悦，發揮理趣，鋪張排比，其原出謝靈運；而祛其滯悶，出以秀朗，則得力於陶淵明者爲多。韓愈詩以想像出詭詼，以生剗爲琢鍊；而宗元則以排遣爲悲涼，以雅潤出秀爽。古淡婉愜，精則精矣；然不若韓愈之變態百出；張戒《歲寒堂詩話》其驅駕氣勢，若掀雷決電，撐抉於天地之垠；物狀其變，不得鼓舞而徇其呼吸也。司空圖《司空表聖文集・題柳柳州集後》使韓愈收斂而爲宗元則易，使宗元開拓而爲韓氏，則難矣。意味可學，而才氣則不可强。張戒《歲寒堂詩話》或論"宗元文不如韓愈，韓愈詩不如宗元"者，李耆卿《文章精義》亦非極摯之論也。然唐人唯柳宗元深得《騷》學；韓愈、李觀皆所不及。嚴羽《滄浪詩話》以其有德於柳州，而官於是，死於是；世稱之曰柳柳州云。

又與韓愈雅善，而文章爲所稱者，有南陽樊宗師，字紹述。祖泳，開元中，舉草澤科，試大理評事，累贈兵部尚書。父澤，建中元年，舉賢良方正直言極諫科，累官山南東道節度使，加校檢右僕射，卒官，贈司空。宗師生而其家貴富，長而不有其藏一錢；妻子告不足；顧且笑曰："我道蓋是也!"元和三年四月，舉軍謀宏遠堪任將帥科。自其祖及紹述三世，皆以軍謀堪將帥策上第以進。其學無所不闚；於辭，於聲，天得也；在衆若無能者。嘗與韓愈觀樂。問曰："何如?"曰："後當然。"已而果然。元和十五年正月，憲宗崩，宗師以金部朗中告哀南方；還言某帥不治，罷之，以此出爲綿州刺史；一年，徵拜左司郎中，又出刺絳。綿、絳之人，皆曰："於我有德!"以爲諫議大夫，命且下，遂病以卒。韓愈迺銘其墓曰："唯古於詞必己出，降而不能乃剽賊，後皆指前公相襲。從漢迄今用一律，寥寥久哉覺莫屬，神徂聖伏道絶塞。既極乃通發紹述，文從字順各識職。有欲求之此其躅。"韓愈《南陽樊紹述墓誌銘》元和之後，文筆則學奇於韓愈，學澀於樊宗師。李肇《國史補》宗師爲文，與韓愈、柳宗元同時，又相好也；視二氏之逸駕絶足，瞠乎若恐後之。將掉鞅爭先，則力之不能及；欲頫仰襲沿，則耻爲之下；於是瘁心竭液，恢詭險僻，務奇以掩之，張樞《唐樊宗師絳守居園池記跋》飾夷以艱，襲昭以幽，易常以異，有意爲之。吴師道《唐樊宗師絳守居園池記跋》必以己出爲貴，不襲蹈前人一字一句。所著書號《魁紀公》者三十卷，曰《樊子》者又三十卷，《春秋集傳》十五卷，表牋、狀、策、書、序、傳、記、紀、誌、説、論今文讚銘凡二百九十一篇，道路所遇及器物門里雜銘二百二十，賦十，詩七百一十九。韓愈《南陽樊紹述墓誌銘》獨傳《蜀綿州越王樓詩序》、《絳守居園池記》兩篇，僻澀不可句讀。而《絳守居園池記》播誦人間，多有注者。顧《蜀綿州越王樓詩序》罕傳。其辭曰："綿之城帝猖獨掀明威，瀰石硝馳，涪瀨左陵，凌紅禾簪，天地送行，癸壬且掬，跎踢於西北，蟠紅傾青。越王正故爲樓，重軒疊飛，門牕蒙傘。蹇蹇子始登，謂日月昏曉，可窺其背；雷電合，風雲遇，霜星露酸，星辰介行，鬼神變化，草木頭繡，髻銜蓑芰。皆可察。既縈視其江帶，又極視其土崗。斷暴遠近，山巘巘若閿之東皇，天原開，見荆山；我其黄河，瞷然爲曲直，淚雨落不可掩，因口其心曰無害。若其目果星星過，歸尚悲不能解，重爲詩以釋，益不可；顧謂郡中諸君，能無有意，綴以華豔。其念蓄云；'危樓倚天門，如星辰宫。攘題薄龍怪，洄洄繞雷風。徂秋試登臨，大靄屯喬空。不見西北路，考懷益雕窮。石瀨薄濺濺，土山杳穹穹。昔人創爲逝，所適酡顔紅！今我茲之來，猶校成歲功。輟田植科畝，游圃歌芳叢。'"殆不可曉；明崇禎戊辰進士胡世安，字菊潭者，始合《絳守居園池記》并注之。近世紹興樊鎮，字潄圃，自稱宗師裔孫也，號小魁紀公，又以拜魁紀公名其齋，而以宗師文，有俟於注，廣蒐諸家，以一九三一年琱版刻《樊諫議集七家注》二册。所謂七家注者：一、《絳守居園池記注》，乃元灤陽趙仁舉注，金華吴師道正誤補遺，而東陽許謙因趙、吴二家之注，按據文勢，爲定句疏説，合爲一卷，即《四庫提要》著録者也，是爲三家。四、清絳州趙師尹《絳守居園池記句解》一卷。五、井研胡世安菊潭入清官大學士禮部尚書《樊子輯注》二卷。六、仁和孫之騄一字晴川，《樊紹述集注》二卷，亦合《絳守居園池記》及《緜州越王樓詩》并《序》而注之，與胡世安《樊子輯注》同。七、曲沃張子特鶴亭，《絳守居園池記輯注》一卷。其中《絳守居園池記》，七家各注，文僅七百七十七字，而紛紜推測，靡所折衷。樊鎮跋稱："尚有宋人王晟、劉忱《園池記》注本，未見。"歐陽修著録《園池記》入《集古録》，而跋其尾曰："元和之際，文章之盛極矣！其怪奇至於如此!”并留題詩曰:“嘗聞紹述《絳守居》,偶來覽登周四隅。異哉樊子怪可吁,心欲獨出無古初。窮荒搜幽入有無,一語詰曲百盤紆;孰云己出不剽襲,句斷欲學《盤庚》書。荒煙古木蔚遺墟,我來嗟秖得其餘;柏槐端莊偉丈夫,蒼顔鬱鬱老不枯;靚容新麗一何姝,清池翠蓋擁紅蕖。胡鬅虎搏豈足道,記録細碎何區區。虙氏八卦畫河圖,禹、湯、皋陶暨唐、虞,豈不古奥萬世模;嫉世姣巧習卑汙,以奇矯薄駭群愚。用此猶得追韓徒,我思其人爲躊躇,作詩聊謔爲坐娱。”歐陽修《留題絳守居園池》於戲!文衰八代,韓愈繼之;同聲有應,莫如四子。曰觀曰詹,雖明未融;至於宗師,乃僻益詭,規橅未宏,而欲振靡。獨有柳州競爽於愈;不懈及古,而又妙造自然,足當兩雄也。若其不爲琱章繪句,以矯六朝之靡麗;而又故爲僻奥,自李觀、歐陽生乃至樊宗師,以爲高格入古,氣體雖異,而雕琢則一。觀乃言“文貴天成”,亶則然矣,而何容易乎!述《韓友四子傳》第四。

韓門弟子記第五

韓門弟子衆矣。尤著聞者：李翱、皇甫湜雄於文，劉攽《中山詩話》曰："《韓吏部集》有李習之兩句云：'前之詎灼灼，此去信悠悠。'若無可取。鄭州掘一石刻，刻刺史李翱詩曰：'縣君愛埤渠，繞水恣行遊。鄙性樂山野，掘地便池溝。兩岸植芳草，中間漾清流。所向既不同，埤鑿名自修。從他後人見，景趣谁爲幽。'王深父編次入《習之集》，此别一李翱爾，而習之不能詩也。吏部讀皇甫湜詩，亦譏其掎摭糞壤。孟郊、賈島、李賀工爲詩。獨張籍兼能，而非其至。

張籍，字文昌，和州烏江人；《唐書》本傳性詭激而能爲古體詩；《舊唐書》本傳取杜甫詩一帙，焚取灰燼，副以膏蜜，頻飲之曰："令吾肝腸，從此改易。"馮贄《雲仙雜記》有警策之句傳於時，《舊唐書》本傳當時有名士皆與游。《唐書》本傳孟郊嘗爲愈言"籍有文章"。而愈佐董晉宣武軍汴州，聞籍在，延與之見，引坐中堂，開懷聽説，尤賢重之。既而州舉進士，愈爲考官，試《反舌無聲詩》；籍中等。貞元十五年，高郢知舉，籍登進士第。韓愈《此日足可惜贈張籍詩》及注。爲太常寺太祝，久次，遷祕書郎。《唐書》本傳及愈爲國子祭酒，以狀薦籍，謂其"學有師法，文多古風，沈默静退，介然自守，聲華行實，光映儒林"。籍用是自祕書郎除國子博士。韓愈《舉薦張籍狀》顧籍性狷直，方始締交，遽責愈喜博塞及爲駁雜之説；論議好勝人；其排釋、老，不能箸書，若孟軻、揚雄以垂世者；遺愈書曰："頃承論於執事，嘗以世俗陵靡，不及古昔，蓋聖人之道廢弛之所爲也。宣尼歿後，楊朱、墨翟恢詭異説，干惑人聽；孟軻作書而正之；聖人之道，復存於世。秦氏滅學，漢重以黃、老之術教人，使人寖惑；揚雄作《法言》而辨之；聖人之道猶明。及漢衰末，西域浮屠之法，入於中國；中國之人，世世譯而廣之；黃、老之術，相沿而熾；天下之言善者，惟二者而已矣。昔者聖人以天下生生之道曠，乃物其金、木、水、火、土、穀藥之用以厚之；因人資善，乃明乎仁義之德以教之；俾人有常，故治生相存而不殊。今天下資於生者，咸備聖人之器用；至於人情，則溺乎異學而不由乎聖人之道，使君臣、父子、夫婦、朋友之義沉於世，而邦家繼亂；固仁人之所痛也！自揚子雲作《法言》，至今近千載，莫有言聖人之道者；言之者，惟執事焉耳。習俗者聞之，多怪而不信，徒相爲訾，終無裨於教也。執事聰明文章，與孟軻、揚雄相若，盍爲一書以興存聖人之道，使時之人，後之人，知其去絶異學之所爲乎？曷可俯仰於俗，囂囂爲多言之徒哉！然欲舉聖人之道者，其身亦宜由之也。比見執事多尚駁雜無實之説，使人陳之於前以爲歡；此有以累於令德。又商論之際，或不容人之短，如任私尚勝者，亦有所累也。先王存六藝，自有常矣；有德者不爲，猶以爲損；况爲博塞之戲與人競財乎？君子固不爲也。今執事爲之，廢棄時日，竊實不識其然。且執事言論文章，不謬於人；今所爲或有不出於世之守常者，竊未爲得也。願執事絶博塞之好，棄無實之談，弘廣以接天下士；嗣孟軻、揚雄之作，辨楊、墨、老、釋之説，使聖人之道，復見於唐；豈不尚哉！"愈答書謂："著書者義止於辭耳；宣之於口，書之於簡，何擇？又懼吾力之未至也，待五六十，然後爲焉。"又稱："與人人爲無實駁雜之説，所以爲戲。"以自説解。籍重遺以書曰："籍不以其愚，輒進説於執事。執事以導進之分，復賜還答，曲折教之，使昏塞者不失其明。然猶有所見，願復於執事以畢其説：夫老、釋惑乎生人久矣；誠以世相沿化而莫之知，所以久惑乎爾。執事材識明廣，可以任著書之事；故有告焉。今以其言諭之不入，則觀書亦無所得，爲此而止；未爲至也。夫處一位，在一鄉，其不知聖人之道，可以言諭之；諭之不入，乃舍之；猶有已化者爲證也。天下至廣，民事至衆，豈可資一人之口而親諭之者！近而不入，則舍之；遠而有可諭者，又豈可以家至而説之乎？故曰：‘莫若爲書。’爲書而知者，則可以化乎天下矣，可以傳於後世矣。若以不入者，而止爲書，則於聖人之道奚傳焉！士之壯也，或從事於要劇，或旅遊而不安宅，或偶時之喪亂，皆不皇有所爲；况有疾疢吉凶虞其間哉！是以君子汲汲於所欲爲，恐終無所顯於後。若皆待五六十而後有所爲，則或有遺恨矣。今執事雖參於戎府，當四海弭兵之際，優游無事，不以此時著書，而曰俟後；或有不及，曷可追乎？天之與人性度，已有器也，不必老而後有成立者；昔顔子之庶幾，豈待五六十乎？執事目不睹聖人，而究聖人之道；材不讓於顔子矣。今年已踰之，曷懼於年未至哉！顔子不著書者，以其從聖人之後，聖人已有定制故也。若顔子獨立於世，必有所云著也。古之學君臣、父子之道，必資於師；師之賢者，有徒數千人或數百人，是以没則紀其師之説以爲書；若孟軻者是已。傳者猶以孟軻自論集其書，不云没後其徒爲之也。後軻之世，發明其學者，揚雄之徒，咸自作書。今師友道喪，浸不及揚雄之世；不自論著以興聖人之道，欲待孟軻之門人，必不可冀矣。君子發言舉足，不遠於理；未嘗聞以駮雜無實之説爲戲也。執事每見其説，亦拊抃呼笑；是撓氣害性，不得其正矣。苟正之不得，曷所不至焉！或以爲中不失正，將以苟悦於衆，是戲人也，是玩人也。非示人以義之道也！”兩書載本集。其文多佚，獨與愈兩書存。相其笔力，不爲李觀、歐陽詹之有意劖削；厲詞詰難，易爲駿快，而蓄以頓挫；奇崛不如皇甫湜，而矜慎略似；安雅遜於李翺，而遲重勝之。《四庫全書提要》尤喜爲詩，而樂府稱絶，清麗深婉，劉攽《貢父詩話》與元稹、白居易一律，專以道得人心中事爲工。但白才多而意切，元體輕而詞躁；遜籍思深而語精爾。張戒《歲寒堂詩話》五言律詩亦平淡可愛。至七言詩，則質多文少，才各有宜，不可强文飾也。有《謝裴司空馬詩》曰：“乍離華廐移蹄澀，初到貧家舉眼驚。”此馬却是一遲鈍多驚者，詩詞微而顯，亦少其比。劉攽《貢父詩話》尤傳誦者：“蕃漢斷消息，死生長别離”，“長於送人處，憶得别家時”，“流光漸出還入地，使我年少不須臾”諸句，儻韓愈《醉贈張徹詩》所稱“張籍學古淡，軒鶴避雞群”者。張爲取爲主客圖。計有功《唐詩紀事》然愈之於籍也，昔嘗作《此日足可惜》贈之，八百餘言；又作《喜侯喜至》之篇贈之，二百餘言；又有《贈張籍》一篇，二百言；皆不稱其能詩。獨有《調張籍》一篇，大尊李杜，而末章有“顧語地上友，經營無太忙”之句；《病中贈張籍》一篇，有“半途喜開鑿，派別失大江！吾欲盈其氣，不令見麾幢”之句；若有不足之意。籍詩如《送越客詩》云：“春雲剡溪口，殘月鏡湖西”，《逢故人詩》云：“海上見花發，瘴中聞鳥飛”，《送海客詩》云：“入國自獻寶，逢人多贈珠。紫掖發章句，青闈更詠歌”，如此之類，皆騈句也。至於語言拙惡如“寺貧無施利，僧老足慈悲”；“收拾新琴譜，封題舊藥方”；“多申請假牒，衹送賀官書”，此尤可笑。至於樂府，則雄超矣。白居易嘗稱之曰：“張公何爲者，業文三十春。尤工樂府詞，舉代少其倫！”姚合《讀籍詩》云：“妙絶江南曲，淒涼怨女詩。古風無敵手，新語是人知。”由是論之，則人士所稱者，非以詩也。葛立方《韻語陽秋》歷水部員外郎，轉郎中，世謂之張水部。《舊唐書》本傳而好獎籍後進，知朱慶餘能詩，而未有名，遍索新製篇什數通，吟改後，只留二十六章，置於懷抱而推贊之；清列以張水部重名，無不繕録諷詠，遂登科第。慶餘尚爲謙退，作《閨意》一篇以獻曰：“洞房昨夜停紅燭，待曉堂前拜舅姑。粧罷低聲問夫壻：畫眉深淺入時無。”籍明其進退，尋亦酬曰：“越女新妝出鏡心，自知明豔更沈吟。齊紈未是人間貴，一曲菱歌抵萬金。”誦者賞嗟。慶餘才學，因水部一詩，名流於海内矣。范攄《雲溪友議》終國子司業。《唐書》本傳有《張司業集》八卷傳於世。

李翺，字習之，隴西成紀人，涼武昭王暠之後；《舊唐書》本傳娶韓愈從兄弇之女；韓愈《送李翺詩注》從愈學爲文，而年少於籍，韓愈《與馮宿論文書》博雅好古。貞元十四年，登進士第，授校書郎；三遷至京兆府司録參軍；元和初，轉國子博士，史館修撰。《舊唐書》本傳翺以史官記事不實，奏狀曰：“臣謬得秉筆史館，以記注爲職。夫勸善懲惡，正言直筆，紀聖朝功德，述忠賢事業，載姦佞醜行，以傳無窮者，史官之任也。凡人事迹，非大善大惡，則衆人無由知。舊例皆訪於人，又取行狀謚議，以爲依據。今之作行狀者，多是其門生故吏，莫不虚加仁義禮智，妄言忠肅惠和；或言盛德大業，遠而愈光；或云直道正言，殁而不朽；曾不直叙其事，故善惡混然不可明。至如許敬宗、李義府、李林甫，國朝之奸臣也；其使門生故吏作行狀，既不指其事實，虚稱道忠信以加之，則可以移之於房玄齡、魏徵、裴炎、徐有功矣。此不惟其處心不實，苟欲虚美於所受恩之地而已。蓋亦爲文者又非游、夏、遷、雄之列，務於華而忘其實，溺於辭而棄其理；故爲文則失《六經》之古風，記事則非史遷之實録，由是事失其本，文害於理，而行狀不足以取信。

臣今請作行狀者，不要虛飾，但載事實。假令傳魏徵，但記其諫諍之辭，足以爲正直。如傳段秀實，但記其倒用司農印以追逆兵，又以象笏擊朱泚，足以爲忠烈。若考功視行狀不依此者，不得受。依此，則考功下太常，牒史館，然後定謚。伏乞以臣此奏下考功。”李翱《百官行狀奏》從之，尋權知職方員外郎；十五年六月，授考功員外郎，並兼史職。翱與李景儉友善。初景儉拜諫議大夫，舉翱自代；至是景儉貶黜；七月，出翱爲朗州刺史。俄而景儉復爲諫議大夫，翱亦入爲禮部朗中。翱性剛急，論議無所避。宰相雖重其學而惡其激訐。顧翱自負辭藝，以爲合知制誥；以久未如志，鬱鬱不樂；因入中書，謁宰相，面數李逢吉之過。逢吉不之校，翱心不自安，乃請告；滿百日，有司準例停官；逢吉奏授廬州刺史。《舊唐書》本傳州旱遂疫，逋緡係路，亡籍口四萬；權豪賤市田屋，牟厚利；而窶户仍輸賦。翱下教，使以田占租，無得隱；收豪室税萬二千緡；窮弱以安。《唐書》本傳州有客李處士者，自云能通鬼神之言，言事頗中。一郡肅敬，如事神明。翱至之旬月，乃投刺候謁，禮容甚倨；翱性褊直方正，未嘗信巫覡之事，思以抑挫，抗聲謂曰：“仲尼，大聖也，尚云‘未知生，焉知死’；子能賢於宣父耶！”生曰：“不然！獨不見阮生作《無鬼論》，精辨宏贍，人不能屈，致鬼神見乎？且公骨肉間，朝夕當有遘病沈困者；宴安酖毒則已；或五常粗備，清於七情，孰忍視溺而不援哉！”翱愈怒，立命械繫之，將痛鞭其背。而夫人韓背疽，明日内潰；益噦食，昏瞑百刻不醒，徧召醫藥，曾無少瘳。愛女數人，既笄未嫁，環牀啼冤；且歸咎於翱之梏桎李生也。翱以伉儷義重，息胤情牽，不得已解縲紲而祈叩之。則曰：“第手翰一狀，俟夜禱之。某留墨篆同焚，當可脱免。”仍誡曰：“慎勿箋易鉛槧，他無所須矣！”翱敬受教，即自草詞祝，潔手書之；性褊，札寫數紙皆誤；不能爽約，則又再書，燭灺更深，疲於毫研；克意一幅，繕札稍嚴，而官位之中，竟箋一字；既逾時刻，遂併符以焚。伺夫人寢所，呻吟頓減，闔室相慶。昧旦，李生候謁；翱深德之。生曰：“禍則可免，猶謂遲遲。誡公無得漏略，何爲復注一字？”翱曰：“無之。向寫數本，悉以塗改，不忍自欺。就焚之書，頗爲精謹；老夫未嘗忘也。”生曰：“譚何容易，祝詞在斯！”因探懷以出示，則昨日所燼之文也。翱驚愕慙赧，避席而拜；酬之厚幣，竟無所取。旬日告別，不知所從；而夫人病漸減。高彦休《唐闕史》太和初，入朝爲諫議大夫；尋以本官知制誥。三年二月，拜中書舍人。初諫議大夫柏耆將使滄州軍前宣諭，翺嘗贊其行；柏耆尋以擅入滄州得罪；翺坐謬舉，左授少府少監，俄出爲鄭州刺史；五年，出爲桂州刺史，御史中丞，充桂管都防禦使；七年，改授潭州刺史，湖南觀察使。《舊唐書》本傳一日賓宴席上有舞柘枝者，匪疾而顏色憂悴。侍御史殷堯藩當筵而贈詩曰："姑蘇太守青娥女，流落長沙舞柘枝。滿座繡衣皆不識，可憐紅臉淚雙垂！"翺詰所以；乃蘇州刺史韋公之女也，曰："妾以昆弟夭喪，無以適人；委身樂部，恥辱先人！"言訖，涕咽，情不能堪。翺爲之吁歎曰："吾輩與韋族，其姻舊矣。"速命更其舞服，飾以桂襦，延與韓夫人相見；顧其言語清整，宛有冠蓋風儀，撫念如其所媵，遂於賓榻中選士而嫁之。侍郎舒元輿自京馳詩曰；"湘江舞罷忽成悲；便脱蠻靴出絳幃。誰是蔡邕琴酒客，魏公懷舊嫁文姬。"范攄《雲溪友議》君子以爲難。八年，徵爲刑部侍郎；九年，轉户部侍郎；七月，檢校户部尚書，襄州刺史，充山南東道節度使，會昌中，卒。《舊唐書》本傳亦以文章見推當時，謚曰文，《唐書》本傳與韓愈同。生平持論以爲："人號文章爲一藝者，乃時世所好之文，或有盛名於近代者是也。其能到古人者，則仁義之辭也；惡得以一藝而名之哉！本集《寄從弟正辭書》列天地，立君臣，親父子，別夫婦，明長幼，浹朋友；《六經》之旨矣。浩乎若江海，高乎若丘山，赫乎若日火，包乎若天地，掇章稱詠，津潤怪麗；《六經》之詞也。創意造言，皆不相師，故其讀《春秋》也，如未嘗有《詩》也；其讀《詩》也，如未嘗有《易》也；其讀《易》也，如未嘗有《書》也；其讀屈原、莊周也，如未嘗有《六經》也。故義深則意遠，意遠則理辯，理辯則氣直，氣直則詞盛，詞盛則文工。天下之語文章，有六説焉：其尚異者，則曰文章辭句奇險而已。其好理者，則曰文章叙意苟通而已。其溺於時者，則曰文章必當對。其病於時者，則曰文章不當對。其愛難者，則曰文章宜深，不當易。其愛易者，則曰文章宜通，不當難。此皆情有所偏，滯而不流，未識文章之所主也。古之人，能極於工而已；不知其詞之對與否，易與難也。《詩》曰：'憂心悄悄，愠於群小'；此非對也。又曰：'遘閔既多，受侮不少'；此非不對也。《書》曰：'朕堲讒説殄行，震驚朕師'；《詩》曰：'菀彼柔桑，其下侯旬，將采其劉，瘼此下人'；此非易也。《書》曰：'允恭克讓，光被四表，格于上下'；《詩》曰：'十畝之間兮，桑柘閑閑兮，行與子旋兮'；此非難也。學者不知其方，而稱説云云如前所陳者，非吾之敢聞也。《六經》之後，百家之言，與老聃、列禦寇、莊周、鶡冠、田穰苴、孫武、屈原、宋玉、孟軻、吴起、商鞅、墨翟、鬼谷子、荀況、韓非、李斯、賈誼、枚乘、司馬遷、相如、劉向、揚雄，皆足以自成一家之文，學者之所師歸也。故義雖深，理雖當；詞不工者不成文，宜不能傳也。文、理、義三者兼并，乃能獨立於一時而不泯滅於後代，能必傳也。陸機曰：‘怵他人之我先。’韓退之曰：‘唯陳言之務去。’假令述笑哂之狀，曰‘莞爾’，則《論語》言之矣；曰‘啞啞’，則《易》言之矣；曰‘粲然’，則穀梁子言之矣；曰‘攸爾’，則班固言之矣；曰‘囅然’，則左思言之矣；吾復言之，與前文何以異也！此創意造言之大歸。然吾所以不協於時而學古文者，悦古人之行也；悦古人之行者，愛古人之道也。故學其言，不可以不行其行；行其行，不可以不重其道；重其道，不可以不循其禮。”本集《答朱載言書》又自言：“所叙《高愍女》、《楊烈婦傳》，不在班孟堅、蔡伯喈下。”本集《答皇甫湜書》傳有《李文公集》十八卷。其文章奕奕清暢，俯仰有度，不似愈之猖狂恣睢，肆意有所作；而所爲《韓文公行狀》，當爲集中第一篇文字，只是從幼到老，順次叙去，而提挈頓挫，自然起伏。明歸有光論《史記》如平地忽見高山，如地高高下下相因，乃去得長，如水平平流去，忽然遇石激起來；而讀翱《韓文公行狀》，波瀾意境，乃真如此。其他如《故東川節度使盧公傳》、《贈司空柏公神道碑》、《贈僕射傅公神道碑》、《贈司空楊公墓誌銘》、《贈工部尚書武公墓誌銘》，凝重而不傷板滯，平直而致有波瀾，亦爲集中之勝。大抵翱之文，不宜馳騁，不適鋪排，衹宜順理成章，自然安而得道。《故處士侯君墓誌》、《叔氏墓誌銘》、《昌黎韓君夫人京兆韋氏墓誌銘》，則又拗峭之筆，饒有嫵媚，别出機杼，而脱胎出愈《贈司勳員外郎孔君》、《試大理評事王君》兩墓誌筆意者也。至《高愍女碑》、《楊烈婦傳》，翱自詡不在班孟堅、蔡伯喈下；然以議論爲波瀾，既太著迹；而尤病在不能强，又不安於弱，既不能爲孟軻、太史公之勇猛健舉，又不如班固、蔡邕之優游緩節，一振不起，便覺聲嘶力竭；此如秦武王無烏獲之力，而爲烏獲之舉鼎，不免絶臏；天分所限，無可如何。顧罕爲詩，獨見石刻贈藥山高僧惟儼詩曰：“鍊得身形似鶴形，千株松下兩函經。我來問道無餘説，雲在青霄水在瓶。”再贈詩曰：“選得幽居愜野情，終年無送亦無迎。有時直上孤峰頂，月下披雲嘯一聲。”蓋刺史朗州時作。計有功《唐詩紀事》而《題金山寺詩》曰：“山載江心寺，魚龍是四鄰。樓臺懸倒影，鐘磬隔囂塵。過櫓妨僧夢，驚湍濺佛身。

誰言題詠者，流響更無人！”周亮工《因樹屋書影》然傳者皆不以爲信也。《四庫全書提要》曰：“考開元寺僧嘗請翺爲鐘銘，翺答以書曰：‘翺學聖人之心焉，則不敢遜乎知聖人之道者也。吾之銘是鐘也，吾將銘聖人之道焉，則於釋氏無益；吾將順釋氏之教而述焉，則給乎下之人甚矣，何貴乎吾之先覺也！’”觀其書語，豈肯向藥山問道者。此石刻亦如韓愈《大顛三書》，因其素不信佛，而緇徒務欲言其皈依，用彰彼教耳。有《李文公集》十八卷；傳於世。

皇甫湜，字持正，睦州新安人；元和元年，擢進士第，爲陸渾尉，賦《陸渾山火》長歌，甚有遒逸之句。韓愈和其歌曰：“皇甫作詩止睡昏，辭誇出真遂上焚。要余和增怪又煩，雖欲悔舌不可捫。”韓愈《陸渾山火和皇甫湜》用其韻。歷侍御史内供奉，皇甫湜《浯溪詩》刻後署。仕至工部郎中。恃才傲物，性復褊而直，乘酒使氣，忤同列者；及醒，不自適，求分司東都。值河洛仍歲歉食；而湜滯曹不遷，省俸甚微，困悴且甚。嘗因積雪，門無轍迹，庖突無煙。有言於留守裴度者；度既欽其才，辟爲判官；而湜感激之外，亦比比乖事大之禮；度優容之如不及。先是度平淮西之日，恩賜鉅萬，貯於集賢私第。度信浮屠教，且曰：“燎原之火，漂杵之誅，其無玉石俱焚者乎？”因盡捨討叛所得，再修福先佛寺，危樓飛閣，瓊砌璇題，就有日矣；將致書於祕監白居易，請爲刻珉之詞。值湜在座，忽發怒曰：“近舍湜而遠徵白某，信獲戾於門下矣！且湜之文，方白之作，自謂瑶琴寶瑟，而比之桑間濮上之音也。何門不可以曳長裾！湜自此逝矣！”辭致激抗，座客旁觀，靡不股慄。度婉辭謝曰：“初不敢以仰煩者，慮爲大手筆見拒。是所願也；非敢望也。”湜赬怒稍解，則請斗釀而歸；至家獨飲其半，寢酣數刻，嘔噦而興，乘醉援毫，濡揮立就；又明日，潔本以獻。文思古蹇，字復怪僻。度尋繹久之，目瞪舌澀，不能分其句讀，既乃歎曰：“木元虚、郭景純、江、海之流也！”因以寶車、名馬、繒彩、器翫約千餘緡，置書，命小將就第酬之。湜省札大怒，擲書於地，叱小將曰：“寄謝侍中，何相待之薄也！吾之文，非常流之文也。自吾爲《顧況集序》，未嘗造次許人；今者請製此碑，蓋受恩深厚爾。其辭約三千餘字，每字三匹絹，更減五分錢不得！”小校既恐且怒，躍馬而歸。度門下之僚屬列校，咸扼腕切齒，思臠其肉。度聞之，笑曰：“真命世不羈之才也！”立遣依數酬之，數其字得三千二百五十有四，計送絹九千七百有二；自居守府至湜所，輦負相屬；洛人聚觀，而湜受之無怍。其褊急之性，獨異於人；嘗爲蜂螫手指，因大躁急，命臧獲及里中小兒輩箕斂蜂巢，購以善價；

俄頃山聚於庭，則命碎爛於碪機杵臼，絞取其液，以酬所痛。又嘗命其子松録詩數首，一字小誤，詬駡且躍，呼杖不及，則擒嚙其臂，血流及肘而止。高彦休《唐闕史》顧盛名舊學，爲後生所式，次之韓愈。牛僧孺始舉進士，致琴書於灞、滻間，先以業謁韓愈、皇甫湜；時首造愈。值愈他適，留卷而已。無何愈訪湜，而僧孺亦及門。二人覽刺，忻然同契，延接詢及所止，對曰："某方以薄伎小醜，呈於宗匠，進退唯命，一囊猶置於國門之外。"二人披卷，卷首有《説樂》一章，未閲其詞，遽曰："斯高文且以拍板爲何等?"對曰："謂之樂句。"愈、湜相顧，大喜曰："斯高文必矣!"僧孺因謀所居，二人沉然良久，乃曰："可於客户税一廟院。"僧孺如所教，造門致謝；愈、湜又誨之曰："某日可遊青龍寺，薄暮而歸。"二公聯鑣至，因大署其門曰："韓愈、皇甫湜同訪幾官，不遇。"翌日，輦轂名士咸觀焉，因此名振。王定保《唐摭言》其爲文章與李翺同出韓愈，翺得愈之醇雅，而湜得愈之奇崛。《四庫全書提要》翺文章貴平正，而湜議論務爲奇怪。翺文章求潔淨，而湜議論不廢華藻。答翺三書，盛氣攻辨，其大指以爲："意新則異於常，異於常，則怪矣。詞高則出衆，出衆，則奇矣。虎豹之文，不得不炳於犬羊；鸞鳳之音，不得不鏘於烏鵲；金玉之光，不得不炫於瓦石；非有意先之也，迺自然也。本集《答李生第一書》夫文者非他，言之華者也。其用在通理而已，固不務奇。然言亦可以通理矣；而以文爲貴者，無他，文則遠，無文即不遠也。以非常之文，通至正之理，是所以不朽也。《書》之文不奇；《易》之文可謂奇矣，豈礙理傷聖乎？如'龍戰於野，其血玄黄'，'見豕負塗，載鬼一車'，'突如其來如，焚如，死如，棄如'，此何等語也!"本集《答李生第二書》翺又以浮豔聲病爲詬厲；時翺方舉進士，而湜益非之曰："近風教偷薄，進士尤甚。迺至一謙三十年之説，爭爲虛張以相高自謾：詩未有劉長卿一句，已呼阮籍爲老兵矣；筆語未有駱賓王一字，已呼宋玉爲罪人矣；書字未識偏傍，高談稷、契；讀書未知句度，下視服、鄭；此時之大病，所當嫉者!"本集《答李生第二書》激切好褒彈，多迕少可。又作《諭業》一文，謂："當朝之作，則燕公張説悉以評之；自燕公以降，試爲論之：燕公之文，如楠木枝幹，締構大廈，上棟下宇，孕育氣象，可以變陰陽，閲寒暑，坐天子而朝群后。許公蘇頲之文，如應鐘鼖鼓，笙簧錞磬，崇牙樹羽，考以宫縣，可以奉神明，享宗廟。李北海李邕之文，如赤羽玄甲，延亘平野，如雲如風，有貙有虎，闐然鼓之，吁可畏也。賈常侍賈至之文，如高冠華簪，曳裾鳴玉，立於廊廟，非法不言，可以望爲羽儀，資以道義。李員外李華之文，則如金轝玉輦，雕龍綵鳳，外雖丹青可掬，内亦體骨不飢。獨狐尚書獨孤及之文，如危峰絶壁，穿倚霄漢，長松怪石，傾倒谿壑；然而略無和暢，雅德者避之。楊崖州楊炎之文，如長橋新構，鐵騎夜渡，雄震威厲，動心駭耳；然而鼓作多容，君子所慎。權文公權德輿之文，如朱門大第，而氣勢宏敞，廊廡廪廐，户牖悉周；然而不能有新規勝概，令人竦觀。韓吏部韓愈之文，如長江大注，千里一道，衝飈激浪，汙流不滯；然而施於灌溉，或爽於用。李襄陽李翱之文，如燕市夜鴻，華亭曉鶴，嘹唳亦足驚聽；然而才力偕鮮，瞥然高遠。故友沈諮議沈亞之之文，則隼擊鷹揚，滅没空碧，崇蘭繁榮，曜英揚蕤，雖迅舉秀擢，而能沛艾絶景。其他握珠璣、奮組繡者，不可一二而紀矣。若數公者，或傳符於玄宰，或受命於神功，或鳳翥詞林，或虎踞文苑，或抗轡荀、孟，攘袂揚、班，皆一時之豪彦，筆硯之麟鳳。”傳有《皇甫持正集》六卷。今觀所作，欲學韓愈之怪怪奇奇，而不能；識議文筆，不如李翺遠甚，而矜已自足過之。李翺《帝王所詢問》仿韓愈《對禹問》，《知鳳》仿《獲麟解》，尚是仿其體格；而湜則《孟荀言性論》，直襲《原性》三品之説；《上江西李大夫書》，直襲《與于襄陽書》“上之人負其位，下之人負其才”云云；不憚公然抄襲。然愈縱筆一揮，如兔起鶻落，捉拿不住；而湜則跬步左次，無一句活脱；駑之視雄，何啻跛鼈之與騏驥。徒以氣矜之隆，有意奥奇，襞積字句，而無大力控搏，轉成拙累；叙事不見端委，而拗調澀句，刺口棘舌；議論亦無本末，而矜氣夸調，連篇累章。惟《韓文公墓銘》，字鑄句鍊，效韓愈《曹成王碑》、《貞曜先生墓誌銘》筆意，無一率語，字字如履危厓而下；然骨重而神流，遥逸横生；他未能稱也。顧詩篇多佚，獨傳《浯溪詩刻石》一篇，曰：“次山元結有文章，可惋只在碎！然長於指叙，約潔多餘態。心語適相應，出句多分外；於諸作者間，拔戟成一隊。中行蘇源明雖富劇，粹美君可蓋；子昂《感遇》佳，未若君雅裁；退之全而神，上與千年對；李杜才海翻，高下非可概。文於一氣間，爲物莫與大。先王路不荒，豈不仰吾輩！石屏立衙衙，溪口啼素瀨，我思何人知，徙倚如有賴！”王昶《金石萃編》蓋論文之作，與《諭業》指相發也。集中《出世》一篇，長短語錯落有氣勢，亦稱傑構。而白居易獨稱其《涉江歌》；其《哭皇甫七郎中詩》曰：“志業過玄晏，詞華似禰衡。多才非福禄，薄命是聰明。不得人間壽，還留身後名。《涉江》文一首，便可敵公卿!”計有功《唐詩紀事》顧其詩不傳。然非無詩集也。司空圖論詩有曰：“愚嘗覽韓吏部詩，其驅駕氣勢，掀雷決電，撐抉於天地之垠，物狀其變，不得鼓舞而徇其呼吸也！其次《皇甫祠部》，文集外所作，亦爲遒逸，非無意於深密，蓋或未遑爾。”據此，則湜自有詩集孤行，故文集中無詩，非不作也。正如《張文昌集》無一篇文，《李習之集》無一篇詩，皆是詩文各爲集耳。陸游《渭南文集·再跋皇甫先生文集後》

沈亞之，字下賢，吴興人；初至長安，與李賀結交；辛文房《唐才子傳》元和七年，舉不第。李賀以詩送之曰：“吴興才人怨春風，桃花滿陌千里紅。紫絲竹斷驄馬小，家住錢塘東復東。”計有功《唐詩紀事》十年，侍郎崔群下進士及第；涇原節度使李彙辟爲掌書記，爲祕書省正字；長慶中，補櫟陽令。四年，遷福建團練副使，事徐晦，後累遷殿中丞御史内供奉。辛文房《唐才子傳》太和初，將之邠，出長安，客槖泉邸舍。春時，晝夢入秦，主内史廖，舉亞之。秦公召至殿前，膝前席曰：“寡人欲强國，願知其方。先生何以教寡人?”亞之以昆、彭、齊桓對。公悦，遂試補中涓，使佐西乞術，伐河西。亞之率將卒前攻，下五城。還報，公大悦，起勞曰：“大夫良苦，休矣!”居久之，公幼女弄玉壻蕭史先死。公謂亞之曰：“微大夫，晉五城非寡人有，甚德大夫。寡人有愛女，而欲與大夫備灑掃，可乎?”亞之少自立，雅不欲遇幸臣畜之，固辭；不得請，拜左庶長，尚公主，賜金二百斤；民间猶謂蕭家公主。其日，有黄衣人中貴疾騎馬來，延亞之入，宫闕甚嚴。呼公主出，鬒髮，著偏袖衣，裝不多飾，其芳姝明媚，筆不可模樣。侍女祗承，分立左右者數百人。召見亞之，便館居亞之於宫，題其門曰翠微宫，宫人呼爲沈郎院。雖備位下大夫，繇公主故，出入禁衛。公主喜鳳簫，每吹簫，必翠微宫高樓上，聲調遠逸，能悲人，聞者莫不自廢。公主七月七日生，亞之當無以貺壽；内史廖曾爲秦以女樂遺西戎，戎主與之水犀小合，亞之從廖得以獻公主；主悦嘗愛重，結裙帶上。穆公遇亞之禮兼同列，恩賜相望於道。復一年春，公之始平，公主忽無疾卒；公追傷不已。將葬咸陽原，公命亞之作挽歌；應教而作曰：“泣葬一枝紅，生同死不同！金鈿墜芳草，香繡滿春風。舊日聞簫處，高樓當月中。梨花寒食夜，深閉翠微宫。”進公。公讀詞善之。時宫中有出聲，若不忍者；公隨泣下。又使亞之作墓誌銘；獨憶其銘曰：“白楊風哭兮，石甃髯莎。雜英滿地兮，春色煙和。珠愁粉瘦兮，不生綺羅。深深埋玉兮，其恨如何！”亞之亦送葬咸陽原，宫中十四人殉。亞之以悼悵過慼，被病，猶在翠微宫，然處殿外特室，不宫中矣。居月餘，病良已，公謂亞之曰：“本以小女相託久要，不謂不得周奉君子，而先物故。弊秦區區小國，不足辱大夫。然寡人每見子，即不能不悲悼；大夫盍適大國乎？”亞之對曰：“臣無狀，肺腑申公室，待罪右庶長，不能從死公主。君免罪戾，使得歸骨父母國；臣不忘君恩如日！”將去，公追酒高會，聲秦聲，舞秦舞；舞者擊髆拊髀，嗚嗚而音有不快，聲甚怨。公執酒亞之前曰：“壽予！顧此聲少善，願沈郎賡揚歌以塞別。”公命趣進筆硯；亞之受命，立爲歌；辭曰：“擊體舞，恨滿煙光無處所！淚如雨，欲擬著辭不成語。金鳳銜紅舊繡衣，幾度宫中同看舞。人間春日正歡樂，日暮東風何處去！”歌卒，授舞者雜其聲而道之，四座皆泣。既再拜辭去；公復命至翠微宫，與公主侍人别；重入殿内時，見珠翠遺碎，青階下窗紗檀點依然；宫人泣對亞之；亞之感咽良久，因題宫門詩曰：“君王多感放東歸，從此秦宫不復期。春景自傷秦喪主，落花如雨淚燕脂。”竟别去。命車駕送出函谷關，出關已，送吏曰：“公命盡此，且去！”亞之與别。語未卒，忽驚覺卧邸舍。明日，亞之爲友人崔九萬具道之。九萬，博陵人，諳古，謂曰：“《皇覽》云：‘秦穆公葬雍槖泉祈年宫下’，非其神靈憑乎？”亞之更求得秦時地志，説如九萬言；《太平廣記》引《異聞集》。遂撰《秦夢記》，詭麗可喜。記載本集，亦見任蕃《夢遊録》中。會李同捷反，詔兩河諸鎮出兵，久無功，乃授諫議大夫柏耆德州行營諸軍計會使，取亞之爲判官。會横海節度使李祐平德州，同捷窮請降；祐使大將葛洪代守滄州；同捷未出也，耆以三百騎馳入，以事誅洪，與同捷朝京師；既行，諜言王庭湊欲以奇兵劫同捷，耆遂斬其首；諸將嫉耆功，比奏攢詆；文宗不獲已，貶耆循州司户參軍，亞之亦坐謫南康尉；《唐書・柏耆傳》張祜送以詩曰：“秋風江上草，先是客心摧。萬里故人去，一行新雁來。山高雲緒斷，浦迴日波頽。莫怪南康遠，想思不可裁！”計有功《唐詩紀事》亞之嘗客遊，爲小生所詆，曰：“某改令，書俗各兩句：‘伐木丁丁，鳥鳴嚶嚶。東行西行，遇飯遇羹！’”亞之答曰：“如切如磋，如琢如磨；欺客打婦，不當婁羅！”王定保《唐摭言》以文章自負高世，然狂躁貪冒，輔其爲惡，頗憑陵晚達；故及於謫。辛文房《唐才子傳》後終郢州掾。晁公武《郡齋讀書志》常游韓愈門，辛文房《唐才子傳》與皇甫湜以文往來；其文則務爲險崛，略似孫樵之學韓愈。惟孫憔發以古澹，而亞之出以警麗，如所作《秦夢記》、《異夢録》、《湘中怨解》，大抵諱其本事，託之寓言；《四庫全書提要》頗可喜，皆可觀，近古小説家王士禎《池北偶談》也。詩尤有名，絶唱一時；杜牧以詩賞之曰："斯人清唱何人和！草逕苔荒不可尋。一夕小敷山下夢，水如環佩月如襟。"計有功《唐詩記事》蓋甚爲當時名輩器重云！辛文房《唐才子傳》有《沈下賢集》十二卷，傳於世。

孫樵，字可之，一字隱之，自稱關東人；藏書五千卷，常自探討，幼而工文；大中九年，登進十第，授中書舍人。廣明元年。黄巢犯闕，僖宗幸岐隴，召赴行在，遷職方郎中、上柱國，賜緋魚袋。朝廷以省方蜀國，文物攸興，品藻朝倫，旌其才行，詔曰："行在三絶：右散騎常侍李潼有曾、閔之行，職方郎中孫樵有揚、馬之文，前進士司空圖有巢、由之風。列在青史，以彰有唐中興之德！"樵遂閲所著文及碑碣、書檄、傳記、銘誌，得二百餘篇，藁其可觀者卅五篇，編成十卷。《孫樵集自序》其論文壹主於奇，承皇甫湜之緒論，嘗謂："鸞鳳之音必傾聽。雷霆之聲必駭心。龍章虎皮，是何等物。日月五星，是何等象。儲思必深，摛辭必高，道人之所不道，到人之所不到；前輩作者正如是。譬玉川子盧仝《月蝕詩》，楊司城楊敬之《華山賦》，韓吏部《進學解》，馮常侍《清河壁記》，莫不拔天倚地，句句欲活，讀之如赤手捕長蛇，不施控騎生馬，急不得暇，莫可捉搦。"本集《與王霖秀才書》自言："嘗得爲文真訣於來無擇，來無擇得之於皇甫持正，皇甫持正得之於韓吏部退之。"本集《與王霖秀才書》、《與友人論文書》然持正遣辭，時傷冗累；孫樵行文，出以峭拔；度長挈短，後來居上。持正以文句艱澀爲奇；樵則以筆勢緊健爲奇。持正之學韓，不能古健而爲艱澀；而樵之學韓，不能雄茂而爲峻削；持正不免於滯，而樵則往往遒變，可謂青出於藍矣。特是韓愈包孕群言，自然高古；而皇甫湜及樵則有努力爲奇之態；其彌有意於奇，是其所以彌不及於愈歟。《四庫全書提要》愈之文，安雅而奇崛。李翺樜其安雅，皇甫湜得其奇崛，學焉而皆得其性之所近；原遠而末益分，其衍李翺之安雅一派者，至則爲歐陽修之神逸，不至則爲曾鞏、蘇轍之醇謹。其衍皇甫湜之奇崛一派者，至則爲王安石之峻峭，不至則爲蘇洵、蘇軾之奔放。蘇軾曰："學韓愈而不至者爲皇甫湜，學湜而不至者爲孫樵。"陳振孫《書録解題》引則非極摯之論也。

韓愈與孟郊友善；韓愈文至高，郊長於五言，時號孟詩韓筆。趙璘《因話録》元和已後，爲文筆，則學奇詭於韓愈，學苦澀於樊宗師；歌行，則學流蕩於張籍；詩章，則學淺切於白居易，學淫靡於元稹，學矯激於孟郊；俱名爲元和體。李肇《國史補》孟郊者，字東野，湖州武康人。《唐書》本傳父庭玢，娶裴氏女，而選爲崑山尉，生郊及二季酆、郢而卒。郊生六七年，端序則見；長而愈蹇，涵而揉之，内外完好，色夷氣清，可畏而親。及其爲詩，劌目鉥心，刃迎縷解，鉤章棘句，掐擢胃腎，神施鬼設，間見層出；唯其大翫於詞而與世抹殺，人皆劫劫，我獨有餘。有以後時開郊者；曰："吾既擠而與之矣。其猶足存耶!"年幾五十，始以母夫人裴之命，來集京師，從進士試；韓愈《貞曜先生墓誌銘》一見愈爲忘形交。《唐書》本傳愈嘗説："少時夢人與丹篆一卷，令强吞之。傍一人撫掌而笑，覺後，亦似胸中如物噎，經數日，方無恙，記其上一兩字筆勢，非人間書也。及識郊，似與之目熟；思之，乃夢中傍笑者。"柳宗元《龍城録》以是契會。而郊窮餓，不得安養其母，周天下無所遇；作詩曰："食薺腸亦苦，强歌聲無歡。出門即有礙，誰謂天地寬!"李觀賞郊詩而哀其窮，爲上書補闕梁肅曰："郊之五言詩，其有高處，在古無上；其有平處，下顧兩謝。"李翺《薦所知與徐州張僕射書》而郊再不第，吟詩寫之曰："棄置復棄置，情如刀劍傷。"又曰："一夕九起嗟，夢知不到家。兩度長安陌，空將淚見花。"尤袤《全唐詩話》及貞元十二年，吕渭知舉，登進士第，年五十四，韓愈《貞曜先生墓誌銘》注緟寫以詩曰："昔日齷齪不足嗟，今朝曠蕩思無涯。春風得意馬蹄疾，一日看盡長安花!"一日之間，花即看盡，何其遽也！尤袤《全唐詩話》識者亦徵其氣度窘促；卒漂淪薄宦，詩讖信有之矣。辛文房《唐才子傳》既得第，即去從母不仕，間四年，選爲溧陽尉。韓愈《貞曜先生墓誌銘》溧陽昔爲平陵縣，南五里有投金瀨，瀨南八里許，道東，有平陵城，林薄蒙翳，下有積水，郊間往來水旁，命酒揮琴，裴回賦詩終日，而曹務多廢；令季操白府以假尉代之，分其半俸，竟以窮去。陸龜蒙《甫里先生文集·書李賀小傳後》去尉二年，而韓愈分司東都，賦《薦士詩》，稱郊之賢以薦於尚書留守鄭餘慶；詩見《昌黎集》。而奏爲水陸轉運判官，試協律郎。餘慶實親拜其母於門。母卒五年，而餘慶移興元，爲山南西道節度使，奏郊以爲其軍參謀，試大理評事。挈其妻行之興元，次於閿鄉，暴疾卒，年六十四；韓愈《貞曜先生墓誌銘》餘慶給錢數萬營葬。辛文房《唐才子傳》愈走位哭，且召張籍會哭；將葬，張籍曰："先生揭德振華，於古有光。賢者故事有易名，况士哉！如曰貞曜先生，則姓名字行有載，不待講説而明。"皆曰然。韓愈《貞曜先生墓誌銘》傳有《孟東野集》十卷；惟末卷有書二篇，贊一篇，餘皆詩也。馬端臨《文獻通考》郊詩託興深微，而結體古奥；《四庫全書提要》如"楚山爭蔽虧，日月無全輝"，"萬株古柳根，拏此磷磷溪"，"太行橫偃脊，百里芳崔嵬"等句，皆造語工新，無一點俗韻。張戒《歲寒堂詩話》① 然其他篇章，思苦奇澀，讀之每令人不懽。辛文房《唐才子傳》唐人自韓愈以下莫不推之。而自蘇軾詩謂："初如食小魚，所得不償勞；又如食蟚蟹，竟日嚼空螯。"又有"未足當韓豪"之句；始有異詞。至元好問《論詩絶句》，乃重貶曰："東野悲鳴死不休，高天厚地一詩囚。江山萬古潮陽筆，合卧元龍百尺樓。"推尊韓愈而鄙薄郊，至矣。郊爲詩，工於淒寂之音，比興之詞，獨長五言；未如愈之兼備衆體，無施不可，自"未足當韓豪"；而以質出鍊，拗直成峭，短於蓄勢而善使勁，不能運氣而爲鍊格。韓愈之詩，浩氣發得闊，常情寫得詭；而郊爲詩，直筆拗之曲，淺意抑之深，所以詩骨甚遒，詩濤未壯。觀郊戲贈無本，有句云"詩骨聳東野，詩濤湧退之"，所以自許者固自有在。愈之詩如其文，猖狂恣睢，肆意有所作；而郊則歛雄爲遒，出之矜鍊，欲以少許勝多許，此詩濤之所以湧退之，而郊欲避所短而不犯者也。方是之時，韓愈與白居易兩家，詩俱學杜甫，而愈更欲高，白更欲卑；愈得其峻，白得其平。自白衍而益爲綺，則爲温、李，温庭筠、李商隱爲宋之西崑。田况《儒林公議》曰："楊億在兩禁變文章之體，劉筠、錢惟演輩從而效之，以新詩相屬和。億後編叙之，題曰《西崑酬唱集》。"《四庫全書提要》曰："西崑酬唱詩，宗法唐李商隱，詞取研華，而不乏興象。"自愈衍而入於奥，則爲郊、島，爲宋之西江。江西詩派之説，發於吕本中，其作《江西詩社宗派圖》，明陳師道以下二十五人詩法相傳，而皆出自黄庭堅。杜詩之衍韓愈、白居易兩派，猶韓文之有皇甫湜、李翺兩家。而唐詩韓愈之後有孟郊，則猶西江黄庭堅之後有陳師道，由雄入峭，化奥爲幽，悽情寒景，蹊逕正同。

自孟郊之死，而韓愈極稱賈島以爲可繼郊之後也。蓋二人苦澀之趣有相同，遂騈稱郊島。島，字浪仙，范陽人也。晉公裴度初立第於街西興化里，

① 此引葛立方《韻語陽秋》，非《歲寒堂詩話》。

鑿池，種竹，起臺榭；島方下第，或以爲執政惡之，故不在選；怨憤題詩曰："破却千家作一池，不栽桃李種薔薇。薔薇花落秋風起，荆棘滿庭君始知！"皆惡其不遜。孟棨《本事詩》既久不第，吟病蟬之句以刺公卿，其辭曰："病蟬飛不得，向我掌中行。折翼猶能薄，酸吟尚極清。露華凝在腹，塵點誤侵睛。黄雀并烏鳥，俱懷害爾情！"公卿惡之，與禮闈議之，奏島與平曾等風狂，撓擾貢院，是時逐出闈外，號爲十惡。何光遠《鑒戒録》，尤袤《全唐詩話》。初平曾以詩人恃才傲物，僕射薛平出鎮浙西，曾投謁；主禮稍薄，曾留詩以諷之曰："梯山杭海幾崎嶇，來謁金陵薛大夫。髭髪堅時趨劍戟，衣冠儼處拜冰壺。誠知兩軸非珠玉，深愧三縑卹旅途。今日楚江風正好，不須回首望句吴。"平聞之；曾將出境，遣吏追還，縻留數日。又獻《縶白馬詩》曰："白馬披鬃練一團，今朝被絆欲行難！雲中放出空尋跡，月下牽來只見鞍。向北長鳴天外遠，臨風斜䡅耳邊寒。自知毛骨還應異，更請孫陽子細看。"平覩詩曰："若不留絆行軒，那得觀其毛骨！"遂以殊禮相待，厚送篚賂餞行。曾乃去遊蜀川，謁少師李固言相公。在成都賓館，則李珏郎中，郭圓員外、陳會端公、袁不約侍郎、來無擇書記，薛重評事，皆遠從固言；可謂幕府之盛矣。曾每與群公評論，則言笑彌日；侍於固言，則輕佻無所畏怵，遂獻《雪山賦》一首，言：雪山雖茲潔白之狀，疊嶂攢峰，夏日清寒，而無草木華茂，爲人採掇；以固言罕作文章，發於庠序也。固言覽，命推出；不踰旬，又獻《鯸鮧魚賦》，言此魚觸物而怒，翻身上波，爲鷂鳶所獲；奈魴魚之笑何。固言覽笑曰："昔趙元叔之狂簡，袁彦伯之機捷，無以過焉。"然愛其文彩，投贄者無出於曾，雖有忤，不至深罪。曾又作《潼關賦》以刺中朝；言：此關倚太華，瞰黄河，雖來往攸同，而不見巖巖，無具瞻之才也。乃與賈島齊譴。范攄《雲溪友議》島既被逐，爲浮屠，名無本，來東都；旋往京，居青龍寺。辛文房《唐才子傳》時洛陽令不許僧午後出寺。爲詩自傷曰："不如牛與羊，猶得日暮歸！"尤袤《全唐詩話》元和中，元稹、白居易變尚輕淺。島獨按格入僻以矯浮豔。當冥搜之際，前有王公貴人，皆不覺；游心萬仞，慮入無窮；自稱碣石山人，嘗歎曰："知余素心者，惟終南、紫閣、白閣諸峰隱者耳！"辛文房《唐才子傳》得句云："獨行潭底影，數息樹邊身。"尋自題曰："二句三年得，一吟雙淚流。知音如不賞，歸卧故山秋。"魏泰《臨漢隱居詩話》嵩丘有草廬，欲歸未得，逗留長安，雖行坐寢食，苦吟不輟；嘗跨蹇驢，張蓋横截天衢；時秋風正厲，黄葉可掃，遂吟曰："落葉滿長安"；方思屬聯，杳不可得，忽以"秋風吹渭水"爲對，喜不自勝；因唐突大京兆劉栖楚，被繫一夕，且釋之。後復乘閑策蹇，訪李餘幽居，得句云："鳥宿池中樹，僧推月下門。"又欲作"僧敲"，煉之未定，吟哦，引手作"推"、"敲"之勢；旁觀亦訝。時韓愈尹京兆，車騎方出，不覺衝至第三節，左右擁到馬前。島具實對未定"推"、"敲"，神游象外，不知迴避；愈駐久之曰："敲字佳!"遂並轡歸，共論詩道，結爲布衣交。按韓愈尹京，在長慶三年，而集中有《送無本師歸范陽》一詩云："無本於爲文，身大不及膽；吾嘗示之難，勇往無不敢。蛟龍弄角牙，造次欲手攬，衆鬼囚大幽，下覷襲玄窞；天陽熙四海，注視首不頷；鯨鵬相摩窣。兩舉快一噉；夫豈能必然，固已謝黯黮。狂詞肆滂葩，低昂見舒慘；姦窮怪變得，往往造平澹。蜂蟬碎錦纈，緑池披菡萏；芝英擢荒蓁，孤翮起連菼。家住幽都遠，未識氣先感，來尋吾何能，無殊嗜昌歜。始見洛陽春，桃枝綴紅糝；遂來長安里，時卦轉習坎；老懶無鬬心，久不事鉛槧。欲以金帛酬，舉室常顑頷。念當委我去，雪霜刻以憯；獰飈攪空衢，天地與頓撼。勉率吐歌詩，慰汝别後覽。"乃元和六年冬作，時愈爲河南令，不應至尹京時方與島相知，傳者云云，聊舉以備異説耳。遂授以文法，去浮屠，舉進士。愈贈詩曰："孟郊死葬北邙山，日月風雲頓覺閑。天恐文章渾斷絶，再生賈島在人間!"自此名著。郊寒島瘦，遂以駢著。其爲詩力剗浮豔，刻意生鍊，悽戾之音，清拔之氣，與孟郊聲氣應求。而郊工五古，島工五律；五古，則意不如郊之鍊得深，格不如郊之鍊得遒；差可誦者，如《朝飢》，有遒格而意不淵永；《望山》、《寄迹》、《翫月》、《客喜》四篇，有生意而篇不遒發；其他語雖瘦硬，意未通神，所以郊筆峭而味永，島體拗而意率。同一生鍊，而郊直筆拗之曲，島則舒筆欲爲直。同一幽僻，而郊淺意抑之深，島則幽境欲爲顯。然郊瘦而出之以鍊，妙能屈折；島瘦而抒之以直，病無開闔；所以島寒，不如郊瘦。特其五言律，境寒而味則永，如《山中道士》、《寄白閣默公》、《題李凝幽居》、《題青龍寺鏡公房》、《送金州鑒周上人》、《寄山友長孫栖嶠》、《馬載居華山因寄》、《宿山寺》九篇，融情入景，鍊語歸凝，不爲悽苦，自臻幽秀，戛戛獨造，南宋永嘉四靈：徐照、徐璣、翁卷、趙師秀之所自出也。一日，宣宗微行至寺，聞鐘樓上有吟聲，遂登；於島案上取卷覽之。島不識，因作色攘臂，睨而奪取曰："郎君鮮醲自足，可會此耶!"帝下樓去。既而覺之，大恐，伏闕待罪。上訝之，曰："方知卿命薄矣!"他日有中旨令與一清官謫去者，乃授遂州長江主簿；

辛文房《唐才子傳》道中有詩曰："策杖馳山驛，逢人問梓州。長江何日到？行客替生愁！"既之任，屬東川守者厚禮之；島獻感恩詩曰："匏革奏終非獨樂，軍城未曉啓重門。何時却入三台貴，此日空知八座尊。羅綺舞間收雨點，貔貅闖外卷雲根。逐遷屬吏隨賓列，撥棹扁舟不忘恩。"尋移普州司倉，方干自鏡湖寄詩曰："亂山重復疊，何處訪先生？豈料多才者，空垂不第名。間曹猶得醉，薄俸亦勝耕。莫問吟詩苦，年年芳草平。"老而無子，因啖牛肉，得疾。尤袤《全唐詩話》死之日，家無一錢，唯病驢古琴而已。當時誰不愛其才而惜其命薄！島貌清意雅，談玄抱佛，所交悉塵外之人；况味蕭條，生計岨峿，辛文房《唐才子傳》詠《朝飢》云："市中有樵山，此舍無朝烟。井底有甘泉，釜中乃空然。我要見白日，雪來塞青天。立聞西牀琴，凍折兩三絃。飢莫詣他門，古人有拙言。"計有功《唐詩紀事》每至除夕，必取一歲所作置几上，焚香再拜，酹酒祝曰"此吾終年苦心也！"痛飲長謡而罷。辛文房《唐才子傳》王建寄島詩云："盡日吟詩坐忍飢，萬人中覓似君稀。僮眠冷榻朝猶卧，驢放秋田夜不歸。傍暖旋收紅落葉，覺寒重著舊生衣。曲江池畔時時到，爲愛鸕鷀雨裏飛。"姚合寄島云："寂寞荒原下，南山只隔籬。家貧惟我並，詩好復誰知？草色無窮處，蟲聲少盡時。朝昏鼓不到，閑卧益相思。"計有功《唐詩紀事》荒寒可想矣。所著文篇不以新句綺靡爲意，淡然躡陶謝之蹤，如片雲獨鶴，高步塵表。蘇絳《賈君墓誌》有《長江集》十卷傳於世。有警句，其《渡桑乾詩》曰："客舍并州三十霜，歸心日夜憶咸陽。無端更渡桑乾水，却望并州是故鄉。"尤袤《全唐詩話》亦爲時所傳誦云。

盧仝，亦范陽人，初隱少室山，號玉川子。辛文房《唐才子傳》通《春秋》。許顗《彥周詩話》曰："《春秋》三傳束高閣，獨抱遺經究終始。此詩退之稱盧玉川也。玉川子《春秋傳》僕家舊有之，今亡矣。詞簡而遠，得聖人之意爲多。後世有深於經而見盧傳者，當知退之之不妄許人也。"家甚貧，唯圖書堆積，後卜居洛城，破屋數間而已。一奴長鬚不裹頭；一婢赤脚老無齒；終日苦哦，隣僧送米。朝廷知其清介之節，凡兩備禮徵爲諫議大夫，不起。時韓愈爲河南令，愛其操，敬待之。嘗爲惡少所恐，訴於愈；方爲申理，仝復慮盜憎主人，願罷之；愈益服其度量。元和間，月蝕，仝賦詩，譏切元和朋黨，愈極稱工，辛文房《唐才子傳》爲效其體，題曰：《月蝕詩效玉川子作》。細按其實，乃删盧仝冗語耳；非效玉川也。愈雖法度森嚴，而無盧仝豪放之氣。《昌黎集·月蝕詩效玉川子作》，題下注。然仝自是爲人指目嫉恨。會王涯秉政，胥怨於人。及甘露之禍起，仝偶與諸客會食涯書館中，因留宿，吏卒掩捕。仝曰：“我盧山人也，於衆無怨，何罪之有！”吏曰：“既云山人，來宰相宅，容非罪乎！”蒼茫不能自理，竟及於難。仝老無髮，刑人於腦後加釘；先是生子名添丁，人以爲讖云。仝性高古介僻，所見不凡。近唐詩體，婉縟有餘；而仝之所作特異，自成一家，語尚奇譎，讀者難解，識者易知；後來仿效比擬，遂成一格宗師。辛文房《唐才子傳》有集一卷，今傳。

劉乂者，亦一節士。不知其所從來，在魏，與焦濛、閭冰、田滂善，任氣重義，大軀有聲力。嘗出入市井，殺牛及犬豕，羅網鳥雀，亦或時飲酒殺人，變姓名遁去。會赦得出，後流入齊、魯，更折節讀書，能爲歌詩；李商隱《記劉乂》《塞上逢盧仝》曰：“直到桑乾北，逢君野不眠。上樓腰脚健，懷土眼睛穿。斗柄寒垂地，河源涼徹天。羈魂泣相向，何事有詩篇！”計有功《唐詩紀事》其詩篇酷效盧仝、孟郊之體，造語幽蹇，議論多出於正；辛文房《唐才子傳》時樊宗師文亦尚怪，見而獨拜之。然恃其故時所爲，輒不能俯仰貴人，穿屐破衣，從尋常人乞丐酒食爲活。聞韓愈接天下士，步行歸之，既至，賦《冰柱》、《雪車》二詩，一旦居盧仝、孟郊之上。而愈碑銘獨唱，潤筆之貨盈缶；因持案上金數斤而去，曰：“此諛墓中人所得耳，不若與劉君爲壽！”不能止；李商隱《李義山文集·記劉乂》其曠達至此。初盧仝履道守正，反關著述；《春秋》之學，尤所精心，時人不得見其書；惟乂愜願，曾授之以奥旨，後無所傳。辛文房《唐才子傳》又剛直能面白人短；及得其服義，則又彌縫勸諫，有若骨肉；李商隱《記劉乂》卒以爭語不能下諸公，去游齊、魯，不知所終；詩二十七篇，今傳。辛文房《唐才子傳》光緒二十一年乙未，元和江標景宋刻入《唐人五十家小集》者也。

李賀，字長吉，鄭王之孫也。七歲能辭章，名動京邑。韓愈、皇甫湜覽其作，奇之而未信；曰：“若是古人，吾曹或不知。是今人，豈有不識之理！”遂相過其家，使賦詩。賀總角荷衣而出，欣然承命，旁若無人，援筆寫曰：“華裾織翠青如葱，金環壓轡摇玲瓏。馬蹄隱耳聲隆隆，入門下馬氣如虹。云是東京才子，文章鉅公。二十八宿羅心胸，元精耿耿貫當中。殿前作賦聲磨空，筆補造化天無功。龐眉書客感秋蓬，誰知死草生華風！我今垂翅附冥鴻，他日不羞蛇作龍！”目爲《高軒過》。王定保《唐摭言》二公大驚，以所乘馬命聯鑣而還，親爲束髮。辛文房《唐才子傳》或説：李賀以歌詩謁韓愈，愈時爲國子博士分司，謁客歸，極困，門人呈卷，解帶旋讀之，首篇《雁門太守行》曰："黑雲壓城城欲摧，甲光向日金鱗開。"即援帶命邀之。張固《幽閑鼓吹》自是名聞縉紳。時元稹以明經擢第，亦善詩，願與賀交，詣賀；賀還刺曰："明經及第，何事看李賀！"稹恨之，制策登科，及爲禮部郎中，因議賀父名晉肅，不合應進士，竟以輕薄爲衆所排。愈重惜之，爲著《諱辯》。然竟不能上。康駢《劇談録》後官至太常寺奉禮郎。辛文房《唐才子傳》賀爲人細瘦通眉，長指爪，能苦吟疾書；所與游者，王參元、楊敬之、權璩、崔植爲密。每旦日出與諸公游，未嘗得題，然後爲詩，如他人思量牽合，以及程限爲意。常從小奚奴，騎跛驢，背一古破錦囊，遇有所得，即書投囊中；及暮歸，太夫人使婢探囊出之，見所書多，輒曰："是兒要當嘔出心始已耳！"上燈與食，賀乃從婢取所書，研墨疊紙足成之，投他囊中；非大醉及吊喪日率如此。過亦不復省。王、楊輩時復來探取寫去；而賀往往獨騎往京洛，所至或時有，隨棄之；故沈子明家所餘四卷而已。李商隱《李義山文集·李賀小傳》賀詩稍尚奇詭，而别出於郊、島，組織花草，片片成文，所得皆警拔，絶去翰墨畦徑，時無能效者。辛文房《唐才子傳》其爲詩亦如郊、島之衍韓愈而别出一體；不能爲愈之雄怪，而出以詭奇；不能如愈之縱恣，而歛爲矜鍊；悽戾之音，危仄之體，與郊、島不同而同；不同者，辭有華樸；而同者，筆之拗艱也。惟郊、島五言；賀則樂府。郊、島以清峭爲鑄鍊，不貴綺錯；賀則以琱藻爲鑄鍊，務求詭麗。郊、島取意眼前之情景，而出以精思；賀則好爲慮表之誕幻，而語必生造，無一筆肯坦迤，無一語不綺錯，其辭若可解，若不可解，其意有可測，有不可測，飾夷以難，襲昭以幽，易常以異，務爲艱深。宋劉辰翁好賀詩，謂"可以意會而不可以言詮"。然細籀其意，亦無甚深微妙。世傳吴正子《箋注》，無可推詳，亦只不解解之；此與樊宗師之文，好爲險僻，同一捨康莊而走羊腸。蓋唐至元和，詩勢已盡；杜甫力破餘地，韓愈彌以奇險；後來者欲居其上，而無可陵駕，不得不曲徑通幽，别出奇兵；郊、島然，而賀亦然。元張樞《跋樊宗師絳守居園池記》，謂："宗師與韓、柳同時，又相好也；視二氏之逸駕絶足，瞠乎若恐後之；將掉鞅爭先，則力之不及；欲頫仰襲沿，則恥爲之下；於是瘁心竭液，詼詭險僻，務奇以掩之。"而賀之詩，與宗師之文，同一務奇，惟賀氣調警邁，爲勝宗師；而宗師文落滯相，氣不足以運其辭，徒爲詭僻。及至詭無可詭，詩境窮而必變；於是白居易以樂易廣博救危仄，以切近的當變詭奇，詩格不能不謂之卑，而詩境詩體，則不能不謂之大也。賀詩乃李白樂府中出，瑰奇譎怪則似之；秀逸天拔則不及也。賀有太白之語，而無太白之韻。張籍以意爲主，而失於少文；賀以詞爲主，而失於少理。張戒《歲寒堂詩話》顧善樂府詞，句意新麗，張讀《宣室志》而能諧於律吕，歎曰："我年二十不得意，一生愁心謝如梧葉矣！"忽疾篤，辛文房《唐才子傳》恍惚晝見一緋衣人駕赤虯，持一版書若太古篆或霹靂石文者，云："當召賀。"賀了不能讀，欻下榻叩頭言："阿㜷賀呼母語老且病；賀不願去！"緋衣人笑曰："帝成白玉樓，立召君爲記。天上差樂，不苦也！"賀獨泣。邊人盡見之。少之，賀氣絶，常所居窗中勃勃有煙氣；聞行車嘒管之聲；太夫人急止人哭，待之，如炊五斗黍許時，賀竟死；李商隱《李賀小傳》時才二十七。辛文房《唐才子傳》而太夫人哀之慟，一夕，夢賀來如平生時，白太夫人曰："賀幸得爲夫人子，而夫人念賀且深。賀從小奉指命，能通詩書，爲文章。所以然者，非止求一位而自飾也；且欲大門族，上報夫人恩。豈期一日死，不得奉晨夕之養；豈不苦哉！然賀雖死，非死也；乃上帝命。"太夫人詢其事，賀曰："上帝，神仙之君；近者遷都於月圃，構新宫，命曰白瑶；以賀業於詞，故召賀與數文士輩，共撰《新宫記》；帝又作凝虚殿，使賀輩篹樂章。賀今爲神仙宫人，甚樂；願夫人無以念！"既告去，太夫人寤，甚異其夢；自是哀少懈。張讀《宣室志》賀既死，侍郎李藩綴集其歌詩，爲之集序，未成；知賀有表兄，與賀筆硯之舊者，召之見，託以搜訪所遺。其人敬謝，且請曰："某盡記其所爲，亦見其多點竄者，請得所葺者視之，當爲改定。"藩喜，併付之；彌年絶跡，藩怒，召詰之。其人曰："某與賀中外自小同處，恨其傲忽，常思報之。所得兼舊有者，一時投於溷中矣。"藩大怒，叱出之，嗟恨良久；故賀篇什流傳者少。張固《幽閑鼓吹》然賀且死，嘗授沈子明平生所著歌詩，釐爲四篇，凡二百三十三首；杜牧序之，而世稱之曰《昌谷集》者，以賀家於昌谷也。昌谷地近洛陽。魏晉以下，人不事師；獨韓愈奮不顧流俗，收召後學，作《師説》，因抗顔而爲師。柳宗元《與韋中立書》以故韓門弟子獨盛，李翱、李漢、皇甫湜，爲愈之徒。而孟郊、張籍亦從愈游；又賈島、劉乂皆韓門弟子。《唐書》本傳其人雖不必盡受業；張籍與愈書，極論往復，稱名，稱執事。李翱祭愈，則呼曰兄；尤不以弟子禮自居；然其詩文之法，或親承緒論，而受愈之獎引者爲多。宜春黄頗師愈，亦振名。而與愈遊者，有死，即卹其孤，爲畢昏嫁；孟郊、張籍之類是也。王定保《唐摭言》惟愈於籍、湜輩，皆兒子畜之；獨孟郊極口推重，匪曰撝謙，蓋不徒然張戒《歲寒堂詩話》云。述《韓門弟子記》第五。

韓集籀讀録第六

韓愈自言："約《六經》之旨而成文。"皇甫湜爲《愈墓誌》，亦云："抉《經》之心，執聖之權，尚友作政，邪觝異端，以扶孔子，存皇之極。"要之游文六藝，留意仁義，蓋儒家之支與流裔云。

唐文承漢魏六朝之敝，鋪文摛采，拘於偶對；其文内竭而外侈，拘文以牽義。而韓愈易之以閎中肆外，趹宕昭彰，於當時實爲文體之大解放：而古文之稱，則以其厭當日駢儷之時文，而欲返之於《六經》兩漢，從而名焉耳。

韓愈《答李翊書》，自稱："非三代兩漢之書不敢觀。"《舊唐書・韓愈傳》："經誥之指歸。遷雄之氣格。"二語推愈之意以爲言，指歸本之《六經》，氣格融蜕兩漢；而所謂"遷雄之氣格"者，蓋遷之氣，雄之格也；逸氣浩致出司馬遷，奇字瑰句效揚子雲，而貫之以孟軻之理。游文六藝，留意仁義，揚子雲有孟之理，而無遷之氣。柳宗元《答韋珩書》，以爲："雄文遺言措意，頗短局滯澀，不若退之猖狂恣睢，肆意有所作。"正以有奇字瑰句，而欠逸氣浩致也。

南北朝之末，文勝之極，窮則反本。宇文代周，創業於泰，頗欲有革於浮華；於是蘇綽倡言古文，務存質樸，憲章虞夏，作爲《大誥》；蓋"經誥之氣格”也。而韓愈之於經誥。只是約其指歸，而不襲其氣格；所以倡古文與蘇綽同，而言氣格與蘇綽異也。然韓愈亦有襲經誥之氣格者，其《元和聖德詩》、《平淮西碑》諸篇乎！李義山詩所謂“點竄《堯典》、《舜典》字”，是也。

韓愈之文，李翺得其筆，皇甫湜得其辭，皆於氣上欠工夫；歐陽修得其韻，蘇氏父子洵、軾、轍得其氣，又於辭上欠工夫；韓愈所以爲不可及。

讀《昌黎集》卷一，冠以賦四篇；而《感二鳥》、《復志》、《閔己》三賦，獨爲悲激頓挫，體格依仿《離騷》。雖《離騷》雅壯而多風，故倫序而寡壯；韓愈發軫以高驤，故卓出而多編。又《離騷》文麗而意婉，美人香草，比興之辭多；韓愈情發而理照，浩氣直節，賦之意多。曹子桓謂屈原優游緩節；吾獨謂韓愈鮮明緊健；優游緩節，所以咀味不盡；鮮明緊健，只是言盡意止；宋人晁無咎遽以續《騷》，談何容易！

讀《昌黎集》卷一之七古詩，卷八聯句，卷九之七律詩。愈文起八代之衰，而詩亦參李、杜之長，融裁以别開一派。蓋杜甫詩有二種：一種氣調高渾，珠圓玉潤，而出以雍容；一種筆力拗怒，獅跳虎卧，而故爲雄矯。愈則效其拗怒而祛其雍容，以想像出詼詭，以生剗爲刻畫，以單駛見奔迸，以排奡臻妥帖，學杜而亦參李。觀其《調張籍》曰：“李杜文章在，光焰萬丈長。不知群兒愚，那用故謗傷；蚍蜉撼大樹，可笑不自量！伊我生其後，舉頸遥相望。夜夢多見之，晝思反微茫。徒觀斧鑿痕，不矚治水航。惡[①]當施手時，巨刃摩天揚。垠崖劃崩豁，乾坤擺雷硠。惟此兩夫子，家居率荒凉。帝欲長吟哦，故遣起且僵，翦翎送籠中，使看百鳥翔。平生千萬篇，金薤垂琳琅。仙官勑六丁，雷電下取將。流落人間者，泰山一毫芒。我願生兩翅，捕逐出八荒。精誠[②]忽交通，百怪入我腸。刺手拔鯨牙，舉瓢酌天漿。騰身跨汗漫，不著織女襄。”即此可以見生平蘄尚及功力之所在焉。蓋以想像出詼詭，以單駛見奔迸，其源自李；而以生剗爲刻畫，以排奡臻妥帖，則得之杜也。杜工於刻畫；而李富有想像。李任性自然，初非琢鍊之勞；而愈則以生剗爲琱鐫，此其得之於杜，所以殊於李也。杜物態曲盡，工爲寫實之篇；而愈則以想像

① 惡，一本作“想”。
② 精誠，一本作“精神”。

融事實，此其得之於李，所以異於杜也。李天懷坦蕩，不爲淒厲；而愈則淒厲而有殊坦蕩。杜身世迍邅，不爲沈鬱；而愈則恣肆而不爲沈鬱。劉勰揭文心，而愈則尚詩胆；其《送無本師歸范陽》曰："無本於爲文，身大不及膽。吾嘗示之難，勇往無不敢。蛟龍弄牙角，造次欲手攬。衆鬼囚大幽，下覷襲玄窞。天陽熙四海，注視首不頷。鯨鵬相摩窣，兩舉快一啖。夫豈能必然，固已謝黯黮①。狂詞肆滂葩，低昂見舒慘。奸窮變怪得②，往往造平澹。"此詩貴有胆，然後有筆之説也。詩之體，至杜甫而備；詩之胆，至韓愈乃大。顧觀愈《薦士》一詩，所以稱孟郊者，則曰："横空盤硬語，妥帖力排奡。敷柔肆紆餘，奮猛卷海潦。榮華肖天秀，捷疾逾響報。"則先敷柔而後奮猛，由榮華而出捷疾，似與送無本之説不同，而意實相發；蓋變怪必造於平澹，妥帖而後力排奡。奇横之趣，自然之致，二者並進，乃爲成體。今誦其詩，萬怪惶惑，往往盛氣噴薄而出，跌宕淋漓，曲折如意，不復知其爲有韻之文；不惟五七言古，猖狂恣睢，肆意有作；而律絶近體，寂寥短章，亦復拔天倚地，句句欲活；是所謂"狂詞肆滂葩，低昂見舒慘，奸窮變怪得，往往造平澹"；亦即"横空盤硬語，妥帖力排奡"之説也。

大抵愈之爲詩，筆力蘄於雄矯，意境務爲詼詭。顧有力造詼詭而詼詭者；五言古如《南山》、《駑驥》、《三星行》、《孟東野失子》、《苦寒》、《雙鳥詩》、《嘲魯連子》、《雜詩》、《初南食貽元十八協律》、《猛虎行》、《讀東方朔雜事》、《送張道士》、《嘲鼾睡》兩首，七言古如《陸渾山火和皇甫湜用其韻》、《月蝕詩效玉川子作》、《記夢》，奇趣横生，人駭鬼眩是也。亦有無意詼詭而詼詭者，瑣碎事物，而恢張之使奇；尋常山水，而刻畫之使詭。五言古如《醉後》、《醉贈張秘書》、《符讀書城南》，七言古如《雉帶箭》、《汴泗交流贈張僕射》、《贈侯喜》、《贈劉師服》，此瑣碎事物，而恢張之使奇者也。五言古如《陪杜侍御遊湘西兩寺獨宿有題一首因獻楊常侍》、《洞庭湖阻贈張十一署》、《庭楸》，七言古如《山石》、《李花》二首，七言絶如《盆池》五首、《晚春》二首、《風折花枝》，此尋常風景，而刻畫之使詭者也。他如五言古《歸彭城》、《縣齋有懷》、《岳陽樓别竇司直》、《齪齪》、《落齒》、《崔十六少府以詩

① 黯黮，當作"黯黮"。

② 變怪得，一本作"怪變得"。

及書見投因酬三十韻》、《送侯参謀赴河中幕》、《東都遇春》、《送進士劉師服》、《贈張籍》、《答孟郊》、《瀧吏》、《鬭雞聯句》，七言古《贈鄭兵曹》、《八月十五夜贈張功曹》、《謁衡嶽遂宿嶽寺題門樓》、《杏花》、《鄭群贈簟》、《游青龍寺贈崔大補闕》、《贈崔立之評事》、《醉留東野》、《酬司門盧四兄雲夫院長望秋作》、《聽穎師彈琴》、《短燈檠歌》，五言排律《叉魚贈張功曹》，七言絶《和歸工部送僧約》、《遣興》、《鎮州初歸》、《同水部張員外曲江春游寄白二十二舍人》，粗話説得細，俗語説得俊，無不可詠之景物，無不可抒之情懷，愈粗樸，愈嫵媚，戲笑怒罵，皆成文章。李白詩工爲比興；杜甫有賦，有比興；而愈則賦多而比興少，如《駑驥》、《苦寒》、《雙鳥詩》、《月蝕詩效玉川子作》、《猛虎行》、《記夢》等篇，儘是託物寄興，而盡情刻畫，如實有其事，則是比興之意，而賦之體也。杜詩有叙事，有寫景，有議論；而愈則叙事多而議論少，尤善叙人物，跌宕昭彰，以史筆爲詩篇；七言古如《永貞行》，是一篇順宗實録；而五言古如《送惠師》、《送靈師》、《寄崔二十六立之》、《孟生詩》，七言古如《劉生詩》、《寄盧仝》等篇，不惟其人之聲音笑貌，躍躍紙上，呼之欲出；而詳次生平，夾叙夾議，則是以詩篇爲史傳也。奇辭大句，得瑰瑋飛騰之氣，驅之以行，其辭俊邁跌宕而不可以方物。惟五古《秋懷》十一首，感慨身世，託物寄興，獨爲《文選》體，歛而不肆，蓋集中之别調；然而氣有奇類，力湔浮藻，殆同建安之風骨，而非齊梁之縟麗也。

興化李詳言："韓公之詩，蓋承李、杜而善變者也。公之生也，去太白没時僅六年；少陵之没，公已三歲；而公於李、杜，遺貌取神，不相剽襲，自成一家。唐人杜牧以公之筆，與杜詩並重；牧之綺靡之體，安足知公！宋歐陽永叔稍學公詩，而微嫌冗長，無奇警遒麗之語。東坡以豪字概公，雖能造句，而不能緯以事實，如水中著鹽，消融無迹。黄魯直詩，於公師其六七，學杜者二三；舉世相承，謂黄學杜，起山谷而問之，果宗杜耶？抑師韓也？悠悠千載，誰能喻之！十數年來，與鄭君蘇堪相習；鄭君云：'由宋以來詩人，縱不能學杜，未嘗不於韓公門庭閲歷一番者。'余撫掌以爲名言。竊嘗論詩，必具酸鹹苦辛之旨，濟以遒麗典贍之詞，始能及遠。李、杜之詩善矣，學韓公詩，於《騷》、《雅》、陶、謝，一一具在。"因撰《韓詩萃精》一書，揭其篇目，將以與《文選》别爲一書，流布於世；而序其指要如此。

讀《昌黎集》卷十一之十三雜著，相其體制，不外二端：其一原道析理，軒昂洞豁，汲《孟子》七篇之流，如《五原》、《對禹問》，是也。其一託物取譬，抑揚諷諭，爲《詩》教比興之遺，章學誠《文史通義·詩教篇》曰："學者惟拘聲韻之爲詩，而不知言情達志，敷陳諷諭，抑揚涵泳之文，皆本於詩教。"如《雜説》、《獲麟解》、《師説》、《進學解》、《圬者王承福傳》、《訟風伯》、《伯夷頌》，是也。

姚鼐《古文辭類纂·叙目》曰："論辨類，原於古之諸子，各以所學著書詔後世。"而《詩·大雅·毛傳》："直言曰言，論難曰語。"諸子著書，有言，有語。言者，抒所見而直言，《老子》、《荀子》，是也。語者，假主客以詰難，《孟子》、《莊子》，是也。韓愈論著，則《原道》、《原性》諸作，抒所見而直言也；《對禹問》、《爭臣論》諸文，假主客以詰難者也；要之盡意期於雄肆，取譬出以詼詭。

主客之體，有以表情抒慨者，近於詞賦；如宋玉《對楚王問》、東方朔《客難》、司馬相如《子虛》、《上林》，是也；韓愈《進學解》以之。有以論事析理者，毗於諸子，《孟子》、《戰國策》是也；韓愈《對禹問》、《爭臣論》以之。

《原道》之作，不始韓愈；《淮南鴻烈解》、劉勰《文心雕龍》，皆以《原道》弁其書；而與愈同題而異趣。蓋韓愈原道於仁義，博愛之謂仁，行而宜之之謂義，由是而之焉之謂道。二劉原道於自然；韓愈將以有爲，二劉任性自然；此其較也。惟勰與安，則又同趣而異爲。蓋安以周、秦政敗於多制，而民憔焉不樂其生，故著《原道》以明無爲之治。勰覩齊、梁文競於雕華，而義牽焉以匿其旨，故標自然以救文勝之弊；義各有當，而指歸於一。

韓愈《原道》，理瘠而文則豪。王陽明言："《原道》一篇，中間以數個古字今字，一正一反，錯綜震蕩，翻出許多議論波瀾，其議論筆力，足以陵厲千古。"其實只以孟子之排調，而運《論語》之偶句，奥舒宏深，氣機鼓盪。而劉海峰謂："老蘇稱：'韓文如長江大河，渾灝流轉，魚黿蛟龍，萬怪惶惑'；惟此文足以當之。"其實轉换無迹，只是以提折作推勘，看似横轉突接，其實文從字順。亦正無他謬巧，只是文入妙來無過熟，自然意到筆隨，行乎所不得不行，止乎所不得不止。

《進學解》雖抒憤慨，亦道功力；圓亮出以儷體，骨力仍是散文，濃郁而不傷縟雕，沈浸而能爲流轉，參漢賦之句法，而運以當日之唐格。或謂：

“《進學解》仿東方朔《客難》、揚雄《解嘲》，氣味之淵懿不及。”祇是皮相之談。其實東方朔《客難》，以“彼一時也，此一時也”柱意；揚雄《解嘲》則結穴於“亦會其時之可爲也”一語，皆以時勢不同立論；而《進學解》則靠定自身發揮，此命意之不同也。《客難》瑰邁宏放，猶是《國策》縱橫之餘；《解嘲》鏗鏘鼓舞，則爲漢京詞賦之體；而《進學解》跌宕昭彰，乃開宋文爽朗之意，此文格之不同也。所同者，則以主客之體，自譬自解以抒憤鬱耳。

《進學解》“公不見信於人，私不見助於友，跋前疐後，動輒得咎”；此愈之得毀也；然解之曰“動而得謗，名亦隨之；投閒置散，乃分之宜”；爲一己言之也。《原毁》“今之君子，其責人也詳，其待己也廉”；此人之見毁也；則悲之曰“嗚呼！士之處此世，而望名譽之光，道德之行，難已”；爲世道言之也。爲一己言，儘可寬譬；就世道論，則深悲憫。方望溪曰：“通篇排比開闔，其原出於荀子、韓非子。”張濂卿亦言：“通篇排比，下開明允，而其原則出於荀、韓。”其實荀子板重，筆無如此之疏宕；韓非峭廉，氣無如此之卷舒。而韓愈祇以孟子之排調，運《論語》之偶句；而沈鬱頓挫，原本太史；開闔排宕，肇開老蘇。通篇以“古之君子”，“今之君子”對開，作兩大比；又以“責己”、“待人”，“責人”、“待己”互勘，各劈分兩小比；而爲明以後制舉文八比之所昉；其實不過反正相生；“古之君子”，無毁者也；“今之君子”，有毁者也；而所以毁，祇原於忌；又以“某良士”，“某非良士”反正互勘，劈分兩小比；沈鬱頓挫，而以排比開闔出之。反正對比，祇以换字换句見手法，其筆意原於《孟子》“莊暴見孟子”章也。《原道》力闢佛、老，《原性》鋪説三品，而於性、道之大原，俱欠發揮；只是説道，説性，而未探原。獨此《原毁》入後言“有本有原”，頂門一針，於題義爲不漏。

《伯夷頌》，論體而頌意；其實乃補太史公《伯夷列傳》後一篇贊耳。《原毁》以慨世道，爲是非之公言之也；《伯夷頌》則以自況，爲斯道之重言之也。《原毁》賦，而《伯夷頌》則比意；其文破空而來，寓提折於排宕，亦學孟子以開蘇氏；蘇軾策論多仿之。

《對禹問》以排調運偶語，與《原毁》同；然《原毁》之文，調適而咼遂；《對禹問》之筆，斬峭以廉悍，無一語非偶比，無一筆不排宕，然而無一筆，無一句不斬截；殆寓韓非之峭廉，以參孟子之排宕，一氣馳驟而下，然而逐層辨析，雄闊高朗之概，出以遒峭瘦健。中間“天之生大聖也不數，生大惡也亦不數”一段，從韓非《難勢》中段“堯、舜、桀、紂千世而一出”意脱胎，而筆勢尤峭横。

《獲麟解》，蓋以自況也；結穴於“以德不以形”一語。“德”與“形”本只兩意，而剪裁五段；前三段，就“形”作翻騰；後二段，就“德”爲勘論。“德”難知而“形”易見；麟之所以爲“德”，惟聖人能知之；所以麟必待聖人而出，乃歸咎“麟之出，不待聖人”，意若自懟，其實憤世。唐荆川言：“以‘祥’、‘不祥’翻騰作眼目。”其實以“知”、“不知”轉換見用意。文凡四轉，而筆妙如環，轉換無迹；篇幅不大，而極渾灝流轉之勢，此所以爲大手筆也。

《雜説》説馬，與《獲麟解》同一自況。説馬語壯，言外尚希有知；獲麟意懟，心中别無餘望；而咸歸宿於“不知”。惟獲麟以“祥”、“不祥”伴説“知”、“不知”作烟波；説馬以“有”與“無”逼出“不知”作洄瀾，雖限尺幅，而卷舒有千里之勢。

古人多以雲龍喻君臣；而韓愈《雜説》雲龍，却别有解。龍喻英雄，雲喻時勢。“雲，龍之所能使爲靈，若龍之靈，則非雲之所能使爲靈”，喻英雄能造時勢，而時勢不造英雄；無英雄，則無時勢；無龍，則無雲也。結穴於“其所憑依，乃其所自爲也”，以策勵英雄之自造時勢。尺幅甚狹，而議論極偉，波瀾極闊，層波疊浪，渾灝流轉，如大海汪洋之烟波無際；此所謂“縮須彌於芥子”也。

《讀荀子》，以孟軻、揚雄作陪，借賓定主，而折衷於孔子，穿插三人以爲線索；局陣迷離，而筆力一出一入，兔起鶻落。孫樵《與王霖書》，謂：“韓吏部《進學解》，拔天倚地，句句欲活，讀之，如赤手捕長蛇，不施控勒騎生馬，急不得暇，莫可捉搦。”此真善道得韓文情狀。然《進學解》謹布置，主客問難，科臼未脱；《讀荀》横恣溢出，乃真似之。柳宗元謂：“退之猖狂恣睢，肆意有所作。”“肆意”二字亦妙；即如《讀荀》此文篇幅不長，而筆意自肆；氣勢之灝瀚，局陣之迷離，從太史公《老子韓非列傳》、《孟子荀卿列傳》脱胎，而納大於細，以斂爲縱，其文勢極雄闊，而以盤勁之筆出之；礦中肆外，精力彌綸。

《圬者王承福傳》，仿《尚書》記言之法，而用筆之排宕抑揚全學孟子。起提王承福以圬爲業，色若自得，而後入口氣叙一生業圬經歷；此仿《尚書》

誓誥，起先叙明所言之原委，而後入口氣以叙言；《尚書》記言之體則然也。至王承福言勞力勞心，各致其能以相生；祇是脱胎孟子《有爲神農之言者許行》一章意思，而作翻案文字；孟子貶絶許行之勞力；此則不以勞力爲菲薄，而賢於世之强心以智而不足，食焉而怠其事之有天殃。“樂富貴而卑貧賤，吾豈異於人哉!”“吾特擇其易爲而無愧者取焉。”世故極深，見理極明，而處身極卑，出以坦迤，妙在老實；其立言愈平實，其設心愈坦白，光風霽月，正在不大聲以色也。

《張中丞傳後叙》，拾遺蒐聞以補傳後，此《太史公書》傳後贊法。而起徑提翰“爲傳頗詳密，然尚恨有闕者，不爲許遠立傳，又不載雷萬春事首尾。”入後虚實相生，前半議論，後半叙事；然“不載雷萬春事首尾”，未以叙事交代；而“不爲許遠立傳”，則以議論交代。前半徑承起筆辨“不爲許遠立傳”，以爲遠雪不死之冤，而兼彰巡之功以距淫辭，息衆囂。後半叙事以拾軼聞，補傳闕，而出力寫南霽雲乞救，奕奕如生，特點城陷“巡呼雲曰：‘南八男兒死耳。’”一筆，乃知霽雲特借以烘託巡，加倍義烈。以題曰“張中丞傳後叙”，何得抛荒張中丞，看似奮筆直書，其實扣題行文也。議論自出議論，以難人之“好議論”；叙事則不敢造作故事，而託之人口，一則曰“愈嘗從事於汴、徐二府，屢道於兩州間，親祭於其所謂雙廟者，其老人往往説巡、遠時事云”，再則曰“張籍曰”，信以傳信，語有來歷。而述其老人往往説巡、遠時事云，未及竟語，横插入“愈貞元中，過泗州，船上人猶指以相語”，融見入聞；然後接“城陷”云云以畢老人之語，心領神會，情境如繪。述“張籍曰”，本之於嵩；嵩之語畢，而窮究嵩死，叙“嵩貞元初，死於亳、宋間”云云，傳聞異詞，倒結以“張籍云”。語已畢而異峰突起，勢欲連而横風吹斷，隨事曲注，不用鉤連，而神氣畢貫，章法渾成；直起直落，言盡則意止，而生氣奮動，筆有餘勢；跌宕俊邁，蓋學太史公而神行氣化，不爲字模句擬之貌似者也。

《張中丞傳後叙》，恨李翰傳之有缺，以“不載雷萬春事首尾”，與“不爲許遠立傳”並提；然入後叙事，不及雷萬春，而詳於南霽雲者；蓋霽雲，翰傳之所及，而尚缺有間，故以補軼聞。而萬春，則翰傳所不及，首尾不備，而以俟另傳，故不及也。

《鄆州谿堂詩并序》，詩橅《雅》範《頌》，雍容揄揚，其原自出《三百篇》；而序雄深雅健，頌美功德，原於鋪陳形勢，運筆則卓犖爲傑，造語則雅練以凝，肅穆而中有馳驟，句鍊而不傷體仄，鏗鏘鼓舞，乃合《左傳》之雅調，《國策》之雄筆，而融裁於一手者；瑰麗之辭，雄邁之氣，揮斥而出之，而沛然其甚有餘；當其迂折停頓，又若迴風生瀾；盛漢惟賈生《過秦論》有此耳。揚雄有其瑰麗，而無其雄邁，以不能養氣也。蔡邕得其雅練，而遜其警拔，以不知造意也。

《鄆州谿堂詩序》合《左傳》、《國策》而融之一手。而《汴州東西水門記》則融《詩》、《書》而裁爲一文，雍容揄揚而抒以凝重肅穆，叙述似《書》之《典》、《誥》，頌美似《詩》之《雅》、《頌》，鑪錘在我，運古入化。其實只是東漢之金石文體，而韓公所以突過前人，難在按時立言，按事實發，語無膚泛，筆有頓挫；凝固之中，自饒駿邁，又復悍而能廉；所以橅《書》範《詩》，不從韓公入手，儘管胡盧依樣，不免死氣沈沈。

讀《昌黎集》卷十四之十九，書、啓。《文心雕龍·書記篇》曰："詳總書體，本在盡言；言以散鬱陶，託風采，故宜條暢以任氣，優柔以懌懷；文明從容，亦心聲之獻酬。"若韓愈書辭氣紛紜，有餘於條暢任氣，不足於優柔懌懷；散鬱陶而未能從容，託風采而失之激切。或者謂："古文中惟書牘一門，竟鮮佳者，八家中韓公差勝，然亦非書簡正宗。"

韓愈書體，博辨明快，蓋得孟子之筆；而沈鬱頓挫，則又得太史公之神。其中《答李翊書》、《答劉正夫書》、《答尉遲生書》、《與馮宿論文書》，皆韓愈所以自道文章功力及意趣；而《答李翊書》，尤自道盡一生功力所在。姚姬傳謂："此文學莊子。"而張濂卿則曰："退之自道所得；學莊子而得其沈著精刻者，惟退之此書而已。"其實莊子爲文，理儘精刻，語爲華妙；所謂"荒唐之言，無端厓之辭"，迷離惝恍。自古文章精刻而沈著者，惟孟子爲然；而愈此書，只是以孟子排宕開闔之筆，發孟子知言養氣之旨，意自精刻，而氣極渾灝，恰到熟極而流之境，而機不入於快利，詞必求其温潤；所謂"迎而距之，平心而察之，其皆醇也，然後肆焉"也。

《答尉遲生書》，仍《李翊書》意，分兩層：第一層説"君子慎其實"，只是"養其根而竢其實"之意；而以孟子之排調，運《論語》之偶句，動宕開闔，氣充以沛。第二層説"古之道，不足以取於今"，只是"無誘於勢利；而稱賢公卿大夫"，"始進之賢士"，意存嘲詼，語極尖冷；兀傲之意，妙以嘲詼出之；而嘲詼之詞，又妙在振襟而談；真學太史公而得其沈鬱之意者也。

《答劉正夫書》，不出《答李翊書》所謂“無望其速成，無誘於勢利”。曰“用功深者其收名也遠”，“無望其速成”也。曰“能自樹立，不因循”，“無誘於勢利”也。特以沈鬱出頓挫，寓深慨於雄鷙，而得太史公之筆，與《答李翊》之爲孟子者不同。答李之書，調適而鬯遂；答劉之筆，生拗而遲重；然跌宕昭彰，一也。

《與馮宿論文書》，只是《答李翊書》“無誘於勢利”之旨；“小稱意小怪”，“大稱意大怪”，“小慚小好”，“大慚大好”，亦即答李翊所云“笑之則以爲喜，譽之則以爲憂”。“不知古文直何用於今世也，然以竢知者知耳”兩語，一篇之骨。顧所謂“知者”之“知”，無得於今人，而有“竢”於“後世”；不祈世人之知，“百世以竢聖人而不惑，質諸鬼神而無疑”；然“聖人”，吾不得見；“鬼神”尤杳茫不可知；則所謂“知者”終不“知”，“竢”者亦徒“竢”；此非以明“知者”之真可“竢”，而靠定“不祈人之知”句，以明作者之“獨與天地精神相往來，而不傲睨於萬物，彼其充實，不可以已”。文情曠逸，筆致兀鷙，得太史公之神髓矣。

戰國策士之遊説，其用意類能預立地步；韓愈書亦然。觀《上留守鄭相公啓》、《上張僕射書》、《與于襄陽書》、《應科目時與人書》、《答吕毉山人書》，未爲人占地步，先自己占地步，高睨大談，不免矜心作意，而自兀岸可喜。至《上李尚書書》、《上襄陽于相公書》，抬得人家身分太高，便自己地位稱不過，文儘岸異，而氣未振絶。《上兵部李侍郎書》、《三上宰相書》、《與陳給事書》，并不爲自己留地步，徒爲伈伈俔俔，低首乞憐。惟《三上宰相書》之氣肆，肆則猖狂恣睢之中，不免聲竭氣肆；《上兵部李侍郎》、《與陳給事》兩書之辭婉，婉則文明從容之辭，益見辭卑氣靡；幾乎無適而可，此遣言措意之所以貴能預立地步也。

戰國策士遊説，遇不能竟言之人，於不能竟言之事，往往突設一喻，多方曉譬，而正意止入後瞥然一見，自然不言而喻。而愈《應科目時與人書》、《爲人求薦書》及《答陳商書》，皆仿其體。《爲人求薦書》，以“匠石”、“伯樂”稱於人，則己之非“不材”、“下乘”可知；陽若嚮人頌諛，陰以自估身分；惟託人宇下，攀援姻親，不免摇首乞憐之意；不如《應科目時與人書》之筆力，一出一入，劃然軒昂也。《應科目時與人書》，筆臻渾化，能以沈鬱頓挫，泯盡鋪張排比之迹；曰“有怪物焉”者，士也；其“得水”，“其不及水”者，窮達也；“有力”者，與書之人，可以援引者也。前半劈柱三意；而入後作珠簾倒捲式叫應；“其哀之，命也”，緊頂“庸詎知有力者不哀其窮”；“其不哀之，命也”，炤映“有力者遇之，熟視之若無覩”；“知其在命而且鳴號”，則又斡旋“寧爛死沙泥”而不乞憐，要之“亦命也”，以見己之窮達亦有命存焉，而非真屑屑於乞憐；干請之中，不失兀傲之意；難於措辭，則託物爲喻；此詩人比興之遺也。至《答陳商書》，意商必應試不得舉，而怨懟主司，以文相夸；愈不便竟斥其文之不中程，設齊王好竽以爲喻。瑟爲古樂，借以喻古文；“工於瑟而不工於求齊”，即以喻工於文而不工於求舉；“文雖工，不利於求”，爲一篇結穴；然以爲諷而非以譽。吾鄉劉言潔先生語方望溪曰：“以樊紹述之奇，退之目爲‘文從字順’；此曰‘三四讀尚不能通曉’，則商於文字，必概乎未有聞者。”須知愈書“語高而旨深”不過通書酬對，不得不作世故周旋語：觀愈一則曰“敢不吐情實”，再則曰“不知君子必爾爲否”，三則曰“略不辭讓，遂盡言之”；辭氣可知也，《舊唐書》於商，乃曰“以文謁愈，稱其語高旨深”，以爲宏獎之辭，縝矣！

《答崔立之書》、《代張籍與李浙東書》、《與李翺書》、《與崔群書》、《應科目時與人書》諸篇，不論篇幅長短，韓公自言“其文亦時有感激、怨懟、奇怪之辭”，寫出胸中一段憤鬱，直起直落，文勢極寬衍，而氣自緊括，沈鬱頓挫，學太史公神到秋毫顛；須與太史公《報任少卿書》同讀，方知其妙。

閲《昌黎集》卷十九之二十一，送人序。其中有端凝簡峭而如史筆者，如《送幽州李端公序》、《送殷員外序》、《送石處士序》、《送温處士赴河陽軍序》、《送鄭尚書序》、《送水陸轉運使韓侍御歸所治序》，是也。有婀娜摇曳以爲多姿者，如《送許郢州序》、《送李愿歸盤谷序》、《送董邵南序》、《贈崔復州序》、《送王秀才含序》、《送楊少尹序》，是也。大抵端凝簡峭，斯見勁；王安石以之。婀娜摇曳，則餘妍；歐陽修以之。

《送石處士序》、《送温處士赴河陽軍序》，章法牝牡，自相映帶，乃用太史公《李廣》與《衛青霍去病》兩傳，牝牡見意之法。

《送孟東野序》，《送高閑上人序》，憑空發論，妙遠不測，如入漢武帝建章宫、隋煬帝迷樓，千門萬户，不知所出；而正事正意，止瞥然一見，在空際蕩漾，恍若大海中日影，空中雷聲；此《莊子》内外篇《逍遥遊》、《秋水》

章法也。《送孟東野序》，以“命於天”者爲柱意，而多方取譬，細大不捐，疊以“鳴”字點眼，學《周官·考工記·梓人》章法；然離合斷續，波瀾要似《莊子》；“荒唐之言，無端厓之辭”，迷離惝恍。只是問天將使“鳴國家之盛”，將使“自鳴其不幸”；而於東野則“奚喜”、“奚悲”。“在上”、“在下”，自繫國家之盛衰，愈寫得東野無干，愈抬高東野身分；而今“存而在下”，以覘國家之衰，意在言外，妙能含茹。以此知文有文心，有文眼；“命於天者”，文心也；疊用“鳴”字，點眼也。《送高閑上人序》以張旭善草書，閑亦學草書，因以旭爲比；又以旭之善草書，不治他伎，因廣爲設譬，以推類及於堯、舜、禹、湯治天下，養叔治射等等，樂之終身不厭；橫空而來，洄瀾不竭；鑿險縋幽之思，駕以排雲御風之勢，斷續離合，波瀾出於《莊子》，與《送孟東野序》同；惟《送孟》調適𢡟遂，其氣舒；此則峭橫生拗，其筆遒。然筆雖遒而意有茹，非真以張旭譽閑也，張旭喜怒愉恨，無聊不平，有動於心，天地事物之變，可喜可愕，一寓於書，故其書奇；起著“機應於心”四字，爲一篇之眼；“喜怒愉恨，無聊不平”，“心”之“有動”也；“天地事物之變，可喜可愕”，“機”之相“應”也。今閑一死生，解外膠，爲心“泊然”，則無“心”；於世“淡然”，則無“機”；“機”不應於“心”，則必不能爲旭之“可喜可愕，一寓於書”。然而“浮屠人善幻，多技能”，若疑其書之必不能奇；又若譽其人之别有神通，而書必奇；用筆之詭，神妙直到秋毫顛矣。

讀《昌黎集》卷二十二、卷二十三，祭文。四言最多，最佳，如《祭穆員外文》、《祭河南張員外文》、《祭侯主簿文》，難在話念平生，情事曲繪，而跌宕俊邁，鼓舞鏗鏘，不可以方物。四言韻文，其原出於《詩》《雅》、《頌》，雍容揄揚；漢魏人爲之，未嘗出其窠臼，多重鋪叙；而韓愈獨創爲刻畫，千形萬態，横恣溢出。又漢魏人爲四言韻文，亦效《雅》、《頌》之凝重肅括；而韓愈神彩飛揚，獨出以軼宕俊偉，雖叙實事，必驅遣陵跨，令於空際飛馳。《祭薛助教文》、《祭柳子厚文》，瘦折拗峭，又是一格。

《潮州祭神文》五首，以第二首爲佳，只是商湯禱雨桑林“毋以余一人之不敬，傷民之命”之意；獨四言而不爲韻文，同《尚書》之樸老，異其詰屈；參《雅》、《頌》之峻厲，抒以質實；運以楚調而爲激響，融經範騷以成一手；别出才調，岸然入古。

《祭十二郎文》，骨肉之痛，急不暇修飾，縱筆一揮；而於噴薄處見雄肆，於嗚咽處見深懇，提振轉折，邁往莫禦，如雲驅飆馳，又如龍虎吟嘯，放聲長號，而氣格自緊健。

讀《昌黎集》卷二十四之三十五，碑誌。其中人物，如《清邊郡王楊燕奇碑文》、《曹成王碑》、《劉統軍碑》、《唐故檢校尚書左僕射右龍武軍統軍劉公墓誌銘》、《唐故相權公墓碑》、《司徒兼侍中中書令贈太尉許國公神道碑銘》，王侯將相也；《唐故江西觀察使韋公墓誌銘》、《唐故虞部員外郎張府君墓誌銘》、《唐故河南令張君墓誌銘》、《唐故江南西道觀察使太原王公神道碑銘》、《唐故朝散大夫尚書庫部郎中鄭君墓誌銘》、《唐故國子司業竇公墓誌銘》、《故江南西道觀察使贈散騎常侍太原王公墓誌銘》，文武具寮也；《施先生墓銘》、《貞曜先生墓誌銘》、《南陽樊紹述墓誌銘》，經生文儒也；《國子助教河東薛君墓誌銘》、《唐朝散大夫贈司勳員外郎孔君墓誌銘》、《試大理評事王君墓誌銘》、《殿中侍御史李君墓誌銘》、《故幽州節度判官贈給事中清河張君墓誌銘》，忠臣畸士也；《殿中侍御史李君墓誌銘》、《唐故監察御史衛府君墓誌銘》、《故太學博士李君墓誌銘》，服食方士也；《李元賓墓誌銘》、《柳州羅池廟碑》、《柳子厚墓誌銘》、《河南府法曹參軍盧府君夫人苗氏墓誌銘》、《韓滂墓誌銘》、《女挐壙銘》、《乳母墓銘》，至親好友也；隨事賦形，各肖其人；其氣渾灝以轉，其辭鑄煉以凝，氣載其辭，辭凝其氣，奇字奥句，不見滯筆；豪曲快字，不見佻意；骨重氣駛，章妥句適，一集之中，此爲第一，後世惟元元好問、明劉基差足嗣之。奇字奥句，不免滯筆者，龔自珍、魏源、章炳麟，是也。豪曲快字，出以佻意者，蘇軾、陳亮、袁枚，是也。

韓愈碑誌之文，可大别爲三：有豪曲快字，原本孟子之跌宕昭彰，而運以司馬遷之浩氣逸致者，如《烏氏廟碑銘》、《衢州徐偃王廟碑》、《柳子厚墓誌銘》、《殿中少監馬君墓誌銘》、《南陽樊紹述墓誌銘》，是也。有奇字拗語，旁參揚雄之矜重古奥，而運以司馬遷之浩氣逸致者，如《袁氏先廟碑》、《曹成王碑》、《試大理評事王君墓誌銘》、《貞曜先生墓誌銘》、《平淮西碑》、《南海神廟碑》，是也。又有不爲長句而爲短語，不爲拗調而用緩節，沖容温厚，自然安雅，矜慎而出以優遊，廉殺而不爲拗蹇者，如《施先生墓銘》、《贈司勛員外郎孔君墓誌銘》、《唐故相權公墓碑》、《柳州羅池廟碑》、《贈太尉許國公神道碑銘》、《贈給事中清河張君墓誌銘》、《河南府法曹參軍盧府君夫人苗氏墓誌銘》，是也。杜少陵論詩絶句云："轉益多師是吾師。"此杜之所以成詩伯；亦韓之所以爲文宗也。

《曹成王碑》、《贈太尉許國公神道碑銘》、《柳子厚墓誌銘》，長篇雄恣，不見累句。《李元賓墓銘》、《登封縣尉盧殷墓誌》、《盧府君夫人苗氏墓誌銘》、《虢州司户韓府君墓誌銘》、《女挐壙銘》、《乳母墓銘》，短幅遒勁，亦有餘勢。正愈《答李翊書》所謂“氣盛，則言之短長，與聲之高下皆宜”。

《贈太尉許國公神道碑》與《唐故相權公墓碑》同一矜鍊；錘句鍊響，以短語見勁；而不尚奇負氣，以長調發雄；難在不用奇字而只生鍊，又難在儘管生鍊而如天成；堅勁簡峻，坦然出之，絶去町畦之迹，而自然渾成，此所以爲返虚入渾也。惟權公，名相也，相有相度，以虚摹取神。許國公，大將也，將有將略，以實叙著績；隨事振提，歷叙治汴、討叛諸大節，而以朝京終焉，只順次挨去，而無一筆平落；末乃及其餘事而意亦相承；折蔡、鄆之奸謀，所以深著尊王討叛之功也；明嚴信以無犯，所以深著治汴定亂之績也。其子弟貴盛，乃弘之由，故並及之，又以見其善保功名而富貴考終也。弘之功名以有汴；因朝京獻納，而追溯有汴之初，承五亂之後，以映帶前文，一氣呵成；叙事雖枝枝節節，運筆則浩浩落落，有垂必縮，無往不復，首尾無一字懈，精神奕然。

韓愈《答李翊書》曰：“惟陳言之務去。”銘樊紹述曰：“唯古於詞必己出。”觀其《平淮西碑》、《南海神廟碑》、《烏氏廟碑銘》、《魏博節度使沂國公先廟碑》、《袁氏先廟碑》，橅範《誥》、《頌》，故爲楙茂典重，而無一字一句襲《詩》、《書》。《施先生墓銘》、《贈絳州刺史獨孤府君墓誌銘》、《唐故相權公墓碑》、《柳州羅池廟碑》、《貝州司法參軍李君墓誌銘》，髣髴崔、蔡，出以矜慎簡練，而無一字一句襲班、范。祇是融其氣格，而不襲其字句，含英咀華，所以不可及。曹成王、韓宏兩篇爲偶，以寫將略。柳子厚、鄭君兩篇爲偶，以叙交友。張徹當與孔戡唐朝散大夫贈司勳員外郎孔君爲偶，同一佐藩不屈。樊宗師南陽樊紹述與孟郊貞曜先生爲偶，以鉤章棘句。李虚中殿中侍御史李君與李于故太學博士李君爲偶，以服食長生。推之《烏氏廟碑銘》與《沂國公先廟碑銘》爲偶，一健一雅。《盧府君夫人苗氏墓誌銘》與《乳母墓銘》爲偶，一安一雄。

劉昌裔有《劉統軍碑》，又有《唐故檢校尚書左僕射右龍武軍統軍劉公墓誌銘》；柳宗元有《柳州羅池廟碑》，又有《柳子厚墓誌銘》。王仲舒有《故江南西道中大夫洪州刺史兼御史中丞上柱國賜紫金魚袋贈左散騎常侍王公神道碑銘》，又有《故江南西道觀察使贈左散騎常侍太原王公墓誌銘》；一人兩叙，而無一筆相犯，可以悟文章剪裁之妙。試以《柳州羅池廟碑》與《柳子厚墓誌銘》爲例，不惟柱意不同，而且叙事攸異，格調亦變。

《柳子厚墓誌銘》，看似順次叙去，其實駕空立論，並不實叙子厚生平；只就其早達終蹶前後盛衰相形，以議論見意；沈鬱以出頓挫，唱歎而能雄實，不同桐城末流之虚腔摇曳，其原出太史公《六國年表》、《秦楚之際月表》及《游俠》、《貨殖列傳》諸序。中間"嗚呼士窮乃見節義"一段，淋漓感喟，若爲子厚泣劉夢得，願以柳易播，贊其風義；其實因自己從前貶陽山令，疑柳、劉之擠，發我冤憤。集中《赴江陵途中寄贈王二十補闕李十一拾遺李二十六員外翰林三學士詩》曰："適會除御史，我當得言秋①。……謂言即設施，乃反遷炎州。同官盡才俊，偏善柳與劉。或慮語言泄，傳之落冤讎。二子不宜爾，將疑斷還不。"是即所謂"落陷穽，不一引手救，反擠之，又下石焉"者也。"今夫平居里巷相慕悦，酒食游戲相徵逐，詡詡强笑語以相取下，握手出肺肝相示"云云，乃爲"偏善柳與劉"之"善"作影。"士窮乃見節義"，"乃"字可玩味，見得"節義"見於子厚之窮日；而子厚得意未窮時，乃不見"節義"也。入後"使子厚在臺省時，自持其身，已能如司馬刺史時，亦自不斥"，前後互映；正爲"士窮乃見節義"之"乃"字出精神；言下見得從前"在臺省時"，汝擠人，人亦擠汝；"在臺省時"，子厚得意未窮之時；而"司馬刺史時"，則子厚"窮乃見節義"之日也。末乃叙子厚之卒葬，賴友朋之力，以"子厚亦爲之盡"；抑揚咏歎，將微言諷刺之意，一筆掩蓋，令人讀之，不覺其滿腹飲恨；抑遏掩蔽，茹涵吞吐，而出之沛然，讀之鏗然；湯軼俊邁，不見其抑遏掩蔽；衹見其吐，而罕會爲吞，此太史公之筆妙，惟愈能會之也。

《柳子厚墓誌銘》，悲子厚之不自貴重，爲交道言之也。《柳州羅池墓碑》，記柳侯之民有遺愛，以民意言之也。柳州之政，亦見《柳子厚墓誌》，然不過以著生平之一節，而重在寫其文學辭章，必能自力以致必傳於後。而《柳州羅池廟碑》，則重在叙柳州之政，而柳侯之生平，亦不可不略著其概；入後

① 秋，原詩作"誠"。

曰："柳侯，河東人，諱宗元，字子厚，賢而有文章，嘗位於朝，光顯矣；已而擯不用。"蓋櫽括《柳子厚墓誌》意，而出以簡廉也。讀者於此可悟篇外之結構；而細玩兩篇，互爲牝牡，意不相複，而辭亦異趣。《柳子厚墓誌銘》，長篇渾灝，出以雄沛，陵紙怪發，感慨淋漓，太史公之健筆也。《柳州羅池廟碑》，短語矜練，出以安和，斂氣神定，意思安閑，蔡邕之雅度也。惟邕多襲《詩》、《書》語，而雜厠《左》、《國》，不如愈之詞必己出；又邕豐於詞而嗇於味，不如愈之情韻不匱。至詩以迎神，陳其地、其人，備物之饗，游處之樂，報事之不怠，不如北方之人爲侯是非，以歆動之；則原本《楚辭・招魂》；而情致風華，飄蕩婉折，依仿《九歌》；惟《九歌》託詞以寓諷，此則比事而屬詞也。

《唐朝散大夫贈司勳員外郎孔君墓誌銘》、《唐正議大夫尚書左丞孔公墓誌銘》，一弟一兄，兩篇墓誌，瘦折奥峭，不用順文而用逆叙，體特相類；而《司勳》筆情警矯如神龍，《左丞》神氣渾穆如木雞，文格有意相犯，筆意各自不同。

《曹成王碑》、《試大理評事王君墓誌銘》、《貞曜先生墓誌銘》，瑰字奇句，造辭險怪，在韓愈不過偶爾筆墨弄狡獪；皇甫湜專學之，而特遜其票姚之勢，緊健之格。其後宋人宋祁修《唐書列傳》，好用新字，更改舊文，如"師老"爲"師耄"，"不可忍"爲"叵可忍"，"不敢動"爲"不敢摇"，人傳爲笑；亦汲愈之流也。

《文心雕龍》論《誄碑》曰："屬碑之體，資乎史才，其序則傳，其文則銘。"蓋傳以叙事，銘以昭德；而碑誌以叙事爲體，不以抒情爲本；以昭德爲美，不以議論爲貴。觀韓愈《殿中少監馬君墓誌》撫今追昔，感慨存亡，指在抒情；而《故太學博士李君墓誌銘》以李君服食致死，而歷著並時所見以藥敗者六七公以爲世戒；皆非碑誌正體。

讀《昌黎集》卷三十六雜文；而《毛穎傳》特以筆墨游戲人之。然細籀《昌黎集》，得傳三篇：一《圬者王承福傳》，借題抒慨，筆太快利，而藴蓄不深厚；一《太學生何蕃傳》，有意作態，文似矜莊，而波瀾不老成；皆實有其人其事。獨《毛穎傳》以傳文具之筆；筆者，取材於兔毫之穎，故託之於毛氏名穎，筆墨游戲，而閎深肅括，自然老健，須玩其神氣有餘於篇章之外。若《王承福傳》，則意到筆隨，議論太盡，可以發人深省，而未足耐人咀味。

至《何蕃傳》，則著意揚詡，語絜意矜，絶不見有蒼莽之勢，縹緲之神，衹見其氣窮而力竭耳。其中《圬者王承福傳》，與柳宗元《宋清》、《槖駞》、《梓人》、《李赤》、《蝜蝂》諸傳，能近取譬，即小見大，諸子之遺，而非史傳之體；所以與《五原》、《獲麟解》諸篇同入雜著，言文章辨體者當致謹於此。

《送窮文》，送而不送，只是《論語》"君子固窮"之意，而翻出爾許波瀾。其體製原仿揚雄《逐貧賦》；然《逐貧賦》，雄與貧但一問一答；而愈之送窮，則再問再答，層折多而氣鬱厚。雄之逐貧，曰："人皆文繡，我褐不完。人皆稻粱，我獨黎飧。貧無寶玩，何以接歡。宗室之宴，爲樂不盤。"衣食宴樂之不如人，只是凡情常思。而愈則歷數智窮、學窮、文窮、命窮、交窮，正言若反，以自譴者自譽，憤世絶俗，劃然軒昂；入後窮而不窮，曰"吾立子名，百世不磨"；與《進學解》歸結到"動而得謗，名亦隨之"同一機杼。惟《進學》自譬自解；而《送窮》託之鬼口，意尤詼詭。然幽情誕思，不離人情，所以爲妙。

或謂："《告鱷魚文》，文氣似《諭巴蜀檄》。"然司馬相如《諭巴蜀檄》，以責備爲安慰，辭氣似嚴而意實寬。而愈驅鱷魚文，以慰遣爲放逐，意思本寬而辭特峻。又相如捭闔有縱横之意；而昌黎嚴峻得誥諭之體。未免擬不於倫。

讀《昌黎集》卷三十七，行狀，僅兩篇；一《贈太傅董公行狀》，一《贈絳州刺史馬府君行狀》。而《董公行狀》；文特雄肆，直起直落，而不著一句議論。張濂卿言："退之諸碑誌，叙事並簡嚴奇奥；此文則一以左、馬史法行之；金石之文，與史傳體裁自别也。"其説當矣；然須玩其虛虛實實，一片機神；前半以實叙寫其慷慨敢任事；後半以虛寫摹其厚重有德量；而中以"公氣仁，語若不能出口，及當事，乃更疏亮捷給，其詞忠，其容貌温然，故有言於人無不信"數語，束上起下，爲全篇轉捩。曰"公氣仁，語若不能出口"，蓋逆攝下半篇之神；而"及當事，乃更疏亮捷給"云云，則頂束上半篇之事也。尤須玩其虛中有實，實中有虛。所謂實中有虛者，以想像參事實；如諭回紇，實事也，未叙公與之言，先著"涵懼不敢對，視公"以烘託，則想當然耳；蓋涵之不對是事實；而曰"懼不敢"，曰"視公"，則想像；以涵固不肯自言，而董公亦未便爲人言；愈出以臆，寫來栩栩，此筆妙也。又以事實爲想像；如叙公刺華州而追原其始，曰"始公爲金吾，未盡一月，拜太府，九日，又爲中丞，朝夕入議事，於是宰相請以公爲華州刺史"；若地逼勢近，而爲宰相所嫌以出，言下躍如，而未説出，如匣燈帷劍，令人想見之。又如叙拜東都留守，而先著“入謝，上語問日晏，復有入謝者，上喜曰：‘董某疾且損矣！’出語人曰：‘董公且復相。’既二日，拜東都留守”；疑若有人擠之出，而亦未説出；可以意會而不必以言傳，凡若此者，所謂實中有虚也。所謂虚中有實者，則以事實證想像；如叙在宰相位五年，未嘗有建白，而想像其若有建白，而終之以“制曰‘事上盡大臣之節’，又曰‘一心奉公’，於是天下知公之有言於上”；則想像有證實矣。又如叙入汴州，著重在“惟恭亦有志，以公之速也，不及謀，遂出逆，既而私其人，觀公之所爲以告，曰‘公無爲’；惟恭喜，知公之無害己也，委心焉；進見公者，退皆曰‘公，仁人也’，聞公言者，皆曰‘公仁人也’；環以相告，故大和”數行，莫非想像之辭。而前叙逆者不至，後叙罷廡下衛，寫來鑿鑿，則虚者實矣。所以前半實叙，而後半虚寫，想係爵位既高，身家漸重，而持禄固寵，無可稱説。愈有《復志賦》，即復董晉於汴州作，而曰：“非夫子之洵美兮，吾何爲乎浚之都！小人之懷惠兮，猶知獻其至愚。固余異於牛馬兮，止乎飲水而求芻。伏門下而默默兮，竟歲年以康娱。時乘間以獲進兮，顔垂懽而愉愉。仰盛德以安窮兮，又何忠之能輸！”則一無作爲，而輸忠無由，絃外之音可見。而爲行狀，又著貶不得；觀其在宰相五年，在汴州三年，皆於無可著筆處著筆，行文儘俊偉，而細按無事實，虚摹風度，酣暢淋漓，可以悟文章虚實兼權之法。

《贈太傅董公行狀》與《贈太尉許國公神道碑》，大開大闔，同一精彩。惟《許國碑》格緊詞峭，其勢峻；《董公狀》氣雄勢浩，其辭達；蓋碑施勒石，語貴矜莊；而狀上史官，辭宜信達；所施攸異，格亦隨之也。古者達官名人，德業可稱，史官例爲之傳；其人方没，必有門生、故吏撰次行實，上之史館以備採擇，則謂之行狀；愈爲董公故吏，狀尾稱“謹具歷官行事狀，伏請牒考功，并牒太常議所謚，牒史館請垂編録，謹狀”者，是也。《文心雕龍·書記篇》：“狀者，貌也；體貌本原，取其事實。”然則狀者，蓋體貌以取事，而列傳之底本也。愈狀董公名字履籍，以次歷官行事，一依《太史公書》列傳；叙官自小而漸大，叙行歷壯以逮老，而以詳略見筆意，以振提見筆力；看似據事直書，挨次叙去；其實體貌得神，匠心布置；而一時朝局之紛紜多故，其人生平之安詳有度，傳神阿堵，躍然紙上。夫狀之爲文，不僅取事，尤重體貌；體貌而不取事實，則羌無據依，不徵何信；取事而不本體貌，則不見精神，繁稱取厭。而愈狀詳董歷官行事，未相之前，則謇諤敢論議；入相以後，則容默無聲色；幾乎兩截人物，而能一篇渾成。篇中“公氣仁，語若不能出口”，至“故有言，於人無不信”數行，束上起下；“公氣仁，語若不能出口”，暗斡旋入後之容默；“及當事，乃更疏亮捷給”，明贊美以前之論議；未束上，先起下；而“其辭忠，其容貌温然，故有言，於人無不信”，則總綰上下半篇，而斷董一生；大力控摶，如行所無事，而渾灝流轉，純以神行；凡欲學太史公者，何可不三復乎此！

讀《昌黎集》卷三十八之四十，表、狀。其中《論佛骨表》，辨切而多風，急言竭論，氣自寬衍。《潮州刺史謝上表》，情高以全采，仰首鳴號，文却雅壯。跌宕昭彰，不爲縹緲浮音。

學佛本非爲長生；而事佛必以凶折，却亦並無證據；韓公無中生有，兩兩相形，語出懸揣，却説來鑿鑿有據，可以悟文章翻空易奇之妙。然其意實出唐高祖時，傅奕《詆浮屠法疏》，見《唐書·傅奕本傳》。

《黄家賊事宜狀》、《論淮西事宜狀》，剖析情勢，指陳機宜，鮮明緊健，又是一格。

閲《昌黎外集》十卷，皆李漢四十卷之所不收者，菁華已竭：披沙揀金，獨《答劉秀才論史官書》，爲柳宗元所駁，人人以爲口實；然遜辭謝不能，而岸異雋桀之氣，躍躍字裏行間，如伏驥老櫪，氣雖不振，而顧盼偉然。《河南府同官記》，不過府主自詡宦達，稱其得意；冗絮處，獨以健倔出之；層見複叙，而筆力堅淨；他人無此也。

卷六之十，《順宗實録》，仿左氏之傳《春秋》，以事繫日，繫月繫年；一事之叙，必溯原委；一人之見，具詳生平，皮裏陽秋，别見匠心；與普通排比作日記簿者不同。本集《進順宗皇帝實録表狀》，自稱：“削去常事，著其繫於政者，比之舊録，十益六七；忠良好佞，莫不備書；苟關於時，無所不録。”頗能自道其實。惟記王伾、王叔文，未得其平；嘉定王鳴盛著《十七史商榷》，力辨之。又過求詳實，未能精簡老健，亦與生平筆力不稱。

余自十八歲，讀《昌黎集》而橅仿所爲，細誦而深思，長吟而反覆，亦既三十年於兹；余髪如此種種矣，會心不遠，寫之眉間，積久覆視，時有獨到，怡然自得，董理爲篇，成《韓集籀讀録》第六。

韓集論彙録寫目

（甲）序之屬

（一）唐李漢《昌黎先生集序》録原集編首

（二）唐趙德《文録序》録朱子校《昌黎先生集傳》

（三）宋柳開《昌黎集後序》録《河東集》

（四）宋朱熹《韓文考異序》録《朱文公文集》

（五）宋朱熹《書韓文考異前》録《朱文公文集》

（六）明茅坤《韓文公文鈔引》録《唐宋八家文鈔》

（七）清顧嗣立《昌黎先生詩增注正訛序》録原刻編首

（八）清高宗《韓文公文集序》録《樂善堂全集》

（九）清林紓《百大家評選韓文精華録序》録《畏盧三集》

（十）清李詳《韓詩萃精序》録《南通報》

（乙）跋之屬

（一）唐柳宗元《讀韓愈所作毛穎傳後題序》録《唐柳先生集》

（二）宋歐陽修《記舊本韓文後》録《歐陽文忠公外集》

（三）宋蘇軾《評韓柳詩》録黄嘉惠輯《東坡題跋》

（四）宋蘇軾《跋退之送李愿序》録黄嘉惠輯《東坡題跋》

（五）宋黄庭堅《跋韓退之送窮文》録黄嘉惠輯《山谷題跋》

（六）清朱彝尊《跋五百家昌黎集注》録《曝書亭集》

（七）清李光地《書韓子原道後》録《榕村集》

（八）清方苞《書韓退之學生代齋郎議後》録《望溪先生文集》

（九）清方苞《書韓退之平淮西碑後》録《望溪先生文集》

（十）清方苞《書祭裴太常文後》録《望溪先生文集》

（十一）清袁枚《書韓子琴操後》録《小倉山房文集》

（十二）清陳祖范《記昌黎集後》録《湖海文傳》

（十三）清章學誠《韓柳二先生年譜書後》録《章氏遺書・文史通義外編》

（十四）清章學誠《朱子韓文考異原本書後》録《章氏遺書・校讐通義外編》

（十五）清章學誠、朱崇沐校刊《韓文考異書後》録《章氏遺書・校讐通義外編》

（十六）清章學誠《韓文五百家注書後》録《章氏遺書・校讐通義外編》

（十七）清章學誠《東雅堂校刻韓文書後》録《章氏遺書・校讐通義外編》

（十八）清章學誠《葛板韓文書後》録《章氏遺書・校讐通義外編》

（十九）清章學誠《韓詩編年箋注書後》録《章氏遺書・校讐通義外編》

（廿十）清武億《南海神廣利王廟碑跋》録《授堂金石跋》

（廿一）清王昶《南海神廣利王廟碑跋》録《金石萃編》

（廿二）清王昶《處州孔子廟碑跋》録《金石萃編》

（廿三）清陸燿《南海廣利王廟碑跋》録《金石萃編》

（廿四）清吴騫《韓文考異跋》録《拜經樓藏書題跋記》

（廿五）清黄丕烈《昌黎先生集題跋》録《士禮居藏書題跋記續編》

（廿六）清包世臣《書韓文後上篇》録《藝舟雙楫》

（廿七）清包世臣《書韓文後下篇》録《藝舟雙楫》

（廿八）清包世臣《讀昌黎集書後》録《中衢一勺》

（廿九）清焦循《書韓文毛穎傳後》録《雕菰樓文集》

（三十）清陳澧《書僞韓文公與大顛書後》録《東塾集》
（三一）清李楨《書韓文李千墓誌後》録《畹蘭齋文集》
（三二）清賀濤《書韓退之答劉秀才論史書後》録《賀先生集》
（三三）清劉孚京《書韓退之集後》録《南豐劉先生文集》
（三四）清林紓《書昌黎處州孔子廟碑後》録《畏盧三集》

（丙）考論之屬

（一）宋柳開《韓文公雙鳥詩解》録《河東集》
（二）宋朱熹《考韓文公與大顛書》録《朱文公文集》
（三）元潘昂霄《韓文公銘誌括例上》録《金石例》
（四）元潘昂霄《韓文公銘誌括例下》録《金石例》
（五）明王行《韓文公墓誌銘舉例》録《墓銘舉例》
（六）明黄宗羲《昌黎金石要例》摘録《金石要例》
（七）清刁包《韓愈平淮西碑論》録《用六集》
（八）清嚴復《闢韓》録《又陵雜著》

（丁）書之屬

（一）唐裴度《寄李翺書》録《全唐文》
（二）金趙秉文《復李天英書》録《滏水集》
（三）明茅坤《與查近川太常書》録《鹿門先生集》
（四）清黄宗羲《答張爾公論茅鹿門批評八家書》録《南雷文案》
（五）清毛奇齡《答福建林西仲問韓昌黎一女兩壻書》録《西河合集》
（六）清袁枚《答友人論文第二書》録《小倉山房文集》
（七）清章學誠《與孫淵如書》録《章氏遺書・外集》
（八）清章學誠《上朱大司馬論文》録《章氏遺書・補遺》
（九）清姚鼐《與陳碩士第十四札》録《惜抱先生尺牘》
（十）清姚鼐《與陳碩士第五十六札》録《惜抱先生尺牘》
（十一）清張士元《與姚姬傳先生第二書》録《嘉樹山房集》
（十二）清包世臣《與楊季子論文書》録《藝舟雙楫》
（十三）清包世臣《再與楊季子書》録《藝舟雙楫》

（十四）清吴汝綸《與張濂卿書》録《吴摯甫尺牘》

（十五）清吴汝綸《答柯鳳蓀》録《吴摯甫尺牘》

（十六）清吴汝綸《與裴伯謙》録《吴摯甫尺牘》

（十七）清吴汝綸《與蕭敬孚》録《吴摯甫尺牘》

（十八）清吴汝綸《與廉惠卿》録《吴摯甫尺牘》

（十九）清張裕釗《答吴摯甫》録《張濂卿先生論學手札》

（二十）清張裕釗《再答吴摯甫》録《張濂卿先生論學手札》

（廿一）清施補華《復陳子餘論韓文書》録《澤疋堂文集》

（廿二）清田北湖《與某生論韓文書》録《國粹學報》

（戊）雜記之屬

（一）詩話

1. 總論録歐陽修《六一詩話》、劉攽《中山詩話》、陳師道《後山詩話》、陳善《捫蝨新語》、吴坰《五總志》、晁以道《晁氏客話》、嚴有翼《藝苑雌黄》、黄徹《䂬溪詩話》、李耆卿《文章精義》、方勺《泊宅編》、無名氏《道山清話》、吴可《藏海詩話》、范晞文《對床夜話》、張戒《歲寒堂詩話》、李東陽《懷麓堂詩話》、楊慎《升菴詩話》、王世貞《藝苑卮言》、陸時雍《詩鏡總論》、王士禎《池北偶談》、《香祖筆記》、袁枚《隨園詩話》、王鳴盛《蛾術編》、梁運昌《杜園説杜》、梁章鉅《退菴隨筆》、周季俠《詩學枝譚》、邵祖平《無盡藏齋詩話》。

2.《元和聖德詩》録陳師道《後山詩話》、周季俠《詩學枝譚》、李黼平《讀杜韓筆記》、俞樾《俞樓雜纂》。

3.《琴操》録强幼安《唐子西文録》、嚴羽《滄浪詩話》、李耆卿《文章精義》、袁枚《隨園詩話》、俞樾《俞樓雜纂》。

4.《南山詩》録朱翌《猗覺寮雜記》、曾季貍《艇齋詩話》、范晞文《對床夜話》、李黼平《讀杜韓筆記》、俞樾《俞樓雜纂》、陳衍《石遺室詩話續編》。

5.《謝自然詩》録許顗《彦周詩話》、范晞文《對床夜話》、楊慎《升菴詩話》。

6.《秋懷詩》録葛立方《韻語陽秋》、李黼平《讀杜韓筆記》。

7.《赴江陵途中寄三學士》録朱翌《猗覺寮雜記》、王鳴盛《蛾術編》、俞樾《俞樓雜纂》。

8.《長安交遊者一首贈孟郊》録范晞文《對床夜話》。

9.《此日足可惜一首贈張籍》録强幼安《唐子西文録》、朱翌《猗覺寮雜記》、曾季貍《艇齋詩話》、嚴羽《滄浪詩話》、王鳴盛《蛾術編》、李黼平《讀杜韓筆記》、俞樾《俞樓雜纂》。

10.《醉贈張祕書》録陳師道《後山詩話》、黄徹《䂬溪詩話》、葛立方《韻語陽秋》、朱翌《猗覺寮雜記》、王若虚《滹南詩話》、王鳴盛《蛾術編》、李黼平《讀杜韓筆記》、何文焕《歷代詩話考索》。

11.《送惠師》録葛立方《韻語陽秋》。

12.《送靈師》録黄徹《䂬溪詩話》。

13.《合江亭》范晞文《對床夜話》。

14.《岳陽樓别竇司直》録强幼安《唐子西文録》、俞樾《俞樓雜纂》。

15.《送文暢北遊》録李黼平《讀杜韓筆記》。

16.《答張徹》録魏泰《臨漢隱居詩話》、王鳴盛《蛾術編》。

17.《薦士》録魏泰《臨漢隱居詩話》、周紫芝《竹坡詩話》、范晞文《對床夜話》、袁枚《隨園詩話》、俞樾《俞樓雜纂》。

18.《喜侯喜至贈張籍張徹》摘句録黄徹《䂬溪詩話》。

19.《駑驥》

20.《汴州亂》録俞樾《俞樓雜纂》。

21.《利劍》録李黼平《讀杜韓筆記》。

22.《山石》録瞿佑《歸田詩話》。

23.《汴泗交流》録李黼平《讀杜韓筆記》。

24.《鳴雁》録俞樾《俞樓雜纂》。

25.《贈鄭兵曹遣興》兩首摘句録陳師道《後山詩話》、沈括《夢溪筆談》、何文焕《歷代詩話考索》。

26.《桃源圖》録許顗《彦周詩話》。

27.《東方半明》摘句録朱翌《猗覺寮雜記》、吴幵《優古堂詩話》、俞樾《俞樓雜纂》。

28.《八月十五夜贈張功曹》録俞樾《俞樓雜纂》。

29.《謁衡嶽廟遂宿嶽寺題門樓》録王若虚《滹南詩話》。

30.《永貞行》録王鳴盛《蛾術編》、《十七史商榷》、譚獻《復堂日記》。

31.《李花贈張十一署》録褚稼軒《堅瓠四集》。

32.《杏花》録朱翌《猗覺寮雜記》、李黼平《讀杜韓筆記》。

33.《感春》録許顗《彦周詩話》、朱翌《猗覺寮雜記》。

34.《鄭群贈簟》録李黼平《讀杜韓筆記》。

35.《遊青龍寺贈崔大補闕》録黄徹《䂬溪詩話》、朱翌《猗覺寮雜記》、王鳴盛《蛾術編》。

36.《贈崔立之評事寄崔二十六立之兩詩》録葛立方《韻語陽秋》。

37.《送區弘南歸》録葛立方《韻語陽秋》、朱翌《猗覺寮雜記》、俞樾《俞樓雜纂》。

38.《三星行》摘句録都穆《南濠詩話》。

39.《孟東野夫子》録李黼平《讀杜韓筆記》。

40.《陸渾山火和皇甫湜用其韻》録吴可《藏海詩話》、朱翌《猗覺寮雜記》、瞿佑《歸田詩話》。

41.《崔二十六少府攝伊陽以詩及書見投因酬三十韻》録黄徹《䂬溪詩話》。

42.《送侯参謀赴河中幕》録李黼平《讀杜韓筆記》。

43.《感春五首》録朱翌《猗覺寮雜記》。

44.《送石處士赴河陽幕》録葛立方《韻語陽秋》、李黼平《讀杜韓筆記》。

45.《辛卯年雪》録李黼平《讀杜韓筆記》。

46.《醉留東野》録俞弁《逸老堂詩話》、王鳴盛《蛾術編》。

47.《李花》二首録魏泰《臨漢隱居詩話》、李黼平《讀杜韓筆記》。

48.《寄盧仝》録劉攽《中山詩話》、魏泰《臨漢隱居詩話》、朱翌《猗覺寮雜記》。

49.《酬司門盧四兄雲夫院長望秋作》録王鳴盛《蛾術編》。

50.《送無本師歸范陽》録俞樾《俞樓雜纂》。

51.《石鼓歌》録葛立方《韻語陽秋》、鞏豐《鞏氏後耳目志》、楊慎《升菴詩話》、王鳴盛《蛾術編》、李黼平《讀杜韓筆記》。

52.《雙鳥詩》録張表臣《珊瑚鉤詩話》、葉少藴《石林詩話》、葛立方《韻語陽秋》。

53.《送陸暢歸江南》録葛立方《韻語陽秋》。

54.《送進士劉師服東歸》録黄徹《䂬溪詩話》。

55.《贈張籍》録曾季貍《艇齋詩話》。

56.《調張籍》録魏泰《臨漢隱居詩話》、周紫芝《竹坡詩話》、葛立方《韻語陽秋》。

57.《盧郎中雲夫寄示送盤谷子詩兩章歌以酬之》録王嗚盛《蛾術編》。

58.《病中贈張十八》録陳衍《石遺室詩話》。

59.《雜詩》録周煇《清波雜志》。

60.《寄崔二十六立之》録魏泰《臨漢隱居詩話》、黄徹《䂬溪詩話》、朱翌《猗覺寮雜記》、陳衍《石遺室詩話》。

61.《月蝕詩效玉川子作》録李東陽《懷麓堂詩話》。

62.《孟生詩》録李黼平《讀杜韓筆記》。

63.《短燈檠歌》摘句録黄徹《䂬溪詩話》。

64.《符讀書城南》録曾季貍《艇齋詩話》、王若虚《滹南詩話》。

65.《人日城南登高》摘句録劉攽《中山詩話》。

66.《華山女》録葛立方《韻語陽秋》。

67.《贈别元十八協律》六首録俞樾《俞樓雜纂》。

68.《初南食貽元十八協律》録高似孫《緯略》。

69.《答柳柳州食蝦蟇》録章淵《稿簡贅筆》。

70.《除官赴闕至江州寄鄂岳李大夫》摘句録黄徹《䂬溪詩話》。

71.《南山有高樹行》録李黼平《讀杜韓筆記》。

72.《雪後寄崔二十六丞公》録葛立方《韻語陽秋》。

73.《送僧澄觀》録王嗚盛《蛾術編》、李黼平《讀杜韓筆記》。

74.《感春》録李黼平《讀杜韓筆記》。

75.《早赴街西行香贈盧李二中舍人》録王嗚盛《蛾術編》。

76.《酬盧給事雲夫四兄曲江荷花行》録李黼平《讀杜韓筆記》。

77.《紀夢》録趙與時《賓退録》。

78.《雜詩四首摘句》録黄徹《䂬溪詩話》。

79.《示兒》録瞿佑《歸田詩話》、王嗚盛《蛾術編》。

80.《庭楸》録陳善《捫蝨新話》。

81.《和李相公攝事南郊》録王嗚盛《蛾術編》。

82.《送諸葛覺往隨州讀書》録朱翌《猗覺寮雜記》。

83.《南溪始泛》摘句録曾季貍《艇齋詩話》。

84.《城南聯句》録許顗《彦周詩話》、周紫芝《竹坡詩話》、曾季貍《艇齋詩話》、范晞文《對床夜話》、朱翌《猗覺寮雜記》、謝榛《四溟詩話》、俞樾《俞樓雜纂》。

85.《會合聯句》録魏泰《臨漢隱居詩話》。

86.《納涼聯句》録王鳴盛《蛾術編》。

87.《征蜀聯句》録范晞文《對床夜話》、俞樾《俞樓雜纂》。

88.《晚秋郾城夜會聯句》録葛立方《韻語陽秋》、朱翌《猗覺寮雜記》、李黼平《讀杜韓筆記》。

89.《題楚昭王廟》録楊慎《升菴詩話》、李黼平《讀杜韓筆記》、陳衍《石遺室詩話》。

90.《叉魚招張功曹》録王鳴盛《蛾術編》。

91.《題木居士》録鄭景望《蒙齋筆談》、黄徹《䂬溪詩話》。

92.《晚泊江口》録李黼平《讀杜韓筆記》。

93.《喜雪獻裴尚書》録吴幵《優古堂詩話》、李黼平《讀杜韓筆記》。

94.《春雪》録沈括《夢溪筆談》、吴幵《優古堂詩話》。

95.《入關詠馬》録王鳴盛《蛾術編》。

96.《和崔舍人詠月》録俞樾《俞樓雜纂》。

97.《詠雪贈張籍》録曾季貍《艇齋詩話》、王若虚《滹南詩話》、李東陽《懷麓堂詩話》、王鳴盛《蛾術編》。

98.《盆池》摘句録王若虚《滹南詩話》。

99.《奉和虢州劉給事使君三堂新題二十一韻》摘句録黄徹《䂬溪詩話》。

100.《大行皇太后輓歌詞》録章淵《稿簡贅筆》。

101.《侯協律詠筍詩》摘句録朱翌《猗覺寮雜記》。

102.《次潼關先寄張十二閣老使君》陳衍《石遺室詩話》。

103.《桃林夜賀晉公》、《晉公破賊回重拜台司以詩示幕中賓客愈奉和》録葛立方《韻語陽秋》。

104.《送鄭尚書赴南海》録曾季貍《艇齋詩話》、程大昌《演繁露》、朱翌《猗覺寮雜記》。

105.《答道士寄樹雞》録曾季貍《艇齋詩話》。

106.《左遷至藍關示姪孫湘》録曾季貍《艇齋詩話》、瞿佑《歸田詩話》。

107.《武關西逢配流吐蕃》及《次鄧州界》兩詩録黄徹《䂬溪詩話》。

108.《題臨瀧寺》摘句録王應麟《困學紀聞》。

109.《韶州留别張端公使君》録楊慎《升菴詩話》。

110.《寄隨州周員外》録朱翌《猗覺寮雜記》。

111.《酒中留上襄陽李相公》録許顗《彦周詩話》、俞弁《逸老堂詩話》。

112.《奉和兵部張侍郎酬鄆州馬尚書祗召途中見寄開緘之日馬帥已再領鄆州之作》録葉夢得《石林詩話》。

113.《鎮州初歸》録葛立方《韻語陽秋》、王鳴盛《蛾術編》。

114.《同水部張員外曲江春遊寄白二十二舍人》録楊慎《升菴詩話》。

115.《和水部張員外宣政衙贈櫻桃詩》録李黼平《讀杜韓筆記》。

116.《送桂州嚴大夫》摘句録朱翌《猗覺寮雜記》。

117.《同竇牟韋執中尋劉尊師不遇》録王鳴盛《蛾術編》。

118.《嘲鼾睡》録周紫芝《竹坡詩話》、葛立方《韻語陽秋》。

（二）文談

1. 總論録陳師道《後山詩話》、陳騤《文則》、楊萬里《誠齋詩話》、蔡夢弼《草堂詩話》、吴幵《優古堂詩話》、朱翌《猗覺寮雜記》、李耆文《卿章精義》、范晞文《對床夜話》、王應麟《困學紀聞》、楊慎《升菴詩話》、王世貞《藝苑巵言》、方以智《文章薪火》、魏禧《日録論文》、王士禎《香祖筆記》、劉大櫆《海峰論文偶記》、袁枚《隨園詩話》、趙翼《廿二史劄記》、錢大昕《十駕齋養新録》、趙慎畛《榆巢雜識》、梁章鉅《退菴隨筆》、吕璜《初月樓古文緒論》、劉熙載《文概》、俞樾《茶香室叢鈔》、譚獻《復堂日記》、林紓《韓柳文研究法》、《春覺齋論文》。

2.《感二鳥賦》

3.《復志賦》

4.《别知賦》録俞樾《俞樓雜纂》。

5.《原道》録王若虚《文辨》、錢大昕《十駕齋養新録》、林紓《韓柳文研究法》。

6.《原性》録陳澧《東塾讀書記》、劉熙載《文概》。

7.《行難》録王若虚《文辨》、俞樾《俞樓雜纂》。

8.《雜説》録吴幵《優古堂詩話》、俞樾《俞樓雜纂》。

9.《獲麟解》録林紓《韓柳文研究法》。

10.《師説》録王若虚《文辨》。

11.《進學解》録劉延世《孫公談圃》、洪邁《容齋隨筆》、劉熙載《文概》、俞樾《茶香室續鈔》、林紓《韓柳文研究法》。

12.《守戒》録李耆卿《文章精義》、俞樾《俞樓雜纂》。

13.《圬者王承福傳》録王若虚《文辨》。

14.《行箴》録楊萬里《誠齋詩話》。

15.《仲長統贊》録王若虚《文辨》。

16.《諱辨》録錢大昕《十駕齋養新録》、林紓《春覺齋論文》。

17.《伯夷頌》録俞文豹《吹劍録》、王若虚《文辨》、林紓《韓柳文研究法》。

18.《釋言》録蔣超伯《南漘楛語》、林紓《韓柳文研究法》。

19.《張中丞傳後叙》録王若虚《文辨》、林紓《韓柳文研究法》。

20.《畫記》録陳長方《步里客談》、林紓《韓柳文研究法》、《春覺齋論文》、梁啟超《中學以上作文教學法》。

21.《藍田縣丞廳壁記》

22.《新修滕王閣記》録林紓《韓柳文研究法》。

23.《鄆州溪堂詩序》録林紓《韓柳文研究法》。

24.《貓相乳》録王若虚《文辨》。

25.《答尉遲生書》録劉熙載《文概》、林紓《韓柳文研究法》。

26.《上宰相書》録王應麟《困學紀聞》。

27.《三上宰相書》録林紓《韓柳文研究法》。

28.《答李翊書》録劉熙載《文概》、林紓《韓柳文研究法》、《春覺齋論文》。

29.《代張籍與李浙東書》録俞樾《俞樓雜纂》

30.《與李翺書》録劉熙載《文概》。

31.《與陳給事書》録俞樾《俞樓雜纂》。

32.《與馮宿論文書》録王若虚《文辨》。

33.《送孟東野序》録李耆卿《文章精義》、虞兆隆《天香樓偶得》、林紓《春覺齋論文》。

34.《送許郢州序》録林紓《韓柳文研究法》。

35.《送齊皞下第序》録林紓《韓柳文研究法》、《春覺齋論文》。

36.《送李愿歸盤谷序》録楊萬里《誠齋詩話》、周密《志雅堂雜鈔》、王若虚《文辨》、阮葵生《茶餘客話》、俞樾《俞樓雜纂》、林紓《韓柳文研究法》。

37.《送董邵南序》録李耆卿《文章精義》、林紓《韓柳文研究法》。

38.《送浮屠文暢師序》

39.《送廖道士序》

40.《送幽州李端公序》録林紓《韓柳文研究法》。

41.《送區册序》録朱翌《猗覺寮雜記》、林紓《韓柳文研究法》。

42.《送高閑上人序》録林紓《韓柳文研究法》。

43.《送楊少尹序》録林紓《韓柳文研究法》。

44.《送李正字序》録林紓《韓柳文研究法》。

45.《送石處士序》録王若虚《文辨》。

46.《送温處士赴河陽軍序》録王若虚《文辨》、林紓《韓柳文研究法》。

47.《送鄭尚書序》録林紓《韓柳文研究法》。

48.《韋侍講盛山十一詩序》録朱翌《猗覺寮雜記》。

49.《石鼎聯句詩序》録曾季貍《艇齋詩話》、王若虚《文辨》、韋居安《梅磵詩話》、楊慎《升菴詩話》、林紓《韓柳文研究法》。

50.《歐陽生哀辭》録葛立方《韻語陽秋》、林紓《春覺齋論文》。

51.《祭柳州李使君文》録曾季貍《艇齋詩話》

52.《祭河南張員外文》録朱翌《猗覺寮雜記》、楊慎《升菴詩話》、林紓《韓柳文研究法》。

53.《祭柳子厚文》

54.《祭嫂氏鄭夫人文》録林紓《韓柳文研究法》。

55.《崔評事墓銘》録俞樾《俞樓雜纂》。

56.《考功員外盧君墓銘》録林紓《韓柳文研究法》。

57.《國子助教河東辪君墓誌銘》録王若虚《文辨》。

58.《江西觀察使韋公墓誌銘》録林紓《韓柳文研究法》。

59.《烏氏廟碑銘》録林紓《韓柳文研究法》。

60.《魏博節度使沂國公先廟碑銘》

61.《劉統軍碑銘》録林紓《韓柳文研究法》。

62.《衢州徐偃王廟碑》録俞樾《春在堂隨筆》。

63.《曹成王碑》録林紓《韓柳文研究法》。

64.《平淮西碑》録韋絢《劉賓客嘉話録》、王讜《唐語林》、洪邁《夷堅志》、葛立方《韻語陽秋》、王若虚《文辨》、張大復《梅花草堂集》、俞正燮《癸巳存稿》、劉熙載《文概》、林紓《韓柳文研究法》、《春覺齋論文》。

65.《南海神廟碑》録張表臣《珊瑚鉤詩話》、康與之《昨夢録》、俞文豹

《吹劍録外集》、汪瑔《松烟小録》、林紓《韓柳文研究法》。

66.《處州孔子廟碑》録張文清《明道雜志》。

67.《柳州羅池廟碑》録沈括《夢溪筆談》、張表臣《珊瑚鉤詩話》、林紓《韓柳文研究法》。

68.《司徒兼侍中中書贈太尉許國公神道碑》録林紓《韓柳文研究法》。

69.《殿中少監馬君墓誌》録張大復《梅花草堂集》、俞樾《俞樓雜纂》、林紓《韓柳文研究法》。

70.《樊紹述墓誌銘》録陳師道《後山詩話》、王若虛《文辨》、顧炎武《日知録》、林紓《韓柳文研究法》。

71.《故太學博士李君墓誌銘》録葛立方《韻語陽秋》、范晞文《對床夜話》、王若虛《文辨》、袁枚《隨園詩話》、林紓《韓柳文研究法》。

72.《毛穎傳》録朱翌《猗覺寮雜記》、錢大昕《十駕齋養新録》、俞樾《俞樓雜纂》、林紓《韓柳文研究法》。

73.《送窮文》録朱翌《猗覺寮雜記》、王若虛《文辨》、王世貞《藝苑巵言》、謝榛《四溟詩話》、劉熙載《文概》、林紓《韓柳文研究法》。

74.《進撰平淮西碑文表》録俞樾《俞樓雜纂》。

75.《論佛骨表》録陳善《捫蝨新語》、朱翌《猗覺寮雜記》、林紓《韓柳文研究法》。

76.《潮州刺史謝上表》録蔣超伯《南漘楛語》、俞樾《俞樓雜纂》。

77.《上賈滑州書》

78.《上考功崔虞部書》録俞樾《俞樓雜纂》。

79.《送汴州監軍俱文珍序》録王鳴盛《蛾術編》。

80.《通解》録俞樾《俞樓雜纂》。

81.《逸文》録楊慎《丹鉛總録》。

右雜記。順序壹依本集目次寫定，以便檢閲。

（商務印書館，增訂本，1958年3月出版）

韓愈文讀 HANYUWENDU

敘　目

上編（學古之篇，以所仿時代爲次。）

元和聖德詩并序 詩略仿《詩·大雅·江漢》、《常武》，而特出以警闢，刻畫少過，微欠渾穆；而序則洞爽軒闢，學《太史公書》諸表序。

平淮西碑并序序仿《尚書》，能運以灝氣，故不涉板重。而銘亦仿《詩》《雅》、《頌》，與《元和聖德詩》同格。惟《元和聖德詩》，重在揚威，不免矜厲；而此碑銘主於宣德，乃彌弘潤。

魏博節度觀察使沂國公先廟碑銘 碑參《尚書》《畢命》、《君牙》之體。詩則脱胎《詩·魯頌·閟宫》。

汴州東西水門記并序 其文亦融胎《書》之《誥》，《詩》之《頌》；而渾樸簡峻，乃似秦丞相李斯《瑯邪臺》、《會稽》諸刻石。東京班、蔡，有其雅練矜重，而無其鮮明緊健。

河中府連理木頌 其文亦橅《誥》範《頌》，融裁《詩》、《書》；然蹊逕未化。

畫記此學《周官·考工記》，於謹細中見神妙，於妥貼中臻變化；與《汴州東西水門記》，皆臻學古入化；而以視揚雄、王通，字摹句擬，死著句下者不同。揚、王存其面目，出筆便僵。而愈運以神明，無句不活。

送幽州李端公序中間及郊一段，賓主酬對；蓋脱胎《禮記》、《左傳》而融裁爲一手者。

爭臣論其爲文章，語俳而調圓，反覆低昂而不爲清刻峭利；氣儘急激，調自腴潤，蓋學《左傳》而得其神髓者。

鄆州谿堂詩并序詩脱胎《魯頌》，而《序》則廉而能肆，遒而得安，極似柳宗元集中得意文字。蓋合《國語》之雅練，《國策》之勁鷙，而融裁爲一手者，故能雋桀廉悍如此。《鄆州谿堂詩序》，以《國語》之雅練，融《國策》之鷙勁，得筆之遒而不入於危仄。《爭臣論》以《左氏》之浮夸，化《國策》之恣肆，得氣之疏而不流於矜張。

送孟東野序通篇以"鳴"字點眼，學《周官·考工記·梓人》章法。然離合斷續，波瀾要似《莊子》。

感二鳥賦并序愈之賦見於集者四，大抵多有取於《離騷》之意。特以愈散文專家；觀其所爲賦雖取裁《楚騷》，亦自鑄偉詞，氣往轢古，辭來切今；祇是仿其格調，而不獵其華豔。班固《兩都賦序》曰："賦者古詩之流。"《文心雕龍》曰："賦者鋪也，鋪采摛文，體物寫志也。"以其鋪采摛文，故謂之賦。以其體物寫志，託於詩之比興，故曰"古詩之流"。今觀愈之所爲，文采不豔，無當於鋪采摛文；自抒胸懷，又罕體物；所以賦非當行。然辭翦美稗，發端必遒，頗足以矯齊梁六朝之琢鍊過而質傷，藻飾勝而氣滯；不得以氣過其文，彫潤恨少爲嫌！

復志賦并序其句法步驟《離騷》，往往相似。

訟風伯其格調仿屈原《九歌》；以風伯爲訟，亦猶屈子之以雲中君爲怨。惟《九歌》辭麗而意婉。此則氣激而辭憤也。

應科目時與人書戰國策士游説，遇不能竟言之人，於不能竟言之事，往往突設一喻，多方取譬，而正意止入後瞥然一見，作畫龍之點睛者，其例不勝枚舉。而愈此書及《爲人求薦書》、《答陳商書》，皆仿其體；而劃然軒昂，筆力一出一入，跌宕遒變，尤推此書爲得《國策》陵雲健筆，有縱橫之意。

爲人求薦書

答陳商書

代張籍與李浙東書爽朗而出以詼調，其風格亦出《國策》。

答崔立之書此書及《與崔群書》，寫一肚皮憤鬱，噴薄出之，直起直落，文勢極寬衍，而氣自緊括，沈鬱頓挫，脱胎太史公《報任少卿書》。

與崔群書

藍田縣丞廳壁記此記短章寂寥，老健簡明，憤激而出以恢詭，感概而寓之蕭閒，命意最曠而逸，蓋脱胎《太史公書·萬石張叔列傳》者也。

送石處士序此序與《送温處士赴河陽軍序》，章法牝牡，自爲映帶；乃用太史公《李廣》與《衛青霍去病》兩篇牝牡見意之法，而入後"執爵而言"一段，胎自《禮記·檀弓》；遒嚴而流動，辭筆乃似太史公翦裁《六經》之春秋以前諸紀傳也。

送温處士赴河陽軍序

南海神廟碑此文前路叙典制，鮮明緊健，學太史公；入後寫祭祀，鋪張揚厲，脱胎長卿；蓋出入兩司馬而兼擅雄健之筆，鏗鏘之節者也。

上宰相書此書及《諱辯》，引經据典，以誦數出議論，逐段解説，逐步鎖勒，看似散漫，而入後總收，如神龍掉尾，怒獅回顧，骨節靈通，局勢緊湊，乃學劉向《條災異封事》、《論甘延壽陳湯》、《論起昌陵》諸疏章法。惟愈往復低昂，辭氣鏗訇，不似劉向之雍容雅步；此由稟賦有剛柔，故體勢有緩急耳。

諱辯

送窮文其體制仿揚雄《逐貧賦》。

進學解其文出東方朔《客難》、揚雄《解嘲》。《送窮文》入後稱"吾立子名，百世不磨"；正與《進學解》歸結於"動而得謗，名亦隨之"，同一機杼。惟《進學》譬解自己；而《送窮》託之鬼口，意尤恢詭。《進學》之文，宏放有氣勢；而《送窮》則節短勢險，文特峭健。能者亦何所不可。

貞曜先生墓誌銘誌文語句險奥，脱胎揚雄《太玄經》；而詞筆震盪，精神溢出，不如雄之奇險盡字句也。

曹成王碑此碑好用奇字，學揚雄；而運以逸氣，故不覺堆垛。

送鄭尚書序其文簡重肅穆，似學《漢書》；不如史公之雄快，亦異後漢之華贍。

上襄陽于相公書其文奇偶錯綜，而偶多於奇，複字單誼，雜廁相間，厚集其氣，使聲采炳焕而戛焉有聲；與《潮州刺史謝上表》、《賀册尊號表》機調略同。蓋學東漢班固、張衡之所爲也。崔駰、蔡邕，有其典雅而無其雄贍。至於開闔變化，令人之意飛動，則固愈之本色也。

潮州刺史謝上表

賀册尊號表

荆潭唱和詩序卓犖其氣，奇偶其辭，骨重而神肅，極似班固《封燕然山銘序》。特不如班之琢鍊。然愈之波瀾，亦班所無也。

上巳日燕太學聽彈琴詩序其文雜以儷語，出以蕭閒，輕清婉約，而不爲豐饒疾捷；與《送李愿歸盤谷序》同一機杼，乃極似王羲之、陶潛作。然波瀾意度，終不爲晉宋人之作盆景點綴耳。

送李愿歸盤谷序

以上文三十六首

下編 自變之格，以所作歲月爲次。

獲麟解元和七年，麟見東川。或疑愈因此而作解。然李翺嘗書此文以贈陸傪曰："韓愈非茲世之文，古之文也。其詞與意適，則孟軻既没，亦不見其有過於斯者。"傪死於貞元十八年；則此文非元和間作也。今按此文有激而作，著意在一"知"字。愈貞元八年第進士；九年、十年、十一年，三試博學鴻辭，不售；十一年正月至三月，以前進士三上宰相書求仕，不報。疑《獲麟解》於此時作；意蓋以麟自況而傷知者之無人也；則貞元十一年所作，而愈年二十八歲。是年五月，愈東歸，作《感二鳥賦》，序稱"有不遇時之歎"；正與解云"麟之出不待聖人，則謂之不祥也亦宜"，同一感慨者也。

與馮宿論文書愈從董晉汴州作；時在貞元十三年，愈三十歲。

贈太傅董公行狀貞元十五年五月，愈三十二歲。文特雄肆，直起直落，不著一句議論。前半實叙，而後半虛寫，想係爵位既高，身家益重，持禄固寵，無可稱説。愈有《復志賦》，即從董晉於汴州而作，而曰："非夫子之洵美兮，吾何爲乎浚之都。小人之懷惠兮，猶知獻其至愚。固余異於牛馬兮，寧止乎飲水而求芻。伏門下而默默兮，竟歲年以康娱。時乘間以獲進兮，顔垂歡而愉愉。仰盛德以安窮兮，又何忠之能輸。"則不滿之意可見；而爲行狀又著貶不得。觀其在宰相五年，在汴州三年，皆於無可著筆處著筆，行文儘俊偉，而細按無事實；虛摹風度，酣暢淋漓，可以悟文章虛實兼權之法。

與李翺書貞元十五年秋，愈從張建封於徐州作。

雜説馬何年作不可考。按愈以馬自況，而曰"策之不以其道，食之不能盡其材，鳴之而不能通其意；"疑爲張建封作。《昌黎集》中有《上張僕射書》，稱"在使院中，有小吏持院中故事節目十餘事來，示愈。其中尤不可者，有自九月至明年二月之終，皆晨入夜歸，非有疾病事故，輒不許出。"是策之不以其道也。《與胡生書》云："口多而食寡。"是食之不能盡其材也。又《與孟東野書》云："被留以職事，默默在此，行一年矣。"是所謂鳴之不能通其意也。愈以貞元十五年二月，依建封於徐；十六年五月，離徐；意者《雜説》之作，儻在貞元十五六年之交乎？《國策·楚策》：汗明説春申君曰："君亦聞驥乎？夫驥之齒至矣！服鹽車而上太行，蹄申膝折，尾湛胕潰，漉汁灑地，白汗交流，外坂遷延，負轅而不能上。伯樂遭之，下車攀而哭之，解紵衣以冪。驥於是俯而噴，仰而鳴，聲達於天，若出金石之聲者，何也？彼見伯樂之知己也。今僕之不肖，阨於州部，堀穴窮巷，沈洿鄙俗之日久矣！君獨無意於湔祓僕，使得爲君高鳴屈於梁乎？"感概淋漓，别有奇趣。而愈《雜説馬》及《爲人求薦書》，皆用其意而變其格調。

答李翊書貞元十八年，陸傪佐主司權德輿於禮部。而愈以李翊薦於傪，用是其年登第。此書其十七年所答歟？時愈年三十四歲。自道文章用力甘苦，尤喫緊在"無望其速成，無誘於勢利"兩語。意自悲憤，而氣極渾灝，隨筆抒寫，恰到熟極而流之境；而機不入於快利，詞必求其温潤；所謂"迎而距之，平心而察之，其皆醇也，然後肆焉。"

與于襄陽書書中自稱守國子四門博士，當在貞元十八年秋，愈三十五歲。作家下筆，無不自佔地步。即如愈以一將仕郎守國子四門博士，與書尚書爲節度使之于襄陽，分位絶不相侔；而云："下之人，負其能，不肯諂其上。上之人，負其位，不肯顧其下。故高才多戚戚之窮。盛位無赫赫之光。"看似兩兩平説，實則意有軒輊。"下之人，負其能，不肯諂其上"，不害爲君子。"上之人，負其位，不肯顧其下"，不免爲小人。"高才多戚戚之窮"，則是君子而安貧賤。"盛位無赫赫之光"，則是庸人而苟富貴。皮裏陽秋，自待不薄。

施先生墓銘貞元十八年十月以後作。誌用逆叙，銘用順叙，錯綜以出變化。

河南府法曹參軍盧府君夫人苗氏墓誌銘愈三十六歲作，時貞元十九年七月。誌詳世系生卒，銘詳行誼福壽，互爲牝牡；而誌簡老，銘生動。銘入後叙晩娱，尤於瑣細中見神致。

祭十二郎文貞元十九年秋冬間作。其文蓋愈所謂"喜往復，善自道"者；骨肉之痛，急不暇修飾，縱筆一揮，而於噴薄處見雄肆，於嗚咽處見深悲，提振轉折，邁往莫禦，如雲驅飈馳，又如龍虎吟嘯，放聲長號，而氣格自緊健。

送許郢州序貞元十九年作。

贈崔復州序此序不知何年作？大概與《送許郢州》之意同。郢復在唐，皆隸山南東道。兩序皆言于公頔，又皆言民窮斂急；意同時作也。與《送許郢州序》意同而變其結構。《送許郢州序》，從于公説到刺史。《贈崔復州序》，從刺史側到于公。《送許郢州序》，重規于公，而刺史只於中夾説，直而不肆。《贈崔復州序》，重難刺史，而于公只入後輕帶，婉而章。《送許郢州序》，不以頌而以規；

而《贈崔復州》，衹是以頌爲規；而要歸於民窮斂急，不通下情之意，則如出一吻。此可以悟文章變化之法。

送區册序貞元二十年正月作。愈三十七歲，時爲陽山令；即景生情，善於跌宕；極言陽山之險惡無人至，而區册挐舟相好之不可及自見。

答竇秀才書亦貞元二十年，愈在陽山作；與《送區册序》同一反跌文章。惟《送區册序》，極言陽山地窮道險惡，以反跌區生挐舟相從之爲遺外聲利。而《答竇秀才書》，則言己之道窮身廢，以反跌秀才相從問文章之爲身勤而事左。一以地爲翻騰。一就人作波瀾。

送廖道士序愈永貞元年自陽山徙椽江陵，道衡山而作。與《送孟東野序》，同一憑空發論，妙遠不測，如入漢武帝建章宫，隋煬帝迷樓；而正意正事，止瞥然一見，在空際蕩漾；恍若大海中日影，空中雷聲。此太史公《平準》、《封禪》諸書，《伯夷》、《孟荀》、《屈賈》列傳法也。惟《廖道士序》，直落直轉，直接直收，具無窮變化，純是潛氣内轉，得太史公筆意。而《送孟東野序》，則轉掉起落，未極神妙自然之境。

張中丞傳後序元和二年，愈年四十歲作。夾叙夾議；議論折衷一是以正流傳；叙事撰次所聞以補闕遺；出入剸截，其文縱厲而峭實。

國子助教河東薛君墓誌銘元和四年作，愈四十二歲。寫薛君之務出於奇以不同俗，其文氣高而詞峻，不爲熟俗，稱其爲人。

唐朝散大夫贈司勳員外郎孔君墓誌銘元和五年作，愈四十三歲。以孔君一生大節，在佐昭義；高唱而入，心力眼力，全注此事。

乳母墓銘元和六年，愈四十四歲作。直起直落，語無枝葉，質而有味；所謂文章更老成也。

試大理評事王君墓誌銘元和六年五月，以李惟簡爲鳳翔隴州節度使。而誌叙惟簡遷帥鳳翔；王隨往，居歲餘，入閿鄉南山，明年九月疾病，九月某日卒，十一月某日葬；爲之銘，當在元和八年九月以後作矣；愈四十六歲。其文以懷奇負氣爲主，與《國子助教河東薛君墓誌銘》之寫其務出於奇以不同俗，同一機杼。惟《薛誌》出以遒健。而此益爲恢詭。

殿中侍御史李君墓誌銘元和八年作。善推人之命，而不能自推其命，乃爲服食所誤，是一篇微旨。

與鄂州柳中丞書慨當以慷，雖未沈鬱，而極頓挫。時爲元和十年，愈四十八歲。

毛穎傳何年作不可考？按元和九年十二月，愈以考功郎中知制誥，十一年正月，進中書舍人。憲宗欲平蔡。愈言惟斷乃成。宰相不喜，改太子右庶子。而傳乃云："吾嘗謂君中書，君今不中書耶，對曰'臣所謂盡心者'"云云，疑傳以此時作而寄意也。憲宗勤政。《舊唐書紀》稱："延英議政，晝漏率下五六刻方退。"而《毛穎傳》稱："上親決事，以衡石自程，雖宮人不得立左右；獨穎與執燭者常侍，上休乃罷。"疑蓋有所諷。而《昌黎集》中傳三篇：一《圬者王承福傳》，借題抒嘅，筆太快利，而蓄蘊不深厚。一《太學生何蕃傳》，有意作態，文似矜莊，而波瀾不老成。獨此《毛穎傳》筆墨游戲，而閎深肅括，須玩其神氣有餘於篇章之外。若《王承福傳》，則意到筆隨，議論太盡，可以發人深省，而未足耐人咀味。至《何蕃傳》，則著意揚詡，語絜意矜；絶不見有蒼莽之勢，縹緲之神；衹見其氣窮而力竭耳！何如《毛穎傳》之氣完而神逸也！

祭河南張員外文愈以貞元十九年冬，與張署自御史俱出南方爲令。明年，順宗即位，又俱改官江陵，患難與共，故凡道塗經涉，唱和契闊皆具。雖在話念平生，情事曲繪，而跌宕俊邁，鼓舞鏗鏘，不可以方物。四言韻文，其原出於《雅》、《頌》，雍容揄揚；漢魏人爲之，未嘗出其窠臼，多重鋪叙，而愈則創爲刻畫；如此篇千形萬態，横恣溢出。又漢魏人爲四言韻文，亦效《雅》、《頌》之凝重肅穆；而愈則神彩飛揚，獨出以軼蕩俊偉，雖叙實事，必驅遣陵跨，令於空際飛馳，此文後有"丞相南討，余辱司馬"云云，則方從裴度討蔡，其在元和十二年八月作歟？時愈五十歲。

唐故相權公墓碑元和十三年作。其文特出以矜慎而不逞才氣；其事特叙以檃括而不爲詳列；簡練揣摩，似學蔡邕。而與邕不同者，特出以遒，而不爲邕之麗辭碌碌耳！

論佛骨表元和十四年作。學佛本非爲長生，而事佛必以凶折，却亦並無證據。愈則無中生有，兩兩相形；語出懸揣，却説來鑿鑿有據；跌宕照彰，可以悟文章翻空易奇之妙。

鱷魚文元和十四年作。曾國藩每語人，謂"《鱷魚文》文氣似諭《巴蜀檄》"。然司馬相如諭《巴蜀檄》，以責備爲安慰，辭氣似嚴而意實寬。而愈《鱷魚文》，以慰遣爲放逐，意思本寬而辭特峻。又相如捭闔有縱横之意。而愈嚴峻得誥諭之體。以爲相似，殊所不解。

祭柳子厚文元和十五年，在袁州作，愈五十三歲。其文瘦折拗峭，又是一格；後來王安石多摹爲之。

柳子厚墓誌銘此文作於袁州。不阿不黨，只寫子厚之不自持其身，材不用於世，以致惋惜。祭文有云："子之視人，自以無前。一斥不復，群飛刺天。"即爲《誌文》作骨。中間"嗚呼士窮乃見節義"一段，深嘅交道；亦《祭文》所謂"凡今之人，觀勢厚薄"也。惟《祭文》詠歎，而《墓誌》實發，以己亦在遠貶之後，故極淋漓感慨之致。其文雋桀廉悍，於《昌黎集》中别出一格；蓋抛却雄厚之本色，而有意爲子厚之遒警者。能者亦何所不可。

殿中少監馬君墓誌何年作不可考？以其年推之，當在長慶初。以本人無可誌，故就祖父渲染；以老大無所成，故就幼時設色；以事實無可寫，故就交情抒悼；於墓誌中别出一格。此可悟旁敲側擊，文家烘託之法。

唐故朝散大夫尚書庫部郎中鄭君墓誌銘長慶元年作，愈五十四歲。愈前在江陵，與鄭同官。鄭樂易長者，無他奇節畸行；而《誌》亦隨事賦形，肖其爲人，平平叙去，無險句，無奇字，不爲爽健抑揚也。文家相題行文，貴乎各如其分；而詞筆之肆歛，氣調之低昂，亦與之稱焉。

送楊少尹序此序長慶初，愈爲吏部侍郎時作。久宦京朝，老而歸鄉，事極尋常；特以中世士大夫以官爲家，罷則無所於歸，故爲詠歎以致其慕。是時愈仕宦久，亦有倦意。其文不爲健肆，而故作摇曳，流連詠慕，令人低徊嚮往，於《昌黎集》中又是一體；後來歐陽修多斅爲之，而特以風神開宗。

故太學博士李君墓誌銘長慶三年作，愈年五十六。誌中廑叙李君卒葬年月；特詳李君以服食死，遂歷著並世之服食得禍者以爲世戒。此真有關世道之文；誰謂愈之諛墓耶！誌墓不以諛而以戒，於墓誌中可謂創格。

司徒兼侍中中書令贈太尉許國公神道碑長慶三年作，此碑與《贈太傅董公行狀》，大開大闔，同一鉅篇，惟《董公狀》氣雄勢逸，其文肆。《許國碑》格緊詞峭，其勢峻。蓋狀上史官，詞宜信達。而碑施勒石，語貴矜鍊。所施攸異，格亦隨之。

南陽樊紹述墓誌銘何年作不可考。按樊宗師文傳有《絳守居園池記》，乃長慶三年，宗師官絳州刺史，即守居構園池，自爲之記；則宗師之卒，不得在三年以前。而愈以長慶四年卒，則爲宗師此誌，又必不在四年之後。歐陽修云："退之與樊紹述作銘，便似樊文。"此瞽説也！大抵世所傳宗師《蜀綿州越王樓詩序》及《絳守居園池記》，不脱儷體，而以僻字澀句爲奇。而愈爲宗師此誌，則爲散文，而以健筆爽氣見肆。李肇《國史補》云："元和之後，文筆則學奇於韓愈，學澀於樊宗師。"宗師澀而無理，而愈奇而不澀。其銘紹述云："文從字順各識職，有欲求之此其躅。"所以諷紹述之故爲僻澀，未能"文從字順各識職"；而告求者之勿以此爲躅耳。愈爲友人文，有稱之雄深雅健而摹其爲文者，如《柳子厚墓誌銘》、《柳州羅池廟碑》，是也。有矯其僻澀無理而用本來面目者，如爲宗師此誌，是也。氣雖遒而句不險，語儘鍊而字不奇，以視生平所爲《曹成王碑》、《貞曜先生墓誌》之奇字險句，驅邁陵厲者，尚有間；更不論宗師之僻澀不可讀。

柳州羅池廟碑長慶四年春作。愈爲《柳子厚墓誌銘》，以文章必傳於後爲主；愈胸中眼中之柳子厚也。治柳政績，衹輕描淡寫出之；以愈之所以重子厚者，不在此也。而《廟碑》則以子厚之有德於柳人，而得廟祀，故特詳其惠政；則柳人心目中之子厚，所以廟祀之者，固不在文章而在政事也。《墓誌》以爽健；《廟碑》以警鍊，不惟事實不雷同，即詞筆亦不相犯。《墓誌》得子厚之汎濫停蓄，以臻雄深。而此爲子厚之雋傑廉悍，以躋雅健也。

故幽州節度判官贈給事中清河張君墓誌銘長慶四年四月以前作。張徹爲范陽府監察御史，其帥，張弘靖也，誌不出弘靖姓名，若有所諱焉爾。誌起扼重佐范陽以死，特提敘，而補敘生平家世妻子於後，用倒敘法，結篇與《贈司勳員外郎孔君墓誌銘》同，詞筆峭悍，亦復相類。而銘特岸異，有喑嗚叱咤之氣。

唐正議大夫尚書左丞孔公墓誌銘長慶四年八月作，愈五十七歲。皇甫湜《韓文公墓銘》，稱愈長慶四年八月，以疾免吏部侍郎；十二月二日卒。疑此誌之作，已在病中。然不爲雄直奇肆，而出以矜慎簡練，文格與《故相權公墓碑》髣髴。惟《權碑》出以檃括，寫宰相之度。而此誌參以事實，徵直臣之節；風神端凝，往往遒變，不見老手頹蕩之迹也。又孔戣爲孔戡之兄；戡即所謂贈司勳員外郎孔君，而愈嘗亦誌其墓者也。一兄一弟，兩篇墓誌，瘦折拗峭，不用順文而用逆敘，結篇特相類。而《戡誌》筆情警矯如神龍，此則神氣渾穆如木雞，篇體有意相犯，筆意各自不同。

原道自此以下諸篇，何年作不可考。然觀其雄肆出之，沛然若有餘，疑愈年壯氣盛之作。《新唐書》本傳稱“其《原道》、《原性》、《師説》等數十篇，皆奥衍閎深，與孟軻、揚雄相表裏。”然如《五原》、《對禹問》、《讀荀》等篇之作，洞爽軒闢，筆力横恣，定得力於孟軻；而與揚雄之僻澀以爲古者異趣。《原道》之作，不始韓愈。《淮南鴻烈解》、劉勰《文心雕龍》皆以《原道》弁其書；而與愈同題而異趣。蓋韓愈明道以仁義。二劉原道於自然。韓愈將以有爲。二劉性任自然。此其較也。惟勰與安則又同趣而異爲。蓋安以周秦政敗於多制，而民憔焉不樂其生，故著《原道》以明無爲之治。勰覩齊梁文競於雕華，而義牽焉以牽其旨，故標自然以救文勝之弊，義各有當而指歸於一。至愈此文，則頗爲輓近輕薄者口舌。然愈以儒者之地位，而力闡“吾所謂道，非所謂老與佛之道。老與佛之道，去仁與義言之。吾所謂道，合仁與義言之也。博愛之謂仁，行而宜之之謂義，由是而之焉之謂道”。闢佛老不爲當行；而就儒者立場論，則未爲無見。《中庸》曰：“天命之謂性，率性之謂道。”所以明道之大原出於天，以濬發人之本能。愈則曰：“博愛之謂仁，行而宜之之謂義，由是而之焉之謂道。”所以徵道之率由施於人偶，以闡明人之本分。而筆有斷制，語無挪移，娓娓韾韾，議論雖不必盡是，而明白主張，自足以奪人之心，易人之意。

原性《論衡·本性篇》稱："孟軻言人性善者，中人以上者也。孫卿言人性惡者，中人以下者也。揚雄言人性善惡混者，中人也。"此韓愈原性三品之説所本也。唐文疏。宋文密。唐文直起直落，意到筆隨。宋文間架先定，出以經營。而愈《原道》承周秦諸子之遺，直起直落，自然雄肆。《原性》開唐宋八家之蹊，匠心布置，間架已密。又《原道》筆有唱歎；《原性》語有裁斷，一以情勝；一以理勝。

原毁此文文氣疏宕，而化偶爲排，又以排作偶；通篇以古之君子，今之君子對開作兩大比；每一大比，又以責己待人，責人待己互勘，各劈分兩小比；實開明以來制舉文八比之格。《原道》力闢佛老，《原性》鋪説三品，而於性道之大原，俱欠發揮；只是説道説性，而未探原。獨此《原毁》入後説"有本有原"，頂門一針，乃於題義爲不漏。

原人五原之中，《原道》雄肆；此特峭厲，篇幅特短，而頓挫獨遒。《原道》以佛老之道，形吾之道。而此以天地之道，形人之道。只就發端三語，變出無數層折，同一賓主相形，波瀾洶湧；而歸之於"一視而同仁，篤近而舉遠。""一視而同仁"，"博愛之謂仁"也。"篤近而舉遠"，"行而宜之之謂義"也。義亦與《原道》相發。

原鬼老子《道德經》曰："視之不見名曰夷。聽之不聞名曰希。博之不得名曰微。"而愈此文暗取其義，而特出以旁敲側擊；亦實以鬼無可形容，故以烘託顯之；猶老子之以道不可名言，而以恍惚名之也。惟老子説來玄妙，而愈特爲暢肆。

對禹問《韓非子·難勢》曰："且夫堯舜桀紂，千世而一出；反是比肩隨踵而生也。世之治者不絶於中。吾所以爲言勢者，中也。中者，上不及堯舜，而下亦不爲桀紂，抱法處勢則治，背法去勢則亂。今廢勢背法而待堯舜，堯舜至乃治，是千世亂而一治也。抱法處勢而待桀紂，桀紂至乃亂，是千世治而一亂也。"愈此篇"天之生大聖人也不數"一段，即脱胎其意，而語無枝葉，用筆特嶄峭。而知愈爲文有兩種筆力：《原道》筆能奔放，如風發雲湧，筆力之能雄肆者也。《對禹問》語有斷制，如刀斬斧截，筆力之能嶄峭者也。王安石嶄峭而不雄肆，蘇軾奔放而欠嶄峭，各得韓公之一體。

讀荀子此文無《原道》之篇幅，而有其雄駿；以孟軻、揚雄作陪，借賓定主，一出一入，兔起鶻落，孫樵《與王霖書》，謂："韓吏部《進學解》，拔天倚地，句句欲活，讀之如赤手捕長蛇；不施鞚勒騎生馬，急不得暇，莫可捉搦。"此真善道得韓文情狀。然《進學解》謹布置，未脱東方《客難》、揚雄《解嘲》窠臼；《讀荀》筆情軒昂，乃復似之。柳宗元謂"退之猖狂恣睢，肆意有所作。"

“肆意”二字亦妙。即如此《讀荀》一文，篇幅不長，而筆意自肆。

以上文四十五首

附編（韓門弟子之文，以名輩先後爲次。）

李翶文十三首：

解惑此實傳記體，而題似論說。

答獨孤舍人書李翶書牘，亦如韓愈氣矜之隆，一副正人君子面孔，令人難耐。其尤甚者，干乞之書，而架子十足；滿口不在乎此，而又仰首鳴號，絮聒不休，等於惡丐强乞。其弊在一味滌暢任氣，而優柔懌懷之意全無。《答獨孤舍人書》，獨簡傲有雋意；而愜理饜心，出以坦迤，所以爲難。

答皇甫湜書韓愈《答崔立之書》，自言：“上希卿大夫之位，下猶取一障而乘之；若都不可得，猶耕於寬閒之野，釣於寂寞之鄉，求國家之遺事，考賢人哲士之終始，作唐之一經，垂之於無窮，誅奸諛於既死，發潛德之幽光。”翶答皇甫湜此書即敷暢其意；而又反復低卬，氣疏而勢寬，亦差與愈相肩隨。然詞句遜其卓鍊，音節亦未鏗訇，蓋得愈之疏而密不如。

故正議大夫行尚書吏部侍郎上柱國賜紫金魚袋贈吏部尚書韓公行狀此狀爲《翶集》中第一篇文字；只是從幼到老，順次叙去，而提挈頓挫，自然起伏。歸有光謂：“《史記》如平地忽見高山；如地高高下下相因，乃去得長；如水平平流去，忽然遇石激起來。”此文乃臻此妙。《唐書・韓愈傳》即取材於此。

唐故金紫光禄大夫檢校禮部尚書使持節都督廣州諸軍事兼廣州刺史兼御史大夫充嶺南節度營田觀察制置本管經略等使東海郡開國公食邑二千户徐公行狀此文自少至老，順次叙去，而隨事起波，與《韓公狀》同。惟韓之猷爲見於平淮西，撫鎮州；狀以寫其卓犖有奇氣。而徐之幹練，著於刺合州；狀以著其勤敏爲勞臣。一則大處落墨。一則瑣事見瘁。《韓狀》挨次順叙，官止神行，顧盼岸異。而此則入後總綰，神迴氣合，骨節靈通。

皇祖實録此文叙貝州攝録事參軍，是一篇精彩。而以爲子弟之不能自任，與官貝州之果敢有爲，兩相形擊；是文家反正相生之法。

高愍女碑此碑及《楊烈婦傳》，翶《與皇甫湜書》，自詡“不在班孟堅、蔡伯喈下”。然以議論爲波瀾，太著迹。翶之文，病在不能强，而或不爲弱，既不能爲孟軻、太史公之勇猛健舉，又不如班孟堅、蔡伯喈之優游緩節，一振不起，便覺身嘶力竭。

楊烈婦傳此傳以李侃之不知所爲，傷而歸，反面烘託烈婦之勇烈，亦用文家反正相生之法，與《皇祖實録》同一機杼。惟《皇祖實録》，以事兄蒞官，一身二節，自爲形襯。而此《烈婦傳》則以丈夫婦人，勇怯不侔，互相形襯。則又同而不同。末係贊曰，玩其詞氣，似爲《高愍女碑》、《楊烈婦傳》作總跋，無甚異論，删之爲得體要也。

唐故横海軍節度齊棣滄景等州觀察處置等使金紫光禄大夫檢校兵部尚書使持節齊州諸軍事兼齊州刺史御史大夫上柱國貝郡開國公食邑二千户贈左僕射傅公神道碑是學韓愈《贈太尉許國公神道碑》，具體而微，不爲《曹成王碑》、《貞曜先生墓誌》之矜奇字奥句，亦不如《孔司勳墓誌》、《樊紹述墓誌》之取險筆側勢。衹是一路叙去，隨筆振提，凝重而不傷板滯，平直而致有波瀾，實爲碑誌文正宗。以樂壽歸朝，最爲傅公一生大節，故特夫婦映帶以弄姿態。

故處士侯君墓誌侯君即王適之妻父；韓愈爲《試大理評事王君墓誌》所云“妻上谷侯氏，處士高女；高固奇士，自方阿衡太師”者也。懷奇負氣，嶒嶝不遇，與適行逕略相似。而翺寫以拗怒之筆，亦即放愈《王君墓誌》筆意。惟愈叙次絜而不免失之盡；轉不如翺之出以高渾，令人想像於筆墨蹊逕之外。

故朔方節度掌書記殿中侍御史昌黎韓君夫人京兆韋氏墓誌銘歷叙苦辛，一氣旋折；拗峭之筆，饒有嫵媚瀏亮之詞，妙能頓挫；不爲雄邁驅馳，而爲瘦削拗折，是開王安石學韓愈一派者。

祭劉巡官文話念平生，四言刻畫，略仿韓愈《祭張員外文》、《祭侯主簿文》兩篇。惟愈《祭張員外文》，淒麗處，獨以健崛出之，層見疊出，而筆力堅淨；而此境界不深，略見單薄，僅足與《祭侯主簿文》比倫。然筆淨而力未堅，終遜愈之健崛耳！

來南録沿途寫去，隨事布景，意度蕭閒，若無意爲文，而總挈道里，布置有法。

皇甫湜文三首：

論業《論業》者，論所業也。前後庸詞濫調，無一語生新，掇拾漢魏六朝不食之餘，填砌滿紙，如弄死蛇。中路歷評唐代作者，足資論證；以語多取譬，故以論爲名；論者譬諭之謂。

答李生書論文以奇爲主，又不必以浮豔聲病爲可耻；足見生平宗尚，不必與韓愈同趣。文警拔不落滯相，爲集中之所罕見。

韓文公墓銘李翺《韓公行狀》，演迤條暢，不施級戟。而湜此文，則句鑄字鍊，依仿韓愈《貞曜先生墓誌》而作，所謂“鉤章棘句，掐擢胃腎”，“人皆劫劫，我獨有餘”，集中第一篇文字也。通體無一率筆，字字如履危崖而下，骨重而神流，遥逸横生，學韓文直到聖處！中間論韓文一段，尤極經心，肆口之稱，而無銖兩溢量。《諭業》稱韓吏部之文云云，論其盛於勢而爽於用。此則稱其奇於文而密於法也。

孫樵文八首：

與高錫望書此書及《與王霖秀才書》，震盪錯綜，逸氣貫注。而此書洞明史法，抉發利鈍，辭尚體要，有識有筆，尤不僅跌宕照彰之爲貴也！

與王霖秀才書論文以奇爲主，可與皇甫湜《答李生書》參觀，惟湜止於造辭。而樵兼及運筆。止於造辭，則字字硬砌。兼及運筆，則句句欲活。此所以同而不同也。又樵屢稱揚子雲，亦可徵功力所在。

書何易于張惠言《書左仲甫事》，即由之脱胎。而張氏從容遊衍。此特瘦削峭刻。

書褒城驛壁通體峭練，而間軼宕，故氣不促而機不滯。

梓潼移江記句鑄字練，氣疏達不如前篇，而警遒特過之。入後迴顧前篇作收，特以跌宕抒憤慨，如神龍掉尾，骨節振動；而結構在篇章之外。

興元新路記叙道里路程，略似李翱《來南録》。而翱意度安閒，樵則詞筆矜遒，張弛攸異。

乞巧對此學揚雄，亦韓愈《進學解》、《送窮文》之類；而氣體與《送窮》爲近。惟《送窮》渾樸而此嫌纖巧，終遜《送窮》之健舉耳！又其旨在歸真返樸，有老氏意。與韓愈《原道》之旨不同。

復召堰籍籍者記也；記復召堰，而特以籍爲名，不免好奇之過。其文章起特峻重，而竟體遒峭，乃學韓愈《沂國公先廟碑》及《工適》、《孔勘》諸誌筆法。

以上文二十四首

昔吾撰《韓愈志》，以付商務印書館；何嘗不殫見洽聞，欲以探韓文之源而盡其流變。特是旁搜遠紹以博涉《韓集》之外；而未好學深思以鋭入《韓集》之内，緟寫是編，彌縫其闕；而題之曰《韓愈文讀》；讀之爲言籀也，取籀繹其文，而心知其意云爾。宋景文公祈云：“柳柳州爲文，或取前人陳語用之；不及韓吏部卓然不丐於古，而一出諸己。”然黄山谷庭堅《與王觀復書》，則云：“老杜作詩，退之作文，無一字無來處。蓋後人讀書少，故謂韓杜自作此語耳。”此二公者一以爲戛戛獨造，一以爲學古有獲，用意不同，而言各有合。自來善道韓文者，莫如姚姬傳鼐。其爲《古文辭類纂序》云：“文士之效法古人，莫善於退之，盡變古人之形貌，雖有摹擬，不可得而尋其迹也。其他雖工於學古而迹不能忘，揚子雲、柳子厚於斯蓋尤甚焉；以其形貌之過似古人也！”又《與管異之同書》云：“近世人習聞錢受之謙益偏論，輕譏明人摹仿，文不經摹仿，亦安能脱化！觀古人之學前古，摹仿而渾妙者自可法；摹仿鈍滯者自可棄；雖揚子雲亦當以此義裁之，豈但明賢哉！”又《題懷寧江七峰爾維詩卷》云：“學古人，在得其神理，不可襲其面貌，李杜詩不得其神理，殊成粗率。今亦無他法，但熟讀之，必求得其解而已；又須觀後賢所以學前聖之法，如學杜者，莫善於昌黎，昌黎豈遂偷杜一字一句乎！”博蓋深有體乎姚氏之言；而知愈之茹古者深，自出變化。功深者泯其痕迹，《下編》所録，是也。功淺者滯於形模，《上編》所録，是也。若其學古以臻渾化者，疏而有折；遒而得雄；運之以太史公之逸氣浩致，以上闚周秦諸子之閎肆；綴之以揚子雲之奇字瑰句，以下概班范二書之雅健。門弟子不能徧觀而盡識也，學焉而皆得其性之所近；李翺得其氣之疏；皇甫湜、孫樵學其筆之遒；《附編》所録，是也。顧三子窮老盡氣以具體一愈。而愈則含英咀華以遠祧歷古。自云：“上規姚姒，渾渾無涯。《周誥》、《殷盤》，佶屈聱牙。《春秋》謹嚴，《左氏》浮夸。《易》奇而法；《詩》正而葩。下逮《莊》、《騷》，《太史》所録，子雲、相如，同工異曲。”然則愈之閎中肆外，曷嘗以摹仿爲嫌乎！姚姬傳《與伯昂從姪孫元之書》云：“學詩文不摹擬，何由得入！須專摹擬一家，已得似後，再擬一家；如是數番之後，自能鎔鑄古人，自成一體。”觀於《上編》所録，自《詩》、《書》、《禮》、《春秋》、《左》、《國》以迄漢、魏、晉、宋，愈無所不擬，而亦無所不似。昔董文敏公其昌論書法云：“其始必與古人合。其後必與古人離。”詩文書畫，蓋同一理。《上編》所録，其始必與古人合也。《下編》所録，其後必與古人離也。而《附編》所録，則未能擬議以成變化者也。周永年書昌論：“文章有所法而後能，有所變而後大。”蓋由化而變，乃成家數。終於法，是曲學之拘虚也！騖於變，是莽夫之滅裂也！而愈豈其然！皇甫湜爲之銘曰：“茹古涵今，無有端涯。”於戲！此其所以卓不可及歟！李翺《韓公行狀》，皇甫湜《韓文公墓銘》，并著入録；匪惟以覘兩家學韓蹊逕之不同，亦以備讀韓文者知人論世之資云。

中華人民造國之二十三年二月二十日，無錫錢基博叙於上海光華大學之南舍。

上　編

古文者，自韓愈厭棄魏晉六朝駢儷之文，而返之於六經、兩漢，從而名焉者也。宋宋祁曰："柳柳州爲文，或取前人陳語用之；不及韓吏部卓然不丐於古，而一出諸己！"然愈自謂："非三代兩漢之書不敢觀。"又曰："但力爲之，古人不難到。"今讀《昌黎集》，亦有學古之文，蹊逕未化者，自唐虞三代以迄漢魏六朝，無所不學。必先觀其學於古有獲者，然後觀其不學古者之茹古涵今，亡有端涯，乃得窺其功力所至，而學有所從入。今録集中之有意學古者爲《上編》；其先後略依所仿之古人原作爲次第，庶幾歷古文章之由厚重而爲雄快，由質奥而入輕雋，轍迹顯然！而愈則以厚重出雄快，故不見其佻；以輕雋化質奥，斯不流於滯；堆垛化爲煙雲，所以探韓文之原也。

元和聖德詩并序

此詩元和二年作。《唐書・憲宗紀》：永貞元年八月，即位。明年正月改元元和。楊惠琳據夏州叛。三月辛巳，夏州兵馬使周承全斬惠琳，傳首以獻。九月辛亥，高崇文奏收成都，擒劉闢以獻。十月壬午，淄青李師道，十一月戊申，武寧張愔，皆受命。二年正月己丑朔，上親獻太清宫及太廟。辛卯，祠昊天上帝於郊丘，還宫，大赦天下。而愈時爲國子博士，分教東都；此詩所以作也。

臣愈頓首再拜言：臣伏見皇帝陛下即位已來，誅流奸臣；永貞元年八月庚子，憲宗即位。壬寅，貶右散騎常侍王伾爲開州司馬，前户部侍郎度支鹽鐵轉運使王叔文爲渝州司户。九月，貶韓泰等爲諸州刺史。十一月，貶中書侍郎平章事韋執誼爲崖州司户。誅流奸臣，謂此也。朝廷清明，無有欺蔽；外斬楊惠琳、劉闢以收夏、蜀；東定青、徐積年之叛；海内怖駭，不敢違越。郊天告廟，神靈歡喜，風雨晦明，無不從順；太平之期，適當今日。以上序元和聖德。臣蒙被恩澤，日與群臣序立紫宸殿陛下，親望穆穆之光而共職業；共當作供。又在以經籍教導國子；誠宜率先作歌詩以稱道盛德；不可以辭語淺薄，不足以自效爲解，輒依古作四言《元和聖德詩》一篇，凡千有二十四字，指事實録，具載明天子文武神聖以警動百姓耳目，傳示無極！警或作驚，流俗妄改也。史記尊寵樂毅以警動燕齊，義當用此。其詩曰：

皇帝即阼，或作祚。《史記·文紀》有“皇帝即阼”一全语，實用阼字。阼，謂東階也。物無違拒。曰暘而暘，暘，日出也。曰雨而雨。以上總挈全篇揚頌意。維是元年，有盜在夏。欲覆其州，以踵近武。踵，繼也。武，迹也。先是德宗建中間，李希烈、朱泚等反；至是楊惠琳繼踵起。皇帝曰：“嘻，豈不在我！負鄙爲艱，縱則不可！”出師征之，其衆十旅。軍其城下，告以福禍。腹敗枝披，不敢保聚。擲首陴外，降幡夜豎。謂承全斬惠琳也。〇以上專紀楊惠琳之誅。疆外之險，莫過蜀土！韋皐去鎮，劉闢守後。血人於牙，不肯吐口。傳言闢嘗病，見問疾者必以手行入其口，闢輒裂食之，故云。開庫啗士，曰：“隨所取。汝張汝弓，汝鼓汝鼓。汝爲表書，求我帥汝。”事始上聞，在列咸怒，皇帝曰：“然，嗟遠士女！苟附而安，則且付與。”讀命於庭，出節少府。《唐·百官志》：符寶郎凡命將遣使，皆賜旌節。旌以顓賞，節以顓殺。朝發京師，夕至其部。闢既自爲留後。上初嗣位，未能討。是歲十二月，以闢爲西川節度副使，知節度事。闢喜謂黨：“汝振而伍。蜀可全有，此不當受。”闢既得旌節，志益驕，求兼三川。上不許。萬牛臠炙，萬甕行酒。以錦纏股，以紅帕首。有恇其兇，有餌其誘。其出穰穰，隊以萬數。遂劫東川，遂據城阻。上既不許闢三川，元和元年正月，闢遂發兵圍東川節度使李康於梓州，欲以同幕盧文若爲東川節度使，因陷梓州，降李康。皇帝曰："嗟，其又可許!"爰命崇文，分卒禁禦。初，上欲討闢而重於用兵，宰相杜黄裳薦神策軍使高崇文可用。元和元年正月，命崇文將步騎五千爲前軍，神策京師行營兵馬使李元弈將步騎二千爲次軍，與山南西道節度嚴礪同討闢。甲午，崇文出斜谷，元弈出駱谷，同趨梓州；三月克之。有安其驅，無暴我野。日行三十，徐壁其右。闢黨聚謀，鹿頭是守。六月，闢城鹿頭關，連八栅，屯兵萬餘人，以拒崇文。崇文擊敗之。闢置栅於關東萬勝堆，崇文遣將高霞寓攻奪之，下瞰關城，凡八戰皆捷。鹿頭山，南距成都百五十里。崇文奉詔，進規退矩。戰不貪殺，擒不濫數。四方節度，整兵頓馬。上章請討，俟命起坐。皇帝曰："嘻，無汝煩苦！荆并洎梁，荆謂荆南節度使裴均，并謂河南節度使嚴綬，梁謂山南西道節度使嚴礪也。在國門户。出師三千，各選爾醜。"四軍齊作，殷其如阜。或拔其角，或脱其距。長驅洋洋，無有齟齬。八月壬午，闢棄城走。載妻與妾，包裹稚乳。是日崇文，入處其宇。分散逐捕，搜原剔藪。闢窮見窘，無地自處。俯視大江，不見洲渚。遂自顛倒，若杵投臼。取之江中，九月，崇文克成都。闢與盧文若帥數十騎西奔土蕃。高霞寓等追之及於羊灌田。闢赴江不死，擒之。崇文遂入自成都。枷脰械手。婦女纍纍，啼哭拜叩。來獻闕下，以告廟社。周示城市，咸使觀覩。解脱攣索，夾以砧斧。婉婉弱子，赤立傴僂。牵頭曳足，先斷腰膂。次及其徒，體骸撑拄。傳云斬於城西南獨柳樹下，子超郎等九人與部將崔綱以次誅。《説文》：撑，衺拄也。拄，從旁指也。末乃取闢，駭汗如寫。揮刀紛紜，爭刌膾脯。此詩蘇黄門獨不謂然，且曰："此特憲宗命崇文誅一劉闢爾！其言闢棄城走，爭切膾脯，何其瑣屑之甚！謂之造語工則可，謂之得雅體未也。詩載文王伐崇，武王伐紂，固自有體。退之獨不到此耶，亦其少年所謂文也。"按公時年四十，不可謂少。大抵德不足則夸！憲宗功烈固偉，比文武則有間矣。王荆公嘗論詩曰："周頌之詞約，約所以爲嚴德盛故也。魯頌之詞侈，侈所以爲夸德不足故也。"是詩也，其亦魯頌之謂與？優賞將吏，扶珪綴組。帛堆其家，粟塞其庾。哀憐陳歿，廪給孤寡。贈官封墓，周帀宏溥。經戰伐地，寛免租簿。施令酬功，急疾如火。十月，減劍南東西川、山南西道。今歲賦，釋脅從將吏，葬陣亡者，廪其家五歲，賜文武官勳爵。〇以上專紀劉闢之誅。天地中間，莫不順序！幽恒青魏，東盡海浦。南至徐蔡，魏謂魏博節度田季安，幽謂幽州盧龍節度劉濟，恒謂成德軍節度王士真，青謂淄青平盧節度李師道，徐謂武寧軍節度張愔，蔡謂彰義軍節度吴少誠，此皆一時藩鎮節帥也。區外雜虜。怛威赧德，踧踖蹈舞。掉棄兵革，私習簋簠。來請來覲，十百其耦。皇帝曰：“吁，伯父叔舅！謂當時藩鎮諸帥也。《禮記》：天子之吏，天子同姓謂之伯父，異姓謂之伯舅。九州之牧，天子同姓謂之叔父，異姓謂之叔舅。各安爾位，訓厥甿畮。以上叙海内怖駭，不敢違越。正月元日，初見宗祖。躬執百禮，登降拜俯。薦于新宫，新宫，順宗室。視瞻梁梠。感見容色，淚落入俎。侍祠之臣，助我惻楚。乃以上辛，哀元年《穀梁傳》曰：“郊自正月至於三月，郊之時也。我以十二月下辛卜正月上辛，如不從，則以正月下辛卜二月上辛，如不從，則以二月下辛卜三月上辛，如不從則不郊矣。”《禮記・郊特牲》：“郊之用辛也。”注云：“用辛日者，凡爲人君，當齋戒自新耳。”於郊用牡，除於國南，鱗筍毛簴。筍，思尹切，亦作簨。簴，音巨。筍簴，所以垂鐘磬也。橫曰筍，飾以鱗屬；植曰簴，飾以蠃屬。《周禮・梓人》爲“筍簴”。廬幕周施，開揭磊砢。選金玉。磊砢：磊，音儡；砢，魯可切。獸盾騰拏，盾以木爲之，而畫龍文相合，載之以蔽馬。《詩》“龍盾之合拏”，《説文》：“牽引也。”《楚辭》：“殽亂兮紛拏。”圓壇帖妥。《禮》：“圓丘，象天。”圓丘，即圓壇也。賀循《上郊壇制度》曰：“漢舊儀，南郊圓壇八陛，於宫南七里。”天兵四羅，旂常婀娜。駕龍十二，《周禮》：“馬八尺以上爲龍。”天子之駕，馬十有二閑。魚魚雅雅。謂車駕疾徐中節，好整以暇也。宵昇於丘，丘，圓丘也。奠璧獻斝。斝，玉爵也。衆樂驚作，轟豗融冶。豗，音灰，相擊也。紫焰嘘呵，高靈下墮。群星從坐，錯落侈哆。哆，丁可切。《詩》“哆兮侈兮”，注：大貌。日君月妃，焕赫婐妮。焕赫，謂日君；婐妮，謂月妃。婐妮，身弱好貌。《樂府》“珠佩婐妮戲金闕”，婐，烏果切；妮，五果切。瀆鬼濛鴻，瀆鬼，四瀆之神選。濛鴻，沆茫。濛，莫孔切；鴻，胡孔切。嶽祇嶪峨。嶽祇，四嶽之神。嶪峨，山高貌。嶪，音業；峨，音我。飫沃羶薌，産祥降嘏。鳳皇應奏，舒翼自拊。赤麟黄龍，逶陀結糾。卿士庶人，黄童白叟。踊躍歡呀，失喜噎歐。乾清坤夷，境落褰舉。帝車迴來，日正當午。幸丹鳳門，大赦天下。滌濯剗磢，磨滅瑕垢。續功臣嗣，拔賢任耉。孩養無告，仁滂施厚。以上叙郊天告廟，神靈歡喜。皇帝神聖，通達今古。聽聰視明，一似堯禹。生知法式，動得理所。天錫皇帝，爲天下主。并包畜養，無遺細鉅。億載萬年，敢有違者！皇帝儉勤，盥濯陶瓦。斥遣浮華，好此綈紵。敕戒四方，侈則有咎。天錫皇帝，多麥與黍。無召水旱，耗於雀鼠。億載萬年，有富無窶！皇帝正直，別白善否。擅命而狂，既翦既去。盡逐群姦，靡有遺侶。天錫皇帝，龐臣碩輔。博問遐觀，以置左右。億載萬年，無敢余侮！皇帝大孝，慈祥悌友。怡怡愉愉，奉太皇后。憲宗母昭憲皇太后，王氏。浹于族親，濡及九有。天錫皇帝，與天齊壽。登茲太平，無怠永久。億載萬年，爲父爲母！博士臣愈，職是訓詁。作爲歌詩，以配吉甫。《詩》之《嵩高》、《烝民》、《韓弈》、《江漢》，皆尹吉甫美宣王作。愈今爲此詩，亦以吉甫自比也。〇以上稱道盛德作頌結。

朱彝尊曰：若規模雅頌，其實全仿李丞相；只就質語加鍾鍊；鍊到文處，或又落《文選》。起處猶近《雅》，微有一二不似。大約中間凡典雅處似《毛詩》，質峭處似《秦碑》，華潤處似《文選》；然通看純是質峭調。中寫劉闢之誅，微嫌尅厲；然精神却全在此；前無所襲，昌黎獨造！入後稱道盛德，禄位名壽分四大節，皇帝字作綱，全是祖《瑯琊刻銘》；下字亦多效李。

平淮西碑并序

據《舊唐書》，元和十二年八月，宰臣裴度爲淮西宣慰處置使兼彰義軍節度使，請愈爲行軍司馬。淮、蔡平。十二月，隨度還朝，以功授刑部侍郎，仍詔撰《平淮西碑》，其詞多叙裴度之事，時先入蔡州，擒吴元濟，李愬功第一。愬不平之；愬妻，唐安公主也，出入禁中，因訴碑辭不實，詔命磨愈文，令段文昌重撰。史所載如此。李商隱有《惜韓碑詩》長篇甚美。有"點竄《堯典》《舜典》字，涂改《清廟》《生民》詩"之句。陳無已曰："龍圖孫學士覺喜論文，謂退之《淮西碑》叙如書，銘如詩。"

天以唐克肖其德，聖子神孫，繼繼承承，於千萬年，敬戒不怠；全付所覆，四海九州，罔有内外，悉主悉臣。高祖太宗，既除既治。高宗中睿，休養生息。至於玄宗，受報收功，極熾而豐；物衆地大，孽牙其間。肅宗代宗，德祖順考，以勤以容。大慝適去，稂莠不薅。薅，奴豆切，除田草也。相臣將臣，文恬武嬉，習熟見聞，以爲當然！以上叙唐極盛而衰，藩臣不順起。睿聖文武皇帝，既受群臣朝，乃考圖數貢；曰："嗚呼！天既全付予有家，今傳次在予，予不能事事，其何以見于郊廟!”群臣震慴，奔走率職。明年，平夏。楊惠琳又明年，平蜀。劉闢又明年，平江東。元和二年十月，鎮海軍節度使李錡反，大將張子良執錡以獻。又明年，平澤潞；遂定易、定，元和五年十月，義成節度使張茂昭以易、定二州歸於有司。致魏、博、貝、衛、澶、相，元和七年十月，魏博節度使田弘正以所管六州歸於有司。澶，音蟬。無不從志。皇帝曰：“不可究武，予其少息!”以上叙憲宗平淮西之前聲威早振，特不欲究武，小作停頓。九年，蔡將死；蔡人立其子元濟以請；不許；元和九年閏八月，彰義節度使吴少陽卒，其子元濟攝蔡州刺史，匿喪以病聞，自領軍務，表請主兵。上不許。遂燒舞陽，犯葉、襄城以動東都，放兵四劫。皇帝歷問於朝，一二臣外，一二臣，指武元衡、裴度一二人贊伐蔡之謀者而言。皆曰：“蔡帥之不廷授，於今五十年，傳三姓四將，廣德元年十月，以李忠臣爲淮西節度使也；貞元二年四月，以陳奇；十月，以吴少誠爲之；是爲“三姓”。大歷十四年三月，忠臣爲其將李希烈所逐，自爲節度。忠臣、希烈、少誠、少陽，是爲“四將”。其樹本堅；兵利卒頑，不與他等。因撫而有，順且無事。”大官臆決唱聲，萬口和附，并爲一談，牢不可破。皇帝曰：“惟天惟祖宗，所以付任予者，庶其在此！予何敢不力！況一二臣同，不爲無助!”曰：“光顔！汝爲陳、許帥；元和九年十月，以陳州刺史李光顔爲忠武節度使。忠武管陳、許二州。維是河東、魏博、郃陽三軍之在行者，汝皆將之。”元和十年正月，命宣武等十六道進軍討元濟，以光顔等分掌行營。二月，命神策軍郃陽鎮遏將索日進，以涇原兵六百人會李光顔郃陽左馮翊郃陽縣。曰：“重胤！汝故有河陽、懷，今益以汝；元和九年閏八月，以河陽節度使烏重胤爲汝州刺史，充河陽懷汝節度使徙隸汝州。維是朔方、義成、陝、益、鳳翔、延、慶七軍之在行者，汝皆將之。”義成管鄭、滑二州。陝益，即劍南、東西川。延屬鄜坊丹延節度使。慶屬邠寧節度使。延慶，本或作鄜延寧慶。曰：“弘！汝以卒萬二千，屬而子公武往討之。”元和十年九月，以宣武節度使韓弘爲淮西諸軍都統。弘請使子公武以兵萬三千會蔡下，歸財與糧以濟諸軍。曰：“文通！汝守壽；元和十年二月，以左金吾大將軍李文通爲壽州團練使。維是宣武、淮南、宣歙、浙西四軍之行於壽者，汝皆將之。”曰：“道古！汝其觀察鄂岳。”元和十一年，以黔州觀察使李道古爲鄂岳觀察使。曰：“愬！汝帥唐、鄧、隨，元和十一年十二月，以太子詹事李愬爲唐鄧隨節度使。各以其兵進戰。”曰：“度！汝長御史，其往視師。”謂度爲御史中丞，故云“長”。元和十年五月，上遣度詣行營宣慰，察用兵形勢。曰：“度！惟汝予同！汝遂相予元和十年六月，以度爲中書侍郎同平章事。以賞罰用命不用命！”曰：“弘！汝其以節都統諸軍。”曰：“守謙！汝出入左右，汝惟近臣，其往撫師。”元和十一年十一月，上命知樞密，梁守謙宣慰因留監其軍。曰：“度！汝其往，衣服飲食予士，無寒無飢，以既厥事，遂生蔡人。賜汝節斧，通天御帶，衛卒三百元和十二年八月，度赴淮西，詔以神策軍三百人衛從，賜以犀帶。凡茲廷臣，汝擇自從；惟其賢能，無憚大吏！元和十二年七月，度以宰相出爲淮西宣慰處置使。度奏刑部侍郎馬總爲副使，右庶子韓愈爲行軍司馬，判官書記。庚申，予其臨門送汝！”曰：“御史！予閔士大夫戰甚苦！自今以往，非郊廟祠祀，其無用樂！”以上叙朝議廟斷命，將出師。顔、胤、武合攻其北，大戰十六，得栅城縣二十三，降人卒四萬。道古攻其東南，八戰，降萬三千；入申，破其外城。元和十二年，道古攻申州，克其外郭。文通戰其東，十餘遇，降萬二千。愬入其西，得賊將，輒釋不殺，元和十二年五月，淮西騎將李祐率士卒刈麥於張柴村，李愬令廂虞候史用誠生擒以歸，待以客禮。用其策，戰比有功。十二年八月，丞相度至師。都統弘責戰益急。顔、胤、武合戰益用命。元濟盡并其衆洄曲以備。四月，蔡人董昌齡以郾城降，李光顔引兵入據之。元濟甚懼。時董重質將騎軍守洄曲。元濟悉發親近及守城卒往詣，重質以拒之。十月壬申，愬用所得賊將，自文城因天大雪，疾馳百二十里，用夜半到蔡，破其門，取元濟以獻，盡得其屬人卒。辛巳，丞相度入蔡，度建彰義軍節將降卒萬餘人入城。以皇帝命赦其人；淮西平，大饗賚功。師還之日，因以其食賜蔡人。凡蔡卒三萬五千，其不樂爲兵，願歸爲農者十九；悉縱之，斬元濟京師。十一月丙戌朔，御興安門受淮西之俘，以元濟徇兩市，斬於一獨柳樹。○以上叙平淮西正文。册功，弘加侍中；愬爲左僕射，帥山南東道。制加愬檢校尚書左僕射、襄州刺史，充山南東道節度襄、鄧、隨、唐、復、郢、均、房觀察使，涼國公。顔、胤皆加司空。李光顔、烏重胤並檢校司空；光顔封武威郡公，重胤邠國公。公武以散騎常侍帥鄜、坊、丹、延，以宣武軍都虞侯，韓公武爲檢校左散騎常侍，鄜州刺史，鄜、坊、丹、延節度使。道古進大夫。道古時已爲中丞，故不復言御史。文通加散騎常侍。丞相度朝京師，道封晉國公，進階金紫光禄大夫，以舊官相；度歸京師。十二月，制加彰義軍節度申、光、蔡、溵觀察使，充淮西宣慰處置等使，朝議大夫，門下侍郎平章事，兼蔡州刺史，飛騎尉裴度，金紫光禄大夫，依前門下侍郎，弘文館大學士，仍賜上柱國，封晉國公，食邑三千户。而以其副總爲工部尚書，领蔡任。以蔡州留後馬總檢校工部尚書，爲蔡州刺史、彰義節度使。〇以上叙册群臣功。既還奏，群臣請紀聖功，被之金石，以命臣愈。臣愈再拜稽首而獻文曰：

唐承天命，遂臣萬邦。孰居近土，襲盜以狂。往在玄宗，崇極而圮。河北悍驕，安史既平，燕、趙、魏相繼而起。河南附起。謂汴蔡之屬居河南者。四聖不宥，肅代德順。屢興師征。有不能剋，益戍以兵。夫耕不食，婦織不裳。輸之以車，爲卒賜糧。外多失朝，曠不嶽狩。百隸怠官，事亡其舊。帝時繼位，憲宗顧瞻咨嗟。惟汝文武，孰恤予家！既斬吴蜀，旋取山東。魏將首義，六州降從。以上叙唐威久弛，得憲宗而振。淮蔡不順，自以爲强。提兵叫讙，欲事故常。始命討之，遂連奸鄰。陰遣刺客，來賊相臣。元和十年六月，宰相武元衡入朝，東平李師道遣刺客暗中突出射之。方戰未利，内驚京師。群公上言，“莫若惠來。”帝爲不聞，與神爲謀。乃相同德，以訖天誅。乃敕顔胤，愬武古通。咸統於弘，謂以韓弘爲都統。各奏汝功。三方分攻，三方，即序所言顔、胤、武攻其北道，古攻其東南，文通戰其東也。五萬其師。大軍北乘，厥數倍之。常兵時曲，元和十年五月，光顔大破賊黨於時曲。軍士蠢蠢。既翦陵雲，元和十一年九月，光顔奏拔陵雲栅。蔡卒大窘。勝之邵陵，郾城來降。自夏入秋，復屯相望。兵頓不勵，告功不時。帝哀征夫，命相往釐。士飽而歌，馬騰於槽。試之新城，賊遇敗逃。盡抽其有，聚以防我。西師躍入，道無留者。頟頟蔡城，《書》：“罔晝夜頟頟。”注：“肆惡無休息，頟與額同。”其壃千里。壃，一作疆。既入而有，莫不順俟。以上叙平淮西正文。帝有恩言，相度來宣。誅止其魁，釋其下人。蔡之卒夫，投甲呼舞。蔡之婦女，迎門笑語。蔡人告飢，船粟往哺。蔡人告寒，賜以繒布。始時蔡人，禁不往來。今相從戲，里門夜開。始時蔡人，進戰退戮。今旰而起，左飧右粥。爲之擇人，以收餘憊。選吏賜牛，教而不税。蔡人有言：“始迷不知。今乃大覺，羞前之爲。”蔡人有言：“天子明聖。不順族誅，順保性命。汝不吾信，視此蔡方。孰爲不順，往斧其吭。凡叛有數，聲勢相倚。吾强不支，汝弱奚恃。其告而長，而父而兄。奔走偕來，同我太平。淮蔡爲亂，天子伐之。既伐而饑，天子活之。”以上叙平淮西之後，裴相宣恩詔，撫定其民，而借蔡人口中以頌揚天子之聖德。始議伐蔡，卿士莫隨。既伐四年，小大並疑。不赦不疑，由天子明。凡此蔡功，惟斷乃成。既定淮蔡，四夷畢來。遂開明堂，坐以治之。以上歸重廟斷作結，醒出一篇柱意。

林紓曰：《平淮西碑》，模範全出《尚書》。惟其具絶偉之氣力，又澤以極古之文詞。且身在兵間，聞見精確。開頭一語，非思之累時，亦不能有也。方鎮之禍，本胎自朝廷，無可避諱。“物衆地大，孼牙其間。”此指安史之亂，肇自天寶以下。據有兵柄者，遂時時抗撓朝命，逐帥自立留後，至於不可爬梳。歷叙肅代順德四世，所謂“以勤以容”者，“容”字爲養寇之微詞，長亂之積弊。“睿聖文武皇帝”，憲宗也；一君臨天下，即斬楊惠琳，誅劉闢，執李錡，平張茂昭，致田弘正，爲平蔡以前之聲勢。此時若直接入吴元濟，便氣促局狹，寡舒徐之致，中間插入皇帝之言曰：“不可究武”；文勢小爲收束，以上之精神亦爲一聚，以下乃叙蔡亂之緣起，朝議之沮恡，君相之詢謀，文仍醖釀，不肯徑遂著筆。所謂“一二臣”者，裴度也，有此一語，則以下命將出師，始在在有把握。皇帝凡三命度：第一命，但令宣慰。第二命，非命相之辭；相之爲言助也，蓋度於元和十年，已同平章事矣。第三命，乃統六師，視諸將爲殊特，文極鄭重。至叙戰功處，言“比有功”者，大功未成也。曰“丞相度至師”，於是平蔡；“辛巳丞相度入蔡”，文法髣髴左氏。論功行賞，先及諸將，後乃大書曰“丞相度朝京師”，風度端凝，雖歐公不能逮也。碑文亦曲折盡致。李師道遣客刺裴度、武元衡事，乃於文中補叙，極爲得法。蓋前半方爲謨誥文字，若插叙刺客，轉覺不莊；但於韻語中渲染，瞥然而過，較近自然；文視《元和聖德》叙族誅劉闢事，稍平易，無火色，蓋唐文中有數之作！

附録：段文昌《平淮西碑》

夫五兵之設，本以助文德而成教化；故聖人不專任之。其有桀驁暴邪，干紀作孼；道德不服，則兵以威之；文告不諭，則兵以靜之；在禁暴除害而已！自黄帝堯舜，不能無誅；至湯武受命，武功寖盛，其本之以仁義，行之以吊伐，惟帝與王，率由茲道！於戲！創業之君，勞而後定。守文之主，安而忘戰。故三代之衰，功在五伯。未有中葉之後，再安生靈；前古所無，歸於聖代！我唐運之興也，高祖、太宗以仁義之兵，除暴隋之亂，戎功祖武，百代丕承。玄宗嘗亦内翦奸邪，外清夷狄，所以繼文之代，協帝之明。既而禍起於微，亂生於理。由是髖髀之衆，結固於兩河。斤斧不用，緜歷於五代。肅宗、代宗，親翦大憝，且務生育。德宗、順宗，觀於天象，察於人事；以理運未至，沴氣猶凝。運啓昇平，以俟後聖。惟我后握樞出震，端扆向明；考上玄之心，思祖宗之意；掃滌區宇，光啓帝圖；不以萬乘爲尊，四海爲富；尊大禹櫛風之志，有光武乙夜之勤。以爲景擒十國而漢氏安；成翦三監而周化洽。焉有患難未去，而德教可興！日者惠琳恃近狄之固；劉闢憑坤維之險；李錡保長江之衝；從史資太行之阻；四兇相扇，繼爲亂常；三數年間，盡膏鈇鑕。太尉茂昭以中山之地，盡室來朝。司空弘正以全魏之邦，舉宗向闕。義風所激，莫不歸心！況彭城從折簡之召；橫海展執珪之勤。向談虞虢之存亡，議輔車之形勢，莫不刳心斷臂，繼踵爲忠。既而麟見於巴賨之間，河清於鄘衛之際，固同本之貺，昭聖祚之符。廓清寰海，兆於此矣！而長淮右地，連山四起，控扼吳楚，密邇轘轅，有上帝濯龍之池，同冀方多馬之國，戈鋋雪照駬駿雲屯，二姓三凶，憑阻作孽！歲在甲午，吳少誠積禍而斃；餘殃聚於逆嗣，氛祲淮濆。我后方吊人省寃，壑災除穢，猶命使者持節往申寵賻；以柔服之義，示含弘之仁。元濟劫衆拒境，滔天肆逆，剽葉縣，燒舞陽，侵襄城；伊洛之間，騷然震恐。乃詢廷議，咸願假以墨絰，授以兵符。天子淵默以思，霆馳以斷，獨發宸慮，不詢衆謀。漢宣從屯田之議，晉武決平吳之計。至聖不惑，群疑自消。於是會凫藻之師，得鷹揚之帥，以中軍帥李光顔往者平朔邊，靜庸、蜀，雙矛電激，孤劍飈馳；亦猶馮異之總軍鋒，子顔之將突騎，才氣雄武，可掃欃槍；總魏博、河陽、郃陽凡三軍，目臨潁而前。以河陽軍帥烏重胤，當從史内訹邪謀，外阻兵勢，精誠奮發，獨應王師；故得虜魏豹於軍中，縛吕布於麾下；識慮中正，可革梟音；益以汝海之地，總朔方、義成、陜虢、劍南、西川、鳳翔、延州、寧慶凡七軍，由襄陽而進。宣武帥韓弘請以子公武領精卒一萬三千，時集洄曲。樂書作帥，鍼爲戎右；充國討虜，卬統支軍；是謂從帥之命，成父之志！又以壽春守李文通夙精戎韜，累習軍旅，明於守備，可保金湯；總宣武、淮南、宣歙、浙西、徐泗凡五軍，扼固始之險。以鄂岳都團練使李道古以先曹王杲有任城之武；昔征兇渠，嘗取安陸；授以戎柄，嗣其家聲；乘五關之隘。以唐、鄧、隨帥李愬温敏能斷，靜深有謀；昔趙孟慕成季之勳，復能霸晉；亞夫紹絳侯之武，亦克擒吳；想其英徽，必有以嗣；山南東道、荆南凡兩軍，自文成而東。乃命御史中丞裴度布挾纊之恩，奉如綍之命，以諭群帥，以恤輿師，且以古之會兵，必謀元帥，令歸於一，勢不欲分；命宣武軍帥韓弘爲諸道行營都統；假陸遜之鉞，拜韓信之壇，指蹤畫奇正之機，發號申嚴凝之令，然後有司馬之法，成節制之師。而寒暑再罹賊巢未下。又命内掌樞密之臣梁守謙肅將天威，盡護諸將；懸白日於千里，推赤心於萬人。由是甘寧奮升城之勇，君文勵擊堰之志，焚上蔡以翦其翼，拔郾城以扼其吭。以軒后攻蚩尤之亂，殷宗伐鬼方之罪，周公誅淮夷之叛，雖以聖討逆，皆三年後定；百辟之議，且謂久勞，將決其機，以安海内。復命丞相裴度持淮蔡之節，撫將帥之臣；分鄧禹之麾旆，盛竇憲之幕府，四牡業業，於藩於宣。先是光顏、重胤、公武，戎旅同心，壘垣齊列長蛇之勢，首尾相從；胡騎之雄，紛紜縱擊；逐餘孽如鳥雀，獮殘寇似狐狸；千矛杖行，次於洄曲。丞相之來也，群帥之志氣逾厲，統制之號令益明，勢如雷霆，功在漏刻。賊乃悉其精騎，以備洄曲之師。唐、隋帥李愬新總傷痍之軍，稍厲奔北之氣，城孤援絶，地逼勢危；而能養貔虎之威，未嘗矍視；屈鷙鳥之勢，不使露形；是以收文成栅而降吴秀琳，下興橋而擒李祐。祐果敢多略；衆以留之，或謂蓄患，不利吾軍。愬誠明在躬，秉信不撓，爰命釋縛，授之親兵，祐感概之心，出於萬死；縱横之計，果效六奇。粤十月既望，陰凝雪飛，天地盡閉。愬乃遣其將史旻、仇良輔留鎮文城，備其侵軼，命李祐領突騎三千以爲鄉導，自領中軍三千，與監軍使李誠義繼進；又遣其將田進誠領馬步三千以殿其後。郊雲晦冥，寒可墮指；一夕卷旆，凌晨破關；鋪敦淮濆，仍執醜虜；雖魏軍得田疇爲導，潛出盧龍；鄧艾得田章先登，長驅緜竹；用奇制勝，與古爲儔。四紀逋誅，一朝蕩定，攄宗廟之宿憤，致黎庶之乂安；周漢以還，莫斯爲盛！帝命策勳，進弘爲侍中；光顏、重胤並爲司空；愬爲左僕射，帥山南東道；公武加散騎常侍，節制鄜坊、丹延；道古進御史大夫；文通加散騎常侍。王師獲金爵之賞，環境蒙優復之恩，掩骼埋胔，除瑕宥罪，躋群生於壽域，還比户於可封；東西南北，無思不服！丞相旋請來朝，後加金紫光禄大夫，封晉國公。乃眷淮濆，蒸人生殖，俾擇循吏，撫其疾傷，以宣慰副使刑部侍郎馬總領淮蔡之任。天子議功雲臺，追美將帥，俾刻金石，以揚休勳。而百辟僉謀，群帥克讓，推義士之志，敢貪天功；徵賢臣之言，實在君德。於是搢紳之士，暨侯服之臣，上獻鴻名，式昭徽策，然後光徽千古，聲明百蠻。詔命掌文之臣文昌勒銘淮浦；庶乎閱

《周雅》者，美宣王之中興，觀劍銘者，戒蜀川之恃險。銘曰：

天有肅殺，萬物以成。雷風爲令，霜雹爲刑。君有武節，四海以寧！陳之原野，阻以甲兵。在昔聖土，格寧邦國。武以禁暴，刑以助德。牧除害馬，農去蟊蟹。苟非成功，孰靜群慝！明明我后，神算精微。九重獨運，千里不違。宵衣旰食，再安中寓。始翦朔漠，旋梟蜀虜。丹徒鏦鼻，白門縛布。服茲四罪，豈勞一旅！淮夷怙亂，四十餘年。長蛇未翦，寰宇騷然！逮於孽童，逆志滔天。懷柔匪及，告諭罔悛。帝念生人，乃申薄伐。飛將鷹揚，前鋒電發。齋壇命信，靈旗指越。我武惟揚，妖氛未滅，集於洄曲，決戰摧兇。豹略臨晉，維留沓中。桓桓襄帥，應變無窮！浮罌暗渡，束馬潛攻。合以長圍，絶其飛走。布德滅妖，升城獲醜。商不改肆，農安其畝。洄曲殘兵，投戈束手。帝嘉群帥，賞不踰時。畫社啓封，珪組陸離。洎於蠻貊，服我英威。刻之金石，作戒淮夷。

魏博節度觀察使沂國公先廟碑銘

此文扼重“先廟”兩字。

元和八年十一月壬子，上命丞相元衡武元衡，丞相吉甫李吉甫，丞相絳李絳，召太史尚書比部郎中韓愈至政事堂，傳詔曰：“田弘正始有廟京師，朕惟弘正先祖父，厥心靡不嚮帝室，訖不得施，乃以教付厥子。維弘正銜訓嗣事，朝夕不怠，以能迎天之休，顯有丕功。維父子繼忠孝，弘正父廷玠，大曆中爲滄州刺史。恒州李寶臣、幽州朱滔聯兵攻擊，欲兼其上宇。廷玠固守，卒能保全。朝廷嘉之。遷洛州，改湘州。建中初，田悦領魏博節度使，志圖凶逆，召廷玠爲副。蓋悦父承嗣，與廷玠爲從昆弟也。及悦奸謀敗露，廷玠曰：“爾藉伯父遺業，可守朝廷法度，坐享富貴，何苦與恒惲同爲叛臣？若狂志不悛，可先殺我。”乃謝病不出，三年憤鬱而卒。予維寵嘉之！是以命汝愈銘；欽哉惟時！”臣愈承命悸恐，明日，詣東上閤門拜疏辭謝，不報。退，伏念昔者魯僖公能遵其祖伯禽之烈，周天子實命其史臣克作爲《駉》、《駜》、《泮》、《閟》之詩，《詩・魯頌》：《駉》、《有駜》、《泮水》、《閟宮》四篇。使聲於其廟，以假魯靈。假音格。今天子嘉田侯服父訓不違，用康靖我國家；蓋寵銘之，所以休寧田氏之祖考！而臣適執筆隸太史；奉明命，其可以辭！以上叙奉詔作碑。謹按魏博節度使、銀青光禄大夫、檢校工部尚書、兼魏州大都督府長史、御史大夫、沂國公田弘正，元和七年十月，以弘正爲銀青光禄大夫、檢校工部尚書、魏州大都督府長史兼御史大夫、上柱國沂國公，充魏博等州節度、觀察、處置、支度、營田等使。北平盧龍人，故爲魏博諸將，弘正始名興，季安時爲衙内兵馬使。忠孝畏慎。田季安卒；季安高祖憬，平州人，官都水使者。憬二子守義、延惲。延惲安東都護府司馬。守義二子承嗣、廷琳。承嗣子緒。緒子季安。季安子懷諫。廷琳子悦。延惲子廷玠。元和七年八月，季安卒。其子幼弱，用故事代父。人吏不附，迎弘正於其家，使領軍事。季安卒，懷諫自知軍務，時年十一，以弘正爲都知兵馬使。懷諫幼弱，軍政皆決於家僮，蔣士則數以愛憎移易諸將。諸將憤怒，咸曰："兵馬使，吾帥也。"即詣其家迎之，弘正拒之，不可。弘正籍其軍之衆與六州之人，還之朝廷，悉除河北故事，比諸州，故得用爲帥，已而復贈其父故滄州刺史，兵部尚書；母夫人鄭氏梁國太夫人。得立廟祭三代。曾祖都水使者府君，祭初室。祖安東司馬贈襄州刺史府君，祭二室。兵部府君祭東室。以上叙弘正歸朝，追贈父祖，得立廟祭三代。其銘曰：

唐繼古帝，海外受制。狎於太寧，燕盜以驚！群黨相維，河北失平。號登元和，大聖載營。風揮日舒，咸順指令。以上叙憲宗即位，諸藩效順。業業魏土，嬰兒戲兵。吏戎愁毒，莫保腰頸。人曰："田侯，其德可倚！"叫譟奔趨，乘門請起。以上叙魏博將士擁戴弘正。田侯攝事，奉我天明。束縛弓戈，考校度程。提�籍户，來復邦經。帝欽良臣，曰："維錫予！嗟我六州，始復故初！"告慶于宗，以降命書。旌節有韜，豹尾神旗。橐兜戟纛，以長魏師。以上叙弘正歸朝，賜旌節。田侯稽首："臣愚不肖。迨兹有成，祖考之教！"帝曰："俞哉，維汝忠孝！予思乃父，追秩夏卿。媲德娠賢，梁國是榮！"以上叙善則稱親，追贈父母。田侯作廟，相方視阯。見於蓍龜，祖考咸喜。暨暨田侯，暨暨，果毅貌。《禮》："戎容暨暨。"暨音忌。兩有文武。訖其外庸，可作承輔。咨汝田侯，勿亟勿遲！覲饗式時，爾祖爾思！

曾國藩曰：《魏博節度使沂國公先廟碑銘》，起最得勢；樸茂典重，近追漢京，遠法《尚書》，序文疏簡，著意在銘詩，而終不稱其先世功德一字，可謂有體！

林紓曰：《田弘正先廟碑銘》奉勅而作，與《平淮西碑》同重；入手述詔書："惟弘正先祖父，厥心靡不嚮帝室，訖不得施，乃以教付厥子。"此是朝廷旌功推源，及於先代意。而昌黎即引《駉》、《駜》、《泮》、《閟》之詩，爲魯僖能遵其祖伯禽之烈，故得聲此詩於廟，以假魯靈，據筆引經，與詔書合旨；文極典重裔皇，使讀者肅然！蓋有唐藩鎮之跋扈，惟田弘正首奮忠節，爲昌黎至服膺之人；不能借揭表弘正之忠，用以罵詈不臣之藩服，故於銘詞中略爲指斥。而詞亦純正典重，不參奇特之筆，選字既純，色尤古澤。

汴州東西水門記并序

愈時佐董晉在汴州。

貞元十四年正月戊子，隴西公命作東西水門；董晉本仲舒之裔，自廣川徙隴西，故云。越三月辛巳朔，水門成。三日癸未，大合樂，設水嬉會。監軍軍司馬，賓佐僚屬，將校熊羆之士；肅四方之賓客以落之。士女龢會，闐郭溢郛，既卒事，其從事昌黎韓愈請紀成績。其詞曰：

維汴州，河水自中注。厥初距河爲城；其不合者，誕置聯鎖於河，宵浮晝湛。舟不潛通；然其襟抱虧疏，風氣宣泄，邑居弗寧，訛言屢騰。歷載已來，孰究孰思？以上叙水門未作以前。今按上下文意，蓋言置鎖雖足以禁舟之潛通，然未免虧疏宣泄之患，故須作水門耳。皇帝御天下十有八載，此邦之人，遭逢疾威。嚚童嗷噑，劫衆阻兵。懍懍栗栗，若墜若覆！按本集《董公行狀》，貞元十二年七月，拜檢校尚書、左僕射、同中書門下平章事、汴州刺史、宣武軍節度副大使，知節度事管内、支度、營田，汴、宋、亳、潁等州觀察處置等使。汴州自大曆來，多兵事。劉玄佐益其師至十萬。玄佐死，子士寧代之，畋游無度。其將李萬榮乘其畋也，逐之。萬榮爲節度三年，病風，昏不知事；其子乃復欲爲士寧之故。監軍使俱文珍與其將鄧惟恭執之歸京師，而萬榮死。詔未至，惟恭權軍事。公既受命，遂行。韓愈實從，不以兵衛。時維隴西公受命作藩，爰自洛京，單車來臨。遂拯其危，遂去其疵，弗肅弗厲，薰爲太和！神應祥福，五穀穰熟。既庶而豐，人力有餘。監軍是咨，司馬是謀。乃作水門，爲邦之郛，以固風氣，以閑寇偷。以上正叙作水門。黃流渾渾，飛閣渠渠，因而飾之，匪爲觀遊。天子之武，維隴西公是布。天子之文，維隴西公是宣。河之沄沄，源於崑崙。天子萬祀，公多受祉。乃伐山石，刻之日月，尚俾來者。知作之所始！以上頌功立碑作結。

河中府連理木頌

愈作此頌時，年二十四，猶未第也。

司空咸寧王渾瑊也。尹蒲之七年，開元九年正月丙辰，改蒲州爲河中府。木連理生於河之東邑。《孝經·援神契》曰："王者德至草木，則木連理。"野夫來告，且曰："吾不知古，殆氣之交暢也！維吾王之德，交暢者有五；是其應乎！訓戎奮威，蕩戮凶回。舉政宣和，人則寧嘉。一入踐台階，庶尹克司。二來帥熊羆，四方作儀。三閔仁鰥寡，不寧燕息。人樂王德，祝年萬億。四府有群吏，王有從事，異體同心，歸民於理。五天子是嘉，俾錫勞王。王拜稽首，"天子之光！"庶德昭融，神斯降祥。殊本連理之柯，同榮異壟之禾，吾傒之産兹土也久矣！今欲明於大君，紀於策書；王抑余也！冶金伐石，垂耀無極；王余抑也！奮肆姁媮，不知所如。願託頌詞，長言之於康衢！"以上叙作頌之由，而託之野老之告。頌曰：

木何爲兮此祥？洵厥美兮在吾王！願封植兮永固，俾斯人兮不忘！

畫 記

雜古今人物小畫共一卷：以上總領一句，籠罩全篇。騎而立者五人。騎而被甲載兵立者十人。一人騎，執大旗前立。騎而被甲載兵行且下牽者十人。騎且負者二人。騎執器者二人。騎擁田犬者一人。騎而牽者二人。騎而驅者三人。執羈靮立者二人。靮音的。騎而下倚馬，臂隼而立者一人。騎而驅涉者二人。徒而驅牧者二人。坐而指使者一人。甲胄手弓矢鈇鉞植者七人。甲胄執幟植者十人。負者七人。偃寢休者二人。甲胄坐睡者一人。方涉者一人。坐而脱足者一人。寒附火者一人。雜執器物役者八人。奉壺矢者一人。舍而具食者十有一人。挹且注者四人。牛牽者二人。驢驅者四人。一人杖而負者。婦人以孺子，載而可見者六人；載而上下者三人。孺子戲者九人。凡人之事三十有二，爲人大小百二十有三，而莫有同者焉！以上叙人。馬大者九匹，於馬之中，又有上者，下者，行者，牽者，涉者，陸者，翹者，顧者，鳴者，寢者，訛者，立者，人立者，齕者，飲者，溲者，陟者，降者，痒磨樹者，噓者，嗅者，喜相戲者，怒相踶齧者，秣者，騎者，驟者，走者，載服物者，載狐兔者。凡馬之事二十有七，爲馬大小八十有三，而莫有同者焉！以上叙馬。牛大小十一頭。槖駝三頭。驢如槖駝之數，而加其一焉。隼一。犬羊狐兔麋鹿共三十。旃車三輛。雜兵器、弓矢、旌旗、刀劍、矛楯、弓服、矢房、甲冑之屬，缾盂、簦笠、筐筥、錡斧、飲食服用之器，壺矢、博弈之具，二百五十有一。皆曲極其妙。以上叙雜畜及器物。貞元甲戌年，余在京師，甚無事。同居有獨孤生申叔者，始得此畫，而與余彈棋。彈棋，其局方二尺，中心高如覆盂；其巔爲小壺，四角微隱見。李商隱詩："玉作彈棋局，中心亦不平。"謂其中高也。白樂天詩："彈棋局上事，最妙是長斜。"謂抹角斜彈，一發過半局；疑如今之打彈子也。余幸勝而獲焉！意甚惜之！以爲非一工人之所能運思，蓋蘗集衆工人之所長耳！雖百金不願易也！以上叙得畫。明年，出京師，至河陽，與二三客論畫品格，因出而觀之。座有趙侍御者，君子人也！見之戚然若有感然！少而進曰："噫！余之手摸也！亡之且二十年矣！余少時常有志乎茲事，得國本，絶人事而摸得之，遊閩中而喪焉。居閑處獨，時往來余懷也；以其始爲之勞而夙好之篤也！今雖遇之，力不能爲已！且命工人存其大都焉。"余既甚愛之，又感趙君之事，因以贈之；而記其人物之形狀與數而時觀之，以自釋焉。以上叙作記之由。

姚永樸曰：雜記類，莫古於《禮記》《檀弓》、《深衣》、《投壺》三篇。《檀弓》記雜事。二篇則存古之遺制。《周禮·考工記》亦然。後世惟韓退之《畫記》體與近之。故方望溪評之曰："周人以後無此種格力。"歐公自謂不能爲，所謂曉其深處；而東坡以所傳爲妄；於此見知言之難。後晁無咎《捕魚圖記》，又學《畫記》，姚薑瑒《援鶉堂筆記》評之曰："雖錯綜變化，齊讀去；較之昌黎體勢似緩，然自工！"

林紓曰：《畫記》極生峭，却最易學。如《羅漢渡海》，《龍王請齋圖記》，幾於無語不肖；顧依樣葫蘆，肖亦何益！本文初無他奇，奇在兩用"凡"字，一用"皆"字，實庸手所萬不能到。入手叙人。其次叙馬。又次叙雜畜器物。若無所收束，直是一卷賬本，何名爲記！文合以上之人馬，最之曰："凡人之事三十有二，爲人大小百二十有三，莫有同者焉。"夫人有事也，馬屬於人，尚有何事；乃以牽涉翹顧鳴寢諸態爲馬之事，復最之曰："凡馬之事二十有七，爲馬大小八十有三，而莫有同者焉！"文心之妙，能舉不相偶之事，對舉成偶，真匪夷所思！惟人馬之外，尚有雜畜及兵仗之屬，此不可凡者也；乃總束之曰"皆曲極其妙"，歸入畫工好處，即爲記中之結束。學文者當從此處著眼，方有把握。但若學其字法句法，殊皮毛耳，故曰善學！

送幽州李端公序

李益時佐幽州劉濟幕。愈因益來東都。序以送之；蓋勉其歸，使爲濟言，率先來覲奉職如開元時也。

元年，今相國李公爲吏部員外郎；今相國李藩也。愈嘗與偕朝；元和元年六月，愈始自江陵召爲國子博士。道語幽州司徒公之賢。貞元二十一年三月，濟檢校司徒。曰："某前年被詔，告禮幽州，二十一年正月，德宗崩，以藩爲告哀使，故至幽州。入其地，迓勞之使里至，里或作累。每進益恭。及郊，司徒公紅帓首，鞾袴握刀，左右雜佩，弓韔服，韔，丑亮切，弓室也。然《詩》云："言韔其弓。"又曰："交韔二弓。"則韔字又可通作虛字用矣！此"弓韔服"，謂納弓於服耳。矢插房，《左傳》："插矢納房。"房，箭舍也。俯立迎道左。某禮辭曰：'公天子之宰，禮不可如是！'及府，又以其服即事。某又辭曰：'公三公，不可以將服承命！'卒不得辭。上堂即客階，坐必東向。"此段似仿《左氏春秋·僖九年·王使宰孔賜齊侯胙傳》愈曰："國家失太平，於今六十年矣，夫十日十二子相配，數窮六十，其將復平？平必自幽州始，亂之所出也！按天寶十四年，范陽節度使安禄山反。范陽，幽州也。其年歲在乙未，至元和九年甲午，"數窮六十"，一甲子終矣！愈此序元和四年二月以後爲之，故云。今天子大聖；司徒公勤於禮，庶幾率先河南北之將，來覲奉職，如開元時乎！"李公曰"然！"今李公既朝夕左右，必數數爲上言，元年之言殆合矣！以上追叙元年偕朝，與今相國一番議論作波瀾；以下正叙送李端公。端公歲時來壽其親東都；東都之大夫士莫不拜於門；益父時官洛陽，公時亦官洛陽。其爲人佐甚忠，佐，謂爲幽州從事。意欲司徒公功名流千萬歲，請以愈言爲使歸之獻。

何焯曰：空中結撰及郊一段，《儀禮》也！幽州從事，非李相國之子；端公或佐他鎮；作序者非公；皆不可移用一字；故歸熙甫謂“不切者爲陳言”。而來壽相國，歸佐司徒，絶不黏題，句句跳脱，却句句緊密！

爭臣論

陽城拜諫議大夫，聞得失熟，猶未肯言。愈作此論譏切之。城亦不屑意。及裴延齡誣逐陸贄等。城乃守延英閣上疏，極論延齡罪，慷慨引誼；申直贄等。德宗欲相延齡。城顯語曰：“延齡爲相，吾當取白麻壞之。”哭於廷。帝不相延齡，城之力也。愈作此論時，城居位五年矣；後三年而能排擊延齡；或謂城蓋有待；抑愈有以激之歟？

或問諫議大夫陽城於愈，城字亢宗，定州北平人。“可以爲有道之士乎哉？“有道之士”四字，一篇之眼。學廣而聞多，城好學，貧不能得書，乃求爲集賢寫書吏，竊官書讀之，晝夜不出六年，乃無所不通。不求聞於人也；行古人之道，居於晉之鄙，晉之鄙人薫其德而善良者幾千人。城及進士第，乃去隱中條山。遠近慕其德行，多從之學。大臣聞而薦之。天子以爲諫議大夫。城徙居陜州夏縣，李泌爲陜虢觀察使，聞城名，泌入相薦爲著作郎，後德宗令長安尉楊寧賫粟帛，召爲諫議大夫。人皆以爲華，陽子不色喜！居於位五年矣，視其德如在野，彼豈以富貴移易其心哉！”愈應之曰：“是《易》所謂‘恒其德貞而夫子凶’者也；惡得爲有道之士乎哉！反剔“有道之士”一句。在《易・蠱》之上九，云‘不事王侯，高尚其事’；《蹇》之六二，則曰‘王臣蹇蹇，匪躬之故’；夫不以所居之時不一，而所蹈之德不同也，若《蠱》之上九，居無用之地，而致匪躬之節；以《蹇》之六二，在王臣之位，而高不事之心；則冒進之患生，曠官之刺興；志不可則，而尤不終無也！今陽子在位，不爲不久矣！聞天下之得失，不爲不熟矣！天子待之，不爲不加矣！而未嘗一言及於政；

視政之得失，若越人視秦人之肥瘠，忽焉不加喜戚於其心。問其官，則曰諫議也！問其禄，則曰下大夫之秩也！問其政，則曰我不知也！有道之士，固如是乎哉！“有道之士”，再反挑一句。且吾聞之：有官守者，不得其職則去。有言責者，不得其言則去。今陽子以爲得其言乎哉？得其言而不言，與不得其言而不去，無一可者也！陽子將爲禄仕乎？古之人有云：‘仕不爲貧，而有時乎爲貧’，謂禄仕者也；宜乎辭尊而居卑，辭富而居貧，若抱關擊柝者可也。蓋孔子嘗爲委吏矣，嘗爲乘田矣，亦不敢曠其職，必曰會計當而已矣，必曰牛羊遂而已矣。若陽子之秩禄，不爲卑且貧，章章明矣！而如此，其可乎哉！”以上論陽城爲諫議大夫，而德如在野，爲不得其職。或曰：“否！非若此也！又轉一意。夫陽子惡訕上者，惡爲人臣招其君之過而以爲名者；故雖諫且議，使人不得而知焉。《書》曰：‘爾有嘉謨嘉猷，則入告爾后于内。爾乃順之于外，曰斯謨斯猷，惟我后之德！’夫陽子之用心，亦若此者。”愈應之曰：“若陽子之用心如此，滋所謂惑者矣！入則諫其君，出不使人知者，大臣宰相者之事，非陽子之所宜行也！夫陽子本以布衣隱於蓬蒿之下；主上嘉其行誼，擢在此位，官以諫爲名；誠宜有以奉其職，使四方後代知朝廷有直言骨鯁之臣，天子有不僭賞，從諫如流之美；庶巖穴之士，聞而慕之，束帶結髮，願進於闕下而伸其辭説，致吾君於堯舜，熙鴻號於無窮也！若《書》所謂，則大臣宰相之事，非陽子之所宜行也！且陽子之心，將使君人者惡聞其過乎？是啓之也！”以上論入則諫其君，出不使人知，非陽子之所宜行。或曰：“陽子之不求聞而人聞之，不求用而君用之，不得已而起，守其道而不變，何子過之深也！”愈曰：“自古聖人賢士，皆非以求於聞用也；閔其時之不平，人之不乂，得其道，不敢獨善其身而必以兼濟天下也；孜孜矻矻，死而後已。故禹過家門不入；孔席不暇暖，而墨突不得黔；彼二聖一賢者，豈不知自安佚之爲樂哉？誠畏天命而悲人窮也。夫天授人以賢聖才能，豈使自有餘而已！誠欲以補其不足者也！耳目之於身也，耳司聞而目司見，聽其是非，視其險易，然後身得安焉。聖賢者，時人之耳目也。時人者，聖賢之身也。且陽子之不賢，則將役於賢以奉其上矣！若果賢，則固畏天命而閔人窮也；惡得以自暇逸乎哉！”以上論陽子不宜託不求聞用以自暇逸。或曰：“吾聞君子不欲加諸人，而惡訐以爲直者。若吾子之論，直則直矣；無乃傷於德而費於辭乎？又轉一意，以自解説。好盡言以招人過，國武子之所以見殺於齊也；吾子其亦聞乎？”愈曰：“君子居其位，則思死其官；未得位，則思修其辭以明其道。我將以明道也，非以爲直而加人也。且國武子不能得善人而好盡言於亂國，是以見殺。《傳》曰‘惟善人能受盡言’，謂其聞而能改之也。子告我曰：‘陽子可以爲有道之士也。’今雖不能及已；陽子將不得爲善人乎哉！”以上將陽子略揚，稱之爲“善人”，反剔起“有道之士”作結。

姚鼐曰：此文風格蓋出於《左》、《國》。

鄆州谿堂詩并序

憲宗之十四年，始定東平，三分其地；元和十四年二月，平盧都知兵馬使劉悟殺其節度使李道師以降，青淄十二州皆平。命户部侍郎楊於陵爲淄青宣尉使，分其地爲三道，以鄆、曹、濮爲一道，淄、青、齊、登、萊爲一道，兖、海、沂、密爲一道。東平郡即平盧軍所治。以華州刺史禮部尚書兼御史大夫扶風馬公名摠爲鄆、曹、濮節度觀察等使，鎮其地。三月，以薛平爲平盧節度使，青、齊、登、萊等州觀察使，以王遂爲沂州刺史，沂、海、兖、密等州都團練觀察使，三分其地者，謂摠及此二人也。既一年，褒其軍，號曰天平軍。《舊書·穆宗紀》云：十五年六月，鄆、曹、濮等州節度賜號天平軍，從馬摠奏也。上即位之二年，召公入，且將用之；長慶元年三月，盧龍軍節度使劉總上幽鎮地，詔總徙天平，而召摠還將大用。以其人之安公也，復歸之鎮。以上叙馬公鎮鄆，召入復歸。上之三年，穆宗以元和十五年正月即位。其曰“上即位之二年”，則長慶元年；“上之三年”，則長慶二年也。公爲政於鄆、曹、濮也，適四年矣！治成制定，衆志大固，惡絶於心，仁形於色，竱心一力，以供國家之職。于時沂、密始分而殘其帥。元和十四年，沂海將王弁殺其觀察使王遂，自稱留後。其後幽、鎮、魏不悦於政，相扇繼變，長慶元年，幽州盧龍軍都知兵馬使朱克融囚其節度使張弘靖以反，成德大軍將王廷湊殺其節度使田弘正以反。二年，魏博節度使田布自殺，兵馬使史憲誠自稱留後。復歸於舊。徐亦乘勢，逐帥自置，二年，武寧軍節度副使王智興逐其節度使崔群。同於三方。惟鄆也截然中居；四鄰望之，若防之制水，恃以無恐。然而皆曰：“鄆爲虜巢，且六十年，永泰元年七月，以平虜兵馬使李正已爲本軍節度使，傳子納，納子帥道，至元和十四敗，凡五十五年。將彊卒武。曹濮於鄆，州大而近，軍所根柢，皆驕以易怨。而公承死亡之後，掇拾之餘，剥膚椎髓，公私掃地赤立，新舊不相保持，萬目睽睽；公於此時能安以治之，其功爲大！若幽、鎮、魏、徐之亂，不扇而變，此功反小。何也？公之始至，衆未孰同熟化；以武則忿以憾；以恩則横而肆。一以爲赤子，一以爲龍蛇，憊心罷精，磨以歲月，然後致之；難也！及教之行，衆皆戴公爲親父母。夫叛父母，從仇讎，非人之情。故曰易！”於是天子以公爲尚書右僕射封扶風縣開國伯，以褒嘉之。公亦樂衆之和，知人之悦，而侈上之賜也；於是爲堂於其居之西北隅，號曰谿堂，以饗士大夫，通上下之志。以上叙馬公治成制定而作谿堂。既饗，其從事陳曾謂其衆，言：“公之畜此邦，其勤不亦至乎！此邦之人，纍公之化，惟所令之，不亦順乎！上勤下順，遂濟登兹，不亦休乎！昔者人謂斯何？今者人謂斯何？雖然，斯堂之作，意其有謂；而喑無詩歌，是不考引公德而接邦人於道也！乃使來請。以上叙作詩。其詩曰：

帝奠九壥，有葉有年。有荒不條，河岱之間！及我憲考，一收正之。視邦選侯，以公來尸。以上叙馬奉詔來鎮。公來尸之，人始未信。公不飲食，以訓以徇。孰飢無食？孰呻孰歎？孰冤不問，不得分願？孰爲邦蟊，節根之螟？羊很狼貪，以口覆城。吹之喣之，摩手拊之。箴之石之，膊而磔之。凡公四封，既富以彊。謂公吾父，孰違公令？可以師征，不寧守邦。以上叙馬治鄆政績。公作谿堂，播播流水。淺有蒲蓮，深有蒹葦。公以賓燕，其鼓駭駭！公燕谿堂，賓校醉飽。流有跳魚，岸有集鳥，既歌以舞，其鼓考考！以上叙爲谿堂以饗士大夫。公在谿堂，公御琴瑟。公暨賓贊，稽經諏律。施用不差，人用不屈。谿有蕢苽，有龜有魚。公在中流，右詩左書。無我斁遺，此邦是庥！以上申考，引公德之意作結。

林紓曰：此文骨髓之重，風貌之古，名曰詩序，直是馬揔之德政碑。此爲元和十四年，平盧都知兵馬使殺節度李師道以降，青淄十二州皆平。户部楊侍郎於陵爲宣慰使，分其地爲三道；揔所統者，鄆、曹、濮也。堂作於幽、鎮、魏、徐煽亂之後，鄆獨不反，遂封揔開國伯。揔爲堂於其居之西北隅，號曰谿堂。夫一堂之筑，與時政一無關係，而退之獨從其大處著眼；首舉天平軍，示州之無叛人也。州人安公，明揔之能撫衆也。曰“成”曰“定”，曰“固”曰“靖”，則信揔之能措此州於磐石也。而又不已；更用幽、鎮、魏、徐之同時而叛，以形鄆之戳然中居。而鄆之舊治，復五十五年，爲虜巢；而摠直安居以治之；逐層叙述，甚與堂無涉；不知能使此一方治平，即可以爲堂娱樂之張本。歐公作《晝錦堂記》，入手即顧題。東坡作《喜雨亭記》，因百姓得雨而吾亭適成句，天然入題，讀者動色。退之則一不須此，只就題前叙摠忠概政績，其力量皆可爲堂以娱賓饗士，通上下之志。而風度之凝遠，氣體之嚴重，聲調之激越，直可作碑版文字讀之。詩亦全用散文驅駕之法，較《元和聖德詩》，火色稍減，雖以荆公之拗折，學之亦不能至；宜多讀，以領取其聲韻！

送孟東野序

據《集》，貞元十九年《與陳給事書》云："《送孟郊序》一首，生紙寫，不加裝飾。"序即是年作。

大凡物不得其平則鳴。以上一句領起全篇。草木之無聲，風撓之鳴。水之無聲，風蕩之鳴。其躍也，或激之；其趨也，或梗之；其沸也，或炙之。金石之無聲，或擊之鳴。人之於言也亦然。有不得已者而後言，其歌也有思，其哭也有懷，凡出乎口而爲聲者，其皆有弗平者乎！以上鳴一層。樂也者，鬱於中而洩於外者也，擇其善鳴者而假之鳴。金石絲竹匏土革木，八者物之善鳴者也。維天之於時也亦然，擇其善鳴者而假之鳴；是故以鳥鳴春；以雷鳴夏；以蟲鳴秋；以風鳴冬；四時之相推敚，其必有不得其平者乎！其於人也亦然。以上假之鳴，又一層。人聲之精者爲言；文辭之於言，又其精也；尤擇其善鳴者而假之鳴。折入文辭。其在唐虞，咎陶、禹，其善鳴者也，而假以鳴。夔弗能以文辭鳴，又自爲波瀾。又自假於《韶》以鳴。夏之時，五子以其歌鳴。伊尹鳴殷，周公鳴周。凡載於《詩》、《書》六藝，皆鳴之善者也！周之衰，由盛世而涉衰季。孔子之徒鳴之，其聲大而遠；《傳》曰："天將以夫子爲木鐸"，其弗信矣乎！其末也，莊周以其荒唐之辭鳴。楚，大國也；其亡也，以屈原鳴。臧孫辰、孟軻、荀卿，以道鳴者也。楊朱、墨翟、管夷吾、晏嬰、老聃、申不害、韓非、眘到、田駢、鄒衍、尸佼、孫武、張儀、蘇秦之屬，皆以其術鳴。秦之興，李斯鳴之。漢之時，司馬遷、相如、楊雄，最其善鳴者也！就最其善鳴者，而涉入所不善鳴者。其下魏晉氏，鳴者不及與古，然亦未嘗絶也！就其善鳴者，其聲清以浮，其節數以急，其辭淫以哀，其志弛以肆。其爲言也，亂雜而無章，將天醜其德，莫之顧耶？何爲乎不鳴其善鳴者也！以上論古之以文辭鳴者，有善有不善。唐之有天下，入唐。陳子昂、蘇源明、元結、李白、杜甫、李觀，皆以其所能鳴。賓中之賓。其存而在下者，孟郊東野始以其詩鳴；其高出魏晉，不懈而及於古，其他浸淫乎漢氏矣！主。從吾遊者，李翺、張籍其尤也！又入二子，前半千波萬嶂，不容此處太平也。三子者之鳴信善矣！結過前半，以下始因其不釋然而解之。抑不知天將和其聲，而使鳴國家之盛耶？抑將窮餓其身，思愁其心腸，而使自鳴其不幸耶？三子者之命則懸乎天矣！其在上也奚以喜！其在下也奚以悲！兩句一賓一主，三子之上下，繫國家之盛衰，却説得藴藉不流於夸。毗又藏過棄才，則國家之盛衰可卜。極得體！東野之役於江南也，有若不釋然者！時東野爲溧陽尉。故吾道其命於天者以解之。以上點醒作意，結。

林紓曰：《送孟東野序》最岸異，然可謂之格奇而調變，不能謂爲有道理之文。舉禹、咎陶、伊尹、周公、孔子、孟軻、荀卿與蟲鳥同聲，今人斷無此等文膽；而昌黎公然出之自在游行者；段落分得清楚，則人與物所據之界限，自然不紊。若不變其調，亦積疊如纍棋，未有不至於顛墜者！人但見以“鳴”字驅駕全篇；不知中間只人物分疏而已！入手是説物，由物遂轉及人，由人而寓感於物，因思天不能鳴，亦假氣假物以鳴，猶之人耳。故由天復歸到人之本位。自唐虞句起，直至於唐之有天下，陳子昂、蘇源明、元結、李白、杜甫、李觀皆以所能鳴，作一停蓄；然後振起“存而在下者，孟郊東野始以其詩鳴”，似有千鈞力量，用一語力支以上無數之陪客；讀者無不奪氣結舌，以爲得未曾有。不知亦少有弊病，猝讀之不能即覺；須知以上所鳴者，或以道，或以術，或以文，初未及詩；陳子昂諸人，正以詩鳴者也。此數人既以詩鳴，則説到東野，不應用一始字。雖昌黎狡獪，將陳子昂諸人所鳴者，抹去“詩”字，代以“能”字，是急救之法。終竟好奇者不能有圓足之道理；及思出“能”字，固費心血不少；然工夫則在用一“存”字，見得死者皆能詩之徒；而存而在下者，能詩只有一東野，“始”字對在下説，亦可敷衍得去。昌黎以後，學者孔多，均屬數見不鮮。學古人，當取契神韻，不惟襲其風貌；如此等體，仿效至難，置之不學，可也。

感二鳥賦并序

愈貞元十一年正月至三月，以前進士三上宰相書，不報。五月，東歸，遇所獻二鳥感而作。

貞元十一年五月，戊辰，愈東歸。癸酉，自潼關出，息於河之陰。時始去京師，有不遇時之歎；一句領起。見行有籠白烏白鸜鵒而西者，折入二鳥。號於道曰："某土之守某官，使使者進於天子。"東西行者皆避路，莫敢正目焉！頓挫。因竊自悲！折到自己。幸生天下無事時，承先人之遺業，不識干戈耒耜、攻守耕穫之勤；讀書著文，自七歲至今，凡二十二年；其行己不敢有愧於道；其閒居思念前古當今之故，亦僅志其一二大者焉；選舉於有司，與百十人偕進退；曾不得名薦書，齒下士於朝，以仰望天子之光明！頓挫。今是鳥也，再折到二鳥。惟以羽毛之異，非有道德智謀，承顧問，贊教化者，乃反得蒙採擢薦進，光耀如此！頓挫。故爲賦以自悼；一句拍合，以下醒出作意。且明夫遭時者，雖小善必達；不遭時者，累善無所容焉！其辭曰：

吾何歸乎？吾將既行而後思。誠不足以自存，苟有食其從之！起，悲涼遒激。出國門而東騖，觸白日之降景。時返顧以流涕，念西路之羌永。過潼關而坐息，窺黄流之奔猛。感二鳥之無知，方蒙恩而入幸。惟進退之殊異，增余懷之耿耿。彼中心之何嘉，徒外飾焉是逞！余生命之湮阨，曾二鳥之不如！汩東西與南北，恒十年而不居。辱飽食其有數，況策名於薦書。時所好之爲賢，庸有謂余之非愚！以上感二鳥正文。昔殷之高宗，得良弼於宵寐，孰左右者爲之先，信天同而神比。及時運之未來，或兩求而莫致。雖家到而户説，祇以招尤而速累。蓋上天之生余，亦有期於下地。盍求配於古人，獨怊悵於無位。惟得之而不能，乃鬼神之所戲。幸年歲之未暮，庶無羨於斯類。以上借古人自解作結。

蘇舜欽曰：悲激頓挫，有騷人之思，疑其年壯氣鋭，欲發其藻章以耀於世。

復志賦并序

愈以貞元十二年，佐董晉於汴州；會其老至耄及，遠猶深慮，有所未入；欲去之而耕野，懼食其祿而與其難，故爲此賦以自訟也。

愈既從隴西公平汴州，隴西公，董晉也。按晉《行狀》：貞元十二年七月，拜檢校尚書左僕射、汴州刺史。晉受命，遂行。愈及劉宗經、韋弘景實從之，辟公爲汴州觀察推官。其曰“明年七月”，則十三年作也。其明年七月，有負薪之疾，負薪，賤者之稱。《公羊注》曰：“大夫病曰犬馬，士病曰負薪。”退休於居，作《復志賦》。其辭曰：

居悒悒之無解兮，獨長思而永歎！豈朝食之不飽兮，寧冬裘之不完！起，反喝醒志不在温飽。昔余之既有知兮，誠坎軻而艱難！坎軻，不平易貌。軻，音可。坎，或作轗。當歲行之未復兮，從伯氏以南遷。歲行，十二年而一復。大曆十二年，公從兄會南遷韶州，時年十歲，故云歲行未復也。伯氏，兄稱。淩大江之驚波兮，過洞庭之漫漫。至曲江而乃息兮，唐《地理志》：韶州治曲江縣。逾南紀之連山。唐一行以天下山河之象存乎兩戒，分南北紀，韶在南紀之外。嗟日月其幾何兮，攜孤嫠而北旋！孤謂孤兒。嫠謂寡婦，音釐。謂會卒於韶州，愈從嫂歸葬河陽。值中原之有事兮，將就食於江之南。建中二年，成德、魏博、山南、平盧節度相繼稱亂。三年，王武俊、李希烈反。四年，涇原姚令言犯京師，德宗幸奉天；朱泚犯奉天。興元元年，李懷光反，如梁州。貞元元年，愈以中原多故，避地江左。始專專於講習兮，非古訓爲無所用其心。窺前靈之逸迹兮，超孤舉而幽尋。既識路又疾驅兮，孰知余力之不任。考古人之所佩兮，閱時俗之所服。《騷》云：“謇吾法夫前修兮，非世俗之所服。”服亦佩也，愈則用其辭而反其意。《騷》之意在法前修，而非世俗。而愈則考古之所佩，閱時之所服，博古通今，左宜右有也。忽忘身之不肖兮，謂青紫其可拾！《漢書·夏侯勝傳》勝謂：“諸生曰經術，苟明取青紫，如俯拾地芥耳。”自知者爲明兮，故吾之所以爲惑！以下叙少年坎軻，欲以自振於學。擇吉日余西征兮，亦既造夫京師。愈貞元二年自宣城至京師。君之門不可逕而入兮，遂從試於有司。惟名利之都府兮，羌衆人之所馳。羌，起羊切。《騷》云：“羌衆人之所仇。”羌，楚人發語端詞。競乘時而附勢兮，紛變化其難推。全純愚以靖處兮，將與彼而異宜。欲奔走以及事兮，顧初心而自非，朝騁騖乎書林兮，夕翱翔乎藝苑。揚雄《長楊賦》云："并包書林。"《劇奏美新》云："發秘府，覽書林，遥集乎文雅之囿，翱翔乎禮樂之場。"班固《賓戲》云："真婆娑乎藝術之場，休息乎篇章之囿。"諒却步以圖前兮，《孔子家語·儒行篇》云："是猶却步，而欲求及前人不可得也。"不浸近而愈遠！哀白日之不與吾謀兮，至今十年其猶初。豈不登名於一科兮，貞元八年，愈登第。曾不補其遺餘！進既不獲其志願兮，退將遁而窮居。以上叙仕宦不得志。排國門而東出兮，慨余行之舒舒！時憑高以迴顧兮，涕泣下之交如。《易·大有卦》："厥孚交如。"戾洛師而悵望兮，《詩》："我客戾止。"洛師，洛陽也。聊浮游以躊躇。《莊子》："聖人躊躇以興事。"注：從容也。《騷》云："聊浮遊以消遥。"假大龜以視兆兮，求幽貞之所廬。幽貞，隱者。《易》"幽人貞吉"，廬，寄也。曹植《節遊賦》曰："非吾人之所廬。"顔延年《拜陵廟詩》："幼壯困孤介，末暮謝幽貞。"甘潛伏以老死兮，不顯著其名譽！非夫子之洵美兮，吾何爲乎浚之都！夫子，謂董晉也。浚之都，汴州也。小人之懷惠兮，猶知獻其至愚。固余異於牛馬兮，寧止乎飲水而求芻！伏門下而默默兮，竟歲年以康娱。時乘閒以獲進兮，顔垂歡而愉愉。仰盛德以安窮兮，又何忠之能輸！似頌而諷，語極冷雋！○以上叙從董晉於汴州，欲進言而不能。昔余之約吾心兮，誰無施而有獲？嫉貪佞之洿濁兮，曰吾其既勞而後食。所志如此。懲此志之不修兮，愛此言之不可忘！情怊悵以自失兮，心無歸之茫茫！苟不内得其如斯兮，孰與不食而高翔！抱關之阨陋兮，有肆志之揚揚。伊尹之樂於畎畝兮，焉貴富之能當！恐誓言之不固兮，斯自訟以成章。往者不可復兮，冀來今之可望。以上明復志作結。

訟風伯

貞元十九年正月，不雨，至七月甲戌，愈時爲四門博士，作此專以刺權臣裴延齡、李齊運、京兆尹李實之徒，壅蔽聰明，不顧旱飢，專於誅求；使上恩澤不得下流，如風吹雲而雨澤不得墜也。

維茲之旱兮，其誰之由？我知其端兮，風伯是尤！起逕擒風伯，鮮明緊健！山升雲兮澤上氣。雷鞭車兮電摇幟。雨寖寖兮將墜。風伯怒兮，雲不得止！罪狀。暘烏之仁兮，念此下民閟其光兮，不鬬其神。嗟風伯兮，其獨謂何？一詰。我於爾兮，豈有其他！求其時兮修祀事。羊甚肥兮酒甚旨。食足飽兮飲足醉。風伯之怒兮誰使？雲屏屏兮，吹使醨之氣將交兮，吹使離之，鑠之使氣不得化，寒之使雲不得施。罪狀。嗟爾風伯兮，欲逃其罪又何辭？再詰。○以上數風伯之罪。上天孔明兮，有紀有綱。我今上訟兮，其罪誰當？天誅加兮不可悔！風伯雖死兮，人誰汝傷！以上醒訟意作結。

何焯曰：厚齋云："曹子建《詰咎文》，假天帝之命以詰風伯雨師，公訟風伯，蓋本於此。"

應科目時與人書

此貞元九年，愈應博學鴻詞試，與韋舍人也。

月日，愈再拜。天池之濱，大江之濆，應科目是已舉進士及第，人非布衣、隱逸、仕進無階者比，故謂已在池之濱、江之濆，起下不及水意。曰有怪物焉，龍爲水之怪，見《國語》。蓋非常鱗凡介之品彙匹儔也！其得水，變化風雨，上下于天不難也！反跌下不及水。其不及水，蓋尋常尺寸之間耳；無高山大陵，曠途絶險，爲之關隔也！起下"運轉之，蓋一舉手一投足"，從上濱字濆字生出。然其窮涸不能自致乎水，爲猵獺之笑者，蓋十八九矣！如有力者哀其窮而運轉之，蓋一舉手一投足之勞也！然是物也，負其異於衆也；且曰："爛死於沙泥，吾寧樂之！若俛首帖耳，摇尾而乞憐者，非我之志也！"摇尾乞憐，惟常鱗凡介能之，故曰"非我之志"。此一段自述，若引咎，若歎息，公卿之不先下人，爲有力者斡旋得好。是以有力者遇之，熟視之，若無覩也！其死其生，固不可知也？今又有有力當其前矣，直指受書之人。聊試仰首一鳴號焉。此句斟酌，雖告以窮，仍與摇尾者異。庸詎知有力者不哀其窮，而忘一舉手一投足之勞，而轉之清波乎？其哀之，命也。其不哀之，亦命也。知其在命而且鳴號之者，亦命也。以上設喻怪物者以自況，有力者以喻受書之人。愈今者實有類於是；輕輕一點。是以忘其疏愚之罪而有是説焉！閣下其亦憐察之！

何焯曰："曰有怪物焉"者，士也。"得水"、"不及水"者，窮達也。"有力"者，援引也。劈頭便分三柱。以下復應三段："哀之命也"，結"庸詎知"數句。"不哀之命也"，結"熟視無覩"數句。"知其在命而且鳴號"，又回護寧樂泥沙而不乞憐意，要之亦命也，見己之出處，仍制之於天，仍自負是怪物之意。難於致辭，則托物爲喻；此詩人比興之道也。直道正意，醜不可耐，晚唐四六啓是已。

曾國藩曰：《應科目時與人書》，意態恢詭瑰瑋，蓋本諸《滑稽傳》，干澤文字，如是乃爲軒昂；他篇皆不能自振！

爲人求薦書

某聞木在山，馬在肆，遇之而不顧者，雖日累千萬人，未爲不材與下乘也；及至匠石過之而不睨，伯樂遇之而不顧，二句以喻人之不知一面者，反挑下"以某在公之宇下非一日"句。然後知其非棟梁之材，超逸之足也！以某在公之宇下非一日，而又辱居姻婭之後；是生於匠石之園，長於伯樂之廐者也；於是而不得知；假有見知者千萬人，亦何足云！本是親厚之人，反不能知己，却如此宛轉説人。柔而不犯、絞而婉矣！〇以上叙姻親而不見知。今幸賴天子每歲詔公卿大夫貢士；若某等比咸得以薦聞；是以冒進其説以累於執事，亦不自量已！然執事其知某何如哉！以上叙非親非故之某等而得以薦聞，反映己之不見知。昔人有鬻馬不售於市者，知伯樂之善相也，從而求之。伯樂一顧，價增三倍。某與其事頗相類；前伯樂匠石雙起後，却只説伯樂。古人文字不拘如此！是故終始言之耳！以上繳足求知意。某再拜。

何焯曰：《爲人求薦書》面目似《戰國策》，命意則左氏之善爲説詞者也；公文真難爲狀！

答陳商書

愈爲國子先生時，商未第，以文求益而答之也。商後元和九年進士第。

愈白：辱惠書，語高而旨深，三四讀尚不能通曉，茫然增愧赧！又不以其淺弊無過人知識，且喻以所守，幸甚！愈敢不吐情實；然自識其不足補吾子所須也！以上敘得書作答。齊王好竽。有求仕於齊者，操瑟而往，立王之門，三年不得入，叱曰："吾瑟，鼓之，能使鬼神上下。吾鼓瑟，合軒轅氏之律呂。"客駡之曰："王好竽而子鼓瑟，雖工，王如不好何！"是所謂工於瑟而不工於求齊也！設齊王好竽以爲喻。瑟爲古樂，借以喻古文。今舉進士於此世，求禄利行道於此世，而爲文必使一世人不好，得無與操瑟立齊門者比歟？拍合。文雖工，不利於求；一篇之旨。求不得，則怒且怨；不知君子必爾爲不也？以上論文雖古不利於求，如操瑟之不工求齊。故區區之心，每有來訪者，皆有意於不肖者也；略不辭讓，遂盡言之。惟吾子諒察！以上敘所以答復之意作結。愈白。

代張籍與李浙東書

元和五年八月，以李巽兼御史中丞，充浙東觀察使。張籍時爲太常寺太祝，病眼京師，愈於是爲之代書。

月日，前某官某謹東向再拜寓書浙東觀察使中丞李公閣下：籍聞議論者皆云："方今居古方伯連帥之職，坐一方，得專制於其境内者，惟閣下心事犖犖，與俗輩不同。"籍固以藏之胸中矣！近者閣下從事李協律翺到京師。籍於李君友也，不見六七年，聞其至，馳往省之，問無恙外，不暇出一言，且先賀其得賢主人。李君曰："子豈盡知之乎？吾將盡言之。"數日，籍益聞所不聞。籍私獨喜！常以爲自今已後，不復有如古人者，於今忽有之！以上極頌李公，爲後文蓄勢。退自悲！轉。不幸兩目不見物，無用於天下；胸中雖有知識，家無錢財，寸步不能自致；今去李中丞五千里，何由致其身於其人之側，開口一吐出胸中之奇乎！悲歌慷慨，長句跌頓，擲地作金石聲！因飲泣不能語！以上悲己盲，不能自致。既數日，復自奮曰：再轉。"無所能人，乃宜以盲廢。有所能人，雖盲，當廢於俗輩，不當廢於行古人之道者。浙水東七州，户不下數十萬，不盲者何限！李中丞取人，固當問其賢不賢，不當計盲與不盲也！當今盲於心者皆是！若籍自謂獨盲於目爾；其心則能別是非。若賜之坐而問之，其口固能言也！幸未死，實欲一吐出心中平生所知見。閣下能信而致之於門耶？以上論己盲於目，不盲於心，而欲自奮。籍又善於古詩，使其心不以憂衣食亂；閣下無事時一致之座側，使跪進其所有；閣下憑几而聽之，未必不如聽吹竹彈絲，敲金擊石也！夫盲者業專，於藝必精，故樂工皆盲。籍儻可與此輩比並乎？以上引樂工皆盲爲喻。使籍誠不以畜妻子，憂饑寒亂心；有錢財以濟醫藥；其盲未甚，庶幾其復見天地日月，因得不廢；則自今至死之年，皆閣下之賜！閣下濟之以已絶之年，賜之以既盲之視，其恩輕重大小，籍宜如何報也！閣下裁之度之！以上申己不必終盲，以重哀之。籍慙靦再拜。

何焯曰：《代張籍與李浙東書》，亦乞食之文，然激昂頓挫，頗擬《戰國策》；就盲不盲兩層，翻出無限起伏。

答崔立之書

立之，字斯立，貞元四年進士。唐進士，禮部既登第後，乃得以博學鴻辭試於吏部，中其程度，然後命之官。愈貞元八年第進士，至是三試吏部不售；斯立以書勉之，而愈以書答之也。

斯立足下：僕見險不能止，動不得時，顛頓狼狽，失其所操持，困不知變，以至辱於再三；君子小人之所憫笑，天下之所背而馳者也！足下猶復以爲可教，貶損道德，乃至手筆以問之，扳援古昔，辭義高遠，且進且勸！足下之於故舊之道得矣！雖僕亦固望於吾子，不敢望於他人者耳！然尚有似不相曉者，非故欲發予乎？不然，何子之不以丈夫期我也！不能默默，聊復自明。以上叙得書似不相曉，欲以自明。僕始年十六七時，未知人事；讀聖人之書，以爲人之仕者，皆爲人耳；非有利乎己也。及年二十時，苦家貧，衣食不足，謀於所親，然後知仕之不惟爲人耳。及來京師，見有舉進士者，人多貴之！僕誠樂之！就求其術，或出禮部所試賦、詩、策等以相示；僕以爲可無學而能，因詣州縣求舉。有司者好惡出於其心，四舉而後有成，亦未即得仕。聞吏部有以博學宏辭選者，人尤謂之才，且得美仕；就求其術，或出所試文章，亦禮部之類。私怪其故，然猶樂其名，因又詣州府求舉；凡二試於吏部，一既得之，而又黜於中書，雖不得仕，人或謂之能焉！退自取所試讀之，乃類於俳優者之辭，顔忸怩而心不寧者數月。既已爲之，則欲有所成就；《書》所謂恥過作非者也！因復求舉，亦無幸焉！以上叙失所操持，辱至再三。乃復自疑。轉一意發慨。以爲所試與得之者不同其程度；及得觀之，余亦無甚愧焉！夫所謂博學者，豈今之所謂者乎？夫所謂宏辭者，豈今之所謂者乎？誠使古之豪傑之士，若屈原、孟軻、司馬遷、相如、揚雄之徒，進於是選，必知其懷慚，乃不自進而已耳！設使與夫今之善進取者，競於蒙昧之中，僕必知其辱焉！然彼五子者，且使生於今之世，其道雖不顯於天下，其自負何如哉！肯與夫斗筲者決得失於一夫之目而爲之憂樂哉！故凡僕之汲汲於進者，其小得蓋欲以具裘葛，養窮孤；其大得，蓋欲以同吾之所樂於人耳！其他可否，自計已熟，誠不待人而後知。今足下乃復比之獻玉者，以爲必竢工人之剖，然後見知於天下，雖兩刖足不爲病，且無使勍者再剋；誠足下相勉之意厚也！然仕進者豈捨此而無門哉？足下謂我必待是而後進者，尤非相悉之辭也！僕之玉固未嘗獻，而足固未嘗刖；足下無爲爲我戚戚也！以上論古之豪傑必慚進於是選而已，亦不必待是後進以答崔之勸。方今天下風俗尚有未及於古者，邊境尚有被甲執兵者，主上不得怡，而宰相以爲憂。僕雖不賢，亦且潛究其得失，致之乎吾相，薦之乎吾君，上希卿大夫之位，下猶取一障而乘之。若都不可得，猶將耕於寬閑之野，釣於寂寞之濱，求國家之遺事，考賢人哲士之終始，作唐之一經，垂之於無窮，誅奸佞於既死，發潛德之幽光。二者將必有一可。足下以爲僕之玉凡幾獻，而足凡幾刖也！又所謂勍者果誰哉？再剋之刑，信如何也？士固信於知己；微足下，無以發吾之狂言！以上述志作結。愈再拜。

何焯曰：激昂磊落。崔立之書，蓋有戒其崛强，惜其冷落之意，其爲不知公也甚矣！前後作兩段分析，却將《崔書》點在中間，文勢妙有斷續。

與崔群書

群，字敦詩，清河人；貞元八年，中進士第。時爲宣州判官；而愈在徐、泗、濠節度使張建封幕下，頗不得志，故假崔而報此；所謂借他人杯酒，爲自己澆塊壘者也。

自足下離東都，凡兩度枉問，尋承已達宣州，主人仁賢，同列皆君子，貞元十二年八月，以崔衍爲宣歙觀察使，群與李博俱在幕府。愈《送楊儀之序》亦云："當今藩翰之賓客，惟宣州多賢。與之遊者二人焉，隴西李博、清河崔群。"雖抱羈旅之念，亦且可以度日。無入而不自得，樂天知命者，固前修之所以禦外物者也；況足下度越此等百千輩，豈以出處近遠，累其靈臺耶？宣州雖稱清涼高爽，然皆大江之南，風土不並以北。將息之道，當先理其心；心閑無事，然後外患不入；風氣所宜，可以審備，小小者亦當自不至矣！足下之賢，雖在窮約，猶能不改其樂；況地至近，官榮禄厚，親愛盡在左右者耶？所以如此云云者，以爲足下賢者宜在上位；託於幕府，則不爲得其所，是以及之，乃相親重之道耳；非所以待足下者也！以上慰勉崔君。僕自少至今，從事於往還朋友間，一十七年矣；日月不爲不久。所與交往相識者千百人，非不多；其相與如骨肉兄弟者，亦且不少；或以事同；或以藝取；或慕其一善；或以其久故；或初不甚知而與之已密，其後無大惡，因不復決捨；或其人雖不皆入於善，而於己已厚，雖欲悔之不可；凡諸淺者固不足道；深者止如此！至於心所仰服，考之言行而無瑕尤，窺之閫奥而不見畛域，明白淳粹，輝光日新者，惟吾崔君一人！僕愚陋無所知曉；然聖人之書，無所不讀；其精麤巨細，出入明晦，雖不盡識，抑不可謂不涉其流者也。以此而推之，以此而度之，誠知足下出群拔萃，無謂僕何從而得之也！與足下情義，寧須言而后自明耶！所以言者，懼足下以爲吾所與深者，多不置白黑於胸中耳！既謂能粗知足下，而復懼足下之不我知，亦過也。比亦有人説："足下誠盡善盡美，抑猶有可疑者。"僕謂之曰："何疑！"疑者曰："君子當有所好惡。好惡不可不明。如清河者，人無賢愚，無不説其善，服其爲人，以是而疑之耳！"僕應之曰："鳳凰芝草，賢愚皆以爲美瑞。青天白日，奴隸亦知其清明。譬之食物，至於遐方異味，則有嗜者，有不嗜者；至於稻也，粱也，膾也，炙也，豈聞有不嗜者哉！"疑者乃解！解不解，於吾崔君無所損益也！以上論所與交往相識者千百人，心所仰服者惟崔君，而明其所以。自古賢者少，不肖者多。自省事已來，又見賢者恒不遇，不賢者比肩青紫；賢者恒無以自存，不賢者志滿氣得；賢者雖得卑位，則旋而死，不賢者或至眉壽；不知造物者意竟如何？無乃所好惡與人異心哉？又不知無乃都不省記，任其死生壽夭耶？未可知也。人固有薄卿相之官，千乘之位，而甘陋巷菜羹者；同是人也，猶有好惡如此之異者！況天之與人，當必異其所好惡，無疑也！合於天而乖於人，何害！況又時有兼得者耶！崔君崔君！無怠無怠！以上問天而爲之解，沈鬱頓挫，真得太史公之神！僕無以自全活者，從一官於此，轉困窮甚，思自放於伊潁之上，當亦終得之。近者尤衰憊，左車第二牙無故動搖脱去；目視昏花，尋常間便不分人顏色；兩鬢半白，頭髮五分亦白其一；鬚亦有一莖兩莖白者。僕家不幸，諸父諸兄皆康强早世；如僕者，又可以圖於久長哉！以此忽忽，思與足下相見，一道其懷。小兒女滿前，能不顧念！足下何由得歸北來，僕不樂江南，官滿便終老嵩下；足下可相就，僕不可去矣！以上叙己衰老。珍重自愛，慎飲食，少思慮，惟此之望！以上歸到慰勉作結。愈再拜。

藍田縣丞廳壁記

丞之職，所以貳令，於一邑無所不當問。其下主簿、尉，主簿、尉乃有分職。丞位高而逼，例以嫌不可否事。文書行，吏抱成案詣丞，卷而前，鉗以左手，右手摘紙尾，雁鶩行以進，平立，睨丞曰“當署”。丞涉筆占位署惟謹，目吏問可不可：吏曰“得”，則退，不敢略省，漫不知何事。細瑣如畫，而筆意極泠雋。官雖尊，力勢反出主簿、尉下。諺數慢必曰丞，著此語伏後故字。至以相訾謷。丞之設豈端使然哉！應起於一邑無所不當問，即反挑下故字。〇以上叙丞之職位高而逼，例以嫌不可否事。博陵崔斯立，種學績文以蓄其有，泓涵演迤，日大以肆！貞元初，挾其能，戰藝於京師，再進再屈于人。崔立之，貞元四年進士，六年中博學弘詞。愈嘗寄其詩曰：“連年收科第，如摘頷下髭。”記謂“再進再屈于人”，“屈”當作“出”，乃與詩合。元和初，以前大理評事言得失黜官，再轉而爲丞兹邑。始至，喟曰：“官無卑！顧材不足塞職。”既噤，不得施用，又喟曰：“丞哉丞哉！余不負丞而丞負余！”則盡枿去牙角，枿音糵。一躡故跡，書名之意，寄喟於躡。故跡，故一篇皆從此感慨。破崖岸而爲之。丞廳故有記，壞漏污不可讀。斯立易桷與瓦，墁治壁，悉書前任人名氏。庭有老槐四行。南牆鉅竹千梃，儼立若相持。水㶁㶁循除鳴。斯立痛掃溉，對樹二松，日哦其間。有問者，輒對曰："余方有公事，子姑去！"以不問一事反結跌宕。○以上叙崔之丞茲邑，欲有爲而終不得爲。考功郎中知制誥韓愈記。

何焯曰：《藍田縣丞廳壁記》，極意摹寫，見其流失非一日，既爲斯立發其憤懣，亦望爲政者聞之，使無失其官守也！

送石處士序

石洪，字濬川，洛陽人。罷黄州録事參軍，退居於洛，十年不仕，及是爲河陽參謀。愈序而送之。

河陽軍節度御史大夫烏公爲節度之三月，元和五年四月，詔用烏公重胤爲河陽軍節度使、御史大夫，治孟州。其曰節度之三月，則是歲六七月間也。求士於從事之賢者。有薦石先生者。出石先生。公曰："先生何如？"曰："先生居嵩、邙、瀍、穀之間，嵩、邙，山名。瀍、穀，水名，皆在洛陽之境。冬一裘，夏一葛；食：朝夕飯一盂，蔬一盤；人與之錢則辭，請與出游，未嘗以事辭；勸之仕，不應。坐一室，左右圖書；與之語道理，辨古今事當否，論人高下，事後當成敗，若河決下流而東注；若駟馬駕輕車就熟路，而王良造父爲之先後也；若燭照數計而龜卜也！"石先生生平，借薦者口中叙明。大夫曰："先生其有以自老，無求於人；其肯爲某來耶？"從事曰："大夫文武忠孝，求士爲國，不私於家。方今寇聚於恒。師環其疆，元和四年三月，成德軍節度王士真卒，其子承宗叛。十二月，詔吐突承璀率諸道兵討之。《地理志》："鎮州，恒山郡本恒州，天寶元年更名鎮，成德軍所治也。"農不耕收，財粟殫亡。吾所處地，歸輸之塗，治法征謀，宜有所出。先生仁且勇，若以義請而彊委重焉。其何説之辭！"於是撰書詞，具馬幣，卜日以授使者，求先生之廬而請焉。以上叙聘石處士。先生不告於妻子，不謀於朋友，冠帶出見客，拜受書禮於門内；宵則沐浴戒行事，載書册；問道所由，告行於常所來往，晨則畢至，張上東門外。酒三行，且起，有執爵而言者曰："大夫真能以義取人。先生真能以道自任，決去就。爲先生别。"又酌而祝曰："凡去就出處何常，惟義之歸；遂以爲先生壽。”又酌而祝曰：“使大夫恒無變其初；無務富其家而饑其師；無甘受佞人而外敬正士；無昧於諂言；惟先生是聽，以能有成功，保天子之寵命！”又祝曰：“使先生無圖利於大夫而私便其身！”先生起拜，祝辭曰：“敢不敬蚤夜以求從祝規！”於是東都之人士，咸知大夫與先生果能相與以有成也！一筆縮合。〇以上序送石先生。遂各爲歌詩六韻。退，愈爲之序云。以上序賦詩作結。

何焯曰：無限議論，都化在叙事中。此篇命意，蓋因處士之行，望重胤盡力轉輸，使朝廷克成討王承宗之功；不可復若盧從史陰與之通；而位置有體，藏諷諭於不覺；乃神明於太史公《封禪》、《平準》諸書，《游俠》、《貨殖》列傳，而得其意者也！中點“吾所處地，歸輸之塗”，眼目在此。而入後執爵而言者曰一段，側重大夫，却藏在中間；而議論妙有裁剪，於送行上更有生色，不寂寞也！宋人便一片寫去，了無風神。

送温處士赴河陽軍序

温造，字簡輿。文宗朝，終禮部尚書。愈前年送石洪，今又送造，二生皆東都之秀者。愈時爲河南令。

伯樂一過冀北之野而馬群遂空。是第二人發端，以“空”字關鎖兩篇。夫冀北馬多天下；伯樂雖善知馬，安能空其群耶？解之者曰：“吾所謂空，非無馬也；無良馬也。伯樂知馬，遇其良，輒取之，群無留良焉。苟無良，雖謂無馬，不爲虛語矣！”以上借伯樂知馬作喻起。東都，固士大夫之冀北也。拍合。恃才能深藏而不市者，洛之北涯曰石生，賓。其南涯曰温生。主。大夫烏公以鈇鉞鎮河陽之三月，以石生爲才；以禮爲羅，下“羅”字造句如鑄。羅而致之幕下。前篇事。未數月也，以温生爲才，於是以石生爲媒，著此一句，綰合兩人，愈增嫵媚。以禮爲羅，又羅而致之幕下。東都雖信多才士，朝取一人焉，拔其尤；暮取一人焉，拔其尤。映上伯樂知馬，遇其良輒取之。自居守、河南尹以及百司之執事，居守，謂東都留守鄭餘慶。與吾輩二縣之大夫，東都郭下二邑洛陽、河南也。政有所不通，事有所可疑，奚所諮而處焉！士大夫之去位而巷處者，誰與嬉遊！小子後生，於何考德而問業焉！搢紳之東西行過是都者，無所禮於其廬。此句恰好脱卸出處士之廬句來。〇空群意洗發得淋漓從《詩・叔于田》來。若是而稱曰："大夫烏公一鎮河陽，而東都處士之廬無人焉！"上統云士大夫之冀北，此句剔清處士之廬，方好接出下段。豈不可也！以上叙烏公鎮河陽，而東都處士無人與，起段正喻夾寫。夫南面而聽天下，其所託重而恃力者，惟相與將耳！此"相"字，其文則謂留守，其意則斥西京政事堂中人也。相爲天子得人於朝廷，將爲天子得文武士於幕下，求内外無治，不可得也！愈縻於茲，不能自引去，資二生以待老；今皆爲有力者奪之，其何能無介然於懷耶？借他人杯酒澆自己塊壘，言重胤起卒伍爲帥，猶能拔二士於數月之中。如公之才，宰相乃置之冗散，冉冉且老，爲可感耳。生既至，拜公於軍門；其爲吾以前所稱，爲天下賀！以後所稱，爲吾致私怨於盡取也！如此收顧，起處甚緊醒。〇以上借頌揚爲感慨。留守相公首爲四韻詩歌其事；愈因推其意而序之。以上序賦詩作結。

林紓曰：石洪溫造二序，人同事同，而行文製局乃大不同。石洪本無所紀，著眼全在烏公；文末祝詞，恒患其爲藩鎮之禍；此昌黎託石生以示諷也，文至嚴重，句斟字酌，一字不肯苟下。送溫生序，有石生爲媒介，著手稍易；但序烏公之多得士，與前作已稍别，不至相犯，説烏公攘奪其友，不能無介於懷；又言致私怨於盡取，極意寫己之不悦；然烏公見之，則大悦矣！此文字之狡獪動人處。文中自居守河南尹以下數行，筆筆活著，熟讀之，可悟文字之波瀾。

南海神廟碑

海於天地間，爲物最鉅；自三代聖王，莫不祀事。考於傳記，而南海神次最貴，在北東西三神河伯之上，號爲祝融。太公《金匱》云："南海之神曰祝融，東海之神曰勾芒，北海之神曰顓頊，西海之神曰蓐收。"天寶中，天子以爲古爵莫貴於公侯，故海嶽之祝，犧幣之數，放而依之，所以致崇極於大神。今王亦爵也；而禮海嶽，尚循公侯之事，虚王儀而不用，非致崇極之意也！由是册尊南海神爲廣利王，天寶十載正月，封東海廣德王、南海廣利王、西海廣潤王、北海廣澤王，册詔也。祝號祭式，與次俱昇；武德貞觀之制四海，年别一祭，各以五郊迎氣日祭之，祀官以當界都督、刺史充。至是，封王分命卿監十三人，取三月十七日，一時備禮，兼册制祭，其祭儀見開元禮。因其故廟，易而新之，在今廣州治之東南，海道八十里，扶胥之口，黄木之灣；常以立夏氣至，命廣州刺史行事祠下，事訖，驛聞。出廣州刺史，一氣轉落。而刺史常節度五嶺諸軍，仍觀察其郡邑，唐制，嶺南爲五府；而嶺南節度使觀察四府事。於南方事無所不統；地大以遠，故常選用重人；既貴而富，且不習海事；又當祀時，海常多大風，將往皆憂感，既進，觀顧怖悸，故常以疾爲解，而委事於其副，其來已久！反映孔公。故明宫齋廬，上雨旁風，無所蓋障。牲酒瘠酸，取具臨時，水陸之品，狼藉籩豆。薦祼興俯，不中儀式，吏滋不供，神不顧享，盲風怪雨，《月令》："盲風至。"注：疾風也。發作無節，人蒙其害！以上叙南海神祭典崇極，命廣州刺史行事而皆不親，以反跌起孔公。元和十二年，始詔用前尚書右丞國子祭酒魯國孔公爲廣州刺史兼御史大夫，以殿南服。殿，定也。《詩》："殿天子之邦。"殿，丁練切。○孔公用提筆出之，以崛起中權，通體局勢爲之振起。公正直方嚴，中心樂易，柢慎所職，治人以明，事神以誠，内外單盡，不爲表襮。至州之明年，將夏，祝册自京師至。吏以時告。公乃齋祓，視册，誓群有司曰："册有皇帝名，乃上所自署，其文曰'嗣天子某，謹遣官某敬祭'，其恭且嚴如是！敢有不承！明日，吾將宿廟下以供晨事。"明日，吏以風雨白。不聽。於是州府文武吏士凡百數，交謁更諫；皆揖而退。公遂陞舟，風雨少弛，棹夫奏功。雲陰解駁，日光穿漏，波伏不興。省牲之夕，載暘載陰。將事之夜，天地開除，月星明概。概，几利切；《説文》："稠也。"選何晏《景福殿賦》："概若幽景之纚連。"五鼓既作，牽牛正中，《月令》："季秋之月日，牽牛中上。"《文言》："立夏行事，正此時也。"公乃盛服執笏，以入即事。文武，賓屬，俯首聽位，各執其職。牲肥酒香，罇爵静潔。降登有數，神具醉飽。海之百靈秘怪，慌惚畢出。蜿蜿虵虵，來享飲食。闔廟旋艫，祥飆送颿。旗纛旄麾，飛揚晻藹。鐃鼓嘲轟，高管噭譟。武夫奮棹，工師唱和。穹龜長魚，踊躍後先。乾端坤倪，軒豁呈露。祀之之歲，風災熄滅，人厭魚蟹，五穀胥熟。明年祀歸，又廣廟宫而大之，治其庭壇，改作東西兩序；齋庖之房，百用具修。明年其時，公又固往，不懈益虔。歲仍大和，耋艾歌詠！以上叙孔公親祀南海而歲仍大和，鋪采摛文，亦賦亦頌。始公之至，盡除他名之税，罷衣食於官之可去者。四方之使，不以資交，以身爲帥。燕享有時，賞與以節，公藏私畜，上下與足。於是免屬州負逋之緡錢二十有四萬，米三萬二千斛。賦金之州，耗金一歲八百，困不能償，皆以丐之。加西南守長之俸，誅其尤無良不聽令者，由是皆自重慎法。人士之落南不能歸者，與流徙之胄百廿八族，用其才良而廩其無告者。其女子可嫁，與之錢財，令無失時。刑德並流，方地數千里，不識盜賊，山行海宿，不擇處所。事神治人，其可謂備至耳矣！咸願刻廟石以著厥美而繫以詩。以上叙刻石不厪以尊南海神，而亦民之不忘孔公。乃作詩曰：

南海陰墟，祝融之宅。即祀於旁，帝命南伯。吏惰不躬，正自今公。明用享錫，右我家邦。惟明天子，惟慎厥使。我公在官，神人致喜。海嶺之陬，既足既濡。胡不均弘，俾執事樞。公行勿遲，公無遽歸。匪我私公，神人具依。碑以南海神爲題，而意實在頌孔公在官之神人致喜，詩意尤顯明。

姚鼐曰：昌黎詩文中，效相如處極多；如《南海廟碑》中叙景瑰麗處，即效相如賦體也。而張翰宣謂韓文無司馬體；則退之爲文，學人必變其貌而取其神，故不覺耳！

曾國藩曰：《南海神廟碑》，筆力足以追相如作賦之才，而鋪叙少傷平直，故王氏謂“骨力差減”也。然古來文士，並以賦物爲難。蓋藻繪三才，刻畫萬態，而不可剽襲一字；故其難也！後人雖綴前人字句爲文，又不究事物之情狀，淺矣！

曾國藩又曰：王延壽《桐柏廟碑》，韓退之《南海神廟碑》蹊徑似仿此文，而青勝於藍，不啻百倍。

林紓曰：《南海廟碑》，古麗處，不惟李華不能及，即子厚亦當却步。文不過崇祀龍神，前刺史憚於渡海，孔公獨致敬盡禮而已；此等題目，不值如許張皇；然昌黎具有神力，遂成巨製；故東坡稱爲“游戲斯文，談笑奇偉”，真非虛語！文高揭祀典，鄭重王儀及帝之祝册，題目似不小矣！且不説孔公，先言海常大風，刺史託疾，神不顧享，人蒙其害，激起孔公將事之敬。其下寫孔公渡海入廟致祭，光色皆古，幾於凌紙怪發，直逼漢京，行文至此，豪暢已極！然不稍述孔公宦蹟，則區區此舉，直是演劇，登場下臺，都無餘味；看他將孔公事極力搬演，雖平平無奇，然一經潤色，都不覺其可厭處；此亦立碑示後，應有之體例。詩特備數之作，無可稱者。然文中選言琢句，真耐人尋味。

上宰相書

愈貞元元年登進士第，後又試博學宏辭於禮部，又黜於中書，此貞元十一年所以上宰相書求仕。

正月二十七日，前鄉貢進士韓愈謹伏光範門下，再拜獻書相公閣下。時宰相趙憬、賈耽、盧邁也。李肇《國史補》云："進士得第，謂之前進士。"《詩》之序曰："菁菁者莪，樂育材也。君子能長育人材，則天下喜樂之矣！"其詩曰："菁菁者莪，在彼中阿。既見君子，樂且有儀。"説者曰："菁菁者，盛也；莪，微草也；阿，大陵也；言君子之長育人材，若大陵之長育微草，能使之菁菁然盛也！既見君子，樂且有儀云者，天下美之之辭也。"其三章曰："既見君子，錫我百朋。"説者曰："百朋，多之之辭也；言君子既長育人材，又當爵命之，賜之厚禄以寵貴之云爾。"其卒章曰："汎汎楊舟，載沈載浮。既見君子，我心則休！"説者曰："載，載也；沈浮者，物也；言君子之於人材，無所不取，若舟之於物，浮沈皆載之云爾。既見君子，我心則休云者，言若此則天下之心美之也。"君子之於人也，既長育之，又當爵命寵貴之，而於其才無所遺焉。總收上數章詩意。孟子曰："君子有三樂；王天下不與存焉。"其一曰："樂得天下之英材而教育之。""樂得天下之英材而教育之"之"樂"，與《詩序》"菁菁者莪，樂育材也"之"樂"不同："菁菁者莪"之"樂"，下之所以爲心；而此之"樂"，則上之所以爲心。此皆聖人賢士之所極言至論，古今之所宜法者也！總收《詩》、《孟子》。然則孰能長育天下之人材，將非吾君與吾相乎！孰能教育天下之英材，將非吾君與吾相乎！總承《詩》、《孟子》兩段，折到現在君相。幸今天下無事，小大之官，各守其職。錢穀、甲兵之問，不至於廟堂；論道經邦之暇，捨此宜無大者焉！以上引《詩》、《孟子》論育材爲君相之責。今有人生二十八年矣；退之以大曆三年戊申生，至貞元十一年乙亥，二十八年也。名不著於農工商賈之版；其業則讀書著文，歌頌堯舜之道；雞鳴而起，孜孜焉亦不爲利；其所讀皆聖人之書，楊墨釋老之學，無所入於其心；其所著，皆約六經之旨而成文，抑邪與正，辯時俗之所惑；居窮守約，亦時有感激怨懟，奇怪之辭，以求知於天下；亦不悖於教化，妖淫諛佞譸張之説，無所出於其中；四舉於禮部乃一得，三選於吏部卒無成，九品之位其可望，一畝之宫其可懷，遑遑乎四海無所歸；恤恤乎饑不得食寒不得衣，濱於死而益固；得其所者爭笑之，忽將棄其舊而新是圖，求老農老圃而爲師；悼本志之變化，中夜涕泗交頤，雖不足當詩人、孟子之謂；抑長育之使成材，其亦可矣！教育之使成材，其亦可矣！炤映前文，顧盼多姿。○上引《詩》引《孟子》論育材爲君相之責，而自己應在長育教育之之列。抑又聞古之君子相其君也，又起一波。一夫不獲其所，若己推而内之溝中。今有人生七年，而學聖人之道以修其身，積二十年，不得已一朝而毁之，是亦不獲其所矣！伏念今有仁人在上位；若不往告之而遂行，是果於自棄，而不以古之君子之道待吾相也；其可乎！妙！寧往告焉；若不得志，則命也！一波三折，詞極婉妙。其亦行矣？落見自己身分。《洪範》曰："凡厥庶民，有猷有爲有守；汝則念之。不協於極，不罹於咎，皇則受之，而康而色，曰予攸好德，汝則錫之福！"是皆與善之辭也！引《洪範》應上"爵命"、"寵貴"之，即長育之實也。抑又聞古之人有自進者，而君子不逆之矣；層波疊起，一面斡旋自己，一面擒拿宰相，"自進"對"往告"，"不逆"對"長育"。曰"予攸好德，汝則錫之福"之謂也。抑又聞上之設官制禄，必求其人而授之者，非苟慕其才而富貴其身也；蓋將用其能理不能，用其明理不明者耳。下之修己立誠，必求其位而居之者，非苟没於利而榮於名也；蓋將推己之所餘以濟其不足者耳。然則上之於求人，下之於求位，交相求而一其致焉爾。苟以是而爲心，則上之道，不必難其下；下之道，不必難其上。可舉而舉焉，不必讓其自舉也。可進而進焉，不必廉於自進也。以上爲自己求位作斡旋。抑又聞上之化下，得其道，則勸賞不必徧加乎天下，而天下從焉；再起一波。因人之所欲爲而遂推之之謂也。今天下不由吏部而仕進者幾希矣！主上感傷山林之士有逸遺者，屢詔内外之臣，旁求於四海，而其至者蓋闕焉；豈其無人乎哉？亦見國家不以非常之道禮之，而不來耳！彼之處隱就閒者亦人耳！其耳目鼻口之所欲，其心之所樂，其體之所安；豈有異於人乎哉！今所以惡衣食，窮體膚，麋鹿之與處，猨狖之與居，固自以其身不能與時從順俯仰，故甘心自絶而不悔焉！而方聞國家之仕進者，必舉於州縣，然後升於禮部吏部，試之以繡繪雕琢之文，考之以聲勢之逆順，章句之短長，中其程式者，然後得從下士之列；映上“四舉於禮部乃一得，三選於吏部卒無成”語意。雖有化俗之方，安邊之畫；足以推有餘，濟不足。不繇是而稍進，萬不有一得焉；彼惟恐入山之不深，入林之不密，其影響昧昧，惟恐聞於人也！頓挫作勢。今若聞有以書進宰相而求仕者，而宰相不辱焉，而薦之天子而爵命之；映上自進而君子不逆之意。而布其書於四方，枯槁沈溺魁閎寬通之士，必且洋洋焉動其心，峨峨焉纓其冠，于于焉而來矣！此段以隱逸枯槁之士爲襯托，暗映引《詩》説舟之浮沈皆載於才無所遺焉，乃長育之所施及也，以沈者况遺逸之士。此所謂勸賞不必徧加乎天下，而天下從焉者也，因人之所欲爲而遂推之之謂者也。伏惟覽《詩》、《書》、《孟子》之所指，念育才錫福之所以，考古之君子相其君之道，照上之道。而忘自進自舉之罪；思設官制禄之故，以誘致山林逸遺之士；庶天下之行道者知所歸焉！照下之道。“伏惟”以下，將以前所引所説一筆總綰，如珠簾倒捲，神迴氣合。〇以上論上之化下，因人之所欲爲而遂推之，不過勘發自進而君子不逆之意而换言以申明之。小子不敢自幸；其嘗所著文，輒採其可者若干首，録在異卷，冀辱賜觀焉！干黷尊嚴，伏地待罪！愈再拜。

林紓曰：昌黎《上宰相書》屢引經義，行文微病煩瑣；氣雖壯而言實紆！

諱　辯

李賀父名晉肅，不應進士。而愈勸令舉進士時蓋以此相毁，故作文辯之。

愈與李賀書，勸賀舉進士。賀舉進士有名，與賀爭名者毁之曰：“賀父名晉肅；賀不舉進士爲是。勸之舉者爲非。”聽者不察也，和而唱之，同然一辭。皇甫湜曰：“若不明白，子與賀且得罪！”愈曰：“然！”以下叙作辯之由。《律》曰：“二名不偏諱。”釋之者曰：“謂若言徵不稱在，言在不稱徵”是也。《家語》：“孔子母顏氏，名徵在。”而孔子曰：“宋不足徵。”又曰：“某在斯。”《律》曰：“不諱嫌名。”釋之者曰：“謂若禹與雨，丘與蓲之類，是也。”孔子名丘。

今賀父名晉肅；賀舉進士，爲犯二名律乎？爲犯嫌名律乎？父名晉肅，子不得舉進士。若父名仁，子不得爲人乎？以上辯諱，以二名嫌名爲限；而賀兩不犯。夫諱始於何時？作法制以教天下者，非周公、孔子歟？周公作詩不諱。若曰“克昌厥後”，又曰“駿發爾私”，謂文王名昌，武王名發也。孔子不偏諱二名。《春秋》不譏不諱嫌名。二名、嫌名意雙頂來。然當時執以責賀者，乃嫌名也。故下文特就嫌名暢辯之。康王釗之孫，實爲昭王。釗音昭。曾參之父名皙，曾子不諱昔。若曰“昔者吾友”。周之時有騏期，漢之時有杜度，此其子宜如何諱，將諱其嫌，遂諱其姓乎？將不諱其嫌者乎？但不有諱一層，波瀾便狹，妙在將諱字對面縱開，便與前段“犯二名律”、“犯嫌名律”文法一樣。漢諱武常①名徹爲通，謂徹侯爲通侯，蒯徹爲蒯通之類。不聞又諱車轍之轍爲某字也。諱呂后名雉爲野雞，不聞又諱治天下之治爲某字也。上下俱從不諱翻到諱，此從諱翻到不諱，筆法變換。今上章及詔，不聞諱滸勢秉饑也；唐太祖名虎，太宗名世民，世祖名昞，玄宗名隆基，故“滸勢秉饑”爲嫌名。惟宦官宮妾，乃不敢言諭及機，以爲觸犯。機爲玄宗嫌名，代宗諱豫，諭是嫌名；而機則二名之嫌，仍有兩層密甚。士君子言語行事，宜何所法守也？士君子於賀爲正映，而於宦官、宮妾爲反襯。今考之於經，質之於律，稽之以國家之典；考之於經，稽之以國家之典，束本段而質之於律，則縮前段先經後律，理當然也。前半先舉律者承上，得罪言之也，與下文先曾參語勢一也。賀舉進士，爲可耶？爲不可耶？以上專論不諱嫌名以爲賀辯，乃一篇之中堅。凡事父母，得如曾參，可以無譏矣！以賀舉進士爲不諱父，嫌名而曾參純孝，故提曾參先表而出之，以爲斡旋。作人得如周公、孔子，亦可以止矣！今世之士，不務行曾參、周公、孔子之行；而諱親之名，則務勝於曾參、周公、孔子，亦見其惑也！此承上事父母說，故先曾參；以下泛論，故先周公、孔子。夫周公、孔子、曾參卒不可勝；勝周公、孔子、曾參，乃比於宦者、宮妾，則是宦者、宮妾之孝於其親，賢於周公、孔子、曾參者耶？只用反掉，截然而止，冷峭耐人思，推辯中有餘味。

何焯曰：此易辯之事，故不難於辯論之長，而難在深厚。

曾國藩曰：《諱辯》此種文，爲世所好；然太快利，非韓公上乘

① “常”爲“帝”之訛字。

文字！

送窮文

相傳顓頊、高辛時，宫中生一子，不著完衣，宫中號爲窮子。其後正月晦死，宫中葬之，相謂曰："今日送却窮子。"自爾相承送之。愈《送窮文》本此。

元和六年正月乙丑晦，主人使奴星，結柳作車，縛草爲船，載糗輿粻；糗，《爾雅》云："麥也。"《周禮》："糗餌粉餈。"粻，糧也。糗，去久丘，救二切。粻，之良切。牛繫軛下，引帆上檣；三揖窮鬼而告之曰："聞子行有日矣！鄙人不敢問所塗，竊具船與車，備載糗粻。日吉時良，利行四方。子飯一盂，子啜一觴。攜朋挈儔，去故就新。駕塵彍風，彍，音霍，又廓、郭二音。與電爭先。子無底滯之尤，我有資送之恩。子等有意於行乎?"以上送窮正文。屏息潛聽，如聞音聲，若嘯若啼，砉欻嘎嚶；砉，霍虢切。欻，許勿切。毛髮盡竪，竦肩縮頸，疑有而無，久乃可明；若有言者曰：刻畫鬼語，髣髴覩聞。"吾與子居，四十年餘，子在孩提，吾不子愚！子學子耕，求官與名。惟子是從，不變于初。門神户靈，我叱我呵。包羞詭隨，志不在他。子遷南荒，熱爍濕蒸。我非其鄉，百鬼欺陵。太學四年，朝齏暮鹽。惟我保汝，人皆汝嫌！自初及終，未始背汝。心無異謀，口絶行語。於何聽聞，云我當去。是必夫子信讒，有間於予也！危難相從而忽被遣，聲聲冤苦，語妙解人頤！我鬼非人，安用車船！鼻齅臭香，糗粻可捐！單獨一身，誰爲朋儔？反映上攜朋挈儔，倒剔下子之朋儔。子苟備知，可數已不？子能盡言，可謂聖智！情狀既露，敢不迴避！"兩句倒剔下雖遭斥逐，不忍子疏。〇以上送而不去。主人應之曰："子以吾爲真不知也耶？子之朋儔，非六非四。在十去五，滿七除二。各有主張，私立名字。捩手覆羹，轉喉觸諱，凡所以使吾面目可憎，語言無味者，皆子之志也！其名曰智窮；矯矯亢亢，惡圓喜方；羞爲姦欺，不忍害傷。其次名曰學窮；傲數與名，摘抉杳微；高挹群言，執神之機。又其次名曰文窮；不專一能，怪怪奇奇；不可時施，秪以自嬉。又其次曰命窮；影與形殊，面醜心妍；利居衆後，責在人先。又其次曰交窮；磨肌戛骨，吐出心肝；企足以待，置我讎寃。凡此五鬼，爲吾五患。飢我寒我，興訛造訕。能使我迷，人莫能間。朝悔其行，暮已復然。蠅營狗苟，驅去復還。”以上主人應之，露其情狀。言未畢；五鬼相與張眼吐舌，跳踉偃仆，抵掌頓脚，失笑相顧，鬼態如畫。徐謂主人曰：“子知我名，凡我所爲。驅我令去，小黠大癡！人生一世，其久幾何！吾立子名，百世不磨。小人君子，其心不同。惟乖於時，乃與天通。攜持琬琰，易一羊皮。飫於肥甘，慕彼糠糜。天下知子，誰過於予！雖遭斥逐，不忍子疏。妙妙！曰不忍，一若不相爲患而有甚愛者。謂予不信，請質《詩》、《書》。”主人於是垂頭喪氣，上手稱謝。燒車與船，延之上座。以上送而不送作結。○愈此篇終云“延之上座”，於是段成式作《留窮詞》，至宋唐庚作《留窮詩》，二者皆祖愈之意而爲之。然成式後又作《送窮辭》焉。

何焯曰：《送窮文》卓犖宏肆，只“固穷”二字翻出爾許波瀾。

林紓曰：昌黎《送窮文》，送高辛氏窮子也；蓋源本於揚子雲《逐貧賦》。《逐貧賦》揚子與貧但一問一答。《送窮文》則再問再答，文氣似厚；而所以描寫窮之真相，亦較揚文爲刻深，真神技也！揚之恨貧曰：“人皆文繡，余褐不完。人皆稻粱，我獨藜飧。貧無寶玩，何以接歡！宗室之燕，爲樂不槃。”語氣凡近，似小家子。而昌黎則定其罪狀曰五窮；言衣食燕樂處寡，叙憤時嫉俗處多。故晁无咎取公此文續《楚詞》中，似較揚子所言爲高亢。然《揚賦》結言：“長與汝居，終無厭極。貧遂不去，與我遊息”；則安貧之言也！昌黎之“燒車與船，延之上座”，亦本此意。總之文字不摹仿則已；一踐前人故步，雖具倚天拔地之才，終不能擺脱範圍；但能於辭句機軸，少爲變易而已！

進學解

據《本傳》云：“再爲國子博士，既才高數黜，官又下遷，乃作《進學解》以自喻。執政奇其才，改比部郎中，史館修撰。”元和八年三月二十三日也。

國子先生晨入太學，招諸生，立館下，誨之曰：“業精於勤，荒於嬉！行成於思，毁於隨！方今聖賢相逢，治具畢張。拔去凶邪，登崇畯良。占小善者率以録，名一藝者無不庸。爬羅剔抉，刮垢磨光。蓋有幸而獲選，孰云多而不揚！諸生業患不能精，無患有司之不明！行患不能成，無患有司之不公！”以上叙國子先生誨諸生進學之方。言未既，有笑於列者曰：“先生欺余哉！弟子事先生於兹有年矣！先生口不絶吟於六藝之文，手不停披於百家之編。記事者必提其要，纂言者必鉤其玄，貪多務得，細大不捐。焚膏油以繼晷，恒兀兀以窮年。先生之業，可謂勤矣！觝排異端，攘斥佛老。補苴罅漏，張皇幽眇。“衣敝不補，履決不苴。”《吕氏春秋》語。“抗辭幽説，閎意眇旨。”見揚雄《解嘲》。尋墜緒之茫茫，獨旁搜而遠紹。障百川而東之，迴狂瀾於既倒。先生之於儒，可謂有勞矣！沈浸醲郁，含英咀華。作爲文章，其書滿家。上規姚姒，渾渾無涯。姚虞舜姓姒，夏禹姓搨。子曰：“虞夏之書，渾渾爾！”周誥殷盤，佶屈聱牙。聱，《廣雅》謂：“不入人語也。”佶屈聱牙，皆艱澁貌。《春秋》謹嚴，《左氏》浮誇。《易》奇而法，《詩》正而葩。下逮《莊》、《騷》，太史所録。子雲相如，同工異曲。先生之於文，可謂閎其中而肆其外矣！少始知學，勇於敢爲。長通於方，左右具宜。先生之於爲人，可謂成矣！然而公不見信於人，私不見助於友。跋前躓後，動輒得咎。暫爲御史，遂竄南夷。謂貞元十九年爲監察御史，得陽山令也。三年博士，冗不見治。命與仇謀，取敗幾時。冬煖而兒號寒，年豐而妻啼飢。頭童齒豁，竟死何裨！不知慮此，而反教人爲！”以上諸生反脣相譏。先生曰：“吁！子來前！夫大木爲杗，杗，武方、莫郎二切，又音盲。《爾雅》：“杗廇謂之梁。”《説文》云：“杗，屋大梁也。”細木爲桷；桷，音角。《詩》：“松桷有梴。”《左氏傳》：“了尾抽桷擊扉。”注：桷，椽也。欂櫨侏儒，欂，音薄。櫨，音盧。《爾雅》：欂，柱也。櫨，柱上跗。侏儒，一名梲，字或作株檽。椳闑扂楔；椳，烏回切。闑，魚烈切。椳，户樞。闑，在地謂之臬。注：即門橛也。扂，闑牡也，徒點切。楔，門兩旁木，音屑。各得其宜，施以成室者；匠氏之工也！《淮南子》：“賢者之用人也，猶巧工之制木也。大者以爲舟航梁棟，小者以爲楫楔，修者以爲櫚榱，短者以爲朱儒枅櫨。無小大修短，皆得其所宜。規矩方圓，各有所施。天下之物，莫兇於雞毒烏頭也。然而良醫橐而藏之，有所用也。是故林莽之材猶不棄者，而况於人乎？”愈言蓋祖此。玉札丹砂，赤箭青芝；牛溲馬勃，敗鼓之皮；俱收並蓄，待用無遺者；醫師之良也！登明選公，反映起不明不公。雜進巧拙；紆餘爲妍，卓犖爲傑；校短量長，惟器是適者；宰相之方也。昔者孟軻好辯，孔道以明；轍環天下，卒老於行。荀卿守正，大論是弘；逃讒於楚，廢死蘭陵。《史記》："荀卿遊於齊，三爲祭酒。齊人或讒荀卿，荀卿乃適楚。春申君以爲蘭陵令。春申死，而荀卿因家於蘭陵。"是二儒者，吐辭爲經，舉足爲法；絶類離倫，優入聖域；其遇於世何如也！以匠氏之工、醫師之良襯宰相之方，所以爲當塗解。以孟荀襯自己，所以爲自己解。今先生學雖勤而不繇其統，言雖多而不要其中；文雖奇而不濟於用，行雖修而不顯於衆；反剔前先生之業，先生之於儒，先生之文，先生之於爲人，四段一筆鉤銷，爽快！猶且月費俸錢，歲靡廩粟；子不知耕，婦不知織；乘馬從徒，安坐而食；踵常途之促促，《史記》：申屠嘉"娖娖廉謹"。娖，與促音義通。窺陳編以盜竊。然而聖主不加誅，宰臣不見斥，非其幸歟！動而得謗，名亦隨之；不遇者，名高則不公，不明之失重矣。一篇主旨，妙有含蓄。投閑置散，乃分之宜！若夫商財賄之有亡，計班資之崇庳；庳，下也。《吕氏春秋》謂："確乎其節之不庳也。"音卑。忘己量之所稱，指前人之瑕疵；是所謂詰匠氏之不以杙爲楹，《莊子》："求狙猴之杙者斬。"杙，橛也。楹，柱也。杙小而楹大，故愈以杙自喻。杙，音弋。而訾醫師以昌陽引年，欲進其豨苓也！"《本草》："昌蒲，一名昌陽。"楚人呼豬爲豨。豨苓，乃豬苓也。豨，音希。〇以上對諸生反脣作解，而就匠氏醫師反收。

曾國藩曰：《進學解》仿東方朔《客難》、楊雄《解嘲》，氣味之淵懿不及；而論道論文二段，精實處過之！韓公於文用力絶勤，故言之切當有味如此！

林紓曰：《進學》一解，本於東方《客難》、楊雄《解嘲》。孫可之比諸玉川子《月蝕詩》，謬矣！《月蝕詩》既沈黑牽拗，讀之棘齒。《進學解》則所謂"沈浸濃郁，含英咀華"者，真是一篇漢人文字。李華有其氣，然微枵。蕭穎士有其韻，然微脆。昌黎所長，在濃淡疏密，相間錯而成文；骨力仍是散文；以自得之神髓，略施丹鉛，風采遂煥然於外；大旨不外以己所能，借人口爲之發洩，爲之不平，極口肆詈；然後製爲答詞，引聖賢之不遇時爲解。説到極謙退處，愈顯得世道之乖，人情之妄，只有樂天安命而已！其驟也若盲風澀雨；其夷也若遠水平沙；文不過一問一答，而啼笑横生，莊諧間作。文心之狡獪，歎觀止矣！

貞曜先生墓誌銘

先生，孟郊也；湖州武康人，以詩名。唐人謂孟詩韓筆。故愈爲之誌及銘，皆特稱其詩。

唐元和九年，歲在甲午，八月己亥，貞曜先生孟氏卒，無子。其配鄭氏以告。愈走位哭，且召張籍會哭。明日使以錢如東都供葬事。諸嘗與往來者，咸來哭吊韓氏。時愈爲之主，故云“諸嘗與往來者，咸來哭吊韓氏”。如《檀弓》記伯高死於衛，赴於孔子。孔子曰：“吾哭諸賜氏”，遂命子貢爲之主，是也。舊以哭吊絶句，非。遂以書告興元尹故相餘慶。元和元年三月，以故相鄭餘慶爲山南西道節度使。閏月是歲閏八月。樊宗師使來吊，告葬期，時宗師自太子舍人持母喪在東都。徵銘。愈哭曰：“嗚呼！吾尚忍銘吾友也夫！”興元人以幣如孟氏賻，且來商家事。家事，謂孟郊家事。愈有《與鄭餘慶書》云：“再奉示問，皆緣孟家事。”又云：“樊宗師在東都，經營孟家事，不啻如已。”其言大抵與此合。樊子使來速銘；曰：“不，則無以掩諸幽。”乃序而銘之。以上叙郊之卒，咸來哭吊，樊宗師告葬，請爲之銘。先生，諱郊，字東野。父庭玢，音彬。娶裴氏女，而選爲崑山尉，生先生及二季酆、郢而卒。以上叙郊父母兄弟。先生生六七年，端序則見；長而愈騫，涵而揉之，内外完好，色夷氣清，可畏而親。及其爲詩，劌目鉥心，劌，居衛切，利傷也。《荀子·不苟篇》：“兼而不劌。”鉥，時橘切，長針也。《説文》：“綦鍼也。”刃迎縷解，鉤章棘句，掐擢胃腎，掐，音滔。神施鬼設，間見層出；唯其大翫於詞而與世抹摋，《字林》：“抹摋，掃滅也。”人皆劫劫，我獨有餘。鑄字鍊句，窮態極妍。有以後時開先生者。曰：“吾既擠而與之矣，其猶足存耶！”以上叙郊之工詩。年幾五十，始以尊夫人之命，尊夫人，謂母也。來集京師，從進士試，既得即去。貞元十二年，郊登第，年五十四。間四年，又以命來，選爲溧陽尉，迎侍溧上。去尉二年，溧陽有投金瀨、平陵城，林薄蒙翳，下有積水，郊閒往坐水旁。裴回賦詩而曹務多廢，令白府以假尉代之，分其半俸。而故相鄭公尹河南，奏爲水陸轉運從事，元和元年十一月，以鄭餘慶爲河南尹，水陸轉運使李翱分司洛，與郊善，薦之餘慶以爲判官。試協律郎，親拜其母於門内。母卒五年，而鄭公以節領興元軍，元和九年三月，以餘慶爲興元尹。奏爲其軍參謀，試大理評事。挈其妻行，之興元；次於閿鄉，閿，音聞。暴疾卒；年六十四。買棺以斂，以二人轝歸。鄭、郢皆在江南。以上敍歷官以至於死。十月庚申，樊子宗師合凡贈賻而葬之洛陽東其先人墓左。以餘財附其家而供祀。將葬，張籍曰："先生揭德振華，於古有光。賢者故事宜有易名，況士哉！如曰貞曜先生，則姓名字行有載，不待講説而明。"遂用之。以上敍謚而葬。初先生所與俱學同姓簡，簡字幾道。於世次爲叔父；由給事中觀察浙東；元和九年九月，簡自給事中爲浙東觀察使。曰："生吾不能舉；死吾知恤其家！"以上補敍簡恤其家作結。銘曰：

於戲貞曜！維執不猗。《詩·節南山》："有實其猗。"注：猗，倚也；言中有所執而不倚。維出不訾。《齊語》："訾相其質。"注：訾，量也。不訾，言不可量。〇上句言其有守，而此句言其有爲。維卒不施，以昌其詩！執不猗出，不訾而卒。不施所以爲貞，昌其詩所以爲曜，銘就謚義發揮。

林紓曰：昌黎銘貞曜墓，序既拗折，銘亦岸異。韓、孟平時聯句，均鏤肝鉥腎，故銘幽之文，亦不能不見稜角；或過涉平易，將爲東野所笑耶！

曹成王碑

王，姓李氏，諱皐，字子蘭，謚曰成。其先王明，以太宗子國曹，絶復封，傳五王，至成王。永隆元年十月，明坐與太子賢通謀，降封零陵王，徙黔州。都督謝祐逼殺之。二子俊、傑垂拱四年並遇害。神龍初，以傑子胤爲嗣，曹王，後明少子備自南歸，詔停胤封，而封備。備卒。開元十二年，復封胤。胤卒，子戢嗣位。左衛率府中郎將子皐嗣，是爲成王。〇以上敍王先世。成王嗣封，在玄宗世，蓋於時年十七八。紹爵三年，而河南北兵作，天下震擾。王奉母太妃逃禍民伍，得間，走蜀，從天子。天子念之，自都水使者，拜左領軍衛將軍，轉貳國子秘書。王生十年而失先王，開元二十一年，父戢卒。哭泣悲哀，吊客不忍聞；喪除，痛刮磨豪習，委己於學；稍長，重知人情；急世之要，恥一不通；侍太妃從天子於蜀，既孝既忠，持官持身，内外斬斬；由是朝廷滋欲試之於民。上元元年，除温州長史，行刺史事。以上敍王嗣封進用之始。

江東新刳於兵，謂爲兵所刳割也。刳，空胡切。郡旱，饑民交走，死無吊。王及州，不解衣，下令掊鎖擴門，掊，音剖。擴，苦莫切。悉棄倉實與民，活數十萬人。奏報，升秩少府；時大飢，有官粟數十萬斛，臯欲行賑救，掾吏叩頭乞候上旨。臯曰："人日不再食且死，安暇稟命？若我一身活數千人命，利莫大焉！"於是開倉盡散之。以擅貸之罪，飛章自劾。天子嘉之，答以優詔，就加少府監。與平袁賊，寶應元年八月，台州人袁晁反，詔河南道副元帥李光弼討之。四月，晁卒。仍徙秘書，兼州别駕；部告無事。遷真於衡，自行刺史，而爲真刺史。法成令修，治出張施，聲生勢長。上聲。觀察使噎媢噎，烏結切。媢，音冒。時辛京杲爲湖南觀察使。不能出氣，誣以過犯；御史助之；貶潮州刺史。楊炎起道州，相德宗，還王於衡，大曆十二年四月，貶吏部侍郎楊炎爲道州司馬。十四年五月，德宗即位。八月，召炎爲相，炎還臯於衡。以直前謾。王之遭誣在理，念太妃老，將驚而戚；出則囚服就辯，入則擁笏垂魚；坦坦施施，《詩》："將其來施施。"注：施施，舒行也。即貶於潮；以遷入賀，及是，然後跪謝告實。以上叙刺温陟衡，中遭誣貶。初觀察使虐使將國良，往戍界。良以武岡叛，戍衆萬人。斂兵荆、黔、洪、桂，伐之二年，尤張。於是以王帥湖南，建中元年四月，以臯爲湖南觀察使。將五萬士以討良爲事。王至，則屏兵，投良以書，中其忌諱。良羞畏乞降，狐鼠進退。王即假爲使者，從一騎，踔五百里，踔，敕教切。抵良壁，鞭其門，大呼："我曹王來受良降。良今安在？"良不得已，錯愕迎拜，盡降其軍。以上叙帥湖南撫定叛將。太妃薨。王棄部隨喪之河南葬；及荆，被詔責還。會梁崇義反，王遂不敢辭以還。建中二年，臯丁母艱，奉喪至江陵。二月，山南東道節度使梁崇義反，乃授臯起復左衛大將軍，復還湖南。升秩散騎常侍。明年，李希烈反。遷御史大夫，授節，帥江西以討希烈。建中三年十月，淮寧軍節度使李希烈反，以臯爲江西觀察史兼御史大夫。命至，王出止外舍，禁毋以家事關我。承上太妃薨，則惟以王事爲急，可無復顧家也。裒兵大選江州，群能著職。王親教之摶力、勾卒、嬴越之法。嬴，謂嬴秦。《商子・農戰篇》："凡治國者患民之散不可摶也，是以聖人作一以摶之。"又曰："摶民力以待外事，然後患可以去，而王可致。"則摶力知其爲秦法也。《左傳・哀公十七年》："越子伐吴。吴子禦之笠澤，夾水而陣。越子爲左右勾卒。"杜豫注云："勾卒，鉤伍相著，别爲左右屯。"則勾卒知其爲越法也。曹誅五畀。五同伍。畀，賜與也。謂敗則誅及其曹，有獲則分畀其伍。艦步二萬人，艦，禦敵船，音檻。以與賊遌；遌，吾故切，遇也。嘬鋒蔡山，踣之；嘬，楚快切，謂一舉盡臠。

踣，蒲墨切，僵也。時希烈兵栅廣濟之蔡山，不可攻。臯聲言西取蘄州，引舟師泝流而上。賊聞，以羸師保栅，悉軍行江北，與臯直，西去蔡山三百餘里。臯遣步士悉登舟，順流而攻蔡山，拔之。剜蘄之黄梅；臯既拔蔡山，閒一日，賊救至，遂大敗，乃取蘄州，降將李良。又攻黄梅，殺賊韓霜露。黄梅，蘄州屬縣。剜，烏丸切。大鞣長平；鞣，音柔，《説文》云："要也。"長平，地名。鏺廣濟；鏺，普活切，《説文》："鏺，兩刃，木柄，可以刈草。"廣濟，蘄州屬縣。掀蘄春；掀，音軒，舉也。蘄春，蘄州屬縣。撇蘄水；撇，普滅切，擊也。蘄水，蘄州屬縣。掇黄岡；黄岡，黄州屬縣。筴漢陽；筴，古業切，又音夾。漢陽，沔州屬縣。行跐汊川；跐，音紫，蹋也。汊，測駕切。汊川，沔州屬縣。還，大膊蘄水界中；膊，音博，《左傳·成二年》："殺而膊諸城上。"注：膊，磔也。拔安三縣，拔其州，斬僞刺史；《左傳》云："又拔其邑。"安三縣，安州三縣也。其州，安州也。興元元年七月，臯遣伊慎、王鍔將兵圍安州，州城阻溳水爲固，攻之累不下。希烈遣甥劉戒虚以步騎八千援之，臯命李伯潛分師迎擊於應山，俘之，遂下安州，斬其刺史王嘉祥。標光之北山；光州屬縣有光山，北字疑光字之譌。𧮫隨光化，𧮫，他合切，大食也。隨、光化二縣，名屬隋州。捁其州；《文選·馬融廣成頌》云："散毛族，捁羽群。"李賢曰："捁，古酷切，字從手，即古攪字。"十抽一推，《史記·始皇紀》：王翦"什推二人從軍"。索隱云："什中推擇二人。"愈語本此。救兵州東北屬鄉，還，開軍受降。大小之戰三十有二，取五州十九縣，撮叙一筆。五州，謂蘄、黄、安、沔、隋也。蘄四縣，安六縣，黄三縣，隋四縣，沔二縣，故云"五州十九縣"。民老幼婦女不驚，市賈不變，田之果穀下無一迹。寫軍行不擾，見其克敵以勇，撫民以仁，筆意尤周匝。加銀青光禄大夫，工部尚書，改户部，再換節臨荆及襄，貞元元年四月，以臯爲荆南節度使。三年閏五月，以臯爲襄州刺史、山南東道節度使。真食三百。王之在兵，天子西巡於梁。興元元年二月，車駕幸梁州。希烈北取汴、鄭，建中四年十二月，希烈陷汴州。東掠宋，圍陳，西取汝，薄東都。王坐南方，北向落其角距。賊死咋不能入寸尺，亡將卒十萬，盡輸其南州。以上叙帥江西佐平李希烈，勢極鋪張，而辭極斟酌。成王當時無大功，但以牽制之績歸之。王始政於温，終政於襄；恒平物估，賤斂貴出，民用有經；一吏軌民，使令家聽户視，姦宄無所宿，府中不聞急步疾呼；治民用兵，各有條次，世傳爲法；任馬彝，將慎，將鍔，將潛，偕盡其力能。慎，伊慎。鍔，王鍔。潛，李伯潛也。時馬彝掌幕府，故不言將。薨，贈右僕射，貞元八年三月卒，贈右僕射。元和初，以子道古在朝，更贈太子太師。

以上綜叙歷官、用人、行政之有紀，帶薨贈。道古進士，司門郎，貞元五年，道古登第。憲宗即位，以道古爲司門員外郎。刺利、隋、唐、睦，徵爲少宗正，兼御史中丞，以節督黔中；元和八年十月，自宗正卿除御史中丞，充黔中觀察使。朝京師，改命觀察鄂、岳、蘄、沔、安、黄，元和十一年，道古自黔中朝京師，以爲六州都團練觀察使。提其師以伐蔡。且行，泣曰："先王討蔡，實取沔、蘄、安、黄，寄惠未亡。今余亦受命，有事於蔡，而四州適在吾封，庶其有集！映帶有致、神迴氣合！先王薨，於今二十五年；吾昆弟在，臯三子象古、復古、道古。而墓碑不刻，無文，其實有待。歐陽修《瀧岡阡表》："非敢緩也，蓋有待也。"即脱胎於此。子無用辭！"乃序而詩之。以上叙道古之能世其家，以請作碑。辭曰：

太支十三，曹於弟季。或亡或微，曹始就事。曹始封於貞觀二十一年，時太宗十三子，三早卒，二貶死，泰與愔亦皆遷降也。曹之祖王，畏塞絶遷。謂明見殺於閉塞之中，而封絶於遷謫之時也。零王、黎公，不聞僅存。明子俊、嗣王傑、黎國公，皆爲武后所殺。子父易封，三王守名。中宗神龍初，以傑子胤爲嗣，曹後明少子備自南還，詔停胤而封備，備薨，復封胤，所謂"子父易封"也。胤薨，子戢嗣，自備至戢，所謂"三王守名"也。延延百載，以有成王。以上叙先世零落不振。成王之作，一自其躬。文被明章，武薦畯功。蘇枯弱彊，齦其姦猖。齦，音懇。《廣韻》："齧也。"以報於宗，以昭於王。以上叙成王崛起。王亦有子，處王之所，唯舊之視。蹶蹶陛陛，蹶，居衛切。《詩》："良士蹶蹶。"陛陛，義不可曉。實取實似。刻詩其碑，爲示無止？以上叙道古能世其家。

何焯曰：朱子極喜此篇。中間"囁鋒蔡山踣之"，至"掊其州"一段。學《左傳》襄十八年圍齊文法，而變其語。

林紓曰：曹成王臯，有功於德宗之朝，是一篇重要文字。觀他行文至嚴整有法，未嘗走奇走怪，獨中間用"剜"字，"鞣"字，"鏺"字，"掀"字，"撇"字，"掇"字，《考異》無注，實音剟。《説文》："拾取也。""筴"字，筴即策字，昌黎不作如此用法。蓋作頬字，音箸也，又夾舉也"跐"字，"蹭"字，"掊"字，學揚子雲，微覺刺目；實則不用此等字，但言收黄梅、廣濟等州縣，豈無字可代；必作如此用法，不惟不奇，轉見喫力，爲全篇之累，讀者不可不知！

送鄭尚書序

鄭權，汴州開封人；貞元六年，舉進士第；長慶三年四月，權爲嶺南節度使。愈序以送之。

嶺之南，其州七十；其二十二隸嶺南節度府。其四十餘分四府，《通典》：嶺南五府經略使治廣州，領州二十。邕官經略使治邕州，領州十三。容管經略使治容州，領州十四。桂管經略使治桂州，領州十四。鎮南經略使、安南都護府治交州，領州十一。至德元年，升五府經略使爲嶺南節度使。府各置帥；然獨嶺南節度爲大府。大府始至；四府必使其佐啓問起居，謝守地不得即賀以爲禮；歲時必遣賀問致水土物。大府帥或道過其府；府帥必戎服，左握刀，右屬弓矢，帕首袴鞾迎郊。及既至，大府帥先入據館；帥守屏，若將趨入拜庭之爲者；大府與之爲讓，至一再，乃敢改服以賓主見；適位執爵皆興拜，不許乃止；虔若小侯之事大國，有大事諮而後行。獨嶺南爲大府，一層。隸府之州，離府遠者至三千里，懸隔山海，使必數月而後能至。蠻夷悍輕，易怨以變。其南州皆岸大海，多洲島，颿風一日踔數千里，漫瀾不見蹤迹；控御失所，依險阻，結黨仇，機毒矢，以待將吏；撞搪呼號，以相和應，蜂屯蟻雜，不可爬梳；好則人，怒則獸；故常薄其征入，簡節而疏目，時有所遺漏，不究切之，長養以兒子；至紛不可治，乃草薙而禽獮之，薙，音雉，芟也。獮，息淺切。盡根株痛斷乃止。隸府之州，一層。其海外雜國，若躭浮羅、流求、毛人，夷、亶之州，躭浮羅國、流求國、毛人國、夷州、亶州，皆海外蠻夷之國。林邑、扶南、真臘、于陀利之屬，林邑一曰環玉，在交州南，海行三千里。真臘一曰吉蔑，在林邑西北，去京師二萬七百里。東南際天地以萬數；或時候風潮朝貢。蠻胡賈人，舶交海中。海外雜國，一層。若嶺南帥得其人，轉合帥。則一邊盡治，不相寇盜賊殺，無風魚之災，水旱癘毒之患；承隸府之州一段說。外國之貨日至，珠香象犀玳瑁奇物，溢於中國，不可勝用；承海外雜國一段說。故選帥常重於他鎮，非有文武威風，知大體，可畏信者，則不幸往往有事！縮束嚴重有力，截得前半起，勒得住，將落鄭公，先束上一筆，所謂“有垂必縮，無往不收”也。長慶三年四月，以工部尚書鄭公爲刑部尚書兼御史大夫，往踐其任。以上歷叙嶺南節度使任大責重，而落到鄭公踐其任。鄭公嘗以節鎮襄陽，元和十一年七月，權爲山南東道節度使。又帥滄、景、德、棣，十三年四月，權爲德州刺吏，德、棣、滄、景節度使。歷河南尹，華州刺史，初權自河南尹帥山南東道，爲華州刺史。皆有功德可稱道；入朝爲金吾將軍，散騎常侍，元和十四年十一月，權爲右金吾衛大將軍，充左街使。穆宗即位，改左散騎常侍。工部侍郎，尚書；長慶元年，權自河南尹入爲工部侍郎。二年十月，遷本曹尚書。家屬百人，無數畝之宅，僦屋以居；可謂貴而能貧，爲仁者不富之效也！“貴而能貧”，此《左氏·襄二十二年》語。今按《通鑑》：權家多姬妾，禄薄不能贍，因李訓干王守澄求節鎮得廣州；愈蓋反言以譏之也。一篇結穴！及是命，綰合本事。朝廷莫不悦。將行，公卿大夫士苟能詩者，咸相率爲詩，以美朝政，以慰公南行之思。韻必以來字者，所以祝公成政而來歸疾也！以上追叙鄭以前歷官，而落到新命之行。

何焯曰：《送鄭尚書序》，前半盛稱其任之重以戒勉之；而以兩語反復微諷，使知所自處。知其爲諷，乃覺有味；猶詩之有《楚茨篇》也。宋人自歐公而外，無復得其意矣！

曾國藩曰：《送鄭尚書序》，氣體似《漢書·匈奴傳》。

林紓曰：《送鄭尚書序》，至岸異；句法無一處肯涉平易。首叙四府之謁帥，字長短不等；然皆聲聲應節，而情狀又歷歷如繪。自“隸府之州”起，至“則不幸往往有事”止，中間叙蠻夷賊盜，百色妖露，無語不奇，無句不重，古色斑斕，滿紙映發，是昌黎長技。大抵昌黎之文，遇平易之題，偏生出無數丘壑，隨步换形，引人入勝；又往往使人不測。若遇此等題，則極意講究句法字法及氣勢與顔色而已；不再蓄縮吐茹矣！

上襄陽于相公書

于頔，字允元，貞元十四年九月以工部尚書爲山南東道節度使。愈元和元年，自江陵椽召爲國子博士，行至鄧州北境，作是書以答之。

伏蒙示《文武神圣樂辭》，唐德宗以後，方鎮多製樂舞以獻，頔獻《順圣樂曲》。其曲將半，行綴皆伏，一人舞於中，又令女妓爲佾舞，雄健壯妙，號爲“孫武順圣樂”。《天保樂詩》，保或作寶。《讀蔡琰胡笳辭詩》，後漢蔡琰字文姬，中朗將邕之女，興平中没於南匈奴十二年。笳，音茄，胡人捲蘆葉吹之也。《移族從》并《與京兆書》。嶠世雄朔，易占數，爲京兆人。始去舊鄉，移書以曉其宗族群從，而復以書修敬於京兆尹李實。自幕府至鄧之北境，凡五百餘里；自庚子至甲辰凡五日，手披日視，口詠其言，心惟其義，且恐且懼，忽若有亡；不知鞍馬之勤，道途之遠也！以上敘道中得于相公文讀之。夫澗谷之水，深不過咫尺；丘垤之山，高不能逾尋常；人則狎而翫之；及至臨泰山之懸崖，窺巨海之驚瀾，莫不戰掉悼慄，眩惑而自失；《説文》："悼，懼也。"陳楚謂懼曰悼。陸士衡表："五情震悼。"所觀變於前，所守易於内，亦其理宜也！閣下負超卓之奇材，蓄雄剛之俊德，渾然天成，無有畔岸；而又貴窮乎公相，威動乎區極，天子之毗，諸侯之師；故其文章言語，與事相侔；憚赫若雷霆，浩汗若河漢，正聲諧韶濩，勁氣沮金石，豐而不餘一言，約而不失一辭；其事信，其理切。孔子之言曰："有德者必有言"，信乎其有德而且有言也！揚子雲曰："商書灝灝爾！周書噩噩爾！"信乎其能灝灝而且噩噩也！以上頌于相公之文，鋪張揚厲，極盡能事。昔者齊君行而失道，管子請釋老馬而隨之，管仲、隰朋從威公伐孤竹，迷惑失道。管仲曰："老馬之智可用也。"乃放老馬而隨之，遂得道。見《韓非子》。樊遲請學稼，孔子使問之老農，《論語》："樊遲請學稼，子曰：'吾不如老農。'"夫馬之智，不賢於夷吾；農之能，不聖於尼父；然且云爾者，聖賢之能多，農馬之知專故也！以文章專家自負，而以農馬爲喻，辭極婉遜而意極傲兀。今愈雖愚且賤，其從事於文，實專且久；則其贊王公之能，而稱大君子之美，不爲僭越也！以上敘己從事於文專且久，足以贊于相公之文。伏惟詳察。愈恐懼再拜。

何焯曰：苻載《寄于尚書書》云："恭覩製作，約數十篇；高格倖山嶽；迅勢擬波濤；邁氣薄雲霄；遠思躡鶩鴻；當世翰墨，都無此手！臟府怳怳，至今悸動；斯可謂煥乎文章也！"與公云云略同；其造語去公遠矣！孰謂少有慚者遂非越俗耶！

潮州刺史謝上表

元和十四年，憲宗自鳳翔法門寺，迎佛骨入禁中。愈上表極諫，乃貶潮州刺史。既之官，而有是表。

臣某言：臣以狂妄戇愚，不識禮度，上表陳佛骨事，言涉不敬，正名定罪，萬死猶輕！陛下哀臣愚忠，恕臣狂直，謂臣言雖可罪，心亦無他；特屈刑章，以臣爲潮州刺史，既免刑誅，又獲禄食。聖恩弘大，天地莫量；破腦刳心，豈足爲謝！以上引咎謝罪。臣某誠惶誠恐，頓首頓首！臣以正月十四日，蒙恩除潮州刺史，即日奔馳上道，經涉嶺海，水陸萬里，以今月二十五日到州，上訖，與官吏百姓等相見，具言：朝廷治平，天子神聖，威武慈仁，子養億兆人庶，無有親疏遠邇；雖在萬里之外，嶺海之陬，待之一如畿甸之間，輦轂之下，有善必聞，有惡必見；早朝晚罷，兢兢業業，惟恐四海之内，天地之中，一物不得其所，故遣刺史面問百姓疾苦，苟有不便，得以上陳。措辭得體。國家憲章完具，爲治日久，守令承奉詔條，違犯者鮮；雖在蠻荒，無不安泰；聞臣所稱聖德，惟知鼓舞讙呼，不勞施爲，坐以無事！以上叙到潮宣德撫民，所以述職。臣某誠惶誠恐，頓首頓首！臣所領州，在廣府極東界上，去廣府雖云纔二千里；然來往動皆經月，過海口，下惡水，濤瀧壯猛，瀧，音雙。難計程期；颶風鰐魚，颶，其遇切。患禍不測。州南近界，漲海連天，毒霧瘴氛，日夕發作。臣少多病，年纔五十，髮白齒落，理不久長；加以罪犯至重，所處又極遠惡，憂惶慚悸，死亡無日，單立一身，朝無親黨，居蠻夷之地，與魑魅爲群。苟非陛下哀而念之，誰肯爲臣言者！臣受性愚陋，人事多所不通；惟酷好學問文章，未嘗一日暫廢，實爲時輩所見推許。臣於當時之文，亦未有過人者。至於論述陛下功德，與《詩》《書》相表裏，作爲歌詩，薦之郊廟。紀泰山之封，鏤白玉之牒，鋪張對天之閎休，揚厲無前之偉績，編之乎《詩》、《書》之策而無愧，措之乎天地之間而無虧，雖使古人復生，臣亦未肯多讓！伏以大唐受命有天下，四海之内，莫不臣妾；南北東西，地各萬里。自天寶之後，政治少懈，文致未優，武剋不剛。孽臣姦隸，蠹居棊處，摇毒自防，外順内悖，父死子代，以祖以孫；如古諸侯，自擅其地，不貢不朝，六七十年；四聖傳序以至陛下。陛下即位以來，躬親聽斷，旋乾轉坤，關機闔開，雷厲風飛，日月清照，天戈所揮，莫不寧順；大宇之下，生息理極。高祖創制天下，其功大矣，而治未太平也！太宗太平矣；而大功所立，咸在高祖之代；非如陛下承天寶之後，接因循之餘，六七十年之外，赫然興起，南面指麾，而致此巍巍之治功也！宜定樂章，以告神明；東巡泰山，奏功皇天，具著顯庸，明示得意，使永永年代，服我成烈，當此之際，所謂千載一時不可逢之嘉會！而臣負罪嬰舋，折到本身。自拘海島，戚戚嗟嗟，日與死迫；曾不得奏薄伎於從官之內，隸御之間，窮思畢精，以贖罪過；懷痛窮天，死不閉目，瞻望宸極，魂神飛去；伏惟皇帝陛下天地父母哀而憐之！無任感恩戀闕慚惶懇迫之至！以上乞恩垂憐。謹附表陳謝以聞。

何焯曰：此文亦仿虞仲翔《交州上吴大帝書》。篇中並無乞憐，祇自傷耳！若以文章自任，非惟時輩見推；即憲宗亦自深知之也。

賀册尊號表

愈時在潮州，奉表陳賀。尊號之稱，始自開元，至是遂以爲故事云。古者皇曰皇，帝曰帝，王曰王。至秦始皇始兼皇帝之號。漢哀帝始有聖劉太平之稱。唐高宗、中宗遂有天皇應天之名。而明皇遂稱尊號曰開元聖文神武皇帝。其後子孫因之以爲故事。

臣某言：臣伏聞宰相、公卿、百官及關輔、百姓、耆耋等，以陛下功崇德鉅，天成地平，宜加號於殊常，以昭示於來代，陳請懇至，于再于三。陛下仰稽乾符，俯順人志，乃以新秋首序，令月吉辰，發揚鴻休，膺受顯册。元和十四年七月，群臣上尊號曰元和聖文神武法天應道皇帝。天人合慶，日月揚光；環海之間，含生之類，歡欣踊躍，以歌以舞！以上叙上尊號。臣某誠歡誠喜頓首頓首！臣聞體仁以長人之謂元。發而中節之謂和。無所不通之謂聖。妙而無方之謂神。經緯天地之謂文。戡定禍亂之謂武。先天不違之謂法天。道濟天下之謂應道。伏惟元和聖文神武法天應道皇帝陛下，子育億兆，視之如傷；可謂體仁以長人矣！喜怒以類，刑賞不差；可謂發而中節矣！明照無私，幽隱畢達；可謂無所不通矣！發號出令，雲行雨施；可謂妙而無方矣！三光順軌，草木遂長；可謂經緯天地矣！除剗寇盜，宇縣清夷；可謂戡定禍亂矣！風雨以時，祥瑞輻湊；可謂先天而天不違矣！國内無饑寒，四夷皆朝貢；可謂道濟天下矣！衆美畢具，名實相當，赫赫巍巍，超今冠古。方當議明堂辟雍之事，撰泰山、梁父之儀，搜三代之逸禮，補百王之漏典，時乘六龍，肆覲東后。微臣幸生聖代，觸犯刑章，假息海隅，死亡無日，瞻望宸極，心魂飛揚，有永棄之悲，無自新之望；曾不得與鳥獸率舞，蠻夷縱觀爲比；銜酸抱痛，且恥且慚！無任感恩戀闕懇迫彷徨之至！以上就尊號逐字疏釋，而終之以乞恩入後，悽傷嗚咽，以朝廷之隆盛，與一己之戚嗟，兩相映發，與前篇同一機調，令讀者倍增感動。謹奉表陳賀以聞。

何焯曰：《柳河東集》亦有《賀册尊號表》。然《柳表》中附會古有尊號及白虎通道德論，皆近於誣。韓公二表中不涉一語，雖順時爲之，其識自高也！

荆潭唱和詩序

此謂裴均、楊憑。《唐藝文志》，有《裴均荆潭唱和集》一卷。均，字君齊，貞元十九年五月，爲荆南節度使。憑十八年九月爲湖南觀察使。荆，即荆南；潭，即湖南也。愈以永貞元年，佐均爲江陵法曹，故序其詩。

從事有示愈以《荆潭酬唱詩》者，愈既受以卒業，因仰而言曰："夫和平之音淡薄，而愁思之聲要妙。讙愉之辭難工，而窮苦之言易好也。是故文章之作，恆發於羈旅草野。至若王公貴人，氣滿志得，非性能而好之，則不暇以爲！不説做不好，曰不暇以爲，語妙含蓄。○以上論歡愉難工，窮苦易好，欲叙王公大人之詩，偏説窮苦易好，於題前翻騰作勢。今僕射裴公，開鎮蠻荆，統郡惟九，荆南管夔、忠、萬、澧、朗、涪、峡、江、陵九郡也。常侍楊公領湖之南，壤地二千里；德刑之政並勤，爵禄之報兩崇；乃能存志乎《詩》、《書》，寓辭乎詠歌，往復循環，有唱斯和，搜奇抉怪，雕鏤文字，與韋布里閭憔悴專一之士，較其毫氂分寸；反映窮苦易好。鏗鏘發金石，幽眇感鬼神，信所謂材全而能鉅者也！兩府之從事，與部屬之吏，屬而和之；以其詩不止裴楊兩公，而兼有兩府之從事與部屬，故以荆潭唱和爲名。苟在編者，咸可觀也，宜乎施之樂章，紀諸册書!”從事曰：“子之言是也!”告於公，謂裴均也。書以爲《荆潭唱和詩序》。以上序《荆潭唱和詩》。

上巳日燕太學聽彈琴詩序

鄭國之俗，三月上巳，於溱洧水上，執蘭招魂。自魏以後，但用三日，不用上巳。時愈爲四門博士，作此序。

與衆樂之之謂樂。上樂字讀如洛。樂而不失其正，樂，音洛。又樂之尤也。起虚籠大意，“與衆樂”之句映上巳，“樂而不失其正”，兩句映彈琴神光離合。四方無鬭爭金革之聲。京師之人，既庶且豐。天子念致理之艱難，樂居安之閒暇，肇置三令節，舊史云：“貞元四年九月，詔正月晦日、三月三日、九月九日宜任，文武百僚，選勝地，追賞爲樂。五年正月，詔以二月一日爲中和節，代正月晦日，備三令節數。”此序在貞元壬午、癸未間，公爲四門博士。其云“肇置三令節”，蓋謂德宗朝始置耳。詔公卿群有司至於其日，率厥官屬，飲酒以樂；所以同其休，宣其和，感其心，成其文者也！以上叙肇置三令節。三月初吉，實惟其時。入題側到上巳日。司業武公於是總太學儒官三十有六人，列燕於祭酒之堂。罇俎既陳，肴羞惟時。醆斝序行，獻酬有容，歌風雅之古辭，斥夷狄之新聲；兩語映下彈琴。褎衣危冠，與與如也！以上叙燕大學，而於聽彈琴略逗一影子。有儒一生，魁然其形，抱琴而來，歷階以昇，出弹琴者，形容如繪。坐於罇俎之南，鼓有虞氏之《南風》，《尸子》：“帝舜彈五絃之琴，以歌《南風》，其詩曰：‘南風之薰兮，可以解吾民之愠兮。南風之時兮，可以阜吾民之財兮。’”賡之以文王、宣父之操，《琴操》：文王在羑里，時演易八卦，以六十四乃申，憤以作歌曰：“殷道溷溷浸濁煩兮，朱紫相合不分别兮，遻亂聲色信讒言兮，炎炎之虐使我愆兮，幽閉牢穽由其言兮，遘我四人憂勤勤兮。”《家語》：“孔子學琴於師襄子。孔子有所繆然思焉，有所睪然，高望而遠眺，曰：‘丘殆得其爲人矣！近黮而黑，頎然長，曠如望羊，奄有四方，非文王其孰能爲此?’師襄子避席拱曰：‘子聖人也。’其傳曰《文王操》。”優遊夷愉，廣厚高明，追三代之遺音，想舞雩之詠歎。《論語·子路曾晳冉有公西華侍坐》：晳，曾參父，名點。“子問：‘點，爾何如?’鼓瑟希，鏗爾，舍瑟而作，曰：‘暮春者，春服既成，冠者五六人，童子六七人，浴乎沂，風乎舞雩，詠而歸。’夫子喟然歎曰：‘吾與點也。’”及暮而退，皆充然若有得也！繳足聽字，以上叙聽彈琴。武公於是作歌詩以美之，命屬官咸作之，命四門博士昌黎韓愈序之。以上序作詩。

送李愿歸盤谷序

此序貞元十七年作；愈年纔三十四。

太行之陽有盤谷。太行，山名，連亘河南、山西之界，山以百數，隨地異名。盤谷，在河南濟源縣北。盤谷之間，泉甘而土肥；草木叢茂，居民鮮少。或曰：“謂其環兩山之間，故曰盤。”或曰：“是谷也，宅幽而勢阻，隱者之所盤旋。”先叙盤谷。友人李愿居之。出李愿句。愿之言曰：滿肚皮不合時宜，借愿口傾倒出之。人之稱大丈夫者，我知之矣！一句喝起！利澤施於人，名聲昭於時，坐於廟朝，進退百官，而佐天子出令；其在外，則樹旗旄，羅弓矢，武夫前呵，從者塞途，供給之人，各執其物，夾道而疾馳。喜有賞，怒有刑；才畯滿前，道古今而譽盛德，入耳而不煩。曲眉豐頰，清聲而便體，秀外而惠中，飄輕裾，翳長袖，粉白黛綠者，列屋而閑居，妬寵而負恃，爭妍而取憐。大丈夫之遇知於天子，用力於當世者之所爲也！長句跌頓有力！吾非惡此而逃之；此句中反帶歸盤谷，勢方不懈。是有命焉，不可幸而致也！幸而致并，起後“伺候公卿”一段。〇以上“大丈夫之遇知”者□。窮居而野處，升高而望遠；坐茂樹以終日，濯清泉以自潔；採於山，美可茹；釣於水，鮮可食；起居無時，惟適之安！與其有譽於前，孰若無毁於其後！與其有樂於身，孰若無憂於其心！兩語揭明主旨，總只歌“無不足兮奚所望”意。車服不維，刀鋸不加，理亂不知，黜陟不聞。大丈夫不遇於時者之所爲也！我則行之！正落歸字。〇以上大丈夫不遇於時者，映射自己作主。伺候於公卿之門，奔走於形勢之途，足將進而趑趄，趑，七思切。趄，七余切。口將言而囁嚅，囁，之舌切。嚅，音如。處穢汙而不羞，觸刑辟而誅戮，儌倖於萬一，反映“不可幸而致”句。老死而後止者；其於爲人賢不肖何如也！含非逃之則行之二句，故只如此虛結。○以上不遇而求遇者，謂之大丈夫，不可不謂之大丈夫，又覺突而以賢不肖何如作虛結。加此一段，見不歸不可。昌黎韓愈聞其言而壯之，與之酒而爲之歌曰：

盤之中，維子之宫。盤之土，可以稼。映土肥。盤之泉，可濯可沿。映泉甘。盤之阻，誰爭子所！映居民鮮少。窈而深，廓其有容！是谷。繚而曲，如往而復！是盤。嗟盤之樂兮；樂且無殃！虎豹遠跡兮，蛟龍遁藏。鬼神守護兮，呵禁不祥。飲則食兮壽而康！無不足兮奚所望！一篇之旨，映序"我則行之"一段。膏吾車兮秣吾馬；從子於盤兮，終吾生以徜徉！收出送字，透過一步。

何焯曰：《送李愿歸盤谷序》，化議爲序，歸字送字，渾然融釋其中，創變一體；而稍有六朝餘習者，少作故也。前後以兩"或曰"，"愿之言曰"，"爲之歌曰"，作章法。

林紓曰：東坡稱唐無文章，惟昌黎《送李愿歸盤谷序》而已。實則文之妙處，在"愿之言曰"四字；一團傲藐不平之概，均出李愿口述，罵得痛快淋漓，與已一些無涉。在昌黎集中，稍近麤豪，然却易入人眼；宜東坡之稱賞不置也！

下　編

文章有所法而後能，有所變而後大。韓愈有仿古之作，亦有自創之格。而要其所以自創一格，亦何嘗不自古人之文，擬議以出變化！姚鼐曰："文士之效法古人，莫善於退之，盡變古人之形貌，雖有摹擬，不可得而迹也！"大抵以沈浸醲郁，含英咀華爲始事；以力去陳言，戛戛獨造爲終事。而所不可及者，最在體簡詞足。他人挨次叙去，費許多説話；他只三數筆，四方八面俱到；其中一入一出，筆力嶄然，或突起，或突接，或直下，皆兀岸無匹；而莽蒼之勢，寓於其中，絶無詞費處。讀者須玩其高足闊步，邁往不屑之機。今録集中之自出機杼者爲中編。其先後以所作之時爲次；而年月不可考者，則以殿於末；亦有以意測識，而略爲之次者；庶幾自少至老，文境之崢嶸極而歸平淡，可以略見端倪；所以極韓文之變也。上編神明規矩，蹊徑可尋；此編渾融演迤，迹象盡化。

獲麟解

《爾雅》"麟，麕身，牛尾，一角。"獲麟事見《春秋》魯哀公十四年。而愈爲此解，疑在貞元十一年，三上宰相書不報，感憤而作。

麟之爲靈，昭昭也；詠於《詩》，書於《春秋》，雜出於傳記百家之書，雖婦人小子，皆知其爲祥也！以上皆知其爲祥。然麟之爲物，不畜於家，不恒有於天下；其爲形也不類，非若牛馬犬豖豺狼麋鹿然。然則雖有麟，不可知其爲麟也！以上不可知其爲麟。角者吾知其爲牛。鬣者吾知其爲馬。犬豖豺狼麋鹿，吾知其爲犬豖豺狼麋鹿。惟麟也不可知；正應第二段不可知其爲麟。不可知，則其謂之不祥也亦宜！反應第一段“皆知其爲祥”。○以上不可知則謂之不祥。雖然，麟之出，必有聖人在乎位。麟爲聖人出也。聖人者必知麟，麟之果不爲不祥也！以上知則不爲不祥。又曰：“麟之所以爲麟者，以德不以形。”逼出德字。德與形本只兩意，翦作五段，層疊曲折，轉變萬千。若麟之出，不待聖人；則謂之不祥也亦宜！以上“麟之出，不待聖人”歸到不遇時作結。

何焯曰：此文，自宋以後，皆極稱之。不是用祥不祥兩字轉換；是以知不知兩字轉換。

與馮宿論文書

此書於汴州作。時在貞元十三年，愈年三十歲。

辱示《初筮賦》，實有意思；但力爲之，古人不難到。但不知直似古人，亦何得於今人也！激昂暗逗，收發憤。僕爲文久，每自測，意中以爲好，則人必以爲惡矣！小稱意，人亦小怪之。大稱意，即人必大怪之也！時時應事作俗下文字，下筆令人慚；及示人，則人以爲好矣！此不可謂之知。小慚者，亦蒙謂之小好；大慚者，即必以爲大好矣！不知古文直何用於今世也！然以竢知者知耳！兩句“不知”句，束上“以竢”句，開下而“竢之”云者，無得於今人，而有竢於後人，不祈世人之知，而百世以竢聖人而不惑。○以上明古文無用於今世。昔揚子雲著《太玄》。人皆笑之。子雲之言曰：“世不我知，何用於今？影子。無害也！後世復有揚子雲，必好之矣！”以竢知者。影子。子雲死近千載，竟未有揚子雲，可歎也！暫説竢，跟説竢，不著起滅，自由感喟。絶倫！其時桓譚亦以爲雄書勝老子。此尚不可謂之知。老子未足道也，子雲豈止與老子爭彊而已乎！雖推許過當，而跌宕生姿。此未爲知雄者！其弟子侯芭頗知之，以爲其師之書勝《周易》。暗逗聖人。然侯之他文不見於世；不知其人果如何耳？以此而言：作者不祈人之知也明矣！逼出正意。直百世以竢聖人而不惑，質諸鬼神而不疑耳！聖人不可得而見，鬼神亦杳芒不可測，則所謂知者終不知，竢者亦徒竢，此非以明知者之真可竢，而靠定，“不祈人之知”句，以明作者之獨與天地精神往來，而不敖倪於萬物，彼其充實不可以已，真絶大胸襟也。足下豈不謂然乎？以上申論以竢知者知。近李翺從僕學文，頗有所得；然其人家貧多事，未能卒其業。有張籍者，年長於翺，而亦學於僕；其文與翺相上下，一二年業之，庶幾乎至也。然閔其棄俗尚而從於寂寞之道，以之爭名於時也；縮帶古文直何用於今世意。久不談。聊感足下能自進於此，故復發憤一道！以上帶叙李翺、張籍。愈再拜。

林紓曰：《與馮宿書》此非論文，仍是牢騷。小慚小好，大慚大好，説得酸甜自得；非論文之極處，莫得有是語也！古來苦心爲文之人，務極張皇幽渺；果一出而人人知之，則尋常不爲文者之眼光，皆能窺到天隩；而專心殫慮於古文者，亦何所貴！作者不蘄人之知，是真能古文者語。

贈太傅董公行狀

貞元十五年五月作。愈年三十二歲。而《昌黎集》中行狀僅兩篇：一《贈太傅董公行狀》，一《唐故贈絳州刺史馬府君行狀》。而《董公行狀》，文特雄肆。

曾祖仁琬，皇任梁州博士。祖大禮，皇贈右散騎常侍。父伯良，皇贈尚書左僕射。公，諱晉，字混成，河中虞鄉萬里人。以上三代籍貫。少以明經上第。宣皇帝居原州。至德元年十月，肅宗幸原州。公在原州。宰相以公善爲文，任翰林之選聞。召見，拜秘書省校書郎，入翰林，爲學士，三年，出入左右，天子以爲謹愿，賜緋魚袋，累升爲衛尉寺丞。出翰林，以疾辭，拜汾州司馬。

崔圓爲揚州。詔以公爲圓節度判官，攝殿中侍御史。貞元二年二月，以前汾州刺史崔圓爲淮南節度使，奏晉以本官攝御史，充判官。以軍事如京師朝；天子識之，拜殿中侍御史内供奉。由殿中爲侍御史，入尚書省，爲主客員外郎。由主客爲祠部郎中。以上敘早以文學受知，出入左右。先皇帝時，代宗兵部侍郎李涵如回紇紇，下没切。立可敦，詔公兼侍御史，賜紫金魚袋，爲涵判官。大歷四年，兵部侍郎李涵如回紇，奏晉爲判官。回紇之人來曰："唐之復土疆，取回紇力焉；約我爲市，馬既入而歸我賄不足。我於使人乎取之！"涵懼，不敢對，視公。公與之言曰："我之復土疆，爾信有力焉！吾非無馬而與爾爲市，爲賜不既多乎！爾之馬歲至。吾數皮而歸資，邊吏請致詰也！天下念爾有勞，故下詔禁侵犯。諸戎畏我大國之爾與也，莫敢校焉！爾之父子寧而畜馬蕃者，非我誰使之！"於是其衆皆環公拜；既又相率南面序拜，皆兩舉手曰："不敢復有意大國！"自回紇歸，拜司勳郎中，未嘗言回紇之事。遷秘書少監，歷太府太常二寺亞卿，爲左金吾衛將軍。以上敘使回紇。今上即位，德宗以大行皇帝山陵出財賦，拜太府卿。由太府爲左散騎常侍兼御史中丞，知臺事三司使，選擢才俊，有威風。始公爲金吾，未盡一月，拜太府；九日，又爲中丞，朝夕入議事；於是宰相請以公爲華州刺史。以提挈爲轉捩，言下見得以逼爲時宰所嫌，故出之含蓄得妙。拜華州刺史，潼關防禦鎮國軍使。朱泚之亂，加御史大夫，詔至於上所，又拜國子祭酒兼御史大夫，宣慰恒州。建中四年十二月，以晉爲國子祭酒、河北宣慰使。於是朱滔自范陽以回紇之師助亂。人大恐。公既至恒州；恒州即日奉詔出兵與滔戰，大破走之。還至河中，李懷光反，上如梁州。興元元年三月，李懷光反，車駕幸梁州。懷光所率皆朔方兵。公知其謀與朱泚合也，患之；造懷光言曰："公之功，天下無與敵。公之過，天下未有聞。某至上所，言公之情。上寬明，將無不赦宥焉；乃能爲朱泚臣乎！彼爲臣而背其君；苟得志，於公何有！且公既爲太尉矣，彼雖寵公，何以加此！彼不能事君，能以臣事公乎？公能事彼而有不能事君乎？彼知天下之怒，朝夕戮死者也；故求其同罪而與之比。公何所利焉！公之敵彼有餘力，不如明告之絶而起兵襲取之，清宫而迎天子，庶人服而請罪有司，雖有大過，猶將揜焉；如公則誰敢議！"語已，懷光拜曰："天賜公活懷光之命！"喜且泣。公亦泣，則又語其將卒如語懷光者，將卒呼曰："天賜公活吾三軍之命！"拜且泣。公亦泣。故懷光卒不與朱泚。當是時，懷光幾不反。公氣仁，語若不能出口；及當事，乃更疏亮捷給；其詞忠，其容貌溫然，故有言，於人無不信！以上叙宣慰恒州及撫李懷光，而叙使回紇、叙撫李懷光之辭命及描寫參左氏筆意。○自此以上實叙寫其慷慨敢任事，自此以下虛寫摹其謹重有風度。明年，上復京師。拜左金吾衛大將軍。由大金吾爲尚書左丞，又爲太常卿。貞元二年七月，以晉爲尚書左丞被黜，復拜太常卿。由太常拜門下侍郎平章事。五年正月，以晉爲門下侍郎平章事。在宰相位凡五年，所奏於上前者，皆二帝三王之道；由秦漢以降，未嘗言。退歸，未嘗言所言於上者於人。子弟有私問者？公曰："宰相所職繫天下。天下安危，宰相之能與否可見。欲知宰相之能與否，如此視之其可。凡所謀議於上前者，不足道也。"故其事卒不聞。以疾病辭於上前者不記；退以表辭者八；方許之，拜禮部尚書。九年五月，罷相，改禮部尚書。制曰："事上盡大臣之節。"又曰："一心奉公。"於是天下知公之有言於上也！勒住。○寫相業如匣劍帷燈，令人想見之。初，公爲宰相時，五月朔，會朝。天子在位；公卿百執事在廷；侍中贊，百僚賀。中書侍郎平章事竇參攝中書令，當傳詔，疾作不能事，凡將大朝會，當事者既受命，皆先日習儀。於時未有詔。公卿相顧。公逡巡進，北面言曰："攝中書令臣某病不能事，臣請代某事。"於是南面宣致詔詞；事已，復位，進退甚詳。相業敷奏用虛寫，相度安詳用實叙。虛者實之，實者虛之。曲盡其妙！爲禮部四年，拜兵部尚書。十二年，以晉守兵部尚書，充東都留守，判東都尚書省，東都、畿、汝州防禦使。入謝。上語問日晏；復有入謝者，上喜曰："董某疾且損矣！"出語人曰："董公且復相！"寫拜東都留守之前，先著入謝、上語問日晏云云，疑若有人擠之出者，與前拜華州刺史，先著始公爲金吾云云，同一匣劍帷燈之妙！既二日，拜東都留守，判東都尚書省事，充東都、畿、汝州都防禦使，兼御史大夫，仍爲兵部尚書。由留守未盡五月，拜檢校尚書左僕射同中書門下平章事，汴州刺史，宣武軍節度副大使，知節度事，管内支度營田，汴、宋、亳、潁等州觀察處置等使。以上叙爲宰相。汴州自大曆來多兵事。劉玄佐益其師至十萬。玄佐死，子士寧代之，畋遊無度。其將李萬榮乘其畋也，逐之。萬榮爲節度一年，其將韓惟清、張彦林作亂，求殺萬榮，不克。三年，萬榮病風，昏不知事；其子乃復欲爲士寧之故。監軍使俱文珍與其將鄧惟恭執之，歸京師；而萬榮死。詔未至，惟恭權軍事。追叙汴州以前事，振提得勢。公既受命，接筍。遂行；劉宗經、韋弘景、韓愈實從，不以兵衛。及鄭州，逆者不至。鄭州人爲公懼。或勸公止以待。有自汴州出者，言於公曰："不可入!"公不對，遂行。宿圃田。明日，食中牟；逆者至。宿八角，明日，惟恭及諸將至，遂逆以入。及郛，三軍緣道讙聲。庶人壯者呼，老者泣，婦人啼。旁面絢染。遂入以居。勒住。○遂行、遂逆以入、遂入以居，自成機調。初，玄佐死；吳湊代之，及鞏，聞亂歸。反映前兩遂行。士寧、萬榮，皆自爲而後命。軍士將以爲常，故惟恭亦有志；仍以振提爲補敘。以公之速也，不及謀，接筍。遂出逆。上遂行、遂逆以入、遂入以居，董晉之遂也。此遂出逆之遂，惟恭之遂也。前後相屬，峰斷雲連。既而私其人，觀公之所爲，以告曰："公無爲。"惟恭喜，知公之無害己也，委心焉！進見公者，退皆曰："公，仁人也!"環以相告。勒住。故大和。初，另提。玄佐遇軍士厚。士寧懼，復加厚焉。至萬榮如士寧志，及韓張亂，又加厚以懷之；至於惟恭，每加厚焉，故士卒驕不能禦，則置腹心之士，幕於公庭廡下；挾弓執劍以須；日出而入，前者去；日入而出，後者至；寒暑時至，則加勞賜酒肉。追敘又一事。公至之明日。接筍。皆罷之。貞元十二年七月也。倒點年月。八月，上命汝州刺史陸長源爲御史大夫，行軍司馬。楊凝自左司郎中，爲檢校吏部郎中，觀察判官。杜倫自前殿中侍御史爲檢校工部員外郎，節度判官。孟叔度自殿中侍御史爲檢校金部員外郎，度支營田判官。朝廷以晉仁柔多可，恐不能集事。八月，以汝州刺史陸長源爲晉行軍司馬。晉謙恭簡儉，每事因循，故亂兵粗安。長源性剛刻，多更張舊事，晉初皆許之。案成，則命且罷，以財賦。叔度爲人佻悅，軍中惡之。職事修，人俗化，嘉禾生，白鵲集，蒼烏來巢，嘉瓜同蔕連實。四方至者，歸以告其帥，小大威懷。有所疑，輒使來問。有交惡者，公與平之。累請朝，不許。及有疾，又請之；且曰："人心易動，軍旅多虞。及臣之生，計不先定，至於他日，事或難期。"著此一段奏請，以汴亂爲晉斡旋，妙在有意無意之間。猶不許，十五年二月三日，薨於位。上三日罷朝，贈太傅；使吏部員外郎楊於陵來祭吊其子，贈布帛米有加。公之將薨也，命其子："三日斂，既斂而行。"於行之四日，汴州亂；乙酉，以長源爲宣武軍節度使。是日兵亂，殺長源、叔度、丘穎等。故君子以公爲知人！公之薨也，汴州人歌之曰："濁流洋洋，有闢其郛。闐道讙呼，公來之初。今公之歸，公在喪車!"又歌曰："公既來止，東人以完！今公歿矣，人誰與安!"始公爲華州，亦有惠愛，人思之。敘汴州去思，帶縮華州。神迴氣合，相映有致！○以上敘撫定汴州。公居處恭，無妾媵，不飲酒，不諂笑，好惡無所偏，與人交，洎如也！未嘗言兵。有問者？曰："吾志於教化。"享年七十六，階累升，爲金紫光禄大夫；勳累升，爲上柱國；爵累升，爲隴西郡開國公。娶南陽張氏夫人，後娶京兆韋氏夫人，皆先公終。四子：全道、溪、全素、澥。全道、全素，皆上所賜名。全道爲秘書省著作郎；溪爲秘書省秘書郎；全素爲大理評事；澥爲太常寺太祝；皆善士，有學行。以上叙性行官爵妻子。謹具歷官行事狀，伏請牒考功，并牒太常，議所謚；牒史館，請垂編録。謹狀。纂其德行曰狀，蓋具死者世系、名字、爵里、行治、壽年之詳，牒考功，太常議謚，牒史館編録。其文多出於門生故吏，以知之詳也。而愈以晉故吏，爲之狀。

與李翺書

貞元十五年二月，董晉薨。愈從喪至洛；而汴軍亂，愈家在圍中，尋得脱，下汴，東趨彭城。而愈自洛東還，度汜水，出陳、許間，以二月暮抵徐州與家合并。節度使張建封居之於符離、睢上。及秋，將辭去。建封奏爲節度推官，試協律郎。翺責以失其所從；而答之，故以無所資爲解；且言雖之京師，亦安得知己者而從之，以深悲己之窮途不遇，且并以爲李悲也。

使至，辱足下書，歡愧來并，不容於心！嗟乎！子之言意皆是也！僕雖巧説，何能逃其責耶！然皆子之愛我多，重我厚，不酌時人待我之情，而以子之待我之意，使我望於時人也！以上喝起時人之待我，不如子之愛我重我，爲一篇主意，而詞特哀婉，令人雪涕。僕之家本窮空；重遇攻劫，衣服無所得，養生之具無所有；家累僅三十口，攜此將安所歸託乎？捨之入京，不可也。挈之而行，不可也。足下將安以爲我謀哉？此一事耳。以上叙入徐之由。足下謂我入京城有所益乎？僕之所有，子猶有不知者；時人能知我哉！持僕所守，驅而使奔走伺候公卿間，開口論議，其安能有以合乎？徐府固非相知，京師亦安得知己，所謂不酌時人待我之情也。在京城八九年，無所取資，日求於人以度時月；當時行之，不覺也！今而思之，如痛定之人，思當痛之時，不知何能自處也！沈痛，反映後顔回一段。今年加長矣，復驅之使就其故地，是亦難矣！落。所貴乎京師者，再振提。不以明天子在上，賢公卿在下，布衣韋帶之士談道義者多乎？以僕遑遑於其中，能上聞而下達乎？其知我者固少；知而相愛不相忌者又加少；内無所資，外無所從，終安所爲乎？將“無所資”穿入“無知己”，而帶上總束。〇以上敘不入京師之由。嗟乎！子之責我誠是也，愛我誠多也！帶上叫起。今天下之人，有如子者乎！自堯舜以來，士有不遇者乎？無也！子獨安能使我潔清不洿而處其所可樂哉！所謂“以子待我之意”望時人也。愈之寄身從事幕府不入京師，徒以德宗昏惑，信用讒慝諛佞之人，無可爲者。然難以顯言，故但言不相忌者少，偏以不能下達見意，而“自堯舜以來”二句，正見當待明天子也。深得《春秋》微而顯之妙！非不願爲子之所云者，力不足，勢不便也！僕於此，豈以爲大相知乎？此謂張建封幕府，非真以爲得所從也。累累隨行，役役逐隊，飢而食，飽而嬉者也。其所以止而不去，以其心誠有愛於僕也！然所愛於我者少，不知我者猶多，吾豈樂於此乎哉？將亦有所病而求息於此也！以上重申入徐之由。嗟乎！子誠愛我矣！子之所責於我者誠是矣！再帶上喝起。然恐子有時不暇責我而悲我；不暇悲我而自責，且自悲也！及之而後知，履之而後難耳！孔子稱“顔回一簞食，一瓢飲，人不堪其憂；回也不改其樂！”彼人者，有圣者爲之依歸；而又有簞食瓢飲，足以不死；其不憂而樂也，豈不易哉！以顔淵來作陪，力爭上流！若僕無所依歸，外無所從。無簞食，無瓢飲，無所取資；内無所資。則餓而死，其不亦難乎！終安所歸。子之聞我言亦悲矣！收悲我。嗟乎！子亦慎其所之哉！收自責自悲。〇以上極意勘發前“子獨安能使我潔清不洿而處其所可樂”句意，而重申不入京之由。離違久，乍還侍左右，當日懽喜，故專使馳此，候足下意，候其意。并以自解。解其言。〇以上明答書之意。愈再拜。

何焯曰：《與李翺書》，挫頓往復，兼有李之文態。

雜説　説馬

何年作不可考；疑亦依張建封徐州作。

世有伯樂，然後有千里馬。翻轉説。千里馬常有，而伯樂不常有！折入正意，遞用四有字，暗逗收兩無字。〇以上說伯樂不常有。故雖有名馬，秖辱於奴隸人之手，奴隸人反映伯樂。駢死於槽櫪之間，不以千里稱也！以上秖辱於奴隸人。馬之千里者，一食或盡粟一石；食馬者，不知其能千里而食也！是馬也，雖有千里之能，食不飽，力不足，才美不外見，且欲與常馬等不可得；抉進一層。安求其能千里也！以上說千里馬不如常馬，正說如何辱於奴隸人之手，而反申"世有伯樂，然後有千里馬"之意。策之不以其道，食之不能盡其材，鳴之而不能通其意，執策而臨之曰："天下無馬！"嗚呼！其真無馬耶？兩無字映起有字。其真不知馬也！"不知"二字，一篇結穴。〇以上說無馬由於不知，醒出正意。

林紓曰：《說馬》及《獲麟解》，皆韓子自方之辭也。說馬語壯，言外尚有希求。解麟詞悲，心中別無餘望。兩篇均重在"知"字，篇幅雖短，而伸縮蓄洩，實具長篇之勢。說馬篇入手，伯樂與千里馬對舉成文，似千里馬已得倚賴，可以自酬其知。一跌落"伯樂不常有"，則一天歡喜，都淒然化爲冰冷；且說到"駢死槽櫪之間"，行文到此，幾無餘地可以轉旋矣！忽叫起"馬之千里者"五字，似從甚敗之中，挺出一生力之軍，怒騎犯陣，神威凜然；既而折入"不知其能"句，則仍是"奴隸人"作主，雖有才美，一無所用，興致仍復索然。至云"安求其能千里也"，"安求"二字，猶有須斯生機；似主者尚有欲得千里馬之心，弊在不知而已；苟有道以御馬，則材尚可以盡，意尚可以通。若但抹殺一言曰："天下無馬"，則一朝握權，懷才者何能與抗。故結穴以歎息出之，以"真無"、"真不知"相質問，既不自失身分，復以冷雋語折服其人，使之生愧；文心之妙，千古殆無其匹！至於《獲麟》一解，格同而行文則微有不同。古有知馬之伯樂，無知麟之伯樂。且馬有群，伯樂不過於群中別爲千里之馬。麟無群，可以不待別而知爲麟；至於不待別而知者，而仍不知，則麟之遇蹇矣！此昌黎所由用以自方也！入手引《詩》、《書》、《春秋》、《傳記》、《百家》之書，皆知爲祥；用別於千里馬之徒賴一伯樂，似天下有普通共識之賢士，無可疑者。顧以不畜於家，不恒有於天下之故，凡賤眼中，盼眄不到；其所宿知而素稔者，馬牛犬豕之屬；見得天下皆凡材，無特殊之彦；故雖有麟而仍不知。行文至此，爲勢頗促，以下亦無餘語。作者忽從俗人眼中之知，拈來自己較量；謂汝所知者，我亦皆知；惟麟也爲我之獨知，不能盼爾之知；爾之所謂不祥，正我私心之所謂祥，亦《詩》、《書》、《春秋》之所謂祥；縱俗中指爲不祥，亦復何害。用“亦宜”二字，似爲收煞之筆，忽曰：“麟之出，必有聖人在乎位。”此聖人即屬知馬之伯樂。然伯樂與聖人，皆不常有之人；而昌黎自命，則不亞麟與千里馬。千里馬不幸遇奴隸；麟不幸遇俗物，斥爲不祥；然出皆非時，故有千里之能，抹殺之曰無馬；有蓋代之祥，抹殺之曰不祥；語語牢騷，却語語占身分，是昌黎長技。

答李翊書

貞元十八年作；愈年三十四歲。

六月二十六日，愈白李生足下：生之書辭甚高，而其問何下而恭也！能如是，誰不欲告生以其道；道德之歸也有日矣！況其外之文乎！抑愈所謂望孔子之門墻而不入於其宮者，焉足以知是且非耶！雖然，不可不爲生言之。以上叙得書作復。生所謂立言者是也！頓挫！生所爲者，與所期者，甚似而幾矣！頓挫！抑不知生之志蘄勝於人而取於人耶？頓挫！將蘄至於古之立言者耶？頓挫！蘄勝於人而取於人；則固勝於人而可取於人矣！頓挫！將蘄至於古之立言者；折入本意。則無望其速成，無誘於勢利，養其根而竢其實，加其膏而希其光；根之茂者其實遂，膏之沃者其光曄。仁義之人，其言藹如也！一篇主意：仁義是茂沃，藹如是遂曄。〇以上答李生正文。抑尤有難者。又起一波。愈之所爲，不自知其至猶未也？雖然，學之二十餘年矣！無望其速成。始者非三代兩漢之書不敢觀，膏沃伏下詩書之源。非聖人之志不敢存，根茂伏下仁義之途。處若忘，行若遺，儼乎其若思，茫乎其若迷。當其取於心而注於手也，惟陳言之務去，先去其甚駁者。戛戛乎其難哉！其觀於人，不知其非笑之爲非笑也！無誘於勢利。如是者亦有年，猶不改。然後識古書之正僞，與雖正而不至焉者，昭昭然白黑分矣；而務去之，乃徐有得也。當其取於心而注於手也，汩汩然來矣！與戛戛其難情景不同。其觀於人也，笑之則以爲喜，譽之則以爲憂；小慙小好，大慙大好，亦不誘於勢利之意也。以其猶有人之説者存也！有心立異，未能忘情彼我。如是者亦有年；然後浩乎其沛然矣！較汩汩然來，情景又自不同。吾又懼其雜也，迎而距之，平心而察之，其皆醇也，然後肆焉！雖然，不可以不養也！養其根，加其膏。行之乎仁義之途，游之乎詩書之源，仁義貼根，詩書貼膏。無迷其途，無絶其源，終吾身而已矣！此是立言之源，故終身以之。氣，水也，言，浮物也。水大，而物之浮者大小畢浮。氣之與言猶是也；氣盛，則言之短長，與聲之高下者皆宜！氣盛者，茂遂也；言與聲皆宜者，沃曄也。雖如是，其敢自謂幾於成乎？一句掉轉，至猶未也，結過自己。雖幾於成，其用於人也奚取焉！層轉又應取於人，以開下文。○以上自道甘苦，而明速成之無可望。雖然，待用於人者，其肖於器耶？用與舍屬諸人。君子則不然！處心有道，行己有方，用則施諸人；舍則傳諸其徒，垂諸文而爲後世法。此即所謂道德之歸，而不徒外之文者。如是者，其亦足樂乎？其無足樂也！婉轉有深味。有志乎古者希矣！應生之志。志乎古，必遺乎今，吾誠樂而悲之！亟稱其人，所以勸之，恐其以"遺乎今"見沮，故亟稱以勸之。非敢褒其可褒而貶其可貶也。問於愈者多矣！念生之言，不志乎利。不志乎利，即志乎古。聊相爲言之。以上重勗生之無誘於勢利。愈白。

李光地曰："蕲至於古之立言者"，是立志。"戛戛其難"，"汩汩然來"兩段，如孟子所云"知言"；而根却帶立志，故中云"非聖人之志不敢存"。"浩乎沛然"至"高下咸宜"，如孟子所云："養氣"；而根又却帶著"知言"，故云："懼其雜也，平心而察之。"要之韓子所云："養氣"，亦同歸於立言，故又云："氣盛則言與聲皆宜。"然皆非無志者所能也，故仍收到立志上；而勗之以當"志乎古"，又嘉其"不志乎利"也。

林紓曰：昌黎論文書不多見，生平全力所在，盡在李翊一書。自"無望速成，無誘勢利"起，至"其言藹如也"爲一段，是取法上，擇術端，到文字結胎後生出意境，已成正宗文派。然而未易也！自"始者非三代兩漢之書不敢觀，非聖人之志不敢存"，至"戛戛乎其難哉"，又一段；此則論取材，論立志，論用心，論洗伐之功，漸漸入微，雖不見知於人，而用心仍不懈，於是火候至矣！自"識古書之正僞"至"浩乎其沛然矣"，又一段；是大丹將成之候；虹光四射，而箇中逐一得微妙之訣法，隱隱體驗，無一不合丹經；於是放手爲之，無復爐破丹飛之患矣！

“吾又懼其雜也”，至“終吾身而已矣”，又一段；是七十從心所欲不踰矩工夫。“行仁義”，“游詩書”，不是大言，是立言到此地位，自然力臻上流。道之無止境，猶文之無止境；言終身，是昌黎不欺人之語。“氣，水也，言，浮物也”，至“言之長短，聲之高下皆宜”句，此一段是另起，不是“無迷途，無絕源”後工夫；教人領氣要訣，無妙於是！以下所言，昌黎信己文之成功，不能成功，後之必見知於人，皆平日口頭語，與論文無涉。

與于襄陽書

于頔以工部尚書爲山南東道節度使，見上編《上襄陽于相公書》題下注。而愈是書自稱守國子四門博士，當在貞元十八年秋，時年三十五歲。

七月三日，將仕郎守國子四門博士韓愈謹奉書尚書閣下：士之能享大名，顯當世者，莫不有先達之士，負天下之望者，爲之前焉。士之能垂休光，照後世者，亦莫不有後進之士，負天下之望者，爲之後焉。莫爲之前，雖美而不彰。莫爲之後，雖盛而不傳。是二人者，未始不相須也。頓挫！然而千百載乃一相遇焉！頓挫！豈上之人無可援，下之人無可推歟？頓挫！何其相須之殷，而相遇之疏也！頓挫。○句句跌頓，逼出其故。其故在下之人，負其能，不肯諂其上；上之人，負其位，不肯顧其下；故高材多戚戚之窮，盛位無赫赫之光。是二人者之所爲皆過也！未嘗干之，不可謂上無其人！未嘗求之，不可謂下無其人！頓挫！愈之誦此言久矣；未嘗敢以聞於人！頓挫！反跌側聞，節節頓挫，不矜奇辭奧句，而字字若履危石而下，落紙遲重絕倫。○以上勘發上下，交相須不相遇之由，爲後半篇騰躍作勢。側聞閣下抱不世之才，特立而獨行，道方而事實，卷舒不隨乎時，文武唯其所用；豈愈所謂其人哉！頓挫！○不説煞，方起得下“未聞”二字。抑未聞後進之士，有遇知於左右，獲禮於門下者。豈求之而未得耶？一解。將志存乎立功，而事專乎報主，雖遇其人，未暇禮耶？二解。何其宜聞而久不聞也！頓挫！愈雖不材，其自處不敢後於恒人；正拍合自己。閣下將求之而未得歟？古人有言，“請自隗始!”《國策》燕昭王收破燕後即位，卑身厚幣以招賢者，郭隗先生對曰："王誠欲致士，請先從隗始！隗且見事，況賢於隗者乎?"〇反跌出閣下之相求。愈今者惟朝夕芻米僕賃之資是急，不過費閣下一朝之享而足也。只此正説。如曰："吾志存乎立功，而事專乎報主，雖遇其人，未暇禮焉?"則非愈之所敢知也！都用反跌不平。世之齪齪者，既不足以語之；反顧上"未嘗敢以聞於人"。磊落奇偉之人，又不能聽焉；則信乎命之窮也！此一轉仍未嘗乞哀，更妙於放開。謹獻舊所爲文一十八首，如賜覽觀，亦足以知其志之所存！又收到"不肯後於恒人"。〇以上敘己足以當于公之所求。愈恐懼再拜。

何焯曰：《與于襄陽書》，兩存地步，不失輕重，乞索書之最出拔者！

施先生墓銘

《新唐書·啖助傳》稱：助及趙匡以《春秋》；施士匄以《詩》；仲子陵、袁彝、韋彤、韋茝以《禮》；蔡廣成以《易》；强蒙以《論語》；皆自名其學。而士匄、子陵最卓異。士匄撰《春秋傳》，未甚傳，文宗喜經術。宰相李石因言士匄《春秋》可讀。士匄以《詩》、《春秋》有名，而爲太學博士。愈爲誌銘亦特扼重士匄以《詩》、《春秋》教於太學，而系以家世。

貞元十八年十月十一日，太學博士施先生士丐卒。其寮太原郭伉買石誌其墓。昌黎韓愈爲之辭曰：以上敘誌墓之人。先生明毛鄭《詩》，通《春秋左氏傳》，善講説。朝之賢士大夫，從而執經考疑者繼於門。太學生習毛鄭《詩》、《春秋左氏傳》者皆其弟子。貴游之子弟，時先生之説二經，來太學，帖帖坐諸生下，恐不卒得聞。從生説到死。先生死；二經生喪其師，仕於學者亡其朋；故自賢士大夫，老師宿儒，新進小生，聞先生之死，哭泣相吊，歸衣服貨財。從死以下再説到生，轉換無迹。先生年六十九，在太學者十九年。由四門助教爲太學助教；由助教爲博士太學；秩滿當去，諸生輒拜疏乞留；或留或遷，凡十九年，不離太學。以上敘其在太學。祖曰旭，袁州宜春尉。父曰婼，豪州定遠丞。妻曰太原王氏，先先生卒。子曰友直，明州鄮縣主簿。

曰友諒，太廟齋郎。以上敘世系子姓。系曰：

先生之祖，氏自施父。施父，魯大夫，見《左傳・桓九年》。其後施常，事孔子以彰。《史記・仲尼列傳》："施之常，字子桓。"讎爲博士。《漢書・儒林傳》："施讎，字長卿，宣帝時爲博士。"延爲太尉。延順帝陽嘉二年八月爲太尉。太尉之孫，始爲吴人。曰然曰續，續當作績。《三國志・吴志》："朱然字義封，本姓施氏。子績字公緒。"亦載其蹟。以上敘世系，溯遠祖，補志之所未備。先生之興，公車是召。纂序前聞，于光有曜。古聖人言，其旨密微。箋注紛羅，顛倒是非。聞先生講論，如客得歸。卑讓肫肫，出言孔揚。以上敘在太學。今其死矣，誰嗣爲宗！縣曰萬年，原曰神禾。高四尺者，先生墓耶！以上敘葬地，亦誌所未詳。

河南府法曹參軍盧府君夫人苗氏墓誌銘

愈年三十六歲作。

夫人，姓苗氏，諱某，字某，上黨人。曾大父襲夔，贈禮部尚書。大父殆庶，贈太子太師。父如蘭，仕至太子司議郎汝州司馬。夫人年若干，嫁河南法曹盧府君諱貽，有文章德行；其族世所謂甲乙者，先夫人卒。夫人生能配其賢，殁能守其法。寫節母只此十字已足，大筆如椽！男二人，於陵，渾。女三人，皆嫁爲士妻。貞元十九年四月四日，卒於東都敦化里，年六十有九。其年七月某日，祔於法曹府君墓，在洛陽龍門山。其季女壻韓愈爲之誌。其詞曰：

赫赫苗宗，族茂位尊。或毗於王，或貳於藩。是生夫人，載穆令聞！爰初在家，孝友惠純。乃及於行，克媲德門。肅其爲禮，裕其爲仁！以上敘家世閨行。法曹之終，諸子實幼。熒熒其哀，介介其守！循道不違，厥聲彌劭！三女有從，二男知教。閭里歎息，母婦思效！以上敘守節撫孤。歲時之嘉，嫁者來寧。累累外孫，有攜有嬰。扶床坐膝，嬉戲讙爭。描寫盡致，栩栩欲活。既壽而康，既備而成。不歉於約，不矜於盈。以上敘福壽康寧。伊昔淑哲，或圖或書。嗟咨夫人，孰與爲儔！刻銘置墓，以贊碩休。以上敘作銘結。

祭十二郎文

十二郎，名老成，率府參軍韓介之子也。介二子，曰百川。曰老成。起居舍人會無子，以老成爲後。老成生湘、滂。百川死，愈乃命滂歸後其祖介。愈及會、介，皆仲卿子；至是會、介、百川皆死矣！故文云："吾上有三兄，皆不幸早世。承先人後者，在孫惟汝，在子惟吾。"又云："去年東野往，吾書與汝。"蓋貞元十八年，有《送東野序》，即是年爲十九年，此文必其秋冬作。十二月，則愈謫陽山矣。

年月日，季父愈聞汝喪之七日，乃能銜哀致誠，使建中遠具時羞之奠，告汝十二郎之靈。以上叙遣人祭十二郎。嗚呼！吾少孤；及長，不省所怙，惟兄嫂是依！中年，兄殁南方；會責守韶州，卒於貶所。吾與汝俱幼，從嫂歸葬河陽；既，又與汝就食江南，零丁孤苦，未嘗一日相離也！吾上有三兄，皆不幸早世；承先人後者，在孫惟汝，在子惟吾；兩世一身，形單影隻。嫂常撫汝指吾而言曰："韓氏兩世，惟此而已！"汝時尤小，當不復記憶。吾時雖能記憶，亦未知其言之悲也！翻轉説，彌扯淡彌沈痛！吾年十九，始來京城。其後四年而歸視汝。又四年，吾往河陽省墳墓，遇汝從嫂喪來葬。又二年，吾佐董丞相於汴州；汝來省吾，止一歲，請歸取其孥。明年，丞相薨；吾去汴州；汝不果來。是年，吾佐戎徐州；是歲秋，張建封辟愈爲徐州節度推官。使取汝者始行，吾又罷去；十六年五月，張建封卒，愈西歸洛陽。汝又不果來。吾念汝從於東，東亦客也，不可以久；圖久遠者莫如西歸，將成家而致汝。嗚呼，孰謂汝遽去吾而殁乎！以上追溯生平而落到死。吾與汝俱少年，以爲雖暫相別，終當久相與處，故捨汝而旅食京師以求斗斛之禄；誠知其如此，雖萬乘之公相，吾不以一日輟汝而就也！去年，孟東野往，吾書與汝曰："吾年未四十，而視茫茫，而髮蒼蒼，而齒牙動摇；念諸父與諸兄，皆康彊而早世，如吾之衰者，其能久存乎！吾不可去，汝不肯來，恐旦暮死而汝抱無涯之戚也！"孰謂少者殁而長者存，彊者夭而病者全乎！嗚呼！其信然耶？其夢耶？其傳之非其真耶？信也；吾兄之盛德而夭其嗣乎？汝之純明而不克蒙其澤乎？少者彊者而夭殁，長者衰者而存全乎？未可以爲信也。夢也；傳之非其真也；

東野之書，耿蘭之報，何爲而在吾側也！將信將疑，帶哭帶數，彌絮彌真，愈痛愈摯！嗚呼！其信然矣！喝起許多“矣”字，熱血噴薄，放聲長號。吾兄之盛德而夭其嗣矣！汝之純明宜業其家者，不克蒙其澤矣！所謂天者誠難測，而神者誠難明矣！所謂理者不可推，而壽者不可知矣！一慟至此，已無話可説，看他轉落自己亦不久。一波三折，愈轉愈痛！雖然，吾自今年來，蒼蒼者或化而爲白矣！動摇者或脱而落矣！毛血日益衰，志氣日益微，幾何不從汝而死也！一轉以下兩轉，推勘尤痛。死而有知，再轉。其幾何離！尚自寬譬。其無知；此轉尤沈痛。悲不幾時，而不悲者無窮期矣！直是望絶心死。汝之子始十歲，吾之子始五歲；少而彊者不可保；如此孩提者，又可冀其成立耶！嗚呼哀哉！嗚呼哀哉！以上叙自己衰病不死，而十二郎少壯乃死。反覆低昂，層轉層痛！汝去年書云：“比得輭脚病，往往而劇。”吾曰：“是疾也，江南之人，常常有之。”未始以爲憂也！嗚呼！其竟以此而殞其生乎？抑别有疾而至斯乎？疑病一層。汝之書，六月十七日也。東野云：“汝殁以六月二日。”耿蘭之報無月日。蓋東野之使者，不知問家人以月日。如耿蘭之報，不知當言月日。東野與吾書，乃問使者；使者妄稱以應之耳！其然乎？其不然乎？疑死期，又一層。今吾使建中祭汝，吊汝之孤，與汝之乳母。彼有食可守以待終喪，則待終喪而取以來；如不能守以終喪，則遂取以來；其餘奴婢，並令守汝喪。吾力能改葬，終葬汝於先人之兆，然後惟其所願！嗚呼！正寫善後，辭氣未畢，而忽著“嗚呼”二字，叫起一段痛憤，出於情所不自禁，而波瀾極横恣。汝病，吾不知時。回顧疑病。汝殁，吾不知日。回顧疑死期。生不能相養以共居，回顧上“汝不果來，汝不肯來”。殁不得撫汝以盡哀，斂不憑其棺，窆不臨其穴。三句自歉不能自去，而使建中去祭吊也。吾行負神明而使汝夭，不孝不慈，而不得與汝相養以生，相守以死；一在天之涯，一在地之角，生而影不與吾形相依，死而魂不與吾夢相接。吾實爲之，其又何尤！彼蒼者天，曷其有極！自今以往，吾其無意於人世矣！長號當哭，至此纔完。以下接説善後。當求數頃之田，於伊潁之上以待餘年，教吾子與汝子，幸其成；“幸”字回顧上“吾之子始五歲”數句意。長吾女與汝女，待其嫁；如此而已！嗚呼！言有窮而情不可終，汝其知也耶？其不知也耶？嗚呼哀哉！仍以哀號結。○以上稱説善後。尚饗。

費袞曰：文字中用語助太多，或令文氣卑弱。典謨訓誥之文，其末句初無“耶”、“歟”、“者”、“也”之詞，而渾渾灝灝噩噩，列於《六經》。然後之文人，多因難以見巧。退之《祭十二郎老成文》一篇，大率皆用助語。其最妙處，自“其信然耶”以下，至“幾何不從汝而死也”一段，僅三十句；凡句尾連用“耶”字者三，连用“乎”字者三，连用“也”字者四，连用“矣”字者七，幾於句句用語助矣，而反復出没，如怒濤驚湍，變化不測，非妙於文章者，安能及此！其後歐陽公作《醉翁亭記》繼之，又特盡紆徐不迫之態；二公固以爲游戲，然非大手筆不能！

林紓曰：《祭十二郎文》，至痛徹心，不能爲辭，則變調爲散體，飽述其哀；只用家常話，節節追維，皆足痛哭。文作於貞元九年，公又在不得意中；十二月，貶陽①山下命之，以家難之劇，猝生於不得意之時。雖以昌黎聖手，亦萬不能處處作韻語，故直起直落。文中所謂“吾兄之盛德，而夭其嗣”，兄指韓會也。以下或叙事，或叙悲，錯錯雜雜，説來俱成文理。吾亦不能繩以文字之法，分爲段落，但覺一片哀音，聽之皆應節奏。《瀧岡阡表》於二百七十年後，固宜與之作配。然歐公自得意後述哀，不如昌黎在不得意中述哀，尤爲懇摯。且二公通塞不同，故語亦稍别。

送許郢州序

許仲輿，或作志雍，字陸，貞元九年進士。時于頔節制山南東道。郢於山南爲屬邑。是時頔斂民方急，愈因志雍之行，序以規之。愈貞元十八年上于頔書，故云：“愈嘗以書自通於于公”，頔此序十九年作也。

愈嘗以書自通於于公，累數百言；其大要言：“先達之士，得人而託之，則道德彰而名問流。後進之士，得人而託之，則事業顯而爵位通。下有矜乎能，上有矜乎位，雖恒相求而喜不相遇。”于公不以其言爲不可，復書曰“足下之言是也”。一方連帥，不容率爾獻規。從平昔相知發端，乃得進言之體。于公

① “陽”後有脱文，兹據林紓《韓柳文研究法》補足。

身居方伯之尊，蓄不世之材，而能與卑鄙庸陋相應答，如影響；是非忠乎君而樂乎善，以國家之務爲己任者乎！引人，未規先頌。愈雖不敢私其大恩，抑不可不謂之知己，恒矜而誦之；情已至而事不從，小人之所不爲也！動之以誠信。故於使君之行，道刺史之事以爲于公贈。此句點眼，見得序不爲送許，而爲于公贈。〇以上叙與于公夙昔有交誼，誼不得不有言。凡天下之事，成於自同而敗於自異。爲刺史者，恒私於其民，不以實應乎府。妙！於語言從刺史説起，善爲于公地。爲觀察使者，恒急於其賦，不以情信乎州。繇是刺吏不安其官，觀察使不得其政，財已竭而斂不休，人已窮而賦愈急，其不去爲盜也亦幸矣！數語側重觀察，以致意不安其官是重民命而輕位，若不得政則爲害無窮矣！用筆極有輕重。誠使刺史不私於其民，觀察使不急於其賦。翻轉來兩平説。刺史曰："吾州之民，天下之民也；惠不可以獨厚。"觀察使亦曰："某州之民，天下之民也；斂不可以獨急。"如是而政不均，令不行者，未之有也！以政不均望刺史，以令不行射觀察。賓主雙行，方是道刺史之事以爲于公贈説。得刺史與有責焉，爲觀察分謗，則道之易入。其前之言者，于公既已信而行之矣！回顧第一段。今之言者，其有不信乎！折落本段，將前段打成一片，神迴氣合。〇以上爲州之於府説。縣之於州，猶州之於府也，有以事乎上，有以臨乎下，同則成，異則敗者皆然也。非使君之賢，其誰能信之！以上爲縣之於州説。祇"同則成，異則敗者皆然也"，將上文輕輕引説，正是敲擊于公，戒許無效尤也，併規郢州，乃不使連帥無施面目。愈於使君，非燕游一朝之好也，故其贈行，不以頌而以規。明點規字，扯于公在内，爲一篇結穴。

何焯曰：《送許郢州序》，諷刺之辭，却語語平恕，藹如也！善爲説辭，長於諷諭，本是不恤民命，却只諷他不通下情，妙甚！

林紓曰：《送許郢州序》，爲昌黎激射于頔之作，行文最妙！當許仲輿刺郢時，于頔方節制山南東道；郢於山南爲屬邑。頔斂民急；昌黎欲質直諫之，不能爲辭；故借送許之行以微言感動于頔。夫斂急而逼民爲盜，咎在觀察使。不急其賦，使民蘇息，惠在刺史。然説到刺史有惠，偏曰"惠不可以獨厚"，是警醒于頔，勿爲淵毆魚意。"斂不可以獨急"，與"惠不可以獨厚"，似對舉成文，同爲譽詞；其實非是！刺史未到州，安得有"惠"，言惠者，望之之詞也。觀察好聚斂，安得不急；言"不急”者，諷之之詞也。序首述及前書之意，似前書亦可爲今日送行之引子；而昌黎乃用報書之言，用堅其説之必行。行文縈覆照應，覺木屑竹頭，皆爲切用之物。行文精處，真令人莫測！

贈崔復州序

此序不知何年作；大概與送許郢州之意同。郢、復在唐，皆隸山南東道。兩序皆言于公頔，又皆言民窮斂急，意其同時作也。

有地數百里；趨走之吏，自長史、司馬已下數十人；長史、司馬，刺史之佐。唐制每州刺史而下，長史一人，司馬一人。其禄足以仁其三族，及其朋友故舊。樂乎心，則一境之人喜；不樂乎心，則一境之人懼。丈夫官至刺史，亦榮矣！頓挫！極意形容其榮，正爲下文難爲反跌蓄勢。雖然幽遠之小民，其足迹未嘗至城邑；苟有不得其所，能自直於鄉里之吏者鮮矣！況能自辨於縣吏乎！能自辨於縣吏者鮮矣！況能自辨於刺史之庭乎！由是刺史有所不聞，不遽説連帥之不信，而先説刺史之不聞。不欲予于公以難看，而故爲之留餘地。小民有所不宣。賦有常而民産無恒，水旱癘疫之不期。民之豐約懸於州；縣令不以言，又推之縣令之不言，爲刺史之不聞斡旋。連帥不以信，民就窮而斂愈急；吾見刺史之難爲也！難爲正與榮字作反映。○以上論刺史榮而難爲，側重難爲。崔君爲復州，其連帥則于公。崔君之仁，足以蘇復人；于公之賢，足以庸崔君；有刺史之榮而無其難爲者，將在於此乎！妙妙！落到崔君，偏説以于公之足以庸而不難爲，在于公衹見其爲頌而不覺爲規，視《送許郢州序》之不以頌而以規，尤爲婉妙！愈嘗辱于公之知，而舊游於崔君，慶復人之將蒙其休澤也，於是乎言。以上論崔君爲刺史衹有其榮而無其難爲，以于公之足以庸崔君也，衹是以頌爲規。

送區册序

貞元十九年冬，愈自御史出爲陽山令。此序在陽山作，其曰“歲初吉”，當爲二十年正月也。

陽山，天下之窮處也。陸有丘陵之險，虎豹之虞。江流悍急；橫波之石，廉利侔劍戟；舟上下失勢，破碎淪溺者往往有之！以區生挐舟來，故舟行之險獨詳。縣郭無居民，官無丞尉；夾江荒茅篁竹之間，小吏十餘家，皆鳥言夷面；始至，言語不通，畫地爲字，然後可告以出租賦，奉期約。是以賓客游從之士，無所爲而至！以上寫陽山窮處，而無賓客游士至。愈待罪於斯，且半歲矣！有區生者，誓言相好，自南海挐舟而來；升自賓階，儀觀甚偉；坐與之語，文義卓然，莊周云："逃空虛者，聞人足音，跫然而喜矣！"見《莊子·徐無鬼篇》。跫，許恭切。況如斯人者，豈易得哉！入吾室，聞《詩》、《書》仁義之説，欣然喜，若有志於其間也！與之翳嘉林，坐石磯，投竿而漁，陶然以樂，若能遺外聲利，而不厭乎貧賤也！以上叙區生誓言相好而挐舟來。歲之初吉，歸拜其親。酒壺既傾，序以識别。以上叙送行。

林紓曰：區册生平無考，或南海一不知名之士。昌黎適貶陽山，空谷足音，不能不獎許之。獎以喜《詩》、《書》仁義之説，又許之能遺外聲利，讀者不能不疑其濫予！寧知昌黎行文，固有分寸，未嘗爲逾量之言；但觀兩"若"字，便見文中大有活著。一曰"若有志於其間也"；再曰"若能遺外聲利而不厭乎貧賤也"；若者未定之詞。蓋身處煙瘴之區，與鳥言夷面之人爲伍，一見斯文，自然稱許過當；然仍節節有限制，此所以成爲大家之文！

答竇秀才書

時愈爲陽山令，故云"遠宰蠻縣"，貞元二十年作。

愈白：愈少駑怯，於他藝能，自度無可努力；又不通時事，而與世多齟齬；念終以無樹立，遂發憤篤專於文學。學不得其術，凡所辛苦而僅有之者，皆符於空言，而不適於實用；又重以自廢；是故學成而道益窮，年老而智愈困。今又以罪黜於朝廷，遠宰蠻縣，愁憂無聊瘴癘侵加，惴惴焉無以冀朝夕！以上自叙道窮罪黜，反跌秀才之相從。足下年少才俊，辭雅而氣鋭，當朝廷求賢如不及之時，當道者又皆良有司；操數寸之管，書盈尺之紙，高可以釣爵位；循次而進，亦不失萬一於甲科。頓挫！今乃乘不測之舟，入無人之地，以相從問文章爲事；身勤而事左，辭重而請約，非計之得也！頓挫！雖使古之君子，積道藏德，遁其光而不曜，膠其口而不傳者，遇足下之請懇懇，猶將倒廩傾困，羅列而進也！頓挫！若愈之愚不肖，又安敢有愛於左右哉！頓挫！顧足下之能，足以自奮；愈之所有，如前所陳，是以臨事愧恥而不敢答也！錢財不足以賄左右之匱急，文章不足以發足下之事業；捆載而往，垂橐而歸。足下亮之而已！意秀才非誠有志於道者，徒浮慕以相取，故姑爲是言以謝之。○以上言秀才之能，無所藉重於己。愈白。

林紓曰：《答竇秀才書》，則公方於貞元十九年貶陽山令，滿懷牢騷，無處發洩。而竇公適以此時至縣請粟，告以身勤事左，辭重請約；見得凡能文抱道之人，至惴惴無以冀朝夕，似文與道均不祥之物；身既坐廢窮困，益之以罪；秀才來請，又奚爲者。一面説朝廷求賢，一面説當道皆良有司，然爵位之上，用一"釣"字；則朝廷之求賢可知，良有司之衡才又可知。褒詞與貶詞，分作兩橛用法，使讀書者解悟其用意；此巧於用扼字法也。

送廖道士序

愈永貞元年，自陽山徙掾江陵，道衡山而作。

五岳於中州，衡山最遠！南方之山，巍然高而大者以百數；獨衡爲宗；最遠而獨爲宗，其神必靈！衡山一層。衡之南八九百里，地益高，山益峻，水清而益駛，其最高而横絶南北者嶺。郴之爲州，在嶺之上，測其高下，得三之二焉；中州清淑之氣，於是焉窮。氣之所窮，盛而不過，必蜿蟺扶輿磅礴而鬱積。《文選》："虬龍騰驤以蜿蟺。"蜿，蜒也。蟺，蚯蚓也。扶輿二字，義未詳。《莊子》："將磅礴萬物以爲一。"注：磅礴，猶混同也。○郴州又一層。衡山之神既靈；而郴之爲州，又當中州清淑之氣，蜿蟺扶輿磅礴而鬱積；將兩層紐作一層。其水土之所生，神氣之所感，白金，水銀，丹砂，石英，鍾乳，橘柚之包，竹箭之美，千尋之名材，不能獨當也！爲"必有"二字，盤旋作勢。

意必有魁奇、忠信、材德之民生其間；而吾又未見也！又以“未見”掃去“必有”，往復低昂。其無乃迷惑溺没於老佛之學而不出耶？千迴百折，方落到廖道士。廖師，郴民；而學於衡山，氣專而容寂，多藝而善游；豈吾所謂魁奇而迷溺者耶？回顧一筆。廖師善知人，若不在其身，又以“若不在其身”輕輕將“豈吾所謂”掃去，隨落隨掃，真有烟雲幻變之妙！必在其所與遊。訪之而不吾告，何也？於其别，申以問之？收得混茫無迹，不著邊際。

林紓曰：《送廖道士序》，原可不作；而昌黎志闢佛老，必時時於此等題目著意。此文製局甚險，似泰西機器，懸數千萬斤之巨椎於樑間，以鐵繩作轆轤，可以疾上疾下；置表於質上，驟下其椎，椎及表面玻璃而止，分毫無損也！文自“五岳於中州”起，至“千尋之名材，不能獨當也”止，二百餘言作一氣下。想廖道士讀到“不能獨當”句，必謂己足以當之；此千萬斤之鐵椎，已近玻璃表面矣！“意必有”，“吾未見”六字，即輕輕將椎勒住，於表面無損分毫；然又防他掃興，即復兜住，言“無乃迷惑溺没於老佛之學而不出”，似於廖師身上，仍留一線生機。其下率性還他好處，説“豈所謂魁奇而迷溺”，又將巨椎收高放下；弄得廖師笑啼間作，幾謂得雋即在言下。忽言“廖師善知人，若不在其身，必在其所與遊”；此一擲真有萬里之遠，把以上醲至興會話頭，盡化作蜃樓海市，與廖師一毫無涉。此在事實上則謂之騙人，而在文字中當謂之幻境。昌黎一生忠鯁，而爲文乃狡獪如是！令人莫測！

張中丞傳後序

元和二年，愈年四十歲作。

元和二年四月十三日夜，愈夜與吴郡張籍閲家中舊書，得李翰所爲《張巡傳》。巡，鄧州南陽人。翰以文章自名，爲此傳頗詳密。然尚恨有闕者，不爲許遠立傳，遠，杭州鹽官人。又不載雷萬春事首尾。以上叙李翰所爲《張巡傳》，而恨其有闕。遠雖材若不及巡者；開門納巡，位本在巡上，授之柄而處其下，無所疑忌；竟與巡俱守死成功名。城陷而虜，與巡死後異耳！一解。

兩家子弟材智下，不能通知二父志，以爲巡死而遠就虜，疑畏死而辭服於賊。推不爲許遠立傳之由。遠誠畏死；折筆。何苦守尺寸之地，食其所愛之肉以與賊抗而不降乎？反跌得勢。當其圍守時，隨跌隨振。外無蚍蜉蟻子之援；所欲忠者，國與主耳，而賊語以國亡主滅；賊將令狐潮聞玄宗已幸蜀，以書招巡。有大將六人白巡："上存亡不可知，不如降賊！"巡責以大義，斬之。士心益勸。遠見救援不至而賊來益衆，必以其言爲信；外無待而猶死守，人相食且盡，雖愚人亦能數日而知死處矣！遠之不畏死亦明矣！正落。烏有城壞，其徒俱死；獨蒙愧恥求活，雖至愚者不忍爲！反跌。嗚呼！而謂遠之賢而爲之耶！再反跌一筆，所謂反覆低昂、詞氣鏗訇者也。〇爲遠再解。説者又謂遠與巡分城而守，城之陷，自遠所分始。又一不立傳之由。以此詬遠，此又與兒童之見無異！人之將死，其藏腑必有先受其病者；引繩而絶之，其絶必有處；觀者見其然，從而尤之，其亦不達於理矣！三解。小人之好議論，不樂成人之美如是哉！如巡、遠之所成就，如此卓卓，猶不得免；其他則又何説！單論遠而巡、遠雙收，一唱再歎，束上開下。〇以上論不爲許遠立傳。當二公之初守也，再振，巡遠併提。寧能知人之卒不救，棄城而逆遁；一層。苟此不能守，雖避之他處何益！二層。及其無救而且窮也，將其創殘餓羸之餘，雖欲去必不達。三層。二公之賢，其講之久矣！總落。守一城，捍天下，以千百就盡之卒，戰百萬日滋之師，蔽遮江淮，沮遏其勢；天下之不亡，其誰之功也！反跌"蔽遮江淮"，則租税得通，可資以成中興之業；故以天下不亡，爲二臣之力，則文無一虚語。當是時，再振起！棄城而圖存者，不可一二數；反映二公之"守一城，捍天下"。擅彊兵，坐而觀者相環也；暗渡下賀蘭不救，《史記》列傳過接處多有此法。不追議此，而責二公以死守；亦見其自比於逆亂，設淫亂而助之攻也！以上推論巡、遠堅守之功，而斥浮議之爲黨惡。愈嘗從事於汴、徐二府，屢道於兩府間，親祭於其所謂雙廟者。時詔贈巡揚州大都督，遠荆州大都督，皆立廟睢陽，歲時致祭，號雙廟。其老人往往説巡、遠時事云："南霽雲之乞救於賀蘭也，賀蘭嫉巡、遠之聲威功績出己上，不肯出師救；愛霽雲之勇且壯，不聽其語，彊留之；具食與樂，延霽雲坐。霽雲慷慨語曰：'雲來時，睢陽之人，不食月餘日矣！雲雖欲獨食，義不忍！雖食，且不下咽！'因拔所佩刀斷一指，血淋漓，以示賀蘭。一座大驚，皆感激爲雲泣下！雲知賀蘭終無爲雲出師意，即馳去；將出城，抽矢射佛寺浮圖，矢著其上甎半箭，曰：'吾歸破賊，必滅賀蘭；此矢所以志也！’”愈貞元中過泗州，船上人猶指以相語。自“愈貞元中”云云，以上述老人説，自此以下亦述老人説；而中間著此兩語，夾叙以證實其事，如頰上添毫恍想見，且述且夾，話情狀栩栩欲活。“城陷；賊以刃脅降巡；巡不屈；即牽去，將斬之。又降霽雲；雲未應。巡呼雲曰：‘南八！男兒死耳！不可爲不義屈！’雲笑曰：‘欲將以有爲也。公有言，雲敢不死！’即不屈。”以上補叙雷萬春事首尾。張籍曰：“有于嵩者，少依於巡。及巡起事，嵩常在圍中。籍大曆中，於和州烏江縣見嵩。嵩時年六十餘矣；以巡初嘗得臨渙縣尉，好學無所不讀，籍時尚小，粗問巡、遠事，不能細也！未叙嵩云先著此句，口角如生。云：“巡長七尺餘，鬚髯若神，嘗見嵩讀《漢書》，謂嵩曰：‘何謂久讀此？’嵩曰：‘未熟也！’巡曰：‘吾於書讀不過三徧，終身不忘也！’因誦嵩所讀書，盡卷不錯一字。嵩驚，以爲巡偶熟此卷；因亂抽他帙以試，無不盡然！嵩又取架上諸書，試以問巡，巡應口誦無疑。嵩從巡久，亦不見巡常讀書也！反繳一句，神來阿堵！爲文章，操紙筆立書，未嘗起草。初守睢陽時，士卒僅萬人；城中居人，户亦且數萬；巡因一見問姓名，其後無不識。巡怒，鬚髯輒張。及城陷，賊縛巡等數十人坐，且將戮。巡起旋；其衆見巡起，或起或泣。巡曰：‘汝勿怖死；命也！’衆泣不能仰視。寫巡，寫其衆，各具神氣，奕奕如生。巡就戮時，顔色不亂，陽陽如平常。寫巡就戮，與前巡呼雲曰云云，互有詳略，而筆意相激射。遠寬厚長者，貌如其心；與巡同年生，月日後於巡，呼巡爲兄；死時年四十九。”自巡寫到遠，與前“遠雖材，若不及巡者”云云，筆意相激射。“遠寬厚長者，貌如其心”，應“無所疑忌”。“呼巡爲兄”，應“處其下”，故叙遠死，即互見巡年以收，應“與巡俱死”句。○嵩云至此完結，以下找一小段叙嵩死，而倒結以張籍云，如奇峰怪石，崚嶒峭險。“嵩，貞元初，死於亳、宋間。或傳嵩有出在亳、宋間，武人奪而有之；嵩將詣州訟理，爲所殺。嵩無子。”張籍云。以愈與吴郡張籍閲家中舊書起，以張籍述于嵩結，前後相映，亦自成章法。○以上補叙巡、遠遺事，而以“張籍曰”起，以“張籍云”結。

林紓曰：《張中丞傳後叙》，蓋仿史公傳後論體，采遺事以補傳中所不足也。如背誦《漢書》，記城中卒伍始名，起旋，慰同斬者之涕泣，事近繁碎；然爲傳後補遺之體則可；引爲《張巡傳》中正事，則事更有大於此者！李翰書正坐太繁，極爲歐陽文忠所譏。然退之此文，歷落有致，夾叙夾議，歐陽公述王鐵槍，殆脱胎於此！

國子助教河東薛君墓誌銘

元和四年，愈年四十二歲。

君，諱公達，字大順，薛姓。曾祖曰希莊，撫州刺史，贈大理卿。祖曰元暉，果州流溪縣丞，贈左散騎常侍。父曰播，元暉三子據、揔、播。據開元十九年，揔十八年，播天寶十一年並登第。尚書禮部侍郎。侍郎命君後兄據；據爲尚書水部郎中，贈給事中。以上叙姓名三代。君少氣高，爲文有氣力；務出於奇，以不同俗爲主。一篇之眼。始舉進士，不與先輩揖；作《胡馬》及《圜丘》詩。京師人未見其書，皆口相傳以熟。及擢第，補家令主簿；佐鳳翔軍。貞元三年二月，以鳳翔留後邢君牙爲鳳翔尹，鳳翔、隴西觀察使，至是表公達，佐其軍。軍帥武人。君爲作書奏，讀不識句，傳一幕以爲笑；不爲變！後九月九日大會射；設標的高出百數十尺，令曰："中，酬錦與金若干！"一軍盡射，莫能中！君執弓，腰二矢，指一矢以興，揖其帥曰："請以爲公歡！"遂適射所。一座皆起隨之。射三發，連三中，的壞不可復射。中輒一軍大呼以笑，連三大呼笑。帥益不喜，即自免去！後佐河陽軍，任事，去害興利，功爲多。拜協律郎，益棄奇，與人爲同。反映前"務出於奇，不同俗"。今天子修太學官；有公卿言，詔拜國子助教，分教東都生，元和四年，年卌七；二月十四日，疾暴卒。以上歷叙其"務出於奇，不同俗"，後乃棄奇，與人爲同。君再娶；初娶琅邪王氏；後娶京兆韋氏。凡産四男五女。男生，輒即死；自給事至君後再絶，遺言曰："以公儀之子巳巳後我。"以上叙妻子。其年閏二月廿一日，弟試太子通事舍人公儀，京兆府司録公幹，以君之喪歸；以五月十五日，葬於京兆府萬年縣少陵原，合祔王夫人塋。以上叙喪葬。銘曰：

宦不遂，歸讒於時！身不得年，又將尤誰！世再絶而紹祭以不墮。銘詞嶔嶔有致。

唐朝散大夫贈司勳員外郎孔君墓誌銘

孔戣，孔子三十六世孫；曾與愈偕分司東都；故爲作誌，時年四十三歲。

昭義節度盧從史有賢佐曰孔君，諱戣，字君勝。昭義軍，潞州也，在河東。貞元二十年八月，以盧從史爲昭義節度使，表戣爲書記。○直起，卓立如山！從史爲不法，君陰爭不從，先著此句，見非訐以爲直。則於會肆言以折之。從史羞，面頸發赤，抑首伏氣不敢出一語以對，立爲君更令改章辭者前後累數十。坐則與從史説古今君臣父子道，順則受成福，逆輒危辱誅死；曰："公當爲彼，不得爲此！"從史常聳聽喘汗。暫勒警動！居五六歲，益驕，有悖語。君爭無改悔色，則悉引從事，空一府往爭之。從史雖羞退，益甚！君泣語其徒曰："吾所爲止於是，不能以有加矣！"遂以疾辭去，卧東都之城東，酒食伎樂之燕不與。當是時，天下以爲賢；論士之宜在天子左右者，皆曰孔君孔君云！會宰相李公鎮揚州，元和三年九月，以宰相李吉甫爲淮南節度使。首奏起君，君猶卧不隱。從史讀詔曰："是故舍我而從人耶？"即誣奏君前在軍有某事。上曰："吾知之矣！"奏三上，乃除君衛尉丞，分司東都。詔始下；門下給事中吕元膺封還詔書。上使謂吕君曰："吾豈不知戣也，行用之矣！"明年，元和五年正月，將浴臨汝之湯泉；壬子，至其縣食，遂卒，不書病者，此用《春秋》"鄭伯髡頑卒於鄵"書法，以發疑也，或中毒死耶！年五十七。公卿大夫士相吊於朝，處士相吊於家。君卒之九十六日，詔縛從史送闕下，數以違命，流於日南；元和五年四月，鎮州行營招討使吐突承璀縛從史送京師，貶驩州司馬。遂詔贈君尚書司勳員外郎，蓋用嘗欲以命君者信其志。其年八月甲申，從葬河南河陰之廣武原。以上叙佐盧從義以强諫死。君於爲義若嗜欲，勇不顧前後；於利與禄，則畏避退處，如怯夫然！刻畫而出以互勘，神情活現。始舉進士第，自金吾衛録事，爲大理評事，佐昭義軍。軍帥死，貞元二十年六月，昭義節度使李長榮卒。從史自其軍諸將代爲帥，請君曰："從史起此軍行伍中，凡在幕府，唯公無分寸私！公苟留，唯公之所欲爲。"君不得已留。追叙其始佐前帥，不得已而强留，非不知從史爲人，苟應其請。一歲再奏，自監察御史至殿中侍御史。從史初聽用其言，得不敗；後不聽信，惡益聞，君棄去，遂敗！以上叙性行及佐盧從史之由。祖某，某官，贈某官。父某，某官，贈某官。君始娶弘農楊氏女，卒；又娶其舅宋州刺史京兆韋屺女，皆有婦道。凡生一男四女，皆幼。前夫人從葬舅姑兆次。卜人曰："今兹歲未可以祔！"從卜人言，不祔。以上叙祖父妻子。君母兄戣，尚書兵部員外郎；母弟戢，殿中侍御史；以文行稱朝廷。將葬，以韋夫人之弟前進士楚材之狀授愈曰：“請爲銘。以上叙兄弟請銘。銘曰：

允義孔君，茲惟其藏。更千萬年，無敢壞傷！

曾國藩曰：“昭義節度盧從史有賢佐曰孔君”，此等起法，惟韓公筆力警聳矯變，無所不可。若他手爲之，恐僨張而長客氣；故不如樸拙按部之猶爲近古也！漢文無起筆峭立者；按之固自有序也。不可不察！

乳母墓銘

元和六年，愈年四十四歲作。

乳母李，徐州人，號正真；入韓氏，乳其兒愈。以上叙入韓氏起。愈生未再周月孤，失怙恃。大曆三年，愈生五年而父仲卿卒。愈《祭嫂鄭夫人》云：“我生不辰，三歲而孤。”此言未再周月，孤失怙恃，蓋雖入三歲，而未及兩周也。李憐不忍棄去，視保益謹，遂老韓氏；以上叙乳母之恩勤，三言兩語，筆大如椽，簡老之至。及見所乳兒愈舉進士第，歷佐汴徐軍，入朝，爲御史，國子博士，尚書都官員外郎，河南令；娶婦，生二男五女，時節慶賀，輒率婦孫列拜進壽。以上叙乳母之晚娱，而著意在“及見”二字。須知一未再周之孤兒，撫養成人，而及見其作官、娶妻、生子，胸中無限慰藉，描寫入微。年六十四，元和六年三月十八日，疾卒。卒三日，葬河南縣北十五里。愈率婦孫視窆封，且刻其語於石，納諸墓，爲銘。以上叙其卒葬。

試大理評事王君墓誌銘

元和六年五月，以李惟簡爲鳳翔隴州節度使。而誌叙惟簡還帥鳳翔，王隨往；居歲餘，入閿鄉南山；明年九月疾病，九月某日卒，十一月某日葬，爲之銘。不知所謂明年者，將惟簡還帥鳳翔，王隨往之明年耶？抑王隨往鳳翔，居歲餘入閿鄉南山之又明年耶？計當在元和七八年之間爾。

君諱適，姓王氏，好讀書；懷奇負氣，四字一篇之骨。不肯隨人後舉選；見功業有道路可指取，有名節可以戾契致；困於無資地，不能自出；乃以干諸公貴人，借助聲勢。諸公貴人既志得，皆樂熟軟媚耳目者，不喜聞生語；一見輒戒門以絶，一不得志。上初即位，以四科募天下士。元和元年四月，試博通墳典達於教化科，才識兼茂明於體用科，達於吏理可使從政科，軍謀弘遠堪任將帥科。君笑曰："此非吾時耶！"即提所作書緣道歌吟，趨直言試；既至，對語驚人；懷奇。不中第，益困！再不得志。久之，聞金吾李將軍年少喜士可撼，李惟簡憲宗時爲金吾衛大將軍。乃踏門告曰："天下奇男子王適，願見將軍白事。"負氣如畫！一見語合意，往來門下。厘乃得志。盧從史既節度昭義軍，張甚，奴視法度士，欲聞無顧忌大語；有以君生平告者，即遣客鉤致。君曰："狂子不足以共事！"負氣。立謝客。此事略見其名節。李將軍由是待益厚；綰合無迹。奏爲其衛胄曹參軍，充引駕仗判官，盡用其言。將軍遷帥鳳翔，君隨往，改試大理評事，攝監察御史，觀察判官，櫛垢爬痒，民獲蘇醒。此事略見其才能。居歲餘，如有所不樂，一旦，載妻子入閿鄉南山，不顧。又負氣。中書舍人王涯、獨孤郁，吏部郎中張惟素，比部郎中韓愈，日發書問訊；顧不可强起，負氣到底。不即薦。明年九月，疾病，輿醫京師；其月某日，卒，年四十四；十一月某日，即葬京城西南長安縣界中。以上叙懷奇負氣，以不得志死。曾祖爽，洪州武寧令。祖微，右衛騎曹參軍。父嵩，蘇州崑山丞。妻上谷侯氏，處士高女。高固奇士，自方阿衡太師，世莫能用吾言；亦懷奇。再試吏，再怒去，發狂投江水。亦負氣。初，處士將嫁其女，懲曰："吾以齟齬窮；一女憐之，必嫁官人，不以與凡子。"君曰："吾求婦氏久矣！惟此翁可人意；且聞其女賢，不可以失。"即謾謂媒嫗："吾明經及第且選，即官人。侯翁女幸嫁！若能令翁許我，請進百金爲嫗謝。"一妻耳，猶謾言官人而幸嫁之，則何事不困於無資地，而不能自出乎書。此以見阨塞，乃於詼詭中發感喟。諾許白翁。翁曰："誠官人耶！取文書來。"看翁癡裏黠。君計窮吐實。嫗曰："無苦！翁大人，不疑人欺我。得一卷書，粗若告身者；我袖以往。翁見，未必取眎；幸而聽我，行其謀。"翁望見文書銜袖，果信不疑；曰："足矣！"以女與王氏。懷奇負氣之人困於資地，思女嫁官人，至爲人紿。其情亦既可悲，而兩人情性反相映成趣，因而記之，乃極跌宕。生三子，一男二女。男三歲夭死。長女嫁亳州永城尉姚侹。其季始十歲。以上叙祖父妻子。銘曰：

鼎也不可以柱車，馬也不可使守閭，《淮南子》：“柱不可以摘齒，筐不可以持屋，馬不可以服重，牛不可以追速。”愈取此意。佩玉長裾，不利走趨。秖繫其逢，不繫巧愚。不諧其須，有銜不祛。鑽石埋辭，以列幽墟。銘澹宕而多奇，與誌相稱。

何焯曰：王適之才，必有過人者，如柏耆之屬；而以不拘小節，大冠若箕者，遂失之於牝牡驪黄之外；故即瑣事摹畫其生平大概如此。

曾國藩曰：《試大理評事王君墓誌銘》，以蔡伯喈碑文律之，此等文失古已意；然能者遊戲，無所不可；末流效之，乃墮惡趣矣！

殿中侍御史李君墓誌銘

元和八年，愈年四十六歲。

殿中侍御史李君，名虚中，字常容。其十一世祖沖，貴顯拓拔世。父惲，河南温縣尉，娶陳留太守薛江童女，生六子。君最後生，愛於其父母，年少長，喜學；學無所不通，最深於五行書；世傳有李虚中《命書》。以人之始生年月日所直日辰支干，相生勝衰死王相，斟酌推人壽夭貴賤利不利，輒先處其年時，百不失一二。其説汪洋奥美，關節開解，萬端千緒，參錯重出。學者就傳其法，初若可取，卒然失之；卒，千忽切。星官曆翁，莫能與其校得失。進士及第，貞元十一年，虚中登第。試書判入等，補秘書正字。母喪去官；卒喪，選補太子校書。河南尹奏疏，授伊闕尉，佐水陸運事。貞元十六年九月，以張式爲河南尹、水陸轉運使，奏虚中爲佐。故宰相鄭公餘慶繼尹河南，以公爲運佐如初。元和元年十一月，以故相鄭餘慶代式。宰相武公元衡之出劍南，元和二年十月，以宰相武元衡爲西川節度使。奏奪爲觀察推官，授監察御史。未幾，御史臺疏言行能高，不宜用外府；即詔爲真御史；半歲，分部東都臺，遷殿中侍御史。元和八年四月，詔徵。既至，宰相欲白以爲起居舍人；經一月，疽發背；六月乙酉卒，年五十二。其年十月，戊申，葬河南洛陽縣，距其祖澠池令府君僑墓十里。以上歷叙生平而特詳其深於五行書。君昆弟六人，先君而歿者四人。其一人嘗爲鄭之滎澤尉，信道士長生不死之説；既去官，絶不營人事，故四門之寡妻孤孩，與滎澤之妻子，衣食百須，皆自君出。自初爲伊闕尉佐河南水陸運使，换兩使，經七年不去，所以爲供給教養者。及由蜀來，輩類御史，皆樂在朝廷進取；君獨念寡稚，求分司東出。嗚呼！其仁哉！以上叙友于兄弟，乃特表而出之。君亦好道士説，亦之云者，承上“其一人嘗爲鄭之滎澤尉，信道士長生不死”而言之也，過接無迹！於蜀得秘方，能以水銀爲黄金，服之，冀果不死。將疾，謂其友衛中行大受韓愈退之曰：“吾夢大山裂，流出赤黄物如金。”左人曰：手足便右，以左爲僻，故凡幽猥皆曰僻左，如左道言邪道也。左人，亦同此意。“是所謂大還者！”今三年矣！君既歿，愈追占其夢曰：“山者艮；艮爲背，裂而流赤黄，疽象也。大還者，大歸也。其告之矣！”以上補叙得疾之由。妻范陽盧氏，鄭滑節度使兼御史大夫群之女，群字戴初，范陽人，貞元十六年四月，爲義成節度使。與君合德。親戚無退一言。男三人：長曰初，協律郎。次曰彪。其幼曰還，適三歲。女子九人。以上叙妻子。銘曰：

不贏其躬，以尚其後人！

與鄂州柳中丞書

柳公綽始自御史中丞出爲湖南觀察使，以元和七年徙鄂岳。時方討元吴濟。詔發鄂岳兵五千，隸安州刺史李聽。公綽曰：“朝廷謂吾儒生不知兵耶？”請自行。許之。引兵渡江，如古名將，每戰輒勝。愈感而與之書。時爲元和十年，愈年四十八歲。

淮右殘孽，尚守巢窟。環寇之師，殆且十萬；瞋目語難，自以爲武人，不肯循法度，頡頏作氣勢；竊爵位自尊大者，肩相摩，地相屬也；頓挫！極意形容武人之“頡頏作氣勢”，以反跌下文之“不聞有一人援桴鼓誓衆而前”。不聞有一人援桴鼓誓衆而前者；但日令走馬來求賞給，助寇爲聲勢而已！頓挫！又以武人之不援鼓誓衆而前以反跌下文“閣下，書生”之鼓三軍而進之。閣下，書生也！非瞋目語難，自以爲武人。詩、書、禮、樂是習，仁義是修，法度是束；非“不肯循法度，頡頏作氣勢”。一旦去文就武，鼓三軍而進之；非不援桴鼓誓衆而前。陳師鞠旅，《詩》：“鉦人伐鼓，陳師鞠旅。”注云：二千五百人爲師，五百人爲旅。鞠，告也。親與爲辛苦；慷慨感激，同食下卒；非竊爵位自尊大。將二州之牧以壯士氣，斬所乘馬以祭踶死之士；踶，蹋也，音提。雖古名將，何以加茲？頓挫！此由天資忠孝，鬱於中而大作於外，動皆中於機會，以取勝於當世，而爲戎臣師；推其所以。豈常習於威暴之事，而樂其鬬戰之危也哉？繳應“閣下，書生”，反跌作勢。愈誠怯弱，不適於用，聽於下風，竊自增氣，誇於中朝稠人廣衆會集之中；所以羞武夫之顔，令議者知將國兵而爲人之司命者，不在彼而在此也！激醒作意，負聲有力。臨敵重慎，戒輕出入，良食自愛，以副見慕之徒之心，而果爲國立大功也；幸甚幸甚！不宣。愈再拜。

愈愚不能量事勢可否。比常念淮右以靡弊困頓三州之地，彰義節度使管申光蔡三州。蚊蚋蟻蟲之聚，感兇豎之呴濡飲食之惠，兇豎，吴元濟也。提童子之手，坐之堂上，奉以爲帥；出死力以抗逆明詔，戰天下之兵，乘機逐利，四出侵暴，屠燒縣邑，賊殺不辜。環其地數千里，莫不被其毒；洛、汝、襄、荆、許、潁、淮、江爲之騷然。丞相公卿士大夫，勞於圖議；握兵之將，熊羆貙虎之士，畏懦蹙蹜，蹙，子六切。蹜，所六切，足迫也。莫肯杖戈爲士卒前行者！頓挫！○“莫肯”兩字，反跌下文“獨”字作勢。獨閣下奮然率先，揚兵界上，將二州之守，親出入行間，與士卒均辛苦，生其氣勢；見將軍之鋒潁，凜然有向敵之意；用儒雅文字章句之業，取先天下武夫，關其口而奪之氣。愚初聞時方食，不覺棄匕箸起立，豈以爲閣下真能引孤軍單進，與死寇角逐，爭一旦僥倖之利哉？頓挫！就令如是，亦不足貴！頓挫！其所以服人心，在行事適機宜，而風采可畏愛故也！落。是以前狀輒述鄙誠；眷惠手翰還答，益增欣悚。夫一衆人心力耳目，使所至如時雨；三代用師，不出是道。閣下果能充其言，繼之以無倦，得形便之地，甲兵足用，雖國家故所失地，旬歲可坐而得；況此小寇，安足置齒牙間！勉而卒之以俟其至，幸甚！以上誦説柳“用儒雅文字章句之業，取先天下武夫”，與第一書意略同。夫遠徵軍士，行者有羈旅離别之思，居者有怨曠騷動之憂，本軍有饋餉煩費之難，地主多姑息形迹之患，急之則怨，緩之則不用命，浮寄孤懸，形勢銷弱；又與賊不相諳委，臨敵恐駭，難以有功。若召募土人，必得豪勇，與賊相熟，知其氣力所極，無望風之驚；愛護鄉里，勇於自戰。徵兵滿萬，不如召募數千。閣下以爲何如？儻可上聞行之否？以上論遠徵軍士，不如召募土人，抒所見以備採用。計已與裴中丞相見，裴中丞即度也，時憲宗遣度視淮西諸軍，還奏，多合上旨。行營事宜，不惜時賜示及。幸甚不宣！愈再拜。

毛穎傳

何年作不可考。按元和九年十二月，愈以考功郎中知制誥。十一年正月，進中書舍人。憲宗欲平蔡，愈言惟斷乃成。宰相不喜。改太子右庶子。而傳乃云"吾嘗謂君中書，君今不中書耶？對曰'臣所謂盡心者'"云云，疑傳以此時作而寄意也。

毛穎者，中山人也。中山國名，舊爲晉併，今定縣也。然按下文"南伐楚，次中山"，則此中山乃楚地，當是唐宣州中山。孫大雅《贈筆生張蒙序》云："昌黎韓子傳毛穎，爲中山人。中山非晉，乃唐宣州中山。宣州自唐來，多擅名筆，而諸葛氏爲尤精。"其先明眎，《禮記》："兔曰明眎。"佐禹治東方土，東方卯位。養萬物有功，因封於卯地，死爲十二神。嘗曰："吾子孫神明之後，不可與物同，當吐而生！"已而果然。當吐而生，見《本草》。明眎八世孫𩿱，《爾雅》："兔子嬎。"郭注云：俗呼曰䨲，𩿱與䨲同。《廣雅》云："𩿱，兔子。"《論衡》曰："兔舐毫而孕，及其生子，從口而出，名曰嬎。"嬎，芳萬切。𩿱，奴鉤切。世傳當殷時，居中山，得神仙之術，能匿光使物，竊恒娥，事見《淮南子》。騎蟾蜍入月。《參同契》云："故易統天心，復卦建如蒙，長子繼父體，因母立兆基。消息應鍾律，升降據斗樞。三日出爲爽，震庚受西方。八日兑受丁，上弦半如繩。十五乾體成，盛滿甲東方。蟾蜍與兔魄，日月氣雙明。蟾蜍視卦節，兔老吐生光。七八直已訖，屈折低下降。十六轉受統，巽辛見平明。艮直於丙南，下弦二十三。坤乙三十日，東北喪其朋。"其後代遂隱不仕云！居東郭者曰㕙，《説文》："狡兔㕙。"《戰國策》作逡，音俊。狡而善走，與韓盧爭能；盧不及。盧怒，與宋鵲謀而殺之，醢其家。《戰國策》："韓子盧者，天下之疾犬也。東郭逡者，海内之狡兔也。韓子盧逐東郭逡，環山者三，騰山者五。兔極於前，犬廢於後。犬兔俱罷，各死其處。"《廣雅》曰："韓盧宋鵲，犬屬，鵲或作猉。"《字林》："猉，音鵲，宋良犬也。"〇以上叙毛穎籍貫家世。秦始皇時，蒙將軍恬；《博物志》："蒙恬造筆。"南伐楚，次中山。《類聚》載《廣志》云："漢諸郡獻兔毫，書鴻都門題，惟趙國毫中用。”李白《殷十一贈栗岡硯詩》：“灑染中山豪”，如以趙之中山爲説，在秦東北，雖與“南伐楚”不合，而此獵毛氏之族以獻俘，正《參同契》所謂“東北喪其朋”也。將大獵以懼楚；召左右庶長與軍尉，以《連山》筮之，《周禮》：三易之法，夏曰《連山》。得天與人文之兆。筮者賀曰：“今日之獲，不角不牙，衣褐之徒；缺口而長鬚，八竅而趺居；獨取其髦，簡牘是資。天下其同書，秦其遂兼諸侯乎?”遂獵，圍毛氏之族，拔其豪，載穎而歸，獻俘於章臺宮，聚其族而加束縛焉。秦皇帝使恬賜之湯沐，而封諸管城，號曰管城子，日見親寵任事。以上叙穎入秦。穎爲人强記而便敏，自結繩之代以及秦事，無不纂籙；陰陽卜筮，占相醫方，族氏山經地志，字書圖畫，九流百家天人之書，及至浮屠老子外國之説，浮屠之説，秦時無之，二字亦信筆不檢也。皆所詳悉；又通於當代之務，官府簿書，市井貨錢注記，惟上所使。自秦皇帝及太子扶蘇，胡亥，丞相斯李斯，中車府令高，趙高下及國人，無不愛重。又善隨人意；正直邪曲巧拙，一隨其人；雖見廢棄，終默不洩；惟不喜武士，然見請，亦時往。曲盡情態，婉折有味。累拜中書令，與上益狎。上嘗呼爲中書君。上親決事，以衡石自程；《秦始皇紀》：“天下之事無大小，皆決於上，上至以衡石量書，日夜有程。不中程，不得休息。”石，百二十斤也。雖宫人不得立左右；獨穎與執燭者常侍；上休方罷。以上叙穎親寵用事。穎與絳人陳玄、弘農陶泓及會稽褚先生友善，相推致，其出處必偕。上召穎，三人者不待詔輒俱往，上未嘗怪焉！紙墨硯，帶叙有致。後因進見，上將有任使，拂拭之；因免冠謝。上見其髮秃；又所摹畫，不能稱上意；上嘻笑曰：“中書君老而秃，不任吾用。吾嘗謂君中書，君今不中書耶!”對曰：“臣所謂盡心者。”因不復召，歸封邑，終於管城。以上叙穎以老見廢。其子孫甚多，散處中國夷狄，皆冒管城；惟居中山者能繼父祖業。以上叙穎子孫。

太史公曰：毛氏有兩族，其一姬姓，文王之子封於毛，所謂魯、衛、毛、聃者也。《左傳・僖二十四年》：“富辰之言。”戰國時有毛公、毛遂。遂，趙人，平原君之客。獨中山之族，不知其本所出，子孫最爲蕃昌。《春秋》之成，見絶於孔子而非其罪。及蒙將軍拔中山之豪，始皇封諸管城，世遂有名。而姬姓之毛無聞。瀠洄此句文法，乃見斷續曲折。穎始以俘見，卒見任使。秦之滅諸侯，穎與有功；賞不酬勞，以老見疏，秦真少恩哉！收，風神獨絶。

林紓曰：《毛穎傳》爲千古奇文；舊史譏之，而柳子厚則傾服至於不可思議，文近《史記》，然終是昌黎真面，不曾片語依傍《史記》。前半直是一篇兔傳；至獨取其髦，始爲毛穎伏案；及敍到圍毛氏族，拔豪載穎，聚族束縛，此方爲傳之正文；則以上傳兔，特述穎之家世耳。得管城封而親寵用事，下至累拜中書公止，均細疏其能，並其爵秩；與執燭者常侍，應以上親寵句。絳之陳，弘農之陶，會稽之褚，此爲傳中應有之人。冠免髮秃，敍穎末路應如此；惟盡心二字妙極。傳後論敍述毛穎身世，若有餘慨，則真肖史公矣！

祭河南張員外文

在元和十二年八月作，時愈年五十歲。

維年月日，彰義軍行軍司馬守太子右庶子兼御史中丞韓愈，謹遣某乙以庶羞清酌之奠，祭於亡友故河南縣令張十一員外之靈。以上敍遣人致祭。貞元十九，君爲御史。余以無能，同詔並跱。《文選》潘岳《關中詩》“列營碁跱”。注：跱，立也，亦作峙。君德渾剛，標高揭己。有不吾如，唾猶泥滓！余戇而狂，戇，音惷。年未三紀，乘氣加人，無挾自恃。彼婉孌者，實憚吾曹。側肩帖耳，有舌如刀。我落陽山，以尹鼯猱。君飄臨武，山林之牢。以上敍己與張性情相契，遂以御史同謫外。歲弊寒兇，雪虐風饕。顛於馬下，我泗君咷。夜息南山，同卧一席。守隸防夫，觝頂交跖。洞庭漫汗，黏天無壁。風濤相豗，呼回切。中作霹靂。追程盲進，颿船箭激。南上湘水，屈氏所沈。二妃行迷，淚蹤染林。山哀浦思，鳥獸叫音。余唱君和，百篇在吟。以上敍謫外時道途困頓，兩人同之。君止於縣，我又南踰。把觴相飲，後期有無。期宿界上，一夕相語。自别幾時，遽變寒暑。枕臂欹眠，加余以股。僕來告言：“虎入廐處。無敢驚逐，以我驝去！”驝，音蒙，驢子。君云：“是物，不駿於乘。虎取而往，來寅其徵。寅爲辰名，而以虎爲寅神，故言來歲寅月，當有徵驗。我預在此，與君俱膺！”猛獸果信，惡禱而憑！以上敍中途作别，以期後會。余出嶺中，君竢州下。偕掾江陵，非余望者。郴山奇變，其水清寫。泊砂倚石，有遌無捨。《楚詞》：“重華不可遌。”注：遌，逢也，吾故切。衡陽放酒，熊咆虎嘷。不存令章，罰籌蝟毛。令章，謂酒令，唐人會飲違令，則以籌記其罰也。委舟湘流，往觀南嶽。雲壁潭潭，穹林攸擢。避風太湖，七日鹿角。鹿角，洞庭湖中地名。鉤登大鮎，怒頰豖狗。狗，豖聲，許角切。臠盤炙酒，群奴餘啄。走官階下，首下尻高。尻，苦刀切。下馬伏塗，從事是遭。以上叙再會江陵，以遊南嶽，飲酒極酣。予徵博士，君以使已。元和元年六月，愈召爲國子博士，署掾江陵半年，邕管奏爲判官，不往。相見京師，過願之始！分教東生，君掾雍首。元和二年，愈分教東都，署爲京兆府司録參軍。雍，州名。兩都相望，於别何有。解首背面，遂十一年。君出我入，如相避然。生闊死休，吞不復宣！以上叙意可以相見而終不見，遂成永訣。刑官屬郎，引章訐奪。權臣不愛，南康是斡。署自刑部，出刺虔州。明條謹獄，氓獠户歌。獠，音老。用遷澧浦，爲人受瘥，署自虔州，改澧州刺史。民税出雜産物與錢，尚書有經數，觀察使牒州徵錢倍數經，署曰："刺史可爲法，不可貪官害民。"留牒不肯從，竟以代罷。瘥，病也。還家東都，起令河南。屈拜後生，憤所不堪。屢以正免，身伸事蹇。竟死不昇，孰勸爲善！丞相南討，元和十六年，以宰相裴度爲淮西宣尉處置使，南討淮蔡。余辱司馬。議兵大梁，時宣武軍節度使韓弘爲諸軍都統使，將出討，愈詣弘稟事。走出洛下。哭不憑棺，奠不親斝。不撫其子，葬不送野。望君傷懷，有隕如瀉！銘君之績，納石壙中。爰及祖考，紀德事功。外著後世，鬼神與通。君其奚憾，不余鑒衷！以上叙署以直道不得志死，而愈爲職所羈，不得吊奠。嗚呼哀哉！尚饗！

林紓曰：祭文體本以用韻者爲正格；若不駕馭以散文之法，終覺直致。昌黎《祭河南張員外文》，曲折詳盡，造語尤奇麗。員外名署，與公同爲御史；順宗朝，又俱徙江陵；同官復同患難，故言之歷歷，情致自生。按之前後際，仍寓提挈結束之法。入手叙同官，以直見讒；陽山臨武，皆二公貶所。"以尹鼯猱"句，尹字是字法，甚之之詞也。陽山臨武，路過湖南，其寫過江風物，與旅宿逢虎，狀極逼真。"洞庭漫汗，黏天無壁"，語尤雄警。偕掾江陵，是量移内地。又將洞庭一提，用字造句，固是昌黎長技。然綜叙張署生平，及與己交際，伸縮繁簡，讀之井井然。繁處極意抒寫，簡處用縮筆。讀之不已，可悟韻語長篇之法。

唐故相權公墓碑

元和十三年作。

上之元和六年，其相曰權公，諱德輿，字載之。元和五年九月，以德輿同中書門下平章事。其本出自殷帝武丁，武丁之子，降封於權；權，江漢間國也。權故城在今湖北當陽縣。周衰，入楚爲權氏。《唐韻》云："權始出天水，本顓頊之後，楚武王使鬬緡尹，權後因氏焉。"楚滅徙秦而居天水、略陽，苻秦之王中國，其臣有安丘公翼者，翼字子良，略陽人，爲苻堅謀主，堅即帝位，拜給事中，後爲右僕射，封安邱公。有大臣之言。後六世，至平涼公文誕，翼子宣褒，事姚秦爲黄門侍郎。宣褒四世之孫榮，隋開府儀同三司鄜城郡公。榮子文誕。爲唐上庸太守，荆州大都督長史，焯有聲烈。平涼曾孫諱倕，文誕子崇本，匡成令。崇本子無待，成都尉。無待子倕。贈尚書禮部郎中，以藝學與蘇源明相善；源明，京兆武功人，初名預，字弱夫，以文章有名，肅宗時終秘書少監。卒官羽林軍録事參軍，於公爲王父。郎中生贈太子太保諱臯，以忠孝致大名；臯字士繇，天寶末安禄山爲河北按察使，表臯爲從事。察禄山有異志，詐死，奉其母南去，及渡江，禄山已反，由是名闻天下。去官，累以官徵不起，代宗徵臯爲起居舍人，以疾辭。李季卿黜陟江淮，奏臯節行，改著作郎，復不起。追謚貞孝。大曆二年四月十四日，臯卒於潤州，年四十六；元和中謚貞孝。是實生公。公在相位三年；頂起"其相曰權公"句來，德輿以元和五年九月相，八年五月罷。其後以吏部尚書授節鎮山南，元和十一年十月，以德輿檢校吏部尚書，充山南西道節度使。年六十以薨，贈尚書左僕射，謚文公。元和十三年八月，以病乞還，卒於道以薨。〇以上叙得姓之始及家世。公生三歲，知變四聲；四歲，能爲詩，七歲而貞孝公卒。來吊哭者見其顏色聲容，皆相謂權氏世有其人。及長好學，孝敬祥順。貞元八年，以前江西府監察御史徵拜博士，貞元初，江西觀察使李兼表德輿爲判官，再遷監察御史。府罷，八年正月除太常博士。朝士以得人相慶。改左補闕，章奏不絶，譏排姦倖，貞元八年八月，司農卿裴延齡以巧詐除户部侍郎判度支，德輿上疏論其姦，不省。與陽城爲助。轉起居舍人，貞元十年四月遷。遂知制誥；凡撰命詞九年，以類集爲五十卷；天下稱其能！十八年，以中書舍人典貢士，拜尚書禮部侍郎，貞元十七年冬，以本官知禮部貢舉。十八年，真拜禮部侍郎。薦士於公者，其言可信，不以其人布衣不用；即不可信，雖大官勢人交言，一不以綴意；寫爲諫官知貢舉，亦有骨骾。以明其長厚，非鄉愿中庸之比，而人自無忌嫉，所以爲鉅人長德也。奏廣歲所取進士明經，在得人，不以員拘。轉户兵吏三曹侍郎，太子賓客，貞元二十一年六月，轉户部侍郎。元和初，歷兵部、吏部侍郎，後坐郎吏，誤用官缺，改太子賓客。復爲兵部，遷太常卿，元和四年五月遷。天下愈推爲鉅人長德！時天子以爲宰相宜参用道德人，因拜禮部尚書同中書門下平章事。元和五年，宰相裴垍寢疾。九月，德輿同平章事。公既謝辭；不許。其所設張舉措，必本於寬大，以幾教化；多所助與；維匡調娱，不失其正；中於和節，不爲聲章；因善與賢，不矜主己。以吏部尚書留守東都。元和八年正月，罷相，守本官。七月，以檢校吏部尚書爲東都留守。東方諸帥有利病不能自請者，公常與疏陳，不以露布。復拜太常，元和九年十月除。轉刑部尚書，考定新舊令式爲三十編，舉可長用。先是詔許孟容、蔣乂等删定格勑，成三十卷，表上留中不出。德輿請下刑部，與侍郎劉伯芻代考定，復爲三十卷。十年十月，奏請行用，從之。其在山南河南，勤於選付；治以和簡，人以寧便。以疾求還，十三年某月甲子，道薨於洋之白草。奏至，天子痌傷，爲之不御朝；郎官致贈錫。官居野處，上下吊哭，皆曰：“善人死矣!”其年某月日，葬河南北山，在貞孝東五里。以上叙早著聲譽，歷官有績，以至於死。公由陪屬升列，年除歲遷以至公宰；人皆喜聞，若已與有，無忌嫉者！于頔坐子殺人，失位自囚。親戚莫敢過門省顧，朝莫敢言者！公將留守東都，爲上言曰：“頔之罪既貰不竟，宜因賜寬詔。”上曰：“然！公爲吾行諭之!”頔以不憂死。前後考第進士及庭所策試士踵相躡，爲宰相達官，與公相先後；其餘布處臺閣外府，凡百餘人。以上補叙一二事，以徵爲鉅人長德。自始學至疾，未病，未嘗一日去書不觀。公既以能爲文辭擅聲於朝，多銘卿大夫功德；然其爲家，不視簿書；未嘗問有亡，費不侍餘。以上叙專志文學，不問財貨。公娶清河崔氏女，其父造嘗相德宗，號爲名臣。德宗貞元元年正月，以崔造平章事，至十二月罷。既葬，其子監察御史璩，德輿二子：璩字大圭，瑶字大玉。纍然服喪來有請。乃作銘文。以上叙妻子來請銘。曰：

權在商周，世無不存。滅楚徙秦，嬴劉之間。甘泉始侯，以及安丘。詆訶浮屠，此即誌所謂“有大臣之言”也。苻堅嘗游東苑，命沙門道安同輦。諫曰：

“臣聞天子法駕，侍中陪乘，清道而行，進止有度。道安毁形賤士，不宜參穢乘輿。”皇極之扶。貞孝之生，鳳鳥不至。爵位豈多，半塗以税！壽考豈多，四十而逝！頓挫！○以上叙先代，下叙當躬。惟其不有，以惠厥後。是生相君，爲朝德首。跌落權相。行世祖之，文世師之。流連六官，謂吏、户、禮、兵、刑、工。出入屏毗。無黨無讎，舉世莫疵。人所憚爲，公勇爲之。有所競馳，公絶不窺。孰克知之，德將在斯！刻詩墓碑，以永厥垂。

何焯曰：權公有文而厚重，無震世功烈，故只銘其大略。其詳則公之門生故吏，當列其行狀上史館也。

曾國藩曰：《故相權公墓碑》，矜慎簡練，一字不苟，金石文字之正軌也！

論佛骨表

元和十四年作。先是鳳翔法門寺有護國真身塔；塔内有釋迦文佛指骨一節；其法三十年一開，開則歲稔人泰。至是憲宗遣中使杜英奇押宫人三十，持香花迎入大内，留禁中三日，乃送佛祠。王公士庶奔走贊歎。愈爲刑部侍郎，聞而惡之，乃上此表。

臣某言：伏以佛者夷狄之一法耳！自後漢時流入中國；上古未嘗有也！起籠罩大意“夷狄之一法”句，直注後文“上古未嘗有”句，喝起本段，直起倒跌，通身解數，自此之下無語不頓挫出之。昔者黄帝在位百年，年百一十歲。少昊在位八十年，年百歲。顓頊在位七十九年，年九十八歲。帝嚳在位七十年，年百五歲。帝堯在位九十八年，年百一十八歲。帝舜及禹，年皆百歲。此時天下太平，百姓安樂壽考；然而中國未有佛也！點眼用倒跌。其後殷湯亦年百歲。湯孫大戊在位七十五年，武丁在位五十九年，書史不言其年壽所極；推其年數，蓋亦俱不減百歲。穆王、大戊、武丁獨用懸推，參差入妙。周文王年九十七歲，武王年九十三歲，穆王在位百年。穆王亦不言其年壽所極，衹云在位，而用虚縮筆，與大戊、武丁又異。此時佛法亦未入中國；非因事佛而致然也。點眼仍用倒跌，而重言以申明之，句法稍變。漢明帝時，始有佛法。上明未有用倒跌，此點始有用正落。明帝在位，纔十八年耳！其後亂亡相繼，運祚不長。宋、齊、梁、陳、元魏已下，事佛漸謹，年代尤促。籠統得妙！事佛之害，僅一頭一脚，明點明帝十八年，梁武帝四十八年。惟梁武帝在位四十八年，前後三度，捨身施佛；宗廟之祭，不用牲牢；晝日一食，止於菜果；其後竟爲侯景所逼，餓死臺城；國亦尋滅；事佛求福，乃更得禍！梁武在位四十八年，不爲不壽，故又换一法申言其得禍。由此觀之，佛不足事，亦可知矣！直落，醒正意。〇以上徵之上古。高祖始受隋禪，則議除之。武德九年四月，高祖詔有司沙汰天下僧尼、道士、女冠。當時群臣材識不遠，不能深知先王之道，古今之宜；推闡聖明以救斯弊；其事遂止。臣常恨焉！以上驗之當代。伏惟睿聖文武皇帝陛下，神聖英武，數千百年已來，未有倫比！即位之初，即不許度人爲僧尼道士，又不許創立寺觀。臣常以爲高祖之志必行於陛下之手。倒跌。今縱未能即行，豈可恣之轉令盛也！再倒跌。今聞陛下令群僧迎佛骨於鳳翔，御樓以觀，舁入大内；舁，音輿。又令諸寺遞迎供養。接叙本事。臣雖至愚，必知陛下不惑於佛，作此崇奉以祈福祥也，直以年豐人樂，徇人之心，爲京都士民設詭異之觀，戲玩之具耳！安有聖明若此而肯信此等事哉！斡旋此數句，是前後關鍵綰結處。祈福無驗，上已開陳，故入迎佛骨本事，後一句撇過，只以國家大體反復言之。然百姓愚冥，易惑難曉；苟見陛下如此，將謂真心事佛；皆云："天子大聖，猶一心敬信；百姓何人，豈合更惜身命！"焚頂燒指，百十爲群；解衣散錢，自朝至暮，轉相仿效，惟恐後時；老少奔波，棄其業次。若不即加禁遏，即加禁遏，破上遞迎供養。更歷諸寺，必有斷臂臠身以爲供養者，傷風敗俗，傳笑四方，非細事也！就詭異戲玩上推言其不可。夫佛本夷狄之人，遥頂"佛者夷狄之一法"句來。與中國言語不通，衣服殊製，口不言先王之法言，身不服先王之法服，不知君臣之義，父子之情。假如其身至今尚在，有此推駁，方是論佛骨不是論佛法，警切之至！奉其國命，來朝京師。陛下容而接之，不過宣政一見，禮賓一設，賜衣一襲，衛而出之於境，不令惑衆也！倒跌，與前"高祖之志必行於陛下之手"一樣文法。況其身死已久，枯朽之骨，凶穢之餘，落到佛骨。豈宜令入宫禁！"豈宜令入宫禁"破上"舁入大内"。孔子曰："敬鬼神而遠之。"古之諸侯，行吊於其國，尚令巫祝先以桃茢，祓除不祥，然后進吊。《禮記》："君臨臣喪，以巫祝桃茢執戈，惡之也。"注："桃，鬼所惡；茢，葦苕，可掃不祥。《左傳·襄二十九年》："公如楚，楚康王卒。楚人使公親襚；公使巫以桃茢先祓殯，楚人悔之。”今無故取朽穢之物，親臨觀之，巫祝不先，桃茢不用；群臣不言其非，御史不舉其失，臣實恥之！乞以此骨付之有司，投諸水火，永絶根本，斷天下之疑，絶後代之惑；使天下之人知大聖人之所作爲，出於尋常萬萬也！繳應陛下神聖文武。豈不盛哉！豈不快哉！以上論列本事。佛如有靈，能作禍祟？反激作餘波。凡有殃咎，宜加臣身，上天鑒臨，臣不怨悔。無任感激懇悃之至。謹奉表以聞。臣某誠惶誠恐！

何焯曰：惑之大者，則用借鑒；失之小者，則用直陳；極得因事納誨，立言之體。憲宗奉佛求壽，故前半只從年壽上立論。

林紓曰：昌黎《論佛骨》一表，爲天下之至文，直臣之正氣。入手以憲宗畏死之故，引上古無數高年之天子，爲憲宗指迷，言耄耋之期，初非關於佛力。迨佛法既盛，自漢末迨梁無永年之天子；梁武高壽，卒被横禍；則佛之效驗可知。一片皆爲流俗説話，力闢禍福之不關於佛氏，精透極矣！及歸到本朝，引高祖之議汰僧尼道士女冠，與憲宗初年不許度人爲僧尼道士及創立寺觀事，上援祖訓，下徵詔書，以矛刺盾，幾逼到憲宗無可置對。此處却用婉轉之筆，言“今縱未能即行，豈可恣之轉令盛也”；文氣一舒，亦稍爲憲宗迴護。此下始激起迎佛骨之非是。然專制之朝不能直捷指出朝廷弊病，於是復大加迴護，謂聖明若此，斷不肯信；然天子動静，關於百姓瞻視；在皇帝不過徇人之心，而百姓則愚冥易惑。斥佛骨，却撇去佛骨，專爲政體上追尋利害，語語切摯。篇末斥佛爲夷狄，生時不過禮以藩屬，死後尤宜避其凶穢，罵得不值一錢；然後以禍祟之事，極力自任，尤爲得體。通篇礙目處，只“事佛漸謹，年代尤促”八字；而憲宗大怒，幾欲抵死。不有崔群、裴度及戚里諸貴，昌黎危矣！

鱷魚文

愈以諫佛骨貶潮州刺史；既至，問民疾苦？皆曰：“惡谿有鱷魚，食民産，且盡。”數日，公令其屬秦濟以一羊一豚投谿水而祝之，即此文是也。

維元和十四年四月二十四日，潮州刺史韓愈使軍事衙推秦濟以羊一豬一，投惡谿之潭水，以與鱷魚食。而告之曰：以上敘遣祭。昔先王既有天下，列山澤，罔繩擉刃，以除蟲蛇惡物爲民害者，《莊子》："擉鱉，言刺也。"驅而出之四海之外。發端先提破，必無可容之道。及後王德薄，不能遠有；則江漢之間，尚皆棄之以與蠻夷楚越，況潮嶺海之間，去京師萬里哉！鱷魚之涵淹卵育於此亦固其所。原其前愆。今天子嗣唐位，神聖慈武；四海之外，六合之内，皆撫而有之。況禹跡所揜揚州之近地，刺史縣令之所治，出貢賦以供天地、宗廟、百神之祀之壤者哉！鱷魚其不可與刺史雜處此土也！責其更新。○以上就天子神聖説，不容其處此土。刺史受天子命，守此土，治此民；而鱷魚睅然不安谿潭，據處食民畜熊豕鹿麞以肥其身，以種其子孫；與刺史抗拒，爭爲長雄。數之以罪。刺史雖駑弱，亦安肯爲鱷魚低首下心，伈伈睍睍，伈，悉枕切。睍，目出貌，胡典切。爲民吏羞，以偷活於此耶！平之以情。且承天子命以來爲吏，又一提，諭之以體。固其勢不得不與鱷魚辯。一句束上。鱷魚有知，其聽刺史言！一筆開下！○以上就刺史職責説，不容其處此土。潮之州，大海在其南；鯨鵬之大，蝦蟹之細，無不容歸，以生以食。鱷魚朝發而夕至也！導之以路，應前驅而出之四海之外。今與鱷魚約："盡三日，其率醜類南徙於海以避天子之命吏。三日不能，至五日。五日不能，至七日。寬之以期。七日不能，是終不肯徙也！是不有刺史，聽從其言也！不然，則是鱷魚冥頑不靈；刺史雖有言，不聞不知也！"不有刺史"句應"與鱷魚辯"，"則是冥頑"句應"有知，聽刺史言"，逐層逆捲，後復順下三層，有千巖萬壑之勢。夫傲天子之命吏，不聽其言，不徙以避之，與冥頑不靈而爲民物害者，皆可殺！"爲民害"應"蟲蛇惡物爲民害"句。○竦之以法。刺史則選材技吏民操强弓毒矢以與鱷魚從事，必盡殺，乃止。"操强弓毒矢"應"罔繩擉刃"句。○迫之以威。其無悔！以上開其生路而迫以王威。

林紓曰：嚮與及門高生論《鱷魚文》，最有工夫，在能用"況"字。"況潮嶺海之間，去京師萬里哉"；是爲鱷魚出脱；歸罪後王之棄地，故不敢責鱷魚之涵淹卵育。"況禹跡所揜揚州之近地"，以牛女分野，潮陽亦屬揚州，且天子有命，刺史有責，其勢萬不足以容鱷魚。兩“況”字，一縱一收，却用得十分有力。篇中凡五提天子之命，頗極鄭重。然在當時讀之，自見其忠。自後人觀之，不免有獃氣。試問鱷魚，一無知嗜殺之介蟲，豈知文章，又豈知有天子之命；且鱷非海中之物，半陸半水，在非洲恒居葦蕩之間，斷無能驅入海之理。後此陳文惠通判潮州，鳴鼓戮鱷於市，且爲文告之歐公，至引之於神道碑中，尤堪捧腹！

祭柳子厚文

子厚以元和十四年十月五日，卒於柳州。其月愈自潮即袁，明年，自袁召爲國子祭酒。此文袁州作也。文首維年月日，一本作維某年歲次庚子五月壬寅朔五月景午，蓋元和十五年愈年五十三歲。

維年月日韓愈謹以清酌庶羞之奠，祭於亡友柳子厚之靈。以上叙祭子厚。嗟嗟子厚，而至然耶！自古莫不然，我又何嗟！人之生世，如夢一覺。其間利害，竟亦何校。當其夢時，有樂有悲。及其既覺，豈足追惟！以上未抒悲哀先自寬解，細味乃益沈痛。凡物之生，不願爲材，犧尊青黄，乃木之災。子之中棄，天脱馽羈。馽，音縶。玉佩瓊琚，大放厥辭。富貴無能，磨滅誰紀！子之自著，表表愈偉。不善爲斲，血指汗顔，微露不善用其材意。巧匠旁觀，縮手袖間。子之文章，而不用世！乃令吾徒，掌帝之制。子之視人，自以無前。一斥不復，群飛刺天！以上叙子厚以材見斥。嗟嗟子厚，今也則亡！臨絶之音，一何琅琅！徧告諸友，以寄厥子。不鄙謂余，亦託以死。凡今之交，觀勢厚薄。余豈可保，能承子託！非我知子，子實命我。猶有鬼神，寧敢遺墮！念子永歸，無復來期。設祭棺前，矢心以辭。以上叙子厚之以死相託，而誓言以報。嗚呼哀哉！尚饗。

何焯曰：嗟惜子厚，只以其文。誌墓亦此意。若此文明云“非我知子”矣。

曾國藩曰：《祭張員外文》，以奇崛鳴其悲鬱，鏖戰神鬼，層疊可愕。《祭柳子厚文》，峻潔直上，語經百鍊。公文如此等，乃不可復躋攀矣！

柳子厚墓誌銘

此文作於袁州。

子厚，諱宗元。七世祖慶，爲拓跋魏侍中，封濟陰公。慶字更興，河東解人，仕周爲宜州刺史，封平齊縣公。曾伯祖奭，爲唐宰相，與褚遂良、韓瑗俱得罪武后，死高宗朝。皇考諱鎮，以事母棄太常博士，求爲縣令江南，其後以不能媚權貴失御史；肅宗平賊，鎮上書言事，擢左衛率府兵曹，佐郭子儀朔方府，三遷殿中侍御史。以事觸竇参，貶夔州司馬。權貴人死，乃復拜侍御史。號爲剛直，所與游皆當世名人。以上叙子厚家世。子厚少精敏，無不通達；逮其父時，雖少年已自成人，能取進士第，嶄然見頭角；衆謂柳氏有子矣！其後以博學宏詞，授集賢殿正字。儁傑廉悍，議論證據今古，出入經史百子，踔厲風發，率常屈其座人；祭文所謂子之視人，自以無前者也。名聲大振，一時皆慕與之交！諸公要人爭欲令出我門下，交口薦譽之。貞元十九年，由藍田尉拜監察御史。順宗即位，拜禮部員外郎；遇用事者得罪，例出爲刺史；未至，又例貶州司馬。用事者，謂王叔文、韋執誼也。永貞元年八月，憲宗即位，貶叔文渝州司户參軍。九月，宗元與同輩七人，皆坐王叔文黨同貶，宗元邵州刺史。十一月，道貶永州司馬。居閑益自刻苦，務記覽；爲詞章，汎濫停蓄，爲深博無涯涘；劉禹錫序子厚集曰："子厚之喪，昌黎韓退之誌其墓，且以書來吊曰：'哀哉！若人之不淑。吾嘗評其文雄深雅健似司馬子長。'"前云"儁傑廉悍"是"雅健"，此云"汎濫停蓄"爲"深博無涯涘"，則更雄深也，非愈不足以知子厚之深。而自肆於山水間。元和中，嘗例召至京師，又偕出爲刺史；而子厚得柳州，元和十年三月，以永州司馬柳宗元爲柳州刺史。既至，歎曰："是豈不足爲政耶！"因其土俗，爲設教禁，州人順賴。其俗以男女質錢，約不時贖，子本相侔，則没爲奴婢。子厚與設方計，悉令贖歸；其尤貧力不能者，令書其傭足相當，則使歸其質。觀察使下其法於他州；比一歲免而歸者且千人。略著柳州治績，而特提"因其土俗，爲設教禁"兩語叙贖質奴婢一事爲影子。《羅池廟碑》著其有功德於斯土，可以世祀者，故詳叙政事而誌。則所重者，在文章必傳於後，區區下州之理特餘事也，故只叙一事作影子已足。衡湘以南爲進士者，皆以子厚爲师；其经承子厚口講指畫爲文詞者，悉有法度可觀。通篇重文學，此事特表而出之以爲渲染。其召至京師而復爲刺史也；中山劉夢得禹錫亦在遣中，當詣播州。子厚泣曰："播州非人所居；而夢得親在堂；吾不忍夢得之窮，無辭以白其大人，且萬無母子俱往理；請於朝，將拜疏，願以柳易播，雖重得罪，死不恨！"遇有以夢得事白上者，夢得於是改刺連州。詳叙子厚之於夢得不恨重得罪，所以愧他人之有力不救子厚者。嗚呼！士窮乃見節義。今夫平居里巷相慕悦，酒食游戲相徵逐，詡詡强笑語以相取下；握手出肺肝相示，指天日涕泣，誓生死不相背負，真若可信！一旦臨小利害，僅如毛髮比，反眼若不相識，落陷穽不一引手救，反擠之，又下石焉者，皆是也！此宜禽獸夷狄所不忍爲；而其人自視以爲得計；聞子厚之風，亦可以少媿矣！以子厚無人推挽，故借端發揮作一感嘅，以承上而轉下。上既叙子厚之篤於朋友，而下因反復嗟惜人莫爲推挽，言子厚始誠有過及其能改，奈何使之終窮！後以文之必傳慰死者，而生者之失材，蓋無可解矣！跌蕩震動，爲全篇最精彩處。子厚前時少年，勇於爲人，不自貴重，顧藉謂功業可立就，言子厚欲藉叔文幫引，用以就功業，非饕富怙權，不枉子厚用心。故坐廢退。既退，又無相知有氣力得位者推挽，故卒死於窮裔；材不爲世用，道不行於時也！使子厚在臺省時自持其身，已能如司馬刺史時，亦自不斥；斥時，有人力能舉之，且必復用不窮。然子厚斥不久，窮不極，雖有出於人，其文學詞章必不能自力以致必傳於後，無疑也！雖使子厚得所願爲將相於一時，以彼易此，孰得孰失，必有能辨之者！以上叙子厚少不自重，遂遭罪斥，而肆力於文章以必傳。子厚以元和十四年十一月八日卒，年四十七。以十五年七月十日，歸葬萬年先人墓側。子厚有子男二人，長曰周六，始四歲；季曰周七，子厚卒乃生。咸通四年，右常侍蕭仿知舉，試《謙光賦》、《澄心如水詩》，中第者二十五人，柳告第三人，韓綰第八人。告，即子厚之子，字用益。綰，即愈之孫也。女子二人，皆幼。其得歸葬也，費皆出觀察使河東裴君行立。行立有節概，立然諾，與子厚結交，子厚亦爲之盡，竟賴其力。葬子厚於萬年之墓者，舅弟盧遵。遵，涿人；性謹慎，學問不厭。自子厚之斥，遵從而家焉；逮其死，不去；既往葬子厚，又將經紀其家，庶幾有始終者！復詳裴、盧之待子厚以媿有力者，與前一段感慨亦相配，且以深著子厚之窮也。銘曰：

是惟子厚之室，既固既安，以利其嗣人。子厚已矣，不復能伸其志矣！庶幾以待後之人乎？銘詞蓋深痛之也。

殿中少監馬君墓誌

何年作不可考；以其年推之，當在長慶初。

君，諱繼祖，繼祖始生，德宗賜名。司徒贈太師北平莊武王之孫，北平王，馬燧也。少府監贈太子少傅諱暢之子。燧二子：彙、暢。暢娶盧氏，生二子：長敖，次繼祖。生四歲，以門功拜太子舍人；積三十四年，五轉而至殿中少監，年三十七以卒，有男八人，女二人。以上叙家世仕宦只此已完，以下乃就交情生發，而以祖若父從旁渲染。始余初冠，應進士貢，在京師，窮不自存，以故人稚弟，拜北平王於馬前。貞元三年，平涼之盟，馬燧預議，韓弇時以殿中侍御史爲判官，死焉。其年罷兵，燧奉朝請京師。弇，公之兄也。王問而憐之；因得見於安邑里第。王軫其寒飢，賜食與衣，召二子使爲之主。其季遇我特厚，側重。少府監贈太子少傅者也。姆抱幼子立側，《儀禮》："姆纚、笄、宵衣，在其右。"注：姆，婦人年五十，無子，出而不復嫁，能以婦道教人者，若今時乳母矣。姆，莫捕切。眉眼如畫，髮漆黑，肌肉玉雪可念；殿中君也！當是時，再提，作兩層寫意，便雄厚而不單薄。見王於北亭；猶高山深林鉅谷，龍虎變化不測；傑魁人也！退見少傅，翠竹碧梧，鸞鵠停峙，能守其業者也！幼子娟好靜秀，瑶環瑜珥，帶補服飾一句。蘭茁其牙，稱其家兒也！將祖孫三代性情容止描寫一段，在中方有風神，有賓主，而馬氏榮落之故，亦可想見於千載之下矣。後四五年，吾成進士，公貞元八年登第。去而東游，哭北平王於客舍。十一年五月，公東歸河陽。八月，燧卒。後十五六年，吾爲尚書都官郎，分司東都，而分府少傅卒，哭之。元和五年，暢卒。自貞元十一年至是，凡十六年。又十餘年至今，哭少監焉！元和十五年，自元和五年至是，凡十年。曰"又十餘年"，意必長慶初也。嗚呼！吾未耄老，自始至今，未四十年而哭其祖子孫三世；於人世何如也！人欲久不死，而觀居此世者，何也？使我亦不樂其生，則於故舊盛衰之際，哀歎至矣！

何焯曰：《殿中少監馬君墓誌》，屈指三四十年事，寫得歷歷在目，依依如畫；如此俯仰淋漓，仍是簡古；不覺繁溢；真神筆也！無可誌，故只以世舊爲波瀾；又一體。

曾國藩曰：《殿中少監馬君墓誌》情韻不匱。凡誌墓之文，懼千百年後谷遷陵改，見者不知誰氏之墓；故刻石以文告之也；語氣須是對不知誰何之人説話。此少乖，似哀誄文序。

林紓曰：《殿中少監馬君墓誌》，空衍無可著筆；而昌黎文字乃燦爛作珠光照人，真令人莫測！繼祖，紈袴兒耳！所長處，眉眼如畫，髮黑漆，肌肉玉雪可念耳！此等狀態，凡長於富貴家襁褓中，誰則無之！然難在爲北平莊武王之孫；又難在遇王舊屬韓弇之弟，爲絶代能文之韓退之；此其所以傳也！自此體一創，後之文家，爭摹仿而成金石之例，摭拾細碎，均可成篇；而皆不及退之者。凡此等體，皆可偶而不可常；既無事實，寧不作，可也。

唐故朝散大夫尚書庫部郎中鄭君墓誌銘

長慶元年作，愈年五十四歲。

君諱群，字弘之，世爲滎陽人。其祖於元魏時，有假封襄城公者，鄭偉字子直，西魏大統中封襄城郡公。子孫因稱以自別。曾祖匡時，晉州霍邑令。祖千尋，彭州九隴丞。父迪，鄂州唐年令；娶河南獨孤氏女，生二子；君其季也。以進士選；吏部考功所試判爲上等，授正字。自鄠縣尉，拜監察御史，佐鄂岳使。裴均之爲江陵，貞元十九年五月，均自荆南行軍司馬爲本軍節度使。均字君齊，河東聞喜人。以殿中侍御史佐其軍。均之徵也，元和三年四月，召均爲尚書左僕射。遷虞部員外郎。均鎮襄陽，九月，加均同平章事，爲山南東道節度使。復以君爲襄府左司馬，刑部員外郎，副其支度使事。均卒，李夷簡代之；元和六年四月，以夷簡代均鎮襄陽。五月，均卒。因以故職留君；歲餘，拜復州刺史，遷祠部郎中。會衢州無刺史，方選人。君願行。宰相即以君應詔。治衢五年，復入爲庫部郎中，行及揚州，遇疾，居月餘，以長慶元年八月二十四日卒；春秋六十。即以其年十一月二十二日，從葬於鄭州廣武原先人之墓次。以上叙家世仕歷。君天性和樂；居家事人，與待交遊，初持一心；未嘗變節，有所緩急曲直薄厚疎數也。數，音朔。不爲翕翕熱，亦不爲崖岸斬絶之行。俸禄入門，與其所過逢，吹笙彈筝，飲酒舞歌，詼調醉呼，連日夜不厭，費盡不復顧問；或分挈以去，一無所愛惜；不爲後日毫髮計留也！遇其空無時，客至，清坐相看，或竟日不能設食；客主各自引退，亦不爲辭謝。與之遊者，自少及老，未嘗見其言色有若憂歎者；豈列禦寇、莊周等所謂近於道者耶！其治官守身，又極謹慎，不挂於過差。去官而人民思之；身死而親故無所怨議，哭之皆哀；又可尚也！以上叙性行，寫其樂易長者。初娶吏部侍郎京兆韋肇女，肇，京兆人，大曆中爲中書舍人。累上疏言得失，爲元載所惡，左遷京兆少尹。載卒，除吏部侍郎。生二女一男。長女嫁京兆韋詞，次嫁蘭陵蕭讚。後娶河南少尹趙郡李則女，生一女二男。其餘男二人，女四人，皆幼。嗣子退思，韋氏生也。以上叙妻子。銘曰：

再鳴以文進塗闢。再鳴，謂進士及書判拔萃也。佐三府治藹厥蹟。三府，謂鄂岳江陵襄府。郎官郡守愈著白。洞然渾樸絶瑕讁。甲子一終反玄宅。

林紓曰：銘者，有聲之文也，與序事之體異。昌黎爲《鄭君墓誌銘》曰："再鳴以文進塗闢。佐三府治藹厥蹟。郎官郡守愈著白。洞然渾璞絶瑕讁。甲子一終反玄宅。"用"闢"字、"藹"字、"讁"字，不特取其字，亦兼取其聲也。顧但用其聲，其中無波折停蓄之態，則聲亦近梘，讀之索然；故每句須用頓筆；用頓筆，則斷不流利，故有"拗"字、"蹇"字、"澀"字之訣。歐公爲《安陸侯墓銘》，亦用七字，其文曰："思無邪，容則莊！蔚然有儀人所望！學而不止久愈彰。銘昭厥美示不忘。"可謂不"拗"不"澀"矣！然讀之無聲響。廬陵散文能至，而有聲之銘詞未必至；其不能至者，由少"拗"筆"蹇"筆與"澀"筆也。南宋之詞，至白石草窗，亦皆沈啞。然播以聲律，又復悠揚動聽。如"暗香疏影"，字字皆啞，亦字字皆圓。填詞小道，尚須沈啞；况銘詞高貴，安可以油滑之調出之！或以爲班固《封燕然山銘》，用《楚詞》體者，非也。《楚詞》之聲悲，而《班銘》之聲沈。《楚詞》之聲抗，而《班銘》之聲啞。其詞曰："鑠王師兮征荒裔！勦凶虐兮截海外！敻其貌兮亘地界！封神邱兮建隆碣。熙帝載兮振萬世！"班氏深知銘體典重，一涉悲抗，便爲失體，故聲沈而韻啞。此訣早爲昌黎所得；爲人銘墓，往往用七字體，省去"兮"字，聲尤沈而啞。然此體尤難稱，不善用者，往往流入七古。七古在近體中別爲古體，以不佻也；然一施之銘詞，則立見其佻；法當於每句用頓筆，令“拗”，令“蹇”，令“澀”；雖兼此三者，而讀之仍能圓到；則昌黎之長技也！

送楊少尹序

楊巨源，字景山；貞元五年第進士；以能詩名，嘗有“三刀夢益州，一箭取遼城”之句。白樂天贈詩云：“早聞一箭取遼城”；以此詩遂知名。其詩韻不爲新語，體律務實。既引年去，命爲其都少尹；蓋巨源，河中人，即其鄉也。張籍有詩送云：“官爲本府當身榮，因得還鄉任野情。”而愈此序，長慶中爲吏部侍郎時作。

昔疏廣、受以年老，一朝辭位而去。於時，公卿設供張，張或作帳，謂供具張設也。音竹亮切。祖道都門外，車數百兩。道路觀者多歎息泣下，共言其賢。《漢史》既傳其事；而後世工畫者又圖其迹，至今照人耳目，赫赫若前日事！詳叙爲設影地。國子司業楊君巨源方以能詩訓後進；一旦以年滿七十，亦白丞相去歸其鄉。世常說古今人不相及。下文從此句生出。今楊與二疏，其意豈異也！先說其意不異，虛作一勒。予忝在公卿後，遇病不能出。下文從此句生出虛景。不知楊侯去時，城門外送者幾人？車幾兩？馬幾匹？道邊觀者，亦有歎息知其爲賢以否？而太史氏又能張大其事，爲傳繼二疏蹤跡否？不落莫否？見今世無工畫者；而畫與不畫固不論也！然吾聞楊侯之去，丞相有愛而惜之者，白以爲其都少尹，不絕其祿；又爲歌詩以勸之；京師之長於詩者，亦屬而和之。又不知當時二疏之去，有是事否？既從二疏懸揣，以不知楊侯；又從楊侯懸揣，以不知二疏。風神搖曳，而搏打絶緊。古今人同不同，未可知也！總勒一句，仍放活妙！〇以上借二疏作陪，以與楊侯互勘同不同。中世士大夫以官爲家，罷則無所於歸。再振起，真實感慨在此。楊侯始冠舉於其鄉，歌《鹿鳴》而來也。反將楊侯始舉，翻轉相形，波瀾更妙！今之歸，指其樹曰：“某樹，吾先人之所種也！某水，某丘，吾童子時所釣遊也！”亦有一段虛景與前相配。鄉人莫不加敬，誡子孫以楊侯不去其鄉爲法。一篇之旨。古之所謂鄉先生，没而可祭於社者，其在斯人歟！其在斯人歟！以上又叙楊侯始冠舉於其鄉，以與今之歸相形。

林紓曰：《送楊少尹巨源序》，入手引二疏，用意特平平；即七十辭官，亦是恒事；庸手雖説得興會，決難出色。文將二疏事并入巨源身上，在空中摩盪；以楊侯去時，與二疏去時兩兩比較，似無甚高下；却説到丞相愛惜，不絶其禄，又爲歌詩勸行，此事似爲二疏所無；大類管夫人畫竹石，叢竹在前，一石獨歷落而遠。此序事之前後際，部署大有工夫。末段述其還鄉以後，追想前塵；此秘歸震川最爲得之！

故太學博士李君墓誌銘

長慶三年作，愈年五十六。

太學博士頓丘李于，余兄孫女壻也；年四十八，于大曆元年生。長慶三年正月五日卒。其月二十六日，穿其妻墓而合葬之，在某縣某地。子三人皆幼。以上叙卒葬年月。初于以進士元和十年，于中進士第，年四十。爲鄂岳從事。十一年，李道古爲鄂岳觀察使，辟于爲從事。遇方士柳泌，憲宗服柳泌藥，躁怒爲左右所弑。愈蓋意有所感，故特發之。從受藥法；服之，往往下血；比四年，病益急，乃死！其法以鉛滿一鼎，按中爲空，實以水銀，蓋封四際，燒爲丹砂云。以上叙服食以死，并服食之法。余不知服食説何自起；殺人不可計，而世慕尚之益至，此其惑也！在文書所記，及耳聞相傳者不説。今直取目見，親與之游而以藥敗者六七公，以爲世誡。工部尚書歸登，殿中御史李虚中，刑部尚書李遜，遜弟刑部侍郎建，襄陽節度使工部尚書孟建，東川節度御史大夫盧坦，金吾將軍李道古，此其人皆有名位，世所共識。大筆淋漓，總領起，直用史法。工部歸登既食水銀，得病，自説："若有燒鐵杖自顛貫其下者，摧而爲火，射竅節以出。"狂痛號呼乞絶；其茵席常得水銀；發且止，唾血十數年以斃！殿中李虚中疽發其背死！刑部李遜且死，謂余曰："我爲藥誤！"其季建一旦無病死！襄陽孟簡黜爲吉州司馬。余自袁州還京師。襄陽乘舸邀我於蕭洲，屏人曰："我得秘藥，不可獨不死！今遺子一器，可用棗肉爲丸，服之。"別一年而病。其家人至，訊之。曰："前所服藥誤，方且下；下則平矣！"病二歲，竟卒；盧大夫盧坦死時，溺出血肉，痛不可忍，乞死乃死！金吾李道古以柳泌得罪；食泌藥，五十死海上！此可以爲誡者也！總束一筆。蕲不死，乃速得死；謂之智，可不可也？推勘用反詰，警醒之至！五穀、三牲、鹽醯、果蔬，人所常御。人相厚勉，必曰强食。今惑者皆曰："五穀令人夭，不能無食；當務減節。"鹽醯以濟百味；豚、魚、雞三者，古以養老。反曰："是皆殺人，不可食。"一筵之饌，禁忌十常不食二三；不信常道而務鬼怪，臨死乃悔。後之好者，又曰："彼死者，皆不得其道也！我則不然！"始病；曰："藥動故病；病去藥行，乃不死矣！"及且死又悔！窮形極相，刻畫沈痛！嗚呼！可哀也已！可哀也已！大聲疾呼，何啻痛哭！〇以上歷著當世之服食死者以爲世戒。

何焯曰：《太學博士李君墓誌銘》，深切著明；誌子弟墓，不嫌於直，筆力亦健。時主好方士，服金丹。公之爲世誡者，微詞也；故非臚列故人之失，以訐爲直也。以此立坊，而武宗又服趙歸真之藥矣！

司徒兼侍中中書令贈太尉許國公神道碑

長慶三年作。

韓，姬姓，以國氏。以國氏，語出《左傳》。《唐韻》："韓姓出自唐叔虞之後，曲沃桓叔之子萬，食邑於韓，因以爲氏。"其先有自潁川徙陽夏者，夏，音假。其地於今爲陳之太康。秦滅韓，以其地爲潁川郡，陽夏隨改爲太康。太康之韓，其稱蓋久；然自公始大著。公，諱弘。公之父曰海，爲人魁偉沈塞，以武勇游仕許、汴之間，寡言自可，不與人交，衆推以爲鉅人長者；官至游擊將軍，贈太師；娶鄉邑劉氏女，生公，是爲齊國太夫人。以上叙家世父母。夫人之兄曰師徒玄佐，以提筆作承筆，轉換無迹。有功建中、貞元之間；爲宣武軍帥，有汴、宋、亳、潁四州之地，兵士十萬人。爲下文"此軍司徒所樹"伏案。公少依舅氏讀書習騎射，事親孝謹，偘偘自將，偘同侃。不縱爲子弟華靡遨放事，出入敬恭。軍中皆目之！嘗一抵京師，就明經試；退曰："此不足發名成業！"復去從舅氏學。將兵數百人，悉識其材鄙怯勇，指付必堪其事。司徒歎奇之！士卒屬心；諸老將皆自以爲不及！爲下文"士卒所慕賴"伏案司徒卒；貞元八年二月，玄佐卒。去爲宋南城將。玄佐卒，其年四月，以其子士寧代爲使。九年十二月，軍亂，逐士寧，以副使李萬榮爲使；弘出爲宋州南城將。比六七歲，汴軍連亂不定。爲下文"誅劉鍔"伏案。貞元十五年，劉逸淮死，軍中皆曰："此軍司徒所樹；必擇其骨肉爲士卒所慕賴者付之。今見在人，莫如韓甥；且其功最大，而材又俊。"即柄授之而請命於天子。天子以爲然！遂自大理評事；拜工部尚書，代逸淮爲宣武軍節度使。弘事逸淮，爲都知兵馬使，逸淮死，汴軍懷玄佐之惠，以弘長厚，共請爲留後，環監軍請表其事，朝廷許之。自試大理評事檢校工部尚書，充宣武軍節度副大使知節度事。悉有其舅司徒之兵與地。勒住。當此時，提。陳許帥曲環死，而吴少誠反，自將圍許；求援於逸淮，遥接劉逸淮死。啗之以陳歸汴；使數輩在館。公悉驅出，斬之；選卒三千人，會諸軍擊少誠許下。少誠失勢以走，河南無事！公曰："自吾舅歿，五亂於汴者，遥接"比六七歲，汴軍連亂不定"。吾苗薅而髮櫛之幾盡！薅，呼豪切。然不一揃刈，不足令震駴！"命劉鍔以其卒三百人，待命於門；數之以數與於亂，上數上聲，下數入聲，與音預。自以爲功；并斬之以徇，血流波道。自是訖公之朝京師廿有一年，莫敢有讙呶叫號於城郭者！精神貫注，直透到後"朝京師"，然後層次叙下，篇法極遒緊！〇以上叙撫定淮軍而爲之帅，先提擊走少誠，然後叙誅劉鍔事，便不平直，此左氏叙事法也。若庸手則有其舅之兵與地下即接自吾舅没云云矣，能遏賊然後能自立，故有其舅之兵與地下急叙走少誠也。能久安，然後可以居二寇之衝而不懾，故繼即叙誅劉鍔也。古人作文，設身處地，下筆矜慎，一字不敢苟也。李師古作言起事，屯兵於曹以嚇滑帥，且告假道。公使謂曰："汝能越吾界而爲盜耶？有以相待，無爲空言。"滑帥告急。公使謂曰："吾在此，公無恐！"或告曰："翦棘夷道，兵且至矣！請備之！"公曰："兵來不除道也！"不爲應。師古詐窮變索，遷延旋軍。制鄆不得侵滑，一事。少誠以牛皮鞵材遺師古；師古以鹽資少誠；潛過公界，覺，皆留輸之庫；曰："此於法不得以私相餽！"制鄆蔡不得以軍實相濟，又一事。田弘正之開魏博，元和七年十月，以田弘正爲魏博節度使。李師道使來告曰：元和元年閏六月，東平帥李師古卒，其弟師道代之。"我代與田氏約相保援。今弘正非其族，又首變兩河事，亦公之所惡。我將與成德合軍討之。敢告。"公謂其使曰："我不知利害，知奉詔行事耳！若兵北過河，我即東兵以取曹。"師道懼不敢動；弘正以濟。制鄆以不敢取田弘正，又一事。誅吴元濟也，命公都統諸軍；元和十年九月，以弘充淮西行營都統使。曰："無自行以遏北寇！"公請使子公武以兵萬三千人會討蔡下；歸財與糧以濟諸軍，卒擒蔡姦。於是以公爲侍中；而以公武爲鄜、坊、丹、延節度使。元和十二年十一月，録平淮西功，加弘檢校司徒兼侍中，封許國公，罷都統。公武檢校左散騎常侍，充節度使。○統諸軍平蔡，又一事。師道之誅，公以兵東下，進圍考城，克之；遂進迫曹，曹寇乞降。佐平鄆，又一事。○以上平鄆蔡本末。鄆部既平，公曰："吾無事於此，其朝京師！"天子曰："大臣不可以暑行，其秋之待。"公曰："君爲仁，臣爲恭，可矣！"遂行。既至，獻馬三千匹，絹五十萬匹，他錦紈綺纈又三萬，金銀器千。而汴之庫厩，錢以貫數者尚餘百萬；絹亦合百餘萬匹；馬七千；糧三百萬斛；兵械多至不可數。初公有汴，承五亂之後，掠賞之餘，且斂且給，恒無宿儲；至是公私充塞，至於露積不垣。映帶前文，又一束。瀠洄曲折，自是訖公之朝，初公有汴，周環一線。册拜司徒，兼中書令，弘三上章堅辭戎務，願留京師，奉朝請。八月，守司徒兼中書令。進見上殿，拜跪給扶，贊元經體，不治細微。天子敬之。元和十五年，今天子即位；公爲冢宰；元和十五年正月，穆宗即位，以弘躡冢宰。又除河中節度使，元和十五年六月，以本官爲河中尹，河中、晉、絳節度觀察等使。在鎮三年，以疾乞歸。弘一生大事，在撫有汴以制鄆、蔡，不得不詳，而鎮河中，只以三言兩語了之，詳略有體。復拜司徒中書令，病不能朝；以長慶二年十二月三日，薨於永崇里第，年五十八。天子爲之罷朝三日，贈太尉，賜布粟；其葬物，有司官給之；京兆尹監護。明年七月某日，葬於萬年縣少陵原，京城東南三十里。楚國夫人翟氏祔。子男二人：長曰肅元，某官。次曰公武，某官。肅元早死；公之將薨，公武暴病先卒；公哀傷之，月餘，遂薨；無子，以公武子孫紹宗爲主後。以上叙納土還朝以恩禮終。汴之南則蔡，北則鄆，二寇患公居間，爲已不利，卑身佞辭，求與公好；薦女請昏，使日月至；既不可得，則飛謀釣謗，以間染我；公先事候情，壞其機牙，姦不得發，王誅以成。最功定次，孰與高下！以上將平鄆蔡之功重提一過，通篇只此意，將他不黨惡處以成天子討叛之功，而言外見得並無如何大功。然又使讀者驟未易曉，言外之意，祇覺王誅之成其功莫大。左史筆力，不過如此！入後得此一振，通篇骨節靈動。公子公武，與公一時俱授弓鉞，處藩爲將，疆土相望。公武以母憂去鎮，公母弟充自金吾代將渭北。元和十二年十一月，以公武爲渭、鄜、坊節度使。十四年十一月，以母憂去官。十五年正月，以弘弟充代公武鎮渭北。公以司徒中書令治蒲；於時弟充自鄭、滑節度平宣武之亂，以司空居汴。長慶二年七月，汴州逐節度李愿，立牙將李岕爲留後，充自義成節度徙鎮宣武。八月，汴州監軍斬岕以降，而充得入汴州，詔加充檢校司空。自唐以來，莫與爲比！以上又敘國家報功之厚施及子弟，淋漓有餘情，極設色之工，然未嘗有所增加，宋以後人不能爲也。公之爲治，嚴不爲煩，止除害本；映前誅劉鍔。不多教條，與人必信。吏得其職，賦入無所漏失，人安樂之，在所以富。映前公私充塞。○補敘弘之爲治，映帶生情。公與人有畛域，不爲戲狎。人得一笑語，重於金帛之賜。其罪殺人，不發聲色，問法何如，不自爲輕重，故無敢犯者！以上敘性行，言外不免有冷酷之諷。銘曰：

在貞元世，汴兵五猘。猘，居例切，狂犬也。將得其人，衆乃一愒。《史記》"務以秦權恐愒諸侯"似當讀"喝"，然與上猘犬"猘"字音"季"者相叶，只當讀"器"。其人爲誰？韓姓許公。磔其梟狼；誅劉鍔。磔，陟格切。養以雨風。桑穀奮張，厥壤大豐。以上敘撫定汴軍。貞元元孫，貞元皇帝之孫憲宗。命正我宇。公爲臣宗，處得地所。河流兩壖，壖，而緣切，江河邊地。盜連爲群。雄唱雌和，首尾一身。公居其間，爲帝督姦。察其嚬呻，與其睨眴。睨，音詣。眴，音荀。《淮南子》"視焉無眴"，邪視也。左顧失視，右顧而跽。跽，巨幾切。蔡先鄆鉏，三年而墟。槁乾四呼，終莫敢濡。常山幽都，常山，成德軍。幽都，幽州也。孰陪孰扶？陪，仝背。天施不留，其討不逋。許公預焉，其賚何如！以上敘平鄆蔡事。悠悠四方，既廣既長。無有外事，朝廷之治。許公來朝，車馬干戈。相乎將乎？威儀之多。將則是矣，相則三公。釋師十萬，歸居廟堂。上之宅憂，上謂穆宗。公讓太宰。養安蒲坂，元和十五年六月，出鎮河中。萬邦絶等。有弟有子，提兵守藩。一時三侯，人莫敢扳！生莫與榮，歿莫與令！刻文此碑，以鴻厥慶。以上敘朝廷恩禮。

何焯曰：《贈太尉許國公神道碑》，通篇大意，只説韓宏帥汴，居蔡鄆之交，而能屹然中立制之使不得逞，卒成朝廷翦逆之功。首尾只一節，但敘得逐層變化耳！

林紓曰：此爲韓弘作也。敘事之典重壯麗，真所謂獨含日光，靜與天語者也。入手敘家世，常格也；著眼在"齊國太夫人之兄曰司徒玄佐"一語。以下敘弘少依舅氏，事業始由以建。一曰"軍中皆目之"，再曰"士卒屬心"，三曰"汴軍連亂不定"，其中全寫汴事，却一目都注韓弘；故有"今見在人莫如韓甥"一語。至此弘之位置始定。其下又言："悉有其舅司徒之兵與地”，作一大結束；是了却劉玄佐，專叙弘之勳業矣。“當此時”三字，提起汴中全局。入手敗吴少誠，斬叛卒，斬李師古之假道，斥李師道之北掠，皆未嘗大出兵；專於辭語中見節概。其語李師古曰：“汝能越吾界而爲盜耶？有以相待，無爲空言！”其語李師道曰：“我不知利害，知奉詔行耳！若兵北過河，吾即東以兵取曹。”語簡而威棱見，氣壯而虜胆慴；不審韓弘當日曾否如此，説成而行？以昌黎之文筆，自宜有此壯嚴語。至吴元濟一役，按《新書》，弘不親屯，遣子公武領兵三千，屬光顔；陰爲逗撓計以危國邀功；每諸將告捷，輒累日不怡。而此文則言使子公武以兵萬三千人，稍與《新書》不合，其下亦不顯叙公武之功。但云會討蔡姦云云，是昌黎諛墓之曲筆。然上半段之聲光，已無人能及矣！至於朝京納貢，册拜就藩，生死哀榮，皆碑中應有之例；文末復最其父子勳勞，作一總結，起訖皆有精神。銘詞在在，尤寓用字之法。如“汴兵五猘”，猘，狂犬也。“衆乃一愒”，愒，息也。“桑穀奮張”，奮字是暴長意。“爲帝督姦”，督字是監察意。“雄唱雌和”，是拚字法。“噸呻”、“睍眴”，是代字法。此在讀時玩索，自有神會！

南陽樊紹述墓誌銘

何年作不可考。按樊宗師文，傳有《絳守居園池記》，乃長慶三年，宗師官絳州刺史即守居構園池，自爲之記；則宗師之卒，不得在三年以前。而愈以長慶四年卒；則爲宗師此誌，又必不在四年之後。

樊紹述既卒，且葬。愈將銘之，從其家求書。得書號《魁紀公》者三十卷；曰《樊子》者又三十卷；《春秋集傳》十五卷；表、牋、狀、策、書、序、傳、記、紀、誌、説、論、今文、讚、銘凡二百九十一篇；道路所遇及器物門里雜銘二百二十；賦十；詩七百一十九。曰：“多矣哉！古未嘗有也！”然而必出於己，不襲蹈前人一言一句；又何其難也！必出入仁義，其富若生蓄，萬物必具，海含地負，放恣横從，無①所統紀；然而不煩於繩削而自合

① “無”原訛作“而”。

也！於戲！紹述於斯術，其可謂至於斯極者矣！以上叙其文章著述。生而其家貴富；長而不有其藏一錢。妻子告不足；顧且笑曰：“我道蓋是也!”皆應曰“然!”無不意滿。嘗以金部郎中，告哀南方，元和十五年正月，憲宗崩，宗師以金部郎中，告哀南方。還言某師不治，罷之；以此出爲綿州刺史。一年徵拜左司郎中，又出刺絳州。綿絳之人，至今皆曰：“於我有德。”以爲諫議大夫。命且下，遂病以卒；年若干。以上叙其素行仕歷。紹述，諱宗師。父諱澤，嘗帥襄陽、江陵，官至右僕射，贈某官。興元元年正月，樊澤爲山南東道節度使。貞元二年閏五月，徙鎮荆南。八年二月，自荆南復爲山南東道節度使。十二年，加檢校右僕射。十四年九月，卒於鎮，贈司空。祖某官，諱泳。泳試大理評事，累贈兵部尚書。自祖及紹述，三世皆以軍謀堪將帥策上第以進。開元中，泳舉草澤科。建中元年，澤舉賢良方正直言極諫科。元和三年四月，宗師舉軍謀宏遠堪任將帥科。○以上叙家世三代。紹述無所不學；於辭於聲，天得也！在衆若無能者。嘗與觀樂。問曰“何如?”曰“後當然。”已而果然！以上補叙通音樂作餘波。銘曰：

惟古於詞必己出。降而不能乃剽賊！後皆指前公相襲。從漢迄今用一律。寥寥久哉莫覺屬，神徂聖伏道絶塞。既極乃通發紹述。文從字順各識職。有欲求之此其躅。銘以“詞必己出”作骨，正與誌扼重“必出於己，不襲蹈前人一言一句”作起筆相配。

林紓曰：《南陽樊紹述墓誌銘》歐公云：“退之與樊紹述作銘，便似樊文；”今讀之，果然。退之才大，無所不包；遇貞曜，則力與貞曜角詩；今銘紹述，若不爲紹述體，便自見拙。矧昌黎之奇，奇而能正；不似紹述轉入拗晦。陳石遺嘗言：“文字至元和，諸體皆備，不相沿襲。”余謂歐公跋《絳守居園池記》，固已言之矣，大抵文體之奇，有唐實自昌黎開之。紹述則奇而近澀。文中謂其不襲蹈前人一言一句，而歐公徑謂其學盤庚之書。歐公温醇，自然不喜紹述。然在元和群賢競力之時，固宜有此獨豎一幟者。銘詞鷙悍拗折，氣力尤偉。“惟古於詞必己出”，是定案。“降而不能乃剽賊”，是揭舉文弊之源頭。“後皆指前公相襲”，是以積弊爲成例。“從漢迄今用一律”，言無指迷之人。“寥寥久哉莫覺屬”，承上句而言。“神徂聖伏道絶塞”，是總束上文。文字不能己出之故，乃使道統絶塞。忽頂起一句“既極乃通發紹述”，見得紹述之文，關於聖道不鮮。人見他是奇澀一路，而昌黎偏説他“文從字順各識職”，此句大有工夫。“文從字順”，似人人能之；所難者“識職”。“職”字是用字能得其出處，能使其安宅；用此字，便稱此字之職；非深小學，識古文者，何能至此！説“文從字順”，不是昌黎欺人。昌黎用字有來歷，故能道出“職”字。觀結句“有欲求之此其躅”，是教人識“職”；不是教人仿樊紹述也。

柳州羅池廟碑

長慶四年春作。

羅池廟者，故刺史柳侯廟也。以上點題。柳侯爲州，不鄙夷其民，動以禮法。三年，民各自矜奮：“兹土雖遠京師，吾等亦天氓。今天幸惠仁侯，若不化服，我則非人!”於是老少相教語，莫違侯令。凡有所爲於鄉閭，及於其家，皆曰：“吾侯聞之，得無不可於意否?”莫不忖度而後從事。凡令之期，民勸趨之，無有後先，必以其時。於是民業有經，公無負租，流逋四歸，樂生興事。宅有新屋，步有新船。柳子厚《鐵爐步志》曰：“江之滸，凡舟可縻而上下曰步。”池園潔修；豬牛鴨雞，肥大蕃息。子嚴父詔，婦順夫指。嫁娶葬送，各有條法。出相弟長，入相慈孝。先時民貧，以男女相質，久不得贖，盡没爲隸。我侯之至，按國之故，以傭除本，悉奪歸之。贖隸事亦見墓誌，而造詞不同。大修孔子廟。城郭巷道，皆治使端正，樹以名木。以上叙治柳之政。柳民既皆悦喜；嘗與其部將魏忠、謝寧、歐陽翼飲酒驛亭，謂曰：“吾棄於時而寄於此，與若等好也。明年，吾將死，死而爲神。後三年，爲廟祀我。”及期而死。三年孟秋辛卯，長慶三年也。侯降於州之後堂。歐陽翼等見而拜之。其夕，夢翼而告曰：“館我於羅池。”其月景辰，廟成，大祭。過客李儀醉酒，慢侮堂上，得疾；扶出廟門，即死。明年春，魏忠、歐陽翼使謝寧來京師，請書其事於石。余謂柳侯生能澤其民，死能驚動福禍之以食其土；可謂靈也已！作迎享送神詩，遺柳民，俾歌以祀焉，而并刻之。以上叙成神爲作碑。柳侯，河東人，諱宗元，字子厚；賢而有文章；嘗位於朝，光顯矣！已而擯不用！以上補叙柳侯平生，寂寥數語，檃括柳子厚墓誌。一篇文字，可悟文章詳略之法。其辭曰：

荔子丹兮蕉黄，雜肴蔬兮進侯堂。侯之船兮兩旗，度中流兮風汩之！汩，世本作泊，非云汩者。見兩旗度中流，而風汩之，不見有無慌惚，正與下“不來”相貫。中流豈可泊也。待侯不來兮不知我悲！侯乘駒兮入廟，謂侯以船來而侯乘駒入，乃出意外。慰我民兮，不嚬以笑！以上迎侯之來享祀。鵝之山兮柳之水。桂樹團團兮白石齒齒。侯朝出游兮暮來歸。春與猨吟兮秋鶴與飛。北方之人兮，爲侯是非！千秋萬歲兮，侯無我違！以上告侯以柳州風土清佳，不如北方之人，爲侯是非，而祝侯之無我違。福我兮壽我。驅厲鬼兮山之左。下無苦濕兮高無乾。秔稌充羡兮，秔，音庚。稌，音土。蛇蛟結蟠。我民報事兮，無怠其始！自今兮欽於世世！以上祝侯之降福而報以世世祀。

林紓曰：此文幽峭頗近柳州；如“天幸惠仁侯，若不化服，我則非人”，此三語純乎柳州矣！柳州勍峭，每於短句見長技，用字爲人人意中所有，用意乃爲人人筆下所無。昌黎則長短皆宜；自“民業有經”起至“出相弟長，入相慈孝”，純用四言，積疊而下；文氣未嘗喘促，此亦昌黎平日所長；但觀《南海廟碑》自見。及叙到柳侯將死，死而爲神，閒閒出自遺囑，不爲驚駭之詞。神來用一“降”字，示夢用一“館”字，古雅已極，使讀者不敢斥爲齊諧；正以行文莊重也。李儀醉酒慢侮堂上，而得疾以死，此或適然之事！文與神牽涉處，在“即死”二字；似子厚真能降罰儀身；然只閒叙而過；似是似非，不爲臆斷。若在俗手，必補出神之靈迹矣！顧少爲張皇，即乖文體，辭亦全摹子厚。子厚集中騷體，直追宋玉；昌黎此辭，似亦不弱。

故幽州節度判官贈給事中清河張君墓誌銘

長慶四年四月以前作

張君，名徹，字某，以進士徹中進士第在元和四年。累官至范陽府監察御史。長慶元年，今宰相牛公爲御史中丞，奏君名迹中御史選。詔即以爲御史。

其府惜不敢留，遣之；而密奏：“幽州將父子繼續，不廷選且久；今新收；臣又始至，長慶元年二月，幽州節度使劉總請去位。三月，以總爲太平軍節度使，張弘靖爲幽州節度使代總。孤怯，須强佐乃濟。”發半道，有詔以君還之，仍遷殿中侍御史，加賜朱衣銀魚。至數日，軍亂，怨其府從事，盡殺之，而囚其帥。且相約：“張御史長者，無侮辱轢辱我事，無庸殺!”置之帥所。轢，音歷。長慶元年七月，幽州軍亂，囚節度使張弘靖於薊門館，殺判官韋雍、張宗元、崔仲卿等，以徹長者不殺，置之於薊門館。居月餘，聞有中貴人自京師至。君謂其帥：“公無負此土人。上使至，可因請見自辨，幸得脱免歸!”即推門求出。守者以告其魁。魁與其徒皆駭曰：“必張御史。張御史忠義，必爲其帥告此；不如遷之别館。”即與衆出君。君出門罵衆曰：“汝何敢反！前日吴元濟斬東市，昨日李師道斬於軍中，同惡者，父母妻子皆屠死，肉餧狗鼠鴟鵶。汝何敢反！汝何敢反!”口吻如生。行且罵。描寫如繪。衆畏惡其言，不忍聞，且虞生變，即擊君以死。君抵死，口不絶罵。衆皆曰義士義士！當事者，旁觀者，拉拉雜雜，寫得如親聞覩。或收瘞之以俟。事聞，天子壯之，贈給事中。其友侯雲長佐鄆使，請於其帥馬僕射，馬摠。爲之選於軍中，得故與君相知張恭、李元實者，使以幣請之范陽。范陽人義而歸之。以聞。詔所在給船輿，傳歸其家，賜錢物以葬。長慶四年四月某日，其妻子以君之喪葬於某州某所。以上叙佐范陽以忠節死。君弟復亦進士，元和元年，復中進士。佐汴宋。得疾，變易喪心，驚惑不常。君得閒，即自視衣褥厚薄；節時其飲食而匕筯進養之；禁其家無敢高語出聲。醫餌之藥，其物多空青雄黄空青山出銅處，銅精熏則生空青，腹中空如楊梅者勝。雄黄出武都山，塊方數寸，明徹如雞冠者佳。諸奇怪物，劑錢至十數萬；營治勤劇，皆自君手，不假之人。家貧，妻子常有饑色。以上叙友於其弟而謹視其疾。祖踐，某官。父休，某官。妻韓氏，禮部郎中某之孫，汴州開封尉某之女，於余爲叔父孫女。君常從余學，選於諸生而嫁與之，孝順祗修，群女效其所爲。男若干人，曰某。女子曰某。以上叙家世妻子。銘曰：

嗚呼徹也！世慕顧以行，子揭揭也！噎喑以爲生，子獨割也！爲彼不清，作玉雪也！仁義以爲兵，用不缺折也！知死不失名，得猛厲也！自申於闇明，莫之奪也！我銘以銘之，不肖者之呾也！此銘以徹、揭、割、雪、折、厲、奪、呾爲韻，而行、生、清、兵、名、明，復各自爲韻。厲，音烈。呾，當割切。

唐正議大夫尚書左丞孔公墓誌銘

長慶四年八月作；愈年五十七歲，是月以疾免吏部侍郎；十二月二日卒。

孔子之後三十八世，有孫曰戣，字君嚴，孔子後三十五世曰務本。務本子如珪，如珪子岑父，岑父五子：載、戣、戡、戢、戳。事唐爲尚書左丞；長慶二年，以戣爲尚書左丞。年七十三，三上書去官。天子以爲禮部尚書，禄之終身而不敢煩以政。長慶三年，戣累表請老，詔戣以禮部尚書致仕，優詔褒美，如漢徵士故事。吏部侍郎韓愈常賢其能，謂曰："公尚壯。上三留，奚去之果?"曰："吾敢要君！吾年至，一宜去。吾爲左丞，不能進退郎官，唯相之爲；含下"論議正平"句意。二宜去。"愈又曰："古之老於鄉者，將自佚，非自苦；閭井田宅具在；親戚之不仕與倦而歸者，不在東阡，在北陌；可杖屨往來也。今異於是；公誰與居？且公雖貴而無留資，含下"守節清苦"句意。何恃而歸?"曰："吾負二宜去，尚奚顧子言!"負氣如畫。愈面歎曰："公於是乎賢遠於人!"明日，奏疏曰："臣與孔戣同在南省，數與相見。數，音朔。戣爲人守節清苦，論議正平；兩語，通篇眼目。年纔七十，筋力耳目，未覺衰老；憂國忘家，用意至到。如戣輩，在朝不過三數人；陛下不宜苟順其求，不留自助也!"不報。明年長慶四年正月己未，公年七十四，告薨於家，贈兵部尚書。以上叙堅求去官，遂以告薨。公始以進士建中元年，戣第進士。佐三府，官至殿中侍御史。元和元年，以大理正徵。累遷江州刺史，諫議大夫。事有害於正者，無所不言。故曰"論議正平"。加皇太子侍讀，改給事中，言京兆尹阿縱罪人。詔奪京兆尹三月之俸。戣爲給事中，江西觀察使李少和坐贓，獄寢不下；博陵崔易簡殺從父兄，鞫狀具。京兆尹左右，三翻其情。戣慷慨論正，貶少和，殺易簡。奪尹三月俸。〇論議正平，一事。權知尚書右丞。明年，拜右丞，改華州刺史。明州歲貢海蟲淡菜蛤蚶可食之屬，自海抵京師，道路水陸遞夫，積功歲爲四十三萬六千人。奏疏罷之。論議正平，又一事。下邽令笞外按小兒，繫御史獄。《唐會要》："每歲冬，以鷹犬出近畿習狩，謂之外按。使領徒數百，恃恩縱橫，郡邑煩擾。元和九年，裴寰爲下邽令，疾其擾人，但據文供饋。使者歸，乃譖寰有慢言。上大怒。宰相武元衡、中丞裴度懇救甚殷。”公上疏理之。詔釋下邽令。論議正平，又一事。而以華州刺史爲大理卿。十二年，自國子祭酒拜御史大夫嶺南節度等使。元和十二年七月，嶺南節度使崔詠卒。帝謂裴度曰：“嘗論罷蚶菜者誰歟？今安在？是可爲朕求之。”度以戣對。庚戌，以戣爲節度使。約以取足。故曰“守節清苦”。境内諸州負錢至二百萬，悉放不收。守節清苦，一事。蕃舶之至泊步，有下碇之税；步，水岸渡處。碇，錘舟石，丁定切。始至，有閲貨之燕。犀珠磊落，賄及僕隸。公皆罷之。守節清苦，又一事。絶海之商，有死於吾地者，官藏其貨；滿三月，無妻子之請者，盡没有之。公曰：“海道以年計往復，何月之拘！苟有驗者，悉推與之；無算遠近。”守節清苦，又一事。厚守宰俸而嚴其法。嶺南以口爲貨，其荒阻處，父子相縛爲奴；公一禁之。有隨公吏，得無名兒，蓄不言官，有訟者，公召殺之。御屬以嚴。山谷諸黄，世自聚爲豪；觀吏厚薄緩急，或叛或從。容桂二管容管經略使楊旻，桂管觀察使裴行立。利其虜掠，請合兵討之，冀一有功，有所指取。當是時，天子以武定淮西河南北。用事者以破諸黄爲類，向意助之。公屢言：“遠人，急之則惜性命，相屯聚爲寇；緩之，則自相怨恨而散；此禽獸耳，但可自計利害，不足與論是非！”天子入先言，遂斂兵江西、岳、鄂、湖南、嶺南，會容桂之吏以討之；被霧露毒，相枕藉死，百無一還。安南乘勢，殺都護李象古。元和十四年十月，安南軍亂，殺都護李象古。桂將裴行立，容將楊旻皆無功，數月，自死。嶺南囂然！論議正平，又一事。祠部歲下廣州，祭南海廟；廟入海口，爲州者皆憚之，不自奉事，常稱疾，命從事自代；唯公歲常自行。官吏刻石，爲詩美之。事神以敬。十五年，遷尚書吏部侍郎。公之北歸，不載南物；奴婢之籍，不增一人。又找數句，將“守節清苦”寫得十分酣足。長慶元年，改右散騎常侍。二年而爲尚書左丞。遥應起筆事唐爲尚書左丞，周環一線。〇以上叙歷官有政績。曾祖諱務本，滄州東光令。祖諱如珪，海州司户參軍，贈尚書工部郎中。皇考諱岑父，秘書省著作佐郎，贈尚書左僕射。公夫人，京兆韋氏，父种，大理評事。有四子：長曰温質，四門博士。遵孺、遵憲、温裕，皆明經。女子：長嫁中書舍人平陽路隋。其季者幼。公之昆弟五人，載、戡、戢、戳；公於次爲第二。公之薨，戢自湖南入爲少府監。長慶元年正月，戢自湖南觀察又爲少府監。其年八月甲申，戢與公子葬公於河南河陰廣武原河陰，縣名。先公僕射墓之左。以上叙三代兄弟妻子。銘曰：

孔世卅八，卅，依字當作卉，蘇合切。吾見其孫。白而長身，寡笑與言。其尚類也，莫之與倫！德則多有，請考於文。

原道

自此以下諸篇，何年作，皆不可考。然觀其雄肆出之，沛然若有餘；疑愈年壯氣盛之作。

博愛之謂仁；行而宜之之謂義；由是而之焉之謂道；足乎己無待於外之謂德。四語原題，一篇血脈。仁與義爲定名，道與德爲虛位；故道有君子有小人，而德有凶有吉。四語承上起下，以折入佛老。老子之小仁義，非毀之也；其見者小也。坐井而觀天，曰天小者，非天小也。彼以煦煦爲仁，煦，音詡。孑孑爲義，其小之也則宜！其所謂道，道其所道，非吾所謂道也。其所謂德，德其所德，非吾所謂德也。凡吾所謂道德云者，合仁與義言之也；天下之公言也。老子之所謂道德云者，去仁與義言之也；一人之私言也。以上原道之由仁義行，與老之去仁與義言者不同。周道衰，孔子没；火於秦，黄老於漢，佛於晉、魏、梁、隋之間。曰黄老於，曰佛於與火於，連類實字虛用，看他鍊字。其言道德仁義者頂上段來，不入於楊，則入於墨；楊、墨賓。不入於老，則入於佛。佛、老主。入於彼，必出於此。入者主之，出者奴之；入者附之，出者汙之。噫！後之人，其欲聞仁義道德之説，孰從而聽之？慨歎！小勒“聽”字，頂上“其言道德仁義者”句來。老者曰：“孔子，吾師之弟子也。”佛者曰：“孔子，吾師之弟子也。”爲孔子者，習聞其説，樂其誕而自小也，亦曰“吾師亦嘗師之”云爾；不惟舉之於其口，而又筆之於其書。伏後“火其書”。噫！後之人，雖欲聞仁義道德之説，其孰從而求之？一唱再歎！甚矣！人之好怪也，不求其端，不訊其末，惟怪之欲聞。“不求其端，不訊其末”，此道之所以不可不原。“惟怪之欲聞”，此道之所以卒衰。〇以上論人之好怪而原道之所以衰，佛老之所由盛，爲後“火其書”張本。古之爲民者四，今之爲民者六。古之教者處其一，今之教者處其三；農之家一，而食粟之家六；工之家一，而用器之家六；賈之家一，而資焉之家六；奈之何民不窮且盜也？以上論佛老盛而民不得資其生，爲後“人其人”張本。古之時，人之害多矣！有聖人者立，然後教之以相生養之道；爲之君，爲之師；驅其蟲蛇禽獸而處之中土；寒然後爲之衣，飢然後爲之食；木處而顛，土處而病也，然後爲之宫室，爲之工以贍其器用，爲之賈以通其有無，爲之醫藥以濟其夭死，爲之葬埋祭祀以長其恩愛，爲之禮以次其先後，爲之樂以宣其壹鬱，《史記·賈誼傳》："獨堙鬱其誰語。"《漢書》作"壹鬱"，壹當作壹。《集韻》："音咽壹鬱，不得泄也。"平、入聲通用。爲之政以率其怠倦，爲之刑以鋤其强梗。相欺也，爲之符、璽、斗斛、權衡以信之。相奪也，爲之城郭甲兵以守之。害至而爲之備，患生而爲之防。連用許多"爲之"作排句，而歷落變化，參差入妙！今其言曰："聖人不死，大盜不止。剖斗折衡，而民不爭。"語出《莊子》。嗚呼！其亦不思而已矣。如古之無聖人，人之類滅久矣。何也？無羽毛鱗介以居寒熱也，無爪牙以爭食也。以上駁老，明引其説。是故君者，出令者也；臣者，行君之令而致之民者也；民者，出粟米麻絲，作器皿，通貨財以事其上者也。君不出令，則失其所以爲君；臣不行君之令而致之民，則失其所以爲臣；民不出粟米麻絲，作器皿，通貨財以事其上，則誅。今其法曰："必棄而君臣，去而父子，禁而相生養之道，以求其所謂清淨寂滅者。"嗚呼！其亦幸而出於三代之後，不見黜於禹、湯、文、武、周公、孔子也。其亦不幸而不出於三代之前，不見正於禹、湯、文、武、周公、孔子也。幸不幸，出不出，一筆换兩筆，圓轉如環。○以上闢佛，檃括其詞。帝之與王，其號名殊，其所以爲聖一也。夏葛而冬裘，渴飲而饑食，其事雖殊，其所以爲智一也。今其言曰："曷不爲太古之無事？"是亦責冬之裘者曰："曷不爲葛之之易也？"責饑之食者曰："曷不爲飲之之易也？"以上駁老之稱黄農，以希無爲。《傳》曰："古之欲明明德於天下者，先治其國；欲治其國者，先齊其家；欲齊其家者，先修其身；欲修其身者，先正其心；欲正其心者，先誠其意。"然則古之所謂正心而誠意者，將以有爲也。今也欲治其心而外天下國家，滅其天常，子焉而不父其父，臣焉而不君其君，民焉而不事其事。孔子之作《春秋》也，諸侯用夷禮則夷之，進於中國則中國之。《經》曰："夷狄之有君，不如諸夏之亡。"《詩》曰："戎狄是膺，荆舒是懲！"今也舉夷狄之法而加之先王之教之上，幾何其不胥而爲夷也！以上闢佛之外天下國家以治其心。夫所謂先王之教者，何也？博愛之謂仁，行而宜之之謂義；由是而之焉之謂道；足乎己無待於外之謂德；其文，《詩》、《書》、《易》、《春秋》；其法，禮、樂、刑政；其民，士、農、工、賈；其位，君臣、父子、師友、賓主、昆弟、夫婦；其服，麻、絲；其居，宫室；其食，粟米、果蔬、魚肉。其爲道易明，而其爲教易行也。是故以之爲己，則順而祥；以之爲人，則愛而公；以之爲心，則和而平；以之爲天下國家，無所處而不當。仁故順而祥，愛而公；義故和而平，處而當。此“是故”以下四句對老氏説，老氏外仁義以治身治世。是故生則得其情，死則道其常；效焉而天神假，廟焉而人鬼饗。此“是故”以下四句對佛氏説。佛氏以死生鬼神之説愚天下，而不本於仁義。曰：“斯道也，何道也？”曰：“斯吾所謂道也，非向所謂老與佛之道也。堯以是傳之舜，舜以是傳之禹，禹以是傳之湯，湯以是傳之文、武，周公，文、武、周公傳之孔子，孔子傳之孟軻。軻之死，不得其傳焉。荀與揚也，擇焉而不精，語焉而不詳。明己文之不得不作。不精，謂荀。不詳，謂揚。由周公而上，上而爲君，故其事行。堯、舜、禹、湯、文、武。〇賓。由周公而下，下而爲臣，故其説長。孔子、孟軻。〇主隱亦以自命也。以上激醒主意，擊尾首應，結篇如常山之蛇。然則如之何而可也？曰：“不塞不流，不止不行。人其人，火其書，廬其居，明先王之道以道之。鰥寡孤獨廢疾者有養也，其亦庶乎其可也。”以説辨法結。

林紓曰：昌黎於《原道》一篇，疏濬如導壅，發明如燭闇，理足於中，造語復衷之法律，俾學者循其塗軌而進，即可因文以見道。黄山谷曰：“文章必謹布置。每見後學，多告以《原道》命意曲折。後以此槩求古人法度，如老杜《贈韋見素詩》，布置最得正體；如官府甲第，廳堂房室，各有定處，不可亂也；須知文之不亂，恃其有法，始不亂也。”昌黎生平好弄神通，獨於《五原》篇沈實樸老，使學者有塗軌可尋；故《原道》一篇，反覆伸明，必大暢其所蓄而後止。

原性

性也者，與生俱生也。情也者，接於物而生也。性之品有三，而其所以爲性者五。情之品有三，而其所以爲情者七。曰：“何也？”曰：“性之品有上中下三：上焉者，善焉而已矣。中焉者，可導而上下也。下焉者，惡焉而已矣。其所以爲性者五：曰仁。曰禮。曰信。曰義。曰智。上焉者之於五也，主於一而行於四。中焉者之於五也，一不少有焉，則少反焉，其於四也混。下焉者之於五也，反於一而悖於四。性之於情視其品。情之品有上中下三，其所以爲情者七：曰喜。曰怒。曰哀。曰懼。曰愛。曰惡。曰欲。上焉者之於七也，動而處其中。中焉者之於七也，有所甚，有所亡，然而求合其中者也。下焉者之於七也，亡與甚，直情而行者也。情之於性視其品。以上提出自己主張。孟子之言性曰："人之性善。"荀子之言性曰："人之性惡。"揚子之言性曰："人之性善惡混。"夫始善而進惡，與始惡而進善，與始也混而今也善惡，皆舉其中而遺其上下者也；得其一而失其二者也。叔魚之生也，其母視之，知其必以賄死。《國語》："叔魚生，其母視之曰：是虎目而豕啄，鳶肩而牛腹，谿壑可盈，是不可饜，必以賄死。"楊食我之生也，叔向之母，聞其號也，知必滅其宗。昭二十八年《左傳》："叔向生子伯石，叔向之母視之，及堂，聞其聲而還曰：'是豺狼之聲也！狼子野心，非是莫喪羊舌氏矣。'其後果滅。"伯石，食我字也。食采於楊，故號楊食我。食我，音異我。越椒之生也，子文以爲大戚，知若敖氏之鬼不食也。宣四年《左傳》："楚司馬子良生子越椒，子文曰：'必殺之！是子也，熊虎之狀而豺狼之聲，弗殺必滅若敖氏矣。'子良不可。子文以爲大戚，曰：'鬼猶求食，若敖氏之鬼，不其餒而。'"人之性果善乎？后稷之生也，其母無災；其始匍匐也，則岐岐然，嶷嶷然。見《詩・生民》。嶷，魚力切。文王之在母也，母不憂；既生也，傅不勤；既學也，師不煩。人之性果惡乎？堯之朱，舜之均，文王之管、蔡，習非不善也，而卒爲姦。瞽叟之舜，鯀之禹，習非不惡也，而卒爲聖。人之性善惡果混乎？故曰："三子之言性也，舉其中而遺其上下者也，得其一而失其二者也。"以上駁孟、荀、楊之説以申己説。曰："然則性之上下者，其終不可移乎？"曰："上之性，就學而愈明；下之性，畏威而寡罪；是故上者可教而下者可制也；其品則孔子謂不移也。"以上引孔子之説以證明己説。曰："今之言性者異於此，何也？"曰："今之言者，雜佛老而言也。雜佛老而言也者，奚言而不異！"以上又特闢佛老，以虛無言性之誕作結。

林紓曰：其警快處，能使人首肯其説。其援引處，能使人堅信其説。

原毁

古之君子，其責己也重以周，其待人也輕以約；重以周，故不怠；輕以約，故人樂爲善。聞古之人有舜者，其爲人也，仁義人也；求其所以爲舜者，責於己；曰："彼，人也。予，人也。彼能是，而我乃不能是。"早夜以思，去其不如舜者，就其如舜者。聞古之人有周公者，其爲人也，多才與藝人也；求其所以爲周公者，責於己；曰："彼，人也；予，人也。彼能是，而我乃不能是。"早夜以思，去其不如周公者，就其如周公者。舜，大聖人也！後世無及焉！頓挫！周公，大聖人也；後世無及焉！頓挫！乃曰："不如舜，不如周公，折筆！吾之病也。"是不亦責於身者重以周乎！是不怠影子。其於人也曰："彼人也，能有是，是足爲良人矣！能善是，是足爲藝人矣！"取其一，不責其二，即其新，不究其舊；恐恐然惟恐其人之不得爲善之利。極狀其宏獎，以反映毁。一善易修也；頓挫！一藝易能也。挫頓！其於人也乃曰折筆！"能有是，是亦足矣"！曰："能善是，是亦足矣！"不亦待於人者輕以約乎！是不忌影子。〇以上誦説古之君子，以反跌今之君子。今之君子則不然！折到今之君子。其責人也詳，其待己也廉；詳，故人難於爲善；廉，故自取也少。己未有善，曰："我善是，是亦足矣！"己未有能，曰："我能是，是亦足矣！"外以欺於人，内以欺於心，未少有得而止矣！不亦待其身者已廉乎！怠之影子。其於人也，曰："彼雖能是，其人不足稱也。彼雖善是，其用不足稱也！"舉其一，不計其十；究其舊，不圖其新；恐恐惟懼其人之有聞也。是不亦責於人者已詳乎！忌之影子。夫是之謂不以衆人待其身，而以聖人望於人；吾未見其尊己也！當頭棒喝，警闢之至！〇以上稱今之君子以爲怠與忌，伏脈。雖然，爲是者，有本有原；怠與忌之謂也；怠者不能修，而忌者畏人修！忌是諱之原，而怠又是忌之原。惟己不能修，故畏人之修。吾常試之矣！一句領起。嘗試語於衆曰："某，良士。某，良士。"其應者，必其人之與也；不然，則其所疏遠，不與同其利者也；不然，則其畏也。不若是，强者必怒於言，懦者必怒於色矣！又嘗語於衆曰：就上意翻轉來説，良士换作非良士，應换作不應，怒换作説，一意化兩筆，愈之所擅。"某，非良士；某，非良士。"其不應者，必其人之與也；不然，則其所疏遠，不與同其利者也；不然，則其畏也。不若是，强者必説於言，懦者必説於色矣；曲繪人情，如親聞見。是故事修而謗興，德高而毁來。嗚呼！士之處此世，而望名譽之光，道德之行，難已！感喟絶倫，一篇結穴。將有作於上者，得吾説而存之；其國家可幾而理歟！以上原毁之所由生。

林紓曰：《原毁》道人情之所以然，曲曲皆中時俗之弊。愈當日不見直於貞元之朝，時相爲趙憬、賈耽、盧邁，咸不以公爲能，意必有毁之者；故婉轉叙述毁之所以生，與見毁者之所以被禍之故，未嘗肆詈；而惡薄之人情，揭諸篇端，一無所漏。所爲贈序與書，多不平語；而此篇獨沈吟反覆，心傷世道。

原人

形於上者謂之天；形於下者謂之地；命於其兩間者謂之人。形於上，日月星辰皆天也。形於下，草木山川皆地也。命於其兩間，夷狄禽獸皆人也。曰：“然則吾謂禽獸人，可乎？”奇峰突起，出以勘詰，應以設譬，筆情悍肆。曰：“非也！指山而問焉，曰山乎？曰山，可也；山有草木禽獸，皆舉之矣；指山之一草而問焉，曰山乎？曰山則不可。”以上論命於天地之間者謂之人，兼包夷狄禽獸言之。故天道亂，而日月星辰不得其行。地道亂，而草木山川不得其平。人道亂，而夷狄禽獸不得其情。天者，日月星辰之主也。地者，草木山川之主也。人者，夷狄禽獸之主也。主而暴之，不得其爲主之道矣！一篇之旨。是故聖人一視而同仁，篤近而舉遠。結筆峭卓。〇以上論人道之所宜。

原鬼

有嘯於梁，從而燭之，無見也；斯鬼乎？曰：“非也！鬼無聲。”有立於堂，從而視之，無見也；斯鬼乎？曰：“非也！鬼無形。”有觸吾躬，從而執之，無得也；斯鬼乎？曰：“非也！鬼無聲與形，安有氣！”曰：“鬼無聲也，無形也，無氣也，果無鬼乎？”曰：“有形而無聲者，物有之矣，土石是也。有聲而無形者，物有之矣，風霆是也。有聲與形者，物有之矣，人獸是也。

無聲與形者，物有之矣，鬼神是也。”以上論鬼無聲與形。曰：“然則有怪而與民物接者，何也？”曰：“是有二，有鬼有物。漠然無形與聲者，鬼之常也。頂前“無聲與形者”句說。民有忤於天，有違於民，有爽於物，逆於倫而感於氣；於是乎鬼有形於形，有憑於聲以應之，而下殃禍焉，皆民之爲之也；其既也，又反乎其常。”曰：“何謂物？”曰：“成於形與聲者，土石、風霆、人獸是也。反乎無聲與形者，鬼神是也。不能有形與聲，不能無形與聲者，物怪是也；故其作而接於民也無恆，故有動於民而爲禍，亦有動於民而爲福，亦有動於民而莫之爲禍福，適丁民之有是時也。以上論不能無形與聲以怪，而與民物接者之不盡爲鬼。作《原鬼》。倒點題。

對禹問

或問曰：“堯、舜傳諸賢，禹傳諸子，信乎？”曰“然。”“然則禹之賢，不及於堯與舜也歟？”曰：“不然！堯、舜之傳賢也，欲天下之得其所也。禹之傳子也，憂後世爭之之亂也。堯、舜之利民也大。禹之慮民也深。”曰：“然則堯、舜何以不憂後世？”曰：“舜如堯，堯傳之；禹如舜，舜傳之；得其人而傳之，堯、舜也。無其人，慮其患而不傳者，禹也。舜不能以傳禹，堯爲不知人。禹不能以得傳子，舜爲不知人。堯以傳舜爲憂後世。禹以傳子爲慮後世。”以上論禹以傳子爲慮後世。曰：“禹之慮也則深矣；傳之子而當不淑，則奈何？”曰：“時益以難理。傳之人，則爭；未前定也。傳之子，則不爭；前定也。前定雖不當賢，猶可以守法。不前定而不遇賢，則爭且亂。天之生大聖也不數，其生大惡也亦不數。傳諸人，得大聖，然後人莫敢爭。傳諸子，得大惡，然後人受其亂。禹之後四百年，然後得桀；亦四百年，然後得湯與伊尹；湯與伊尹，不可待而傳也。與其傳不得聖人而爭且亂；孰若傳諸子，雖不得賢，猶可守法？”以上論傳賢不如傳子之可久。曰：“孟子之所謂天與賢則與賢，天與子則與子者，何也？”曰：“孟子之心，以爲聖人不苟私於其子以害天下；求其說而不得，從而爲之辭。”以上辯孟子之說。

讀《荀子》

始吾讀孟軻書，然後知孔子之道尊，聖人之道易行，王易王，霸易霸也！

以爲孔子之徒没，尊聖人者，孟氏而已！晚得揚雄書，益尊信孟氏；因雄書而孟氏益尊，則雄者亦聖人之徒歟？以上得揚雄以尊孟軻。聖人之道，不傳於世。周之衰，好事者各以其説干時君，紛紛藉藉相亂；《六經》與百家之説錯雜；然老師大儒猶在。火于秦，黄老于漢。其存而醇者，孟軻氏而止耳！賓。揚雄氏而止耳！賓。及得荀氏書，於是又知有荀氏者也！主。○跌出荀氏。考其辭，時若不粹；要其歸，與孔子異者鮮矣；抑猶在軻雄之間乎？抑揚盡致。○以上借孟軻、揚雄以論定荀子。孔子删《詩》、《書》，筆削《春秋》，合於道者著之，離於道者黜去之，故《詩》、《書》、《春秋》無疵。余欲削荀氏之不合者，附於聖人之籍；亦孔子之志歟？以上論其不合於道者削去之。孟氏醇乎醇者也。荀與揚大醇而小疵。結如怪石嶙嶒，别有奇致。○以上品孟、荀、揚三子之醇疵，而爲軻、雄之間句轉一解。

曾國藩曰：《讀荀子》中段莽莽蒼蒼。"火於秦"一語，接得極奇横。此文一路横恣溢出。"及得荀氏書"二語，絶有力。

附編

韓門弟子，文章有名者，莫如李翺、皇甫湜。而孫樵則衍皇甫湜之一體。《四庫提要》稱：“湜之文，與李翺同出韓愈。翺得愈之醇，而湜得愈之奇崛。”又稱：“翺之才與學，雖皆遜愈，不能鎔鑄百氏，皆如己出；而立言具有根柢。大抵温厚和平，俯仰中度，不似李觀、劉蜕諸人，有矜心作意之態。”又曰：“韓愈包孕群言，自然高古。而皇甫湜稍有意爲奇。樵則視湜，益有努力爲奇之態；其彌有意於奇，是其所以不及歟！”《提要》論定皇甫之遜李翺，則信然矣；而砭樵之不及皇甫，則未爲平。大抵韓愈之文，所以開八家之宗，而不爲傖野者，在運氣以馭辭；又鑄辭以凝氣，所以疏而能密，雄而不快。李翺得其筆；皇甫湜斅其辭；而孫樵則得辭得筆，而氣少斂，雄肆不如。惟湜强調累詞，著力鋪排，欲學韓愈之怪怪奇奇而不能；識議文筆，不如李翺遠甚，而矜己自足過之！有意奥奇，襞積字句，而無大力控摶，轉成拙累。叙事不見端委，而拗調澀句，刺口棘舌。議論亦無本末，而矜氣夸詞，連篇累章。《提要》以“有意爲奇”譏之，固也。至樵則自謂：“得爲文真訣於來無擇，來無擇得之於皇甫持正。”然清言奥旨，出以鎔鑄，筆峭而韻流，不以削薄爲嫌；遠勝皇甫之膚字縟句，硬砌生填無裨文采，徒爲冗累。

皇甫以文句澀艱爲奇。孫氏以筆勢緊健爲奇。皇甫之學韓，不能古健而爲艱澀。孫氏之學韓，不能雄肆而爲峻削，皇甫不免滯累，孫氏往往遒變，可謂青出於藍，何云不及！今録三家之文，差擇其可誦者，爲下編，而以李翺、皇甫湜、孫樵爲次，所以窮韓文之流變也。

李翺，字習之，隴西成紀人。貞元十四年進士，官至山南東道節度使，檢校户部尚書。韓愈《與馮宿論文書》曰："近李翺從僕學文，頗有所得；然其人家貧多事，未能卒其業。"按此書愈在汴州作。既而依張建封於徐，《與孟東野書》曰："李習之娶吾亡兄之女，期在後月，朝夕當來此。"迨愈之歿；而翺《祭吏部韓侍郎文》，則曰："建武以還，文卑質喪。氣萎體敗，剽剥不讓。儷花鬬葉，顛倒相上。及兄之爲，思動鬼神。撥去其華，得其本根。開合怪駭，驅濤湧雲。包劉越嬴，並武同殷六經之風，絶而復新。學者有歸，大變於文。貞元十二，兄在汴州。我游自徐，始得兄交。視我無能，待余以友。講文析道，爲益之厚。二十九年，不知其久。"則其推許於愈，蓋深造而自有得矣！傳有《李文公集》十八卷。録文十二首。

解惑

王野人，名體静，蓋同州人。始游浮山觀原，未有室居；縫紙爲裳，取竹架樹，覆以草，獨止其下。豺豹熊象，過而馴之，弗害也！積十年，乃構草堂，植茶成園，犁田三十畝，以供食；不畜妻子。少言説；有所問，盡誠以對。人或取其茶，約酬利；弗問姓名，皆與；或負之者，終不言。凡居二十四年，年六十二。貞元二十五年，五月，卒於觀原茶園。村人相與鑿木爲空，盛其屍，埋於園中。以上叙王野人本事，妙在坦迤出之，若道家常。觀原積無人居，因野人，遂成三百家。有尚怪者，因謬"王野人既死；處士陳恒發其棺，惟見空衣。"翺與陳恒相遇，問其故，恒曰："作記者欲神浮山，故妄云然！"以上叙惑之所由起。元和四年，十一月，翺以節度掌書記，奉牒知循州。五年正月，准制祭名山大川。翺奉牲牢於山，致帝命；遂使斲木爲棺，命將吏村人改葬野人，遷於佛寺南岡，其骨存焉；乃立木於墓東，志曰"王處士葬於此"。削去謬記以解觀聽者所惑。點題作結。○以上叙所以解其惑。

高澍然曰：敘冗能逸，敘奇能淡，敘要能平，敘纖能典；而敘次彌繁，風神彌逸；刻畫彌碎，風格彌高；由氣湛而色穆，長短大小多寡皆宜也。

答獨孤舍人書

足下書中，有無見怨懟以至疎索之説，蓋是戲言，然亦似未相悉也！以上檃括來書意，而曉以未相悉。薦賢進能，自是足下公事；如不爲之，亦自是足下所闕；在僕何苦乃至怨懟！一篇之眼。僕嘗怪董生大賢而著《仕不遇賦》，惜其自待不厚！重惜董生所以擡高自己。凡人之蓄道德才智於身以待時用，蓋將以代天理物，非爲衣服飲食之鮮肥而爲也。董生道德備具，武帝不用爲相，故漢德不如三代，而生人受其顚頟；於董生何苦而爲仕不遇之詞乎！磊落嵚崎，擲地真作金石聲。僕意緒間，自待甚厚；自待不厚，自待甚厚，前後相映。此身窮達，豈關僕之貴賤耶！氣調岸異！明乎此，則士之懷才不遇者自是世運所繫，可無戚戚於貧賤。雖終身如此，固無恨也；況年猶未甚老哉！以上論推賢進能自獨孤事，而於己無所容心，所以答無見怨懟之説。去年足下有相引薦意，當時恐有所累，猶奉止不爲；何遽不相悉！反應"未相悉也"句。所以不數附書者，一二年來，往還多得官在京師，既不能周徧，又且無事性頗慵懶，便一切畫斷，祇作報書。又以爲苟相知，固不在書之疎數；如不相知，尚何求而數書！開闔動宕，氣灝以舒。或惟往還中有貧賤更不如僕者，即數數附書耳！近頻得人書，皆責疏簡故具之於此；見相怪者，當爲辭焉！以上敘不數附書之由，所以答疎索之説。

答皇甫湜書

辱書覽所寄文章，詞高理直，歡悦無量，有足發予者！此句借以發嘅起下文。自別足下來，僕口不曾言文；非不好也，言無所益，衆亦未信，祇足以招謗忤物，於道無明，故不言也！往復屈折。僕到越中，得一官，三年矣；材能甚薄，澤不被物；月費官錢，自度終無補益，累求罷去，尚未得以爲愧！僕性不解諂佞，復不能屈事權貴，以故不得齒於朝廷；而足下亦抱屈在外，寫兩人皆不得位於時，爲下“著書”伏脈。故略有所説。以上叙得書，“足發予”而有所説。凡古賢聖得位於時，道行天下，皆不著書；以其事業存於制度，足以自見故也。其著書者，蓋道德充積，阨摧於時；身卑處下，澤不能潤物，耻灰爐而泯，又無聖人爲之發明，故假空言是非一代以傳無窮，而自光耀於後；故或往往有著書者。先引古賢聖爲自己作影子。僕近寫得《唐書》，史官才薄，言詞鄙淺，不足以發明高祖、太宗列聖明德；使後之觀者，文采不及周漢之書。僕以西漢十一帝；高祖起布衣，定天下，豁達大度，東漢所不及！其餘惟文、宣二帝爲優。自惠、景以下，亦不皆明於東漢明、章兩帝。而前漢事迹灼然傳在人口者；以司馬遷、班固叙述高簡之工，故學者悦而習焉，其讀之詳也。又以司馬遷、班固影自己。足下讀范曄《漢書》、陳壽《三國志》、王隱《晉書》生熟，何如左丘明、司馬遷、班固書之温習哉？反振一筆。故温習者事迹彰；而罕讀者事迹晦。讀之疏數，在詞之高下，理必然也。唐有天下，聖明繼於周漢，而史官叙事，曾不如范曄、陳壽所爲；况足擬望左丘明、司馬遷、班固之文哉！承上反振，跌落有力。僕所以爲耻！當兹得於時者，雖負作者之材，其道既能被物，則不肯著書矣！映古賢聖得位於時，以頓挫蓄勢。僕竊不自度，折入自己。無位於朝；幸有餘暇，而詞句足以稱贊明盛，紀一代功臣賢士行迹，灼然可傳於後，自以爲能不滅者，不敢爲讓；故欲筆削國史，成不刊之書，用仲尼褒貶之心，取天下公是公非爲本；群黨之所謂爲是者，僕未必以爲是；群黨之所謂爲非者，僕未必以爲非。使僕書成而傳，則富貴而功德不著者，未必聲名於後；貧賤而道德全者，未必不烜赫於無窮。韓退之所謂“誅奸諛於既死，發潛德之幽光”，是吾心也！一篇結穴。僕文采雖不足以希左丘明、司馬子長；足下視僕叙高愍女、楊烈婦，豈盡出班孟堅、蔡伯喈之下耶！又申詞句，足以稱贊明盛。仲尼有言曰：“不有博奕者乎，爲之猶賢乎已！”僕所爲雖無益於人；比之博奕，猶爲勝也。足下以爲何如哉？以上叙己無位不得志，欲著書以紀唐之功德，而以司馬遷、班固作襯，文特顧盼有逸姿。古之賢聖，當仁不讓於師。頂“不敢爲讓”句來。仲尼則曰：“文王既没；文不在兹乎！”又曰：“予欲無言，天何言哉！”孟軻則曰：“予之不遇魯侯，天也！臧氏之子，安能使予不遇乎！”司馬遷則曰：“成一家之言，藏之名山，以俟後聖人君子。”僕之不讓，亦非大過也。幸無怪！以上自嫌不讓，而特引古人爲况，文章餘波。某再拜。

高澍然曰：字字鬱穆，鍊氣歸母，内遒外直。

故正議大夫行尚書吏部侍郎上柱國賜紫金魚袋贈禮部尚書韓公行狀

曾祖泰，皇任曹州司馬。祖濬素，皇任桂州長史。父仲卿，皇任秘書郎，贈尚書左僕射。以上叙三代。公諱愈，字退之，昌黎某人。生三歲，父歿，養於兄會舍。及長，讀書能記他生之所習。年二十五，上進士第。以上叙早孤、力學、第進士。汴州亂，詔以舊相東都留守董晉爲平章事，宣武軍節度使，以平汴州。晉辟公以行。遂入汴州，得試秘書校書郎，爲觀察推官。晉卒，公從晉喪以出，四日而汴州亂，凡從事之居者皆殺死。武寧軍節度使張建封奏爲節度推官，得試太常寺協律郎；選授四門博士。遷監察御史，爲幸臣所惡；出守連州陽山令，第一次蹉跌。政有惠於下。及公去，百姓多以公之姓以命其子。改江陵府法曹參軍，入爲權知國子博士。宰相有愛公文者，將以文學職處公。有爭先者，構公語以非之。公恐及難，遂求分司東都。第二次蹉跌。權知三年，改真博士。入省，爲分司都官員外郎。改河南縣令，日以職分辨於留守及尹，故軍士莫敢犯禁。入爲職方員外郎。華州刺史奏華陰縣令柳澗有罪，遂將貶之。公上疏："請發御史辨曲直，方可處以罪，則下不受屈。"既柳澗有犯。公由是復爲國子博士。第三次蹉跌。改比部郎中，史館修撰；轉考功郎中，修撰如故。數月，以考功知制誥。以上叙早年仕宦不遂，屢起屢蹶。上將平蔡州，提筆上謂憲宗也。先命御史中丞裴公度使諸軍以視兵，及還，奏兵可用，賊勢可以滅；頗與宰相意忤。既數月，盜殺宰相，又害中丞，不克。中丞微傷，馬逸以免，遂爲宰相以主東兵。自安禄山起范陽，陷兩京；再提筆振！河南北七鎮節度使，身死，則立其子，作軍士表以請。朝廷因而與之。及貞元季年，雖順地節將死，多即軍中取行軍副使將校以授之節；習以成故矣！宕筆！朝廷之賢恬於所安，以苟不用兵爲貴；議多與裴丞相異。頓挫之筆，回顧上文"奏兵可用，賊勢可以滅"。〇自"上將平蔡州"至此一段，叙當時朝局國勢震蕩錯綜，以振全局之勢，讀者精神亦爲之震奮。長篇文字，總須中權有振提之筆，乃振得起讀者耳目。不然，氣衰而力竭，辭繁則情隱，入後倒塌下去，一蹶不振矣。惟公以爲："盜殺宰相而遂息兵，其爲懦甚大！兵不可以息。以天下力取三州，尚何不可！”與裴丞相議合；折入韓愈，與裴丞相打成一片，神迴氣合。故兵遂用。而宰相有不便之者，月滿，遷中書舍人，賜緋魚袋；後竟以他事改太子右庶子。第四次蹉跌。元和十二年秋，以兵老久屯，賊未滅。上命裴丞相爲淮西節度使以招討之。丞相請公以行。於是以公兼御史中丞，賜三品衣魚，爲行軍司馬，從丞相居於郾城。公知蔡州精卒悉聚界上以拒官軍；守城者率老弱，且不過千人；亟白丞相請以兵三千人，間道以入，必擒吴元濟。丞相未及行；而李愬自唐州文城壘提其卒以夜入蔡州，果得元濟。蔡州既平，布衣柏耆以計謁公。公與語，奇之，遂白丞相曰：“淮西滅。王承宗膽破，可不勞用衆；宜使辯士，奉相公書，明禍福以招之，彼必服。”丞相然之。公令柏耆口占爲丞相書，明禍福，使柏耆袖之以至鎮州。承宗果大恐，上表，請割德、棣二州以獻。以上敘平淮西爲愈生平一大事，而詳其參謀贊畫之功。文特緊健，爲一篇之勝。丞相歸京師。公遷刑部侍郎。歲餘，佛骨自鳳翔至，傳京師諸寺。時百姓有燒指與頂以祈福者。公奏疏言：“自伏羲至周文武時，皆未有佛，而年多至百歲，有過之者。自佛法入中國，帝王事之，壽不能長。梁武帝事之最謹，而國大亂；請燒棄佛骨。”疏入，貶潮州刺史，第五次蹉跌。移袁州刺史，百姓以男女爲人隸者；公皆計傭以償其直而出歸之。入遷國子祭酒。有直講，能説禮而陋容。學官多豪族子，擯之不得共食。公命吏曰：“召直講來，與祭酒共食。”學官由此不敢賤直講。奏儒生爲學官，日使會講。生徒多奔走聽聞，皆喜曰：“韓公來爲祭酒，國子監不寂寞矣！”改兵部侍郎。以上敘其蹶而復振，特著其風規峻整，當官有績。鎮州亂，提筆。殺其帥田弘正，征之，不克。遂以王庭湊爲節度使，詔公往宣撫。既行，衆皆危之。元稹奏曰：“韓愈可惜！”穆宗亦悔。有詔：“令至境觀事勢，無必於入！”公曰：“安有授君命而滯留自顧！”遂疾驅入。廷湊嚴兵拔刃弦弓矢以逆。及館，甲士羅於庭。公與廷湊監軍使三人就位。既坐，庭湊言曰：“所以紛紛者，乃此士卒所爲，本非庭湊心。”公大聲曰：“天子以爲尚書有將帥材，故賜之以節；實不知公共健兒語，未嘗及；大錯！”甲士前奮言曰：“先太史爲國打朱滔，滔遂敗走，血衣皆在。此軍何負朝廷，乃以爲賊乎？”公告曰：“兒郎等且勿語，聽愈言！愈將爲兒郎已不記先太史之功與忠矣！若猶記得，乃大好！且爲逆與順利害，不能遠引古事；但以天寶來禍福，爲兒郎等明之！安禄山、史思明、李希烈、梁崇義、朱滔、朱泚、吴元濟、李師道復有若子若孫在乎？亦有居官者乎？”衆皆曰：“無！”又曰：“令公以魏博六州歸朝廷，爲節度使，後至中書令，父子皆授旌節，子與録雖在幼童者，亦爲好官，窮富極貴，寵榮耀天下。劉悟、李佑皆居大鎮，王承元年始十七，亦杖節。此皆三軍耳所聞也！”衆又曰：“田弘正刻此軍，故軍不安。”公曰：“然！汝三軍亦害田令公身，又殺其家矣！復何道！”衆乃讙曰：“侍郎語是！”庭湊恐衆心動，遽麾衆散出；因泣謂公曰：“侍郎來，欲令庭湊何所爲？”公曰：“神策六軍之將，如牛元翼比者不少；但朝廷顧大體，不可以棄之耳！而尚書久圍之，何也？”庭湊曰：“即出之！”公曰：“若真耳，則無事矣！”因與之宴而歸。而牛元翼果出。乃還於上前盡奏與庭湊言及三軍語。上大悦曰：“卿直向伊如此道！”由是有意欲大用之。王武俊贈太師；呼太史者，燕趙人語也。轉吏部侍郎。以上叙宣撫鎮州特詳。其宣揚朝命之慷慨敷陳，亦篇中精彩。凡令史皆不鎖，聽出入。或問公？公曰：“人所以畏鬼者，以其不能見也；鬼如可見，則人不畏矣！選人不得見令史，故令史勢重。聽其出入，則勢輕。”改京兆尹，兼御史大夫；特詔不就御史臺謁，後不得引爲例。六軍將士皆不敢犯，私相告曰：“是尚欲燒佛骨者，安可忤！”故盜賊止；遇旱，米價不敢上。李紳爲御史中丞，械囚送府，使以尹杖杖之。公曰：“安有此！”使歸其囚。是時紳方幸，宰相欲去之，故以臺與府不協爲請，出紳爲江西觀察使，以公爲兵部侍郎。第六次蹉跌。紳既復留，公入謝。上曰：“卿與李紳爭何事？”公因自辨。數日，復爲吏部侍郎。長慶四年，得病，滿百日假，既罷。以十二月二日，卒於靖安里第。以上叙歷吏部京尹，著其經權互用，不拘故常，每叙一事皆有用意，而著其歷官始終，直道而行，屢蹶屢起，執德不回，尤一篇精神所在。公氣厚性通；論議多大體，與人交，始終不易，凡嫁内外及交友之女無主者十人。幼養於嫂鄭氏。及嫂歿，爲之期服以報之。深於文章，每以爲自楊雄之後，作者不出；其所爲文，未嘗效前人之言而固與之並。自貞元末以至於兹，後進之士，其有志於古文者，莫不視公以爲法。文章亦愈爲一大事出世，故特表而出之。有集四十卷，小集十卷。及病遂請告以罷；每與交友言既終以處妻子之語，且曰：“某伯兄德行高，曉方藥，食必視本草，年止四十二。某疎愚，食不擇禁忌，位爲侍郎，年出伯兄十五歲矣！如又不足，於何而足！且獲終於牖下，幸不至墜大節以下見先人；可謂榮矣！”享年五十七，贈禮部尚書。以上總叙性行及瑣事，以爲餘波。謹具任官事迹如前，請牒考功，下太常定謚；并牒史館。謹狀。

高澍然曰：氣厚色穆，靠實發揮，雄贍而歸於樸，絶不張皇，其神鬱動，精能之至！

唐故金紫光禄大夫檢校禮部尚書使持節都督廣州諸軍事兼廣州刺史兼御史大夫充嶺南節度營田觀察制置本管經略等使東海郡開國公食邑二千户徐公行狀

曾祖仁徹，隋吉州太和縣丞。祖玄之，皇考功員外郎贈吏部郎中諫議大夫。考義，皇汾州司户參軍，贈信州刺史。京兆府萬年縣青蓋鄉交原里東海徐公，年七十一。以上叙三代、籍貫、年齡。公諱申，字維降，東海剡人。永泰元年，寄籍京兆府，舉進士，秘書省正字；初辟巡官於江西；又掌書記於嶺南行營。哥舒氏之亂平，奏授大理評事，轉司直，兼監察御史，賜緋魚袋。又充節度判官於朔方；改太子司議郎，兼殿中侍御史；選授洪州大都督府長史。時刺史嗣曹王舉江西兵討李希烈，故以長史行刺史事，任職有成。曹王薦之；遷韶州刺史。以上叙早年歷佐藩府。四十餘年，刺史相循居於縣城。换頭另起，以提筆作原叙。州城與公田三百頃皆爲墟。縣令丞尉雜處民屋。公乃募百姓能以力耕公田者，折入徐。假之牛犂粟種與食，所收，其半與之；不假牛犂者，三分與二。田久不理，草根腐，地增肥；又連遇宜歲得粟比餘田畝盈若干；凡積粟三萬斛。墾荒，一層。將復築室於州故城；令百工之伎以其藝來者，與粟有差。刺史臨視給與，吏無所行其私，以故人皆便信。應募者數千人。陶人不知墁而塗有餘。圬人不版築而墻有餘。築人不操斤斧而工有餘。陶者，圬者，築者，工者，各以其所能相易；未十旬而城郭室屋建立如初。築城，一層。刺史以官屬遷於新城。縣令之下，各返其室。創六驛。新大市。二道四館，器用皆具。遷歸，一層。曲江縣五百人以狀詣觀察使，請作碑立生祠。公自陳“所爲不足述。假令如百姓言，乃刺史職宜如此；何足多者！不願以小事市名。”觀察使嘉其讓，密以狀聞，遷合州刺史。頌美薦舉，一層。

其始來也，韶之人，户僅七千；凡六年，遷合州，其去也，倍其初之數，又盈四千户焉！叙户口之增，當云萬八千户而故迂迴其詞，不落平板。○以上叙刺合州，乃徐之所由得名，故寫次特詳，瑣而不絮，碎而有紀，是真學《周官·考工》而有得者。初先夫人殁於江西，遭賊難，未克返葬，寓於西原。公不赴合州，表請奉喪歸祔於河南府偃師縣既，滄景觀察使奏請景州刺史闕。其帥輒以其僚屬將校自爲之；不請有年矣！著此宕筆，氣爲之疏。宰相累進刺史名皆不出。及召公入，縮合。言合上旨；遂下詔遷朝散郎，使持節景州諸軍事景州團練使，兼御史中丞，賜紫金魚袋，尋加節度副使。其明年，滄景節度使始朝。二年，又朝，遂留。詔以其從父兄代之。奏以公充行軍司馬。公遂以信州府君塋近漕河，表求改葬於重山。詔許之。以上叙刺景州而以徐本人無可生波，乃就景州刺史闕，不請有年矣，滄景節度使始朝，渲染生色。既徵入京師，遷朝散大夫，使持節都督邕州諸軍事，守邕州刺史，本管經略招討使、御史中丞，賜紫如初。是歲正元十七年也。詰俚盜，除其暴；掠良聚攻，禁如令。通蠻夷道，責土貢，大首領黄氏率其屬，納質供賦。黄氏、周氏、韋氏、儂氏，皆群盜也！黄氏之族最强，盤亘十數州；周、韋氏之不附之也。率群黄之兵以攻之而逐諸海。黄氏既至，群盜皆服。於是十三部二十九州之蠻，寧息無寇害。一筆勒住。○以上叙經略邕州。而寫撫黄氏以平群盜，長短錯落之句，摇曳生姿，胎息《左傳》。其明年，制遷使持節都督廣州諸軍事，守廣州刺史，兼御史大夫，充嶺南節度觀察制置本管經略等使，散官如故。前節度使殁，掌印吏盜授人職百數，謀夜發兵爲亂；事覺奔走。公至，陰以術得首惡，殺之；不問其餘，軍中以安！蠻夷俗相攻劫，群聚緣道，發輒捕斬，無復犯者！蕃國歲來互市；奇珠瑇瑁，異香文犀，皆浮海舶以來；常貢是供，不敢有加。舶人安焉；商賈以饒！二十一年，進階銀青光禄大夫。元和元年，詔加金紫光禄大夫，檢校禮部尚書，封東海郡開國公，食邑二千户，餘如故。詔書未至，有疾薨於位。以上叙節度嶺南，寫其嚴以戢亂，廉以撫蕃。凡三佐藩屏之臣；五爲刺史；一爲經略使；一爲節度觀察使；階累升爲金紫光禄大夫；爵超進爲開國公；官亟遷爲禮部尚書；其事業皆足以傳示後嗣，爲子孫法。享年七十，雖不登於上壽。儒者榮之；以上總束全篇，詞筆震盪，而意度安閒。前夫人渤海高氏子皆夭。後夫人扶風竇氏，封國夫人，有子元弼，前右衛倉曹參軍，以讀書屬文爲業。以上叙妻子。謹具歷官行事如前，伏請牒太常編録。謹狀。

高澍然曰：事核而氣逸；生色語，不飾，不張皇，而聲光自倍。其光熊熊，其色穆穆！韓公名臣，故狀舉其大；徐公才臣，故狀詳其劇；體各有當也。而叙劇能要，叙碎能典，能小中見大，方稱史筆。

皇祖實録

公，諱楚金，諮議詔第二子；明經出身，初授衛州參軍，又授貝州司法參軍。夫人，清河崔氏；父球，袞、鄆、懷三州刺史。以上叙仕宦及妻氏。公伯兄惟慎，太原府壽陽縣丞。性曠達，樂酒，不理家産；每日齎錢一千出游，求飲酒者，必盡所齎然後歸；其飲酒徒，善草隸書張旭其人也！渲染設色。公事壽陽如父在，每事必請於壽陽。壽陽曰："汝年亦長矣！若都不能自治立，然每事必擾我，何爲！"公曰："不請，非不能爲此也，不滿乎人心。"其請如初。寫其事兄之不敢以自任，正以反襯下文制暴民之勇於自任。及在貝州；刺史嚴正晦禁官吏於其界市易所無。公至官之日，養生之具，皆自衛州車以來；又以二千萬錢；入曰："吾食貝州水而已！"及正晦黜官；百姓舊不樂其政，將俟其出也，群聚號呼，斃之以瓦石，揚言無所畏忌。録事參軍不敢禁，懼謂公曰："若之何？"公曰："録事必不能當，請假歸攝録事參軍，斯可矣！"公告正晦曰："若以威强不便於百姓；百姓俟使君行，加害於使君；使君更期出，其爲使君任其患！"於是集州縣小吏，得百餘人，皆持兵；無兵者持扑，埋長木於道中，令曰："使君出，百姓敢有出觀者，杖殺大木下！"及正晦出，百姓莫敢動。或曰："刺史出，可作矣；如李司法何！"貝州震恐。後刺史至，委政於公；奸吏皆務於情告，不敢隱。貝州於是大理！以上叙柔以敬兄，勇以涖官，反正相擊，爲一篇精彩。壽陽之夫人鄭氏，賢知於族；嘗謂壽陽曰："某觀叔賢於君。某之質，不敢與叔母至高下。君之家和，子孫必有興者！"壽陽之第一子，爲户部侍郎。初户部氏兄弟五人，姊一人；其喪母也皆幼。公每日必抱置膝上，或泣而傷。諸姪之安於叔母也，如未失母時！有子三人，曰某，祗承父業，不敢弗及，夫人清河崔氏，能以柔順接於親族，其來歸也，皆自以爲己親焉！以上叙恩撫兄子，其妻其子能承其志。翺生不及祖，不得備聞其景行；其貝州事業，親授之於先子；其餘皆聞之於户部叔父，伏以皇祖之爲子弟時，若不能自任也；及蒞官行事，其剛勇不同也如此！其行事皆可以傳於後世，爲子孫法！蓋聞先祖有善而不知，不明也。知而不傳，不仁也！翺欲傳，懼文章不足以稱頌道德，光耀來世，是頓首願假辭於執事者。亦惟不棄其愚而爲之傳焉！以上總束。

高澍然曰：中間在貝州攝録事參軍一段蒼健，恍惚柳河東《段太尉逸事狀》，而氣體又别。河東蒼健，參以峭削；此蒼健，行以寬平；而事辭之稱則同。又《柳狀》較精簡雄傑；然見氣而兼見力。此平平敘去，絶不見力。除"令曰"二語雄傑，前後止見沖和靜穆，尤高！

高愍女碑

愍女，姓高；妹妹，名也；生七歲，當建中二年，父彦昭以濮陽歸天子。前此逆賊質妹妹與其母兄，而使彦昭守濮陽。及彦昭以城歸；妹妹與其母兄皆死。欲寫妹妹有可不死，先説與其母兄皆死。既述妹妹可以不死，又寫必即於死。情事曲折，筆遒而拗。其母，李氏也；以提爲接，摇曳有致。將死，憐妹妹之幼無辜，請獨免其死，而以爲婢於官。皆許之。妹妹不欲；曰："生而受辱，不如死！母兄且皆不免；何獨生爲！"既寫妹妹必即於死，下文又接寫如何死。其母與兄將被刑，咸拜於四方。以提爲接，總以母兄作襯。妹妹獨曰：折入妹妹，"獨"字反映上"咸"字。"我家爲忠，宗黨誅夷；四方神祇尚何知！"撇去四方，辭而闢之。問其父所在之方，西嚮哭，再拜，不拜四方而拜父所在之方，所以見其爲"獨"而不同於母兄之"咸"。遂就死！神迴氣合，遥接上"皆死"、"將死"、"免其死"、"不如死"，許多"死"字得一結穴。明年，太常謚之曰愍。點題。當此之時，再提，以振爲束。天下之爲父母者聞之，莫不欲愍女之爲其子也！天下之爲夫者聞之，莫不欲愍女之爲其室家也！天下之爲女與妻者聞之，莫不欲愍女之行在其身也！遂就死以前，以母兄作烘託反襯也。遂就死以後，以天下莫不欲作烘託正襯也。著意渲染，有口皆碑。○以上敘事。昔者曹娥思盱，自沈於江。獄吏嘷囚，章女悲號。思啗其兄，作詩《載馳》。緹縈上書，乃除肉刑。彼四女者，或孝或智，或義或仁。又引古列女來烘襯。噫此愍女，厥生七年；天生其知，四女不倫！頓挫！○又就起“生七歲”作波瀾，意謂四女孝、智、義、仁皆成年，未若愍女“厥生七年”之爲天生其智，然而意未醒出。向遂推而布之於天下，其誰不從而化焉！折醒正意。雖有逆子，必改行。雖有悍妻，必易心。賞一女而天下勸，亦王化之大端也！作碑主旨。異哉！愍女之行而不家聞户知也！以頓挫作旋折。貞元十三年，翺在汴州，彦昭時爲潁州刺史；昌黎韓愈始爲余言之。余既悲而嘉之，於是作《高愍女碑》。

高澍然曰：神采出於骨理，卓句古瘦，化鍊爲適。錯落嶔奇，純乎古節。

楊烈婦傳

建中四年，李希烈陷汴州；既又將盜陳州，分其兵數千人，抵項城縣，蓋將掠其玉帛，俘纍其男女，以會於陳州。縣令李侃不知所爲。其妻楊氏曰：侃不知所爲，而楊氏教以所爲。“君，縣令，寇至當守；力不足，死焉，職也！君如逃則誰守！”侃曰：“兵與財皆無，將若何？”楊氏曰：“如不守，縣爲賊所得矣；倉廩，皆其積也；府庫，皆其財也；百姓，皆其戰士也；國家何有！奪賊之財，而食其食，重賞以令死士；其必濟！”於是召胥吏百姓於庭。楊氏言曰：侃不能言而楊氏言。“縣令，誠主也；雖然，歲滿則罷去；非若吏人百姓然！吏人百姓，邑人也；墳墓存焉；宜相與致死以守其邑；忍失其身而爲賊之人耶！”衆皆泣，許之。乃徇曰：亦楊氏徇。“以瓦石中賊者，與之千錢。以刀矢兵刃之物中賊者，與之萬錢。”得數百人。誰得之？楊氏得之。侃率之以乘城。楊氏親爲之爨以食之；無長少，必周而均。使侃與賊言曰：侃不能與賊言，而楊氏使與言。“項城父老，義不爲賊矣！皆悉力守死。得吾城，不足以威；不如亟去。徒失利，無益也！”賊皆笑！有蜚箭集於侃之手，侃傷而歸。反映。楊氏責之曰：“君不在，則人誰肯固矣！與其死於城上，不猶愈於家！”侃遂忍之，復登陴。項城，小邑也；無長戟勁弩高城深溝之固。以振提作頓挫，筆勢不平。賊氣吞焉，率其徒，將超乘而上。頓挫！有以弱弓射賊者，中其帥，墜馬死。亦會有天幸。其帥，希烈之壻也；賊失勢，遂相與散走。項城之人無傷焉！刺史上侃之功，詔遷絳州太平縣令。楊氏至茲猶存。

一句繳醒，見得夫以妻貴也。〇以上叙楊婦之勇，以其夫之懦相襯。婦人女子之德，奉父母舅姑盡恭順；和於娣姒；於卑幼有慈愛，而能不失其貞者則賢矣！頓挫！〇婦人女子之德，一層。辨行列，明攻守勇烈之道；此公卿大臣之所難！頓挫！〇公卿大臣所難，又一層。厥自兵興，朝廷寵旌守禦之臣，憑堅城深池之險，儲蓄山積，貨財自若，冠胄服甲，負弓矢而馳者不知幾人；其勇不能戰，其智不能守，其忠不能死，棄其城而走者有矣！頓挫！彼何人哉？總跌一筆，唤起下句。〇層層跌頓，已如弓之持滿，箭一發而離弦矣。楊氏者，婦人也。非公卿大臣，非朝廷寵旌守禦之臣，特表而出之。妙！孔子曰："仁者必有勇。"楊氏當之矣！以上贊楊婦之勇，亦以公卿大臣反映。

贊曰：凡人之情，皆謂後來者不及於古之人。賢者古亦稀，獨後代耶！及其有之，與古人不殊也。若高愍女、楊烈婦者，雖古烈女，其何加焉！予懼其行事湮滅而不傳，故皆叙之，將告於史官。贊明所以述作之意，似爲高女、楊婦作總贊，然詞意平凡，畫蛇添足。

高澍然曰：純以質勝，不鍊自古。由色穆而神潔，故其氣清夷。

唐故横海軍節度齊棣滄景等州觀察處置等使金紫光禄大夫檢校兵部尚書使持節齊州諸軍事兼齊州刺史御史大夫上柱國貝郡開國公食邑二千户贈左僕射傅公神道碑

傅爲古姓。介子誅樓蘭王，封義陽侯。俊爲二十八將，功高稱於兩漢。而毅以文章顯。自漢以降，世累有人。曾祖諫，易州長史。生大父定州司馬韶，贈鄧州長史。生父榮，贈刑部尚書。以上叙家世三代。公，諱良弼，字安道，清河人也；以善弓矢顯，仕於成德軍，流輩稱其樸厚。以上叙名字、籍貫及行能。博野、樂壽本隸瀛州；在范陽、成德間爲要害地，每相攻以取兩城。振提。及王武俊破走朱滔，詔以博野、樂壽與成德軍。其後以公選爲將，而鎮於樂壽。公善撫士卒，與之同苦樂，得士卒死力。振提。〇伏案非閒筆。長慶初，幽州繼亂，范陽執其帥弘靖，而扶克融。成德殺其帥弘正；將庭湊因盜有地。以相告；未踰月而部落相勸皆歸。蕃人之有罪者，懼而來奔；故事皆使蕃人出馬以贖。公曰："吾將於此，職當禁其逃亡；有罪，何俟於贖！"皆執之以撫其蕃落。蕃人益喜！以上叙鎮河陽撫蕃有恩。太和二年九月，以公爲横海軍節度使，檢校兵部尚書，俾治齊州以圖滄景之寇。知兵者咸以爲命將之當，必且有成矣！將寫其死，故爲颺開。欲止猶翔，顧盼生姿。旌旗及於陝而得疾，疾愈即路，以十月晦薨於硤石驛；春秋五十有六。天子悼痛，爲之廢朝，贈尚書左僕射。以明年七月葬河南府洛陽縣伯樂里。以上叙節度横海而道死。夫人，南陽張氏，柔立善斷。公之以樂壽拒賊，暨轉戰以出；夫人麤衣糲食，與兵士妻女均好惡；回顧上公善撫士卒，一筆映帶有致。用助公事，再封南陽郡夫人。三子守常、守中、守章等，皆孝謹寡過。公方將立大功以報於國，不以男子之仕爲念；故官甚卑，有未官者！以上叙妻子。銘曰：

大夫致身，不賴前業。遭變竭忠，奇節曄曄。乃作刺史，乃作將軍。乃統邊兵，事績昭聞。廉以檢己，嚴以督下。蕃落完安，馬牛在野。大革前事，自我爲初。爾後之來，視此勿渝！"奇節曄曄"以下，一氣趕出，氣遒而神穆，綜次有法。

高澍然曰：雄蒼堅直，力渾於氣。

故處士侯君墓誌

侯高，字玄覽，上谷人；少爲道士，學黄、老鍊氣保形之術，居廬山，號華陽居士。每激發，則爲文達意；其高處駸駸乎有漢魏之風。性剛勁，懷救物之略，自儕周昌王陵。所如固不合，視貴善宦者如糞溲；與平昌孟郊東野、昌黎韓愈退之、隴西李渤濬之、河南獨孤朗用晦、隴西李翱習之相往來。汴州亂，兵士殺留後陸長源，東走劉逸淮；乃作《吊汴州文》，投之大川以訴。貞元十五年，翱遇玄覽於蘇州，出其詞以示翱。翱謂孟東野曰："誠之至者必上通。上帝聞之，劉逸淮其將不久！"後數月而劉逸淮竟死！其首章曰："穹穹與厚厚兮，烏憤予而不攄！"翱以爲與屈原、宋玉、景差相上下；自東方朔、嚴忌，皆不及也！以上寫懷忌負氣激發，爲文章而見稱於友朋。達奚撫爲楚州，起攝盱眙；祭酒李公遜刺衢州，請治信安；其觀察浙東，又宰於剡；三縣皆有政。不幸得心疾，留其子狗兒於翱家，而歸廬山，不到，卒江西。

其子壻王適使傭吉勉求君所如。值君卒，吉勉以君喪殯於袁州之野而復於適。適又死！適之妻使吉勉來告於翱。翱以狗兒歸適妻，居二年，適妻又死！狗兒尚童，翱慮吉勉之短長不可期，則君之喪終不墳矣！故使吉勉往葬之，而識其墓以示狗兒！直落老靠！○以上叙暫遇而卒不遇以死。

高澍然曰：神綿氣鬱，出於質厚。

故朔方節度掌書記殿中侍御史
昌黎韓君夫人京兆韋氏墓誌銘

夫人，姓京兆韋氏，尚舍奉御説之次女也；年十三，執婦道於昌黎韓氏。過入昌黎韓君，自此以下叙韓君生平。府君，諱弇，自後魏尚書令安定桓王六世，生禮部郎中雲卿、禮部實生府君。進士及第，朔方節度請掌書記，得秘書省校書郎，累遷殿中侍御史。貞元三年，吐蕃乞盟。詔朔方節度使即塞上與之盟；賓客皆從。其五月，吐蕃不肯盟。殿中君於是遇害；時年三十有五！夫人始年十有七矣！了韓君過入夫人，以年爲連鎖，摇曳出之。自此以下，叙夫人艱辛，筆筆頓挫，如獅子搏兔，通身解數。有女子一人，其生七月而孤。下半篇文字，從此句生發。夫人之母，前既不幸矣！頓挫！夫人以其女歸於其父；弗數年，其父又不幸！跟上“既不幸”句，疊用“又不幸”句，如雨打芭蕉，聲聲淒咽。夫人泣血食貧，養其子有道，自愼於嫌，節行愈高，雖烈丈夫之志不如也！猶有董氏伯姊繼衣食仁之焉！頓挫！不數年，董氏姊又不幸！夫人於是天下無所歸託矣！極力一跌，嗚咽有聲。殿中君從父弟愈，孝友慈祥；貞元十六年，以其女歸於隴西李翱。夫人從其女子，依於李氏焉！降生短命，三十有二；貞元十八年八月甲辰，卒於汴州開封新里鄉之某村。其明年正月辛酉，隴西李氏以其喪葬之於陳留縣安豐鄉岡原。以上叙夫人生平。殿中君之先，葬於河陽；以提筆爲原叙。惟君之歿，不得其喪。夫人是以不克葬於河陽，而獨墳於陳留；弗克祔於殿中君之族，而依於女子氏之黨，以從女子之懷；權道也，且將有待也！長句摇曳，負聲有力。殿中君文行甚修，位甚卑，没於王事。初禮部君好立節義，有大功於昭陵，其文章出於時，而官不甚高。殿中君又無嗣。嘗聞諸君子曰：“位不稱德者有後；”禮部君曷爲然哉！於是敘其孤女之悲以識於墓門；銘曰："女子之生兮，七月而孤！所恃者母兮，夫何辜！天蒼蒼兮不迴！生幾時兮終日哀！"銘詞跟誌文直落，作一筆書，而探孤女之所欲，攄爲代言之體。又是一格。〇以上論所以依女子氏而葬於隴西李氏，特就上"有女子一人，其生七月而孤"渲染生色。

祭劉巡官文

維元和七年，歲次壬辰，九月丙辰朔，十五日庚午，觀察判官攝監察御史李翺等，謹以清酌庶羞之奠，致祭於劉君之靈。以上敘致祭。我等與君，同列賓筵。共食偕行，歲辰再遷。公事多暇，嬉游百般。柳垂於塘，荷秀於川。或泛在水，或登在山。飲酒終夜，觴觥往還。笑言無虐，咸盡於歡。君實强盛，時維壯年。宜哉壽考，福禄來臻。頓挫！奈何遭疾，鍼藥弗痊。日冀返初，憂危遽傳。長路未極，琴書忽捐。嗚呼哀哉！以上敘生前交情。堂有老母，室有少妻。幼男稚女，或童或孩。發聲怨切，吊者酸悽。祔葬舊域，隨喪以歸。已矣劉君，自古如斯！有肉一豆，有酒一巵。我來一别，去去長辭！嗚呼哀哉！以上敘死後悽涼。尚饗！

來南録

元和三年十月，翺既受嶺南尚書公之命。四年正月己丑，自旌善第，以妻子上船於漕。乙未，去東都。韓退之、石濬川假舟送予。明日，及故洛東，吊孟東野，遂以東野行。濬川以妻疾，自漕口先歸。黄昏，到景雲山居。詰朝，登上方，南望嵩山，題姓名記别。既食，韓孟别予西歸。以上記來南。首途韓孟送行，自西迤東。至是别歸，乃折南行。戊戌，予病寒，飲葱酒以解表；暮宿於鞏。庚子，出洛，下河，止汴梁口，遂泛汴流，通河於淮。辛丑，及河陰。乙巳，次汴州。疾又加，召醫察脈，使人入廬乂。二月丁未朔，宿陳留。戊申，莊人自廬乂來。宿雍邱。乙酉，次宋州。疾漸瘳。壬子，至永城。甲寅，至埇口。丙辰，次泗州，見刺史假舟，轉淮上河如揚州。庚申，下汴渠入淮；風帆及盱眙，風逆，天黑色，波水激；順潮入新浦。壬戌，至楚州。丁卯，至揚州。戊申，上栖靈浮圖。辛未，濟大江，至潤州。戊辰，至常州。

壬午，至蘇州。癸未，如虎丘之山，息足千人石，窺劍池，宿望海樓，觀走砌石；將游報恩，水涸，舟不通，無馬道，不果游。乙酉，濟松江。丁酉，官艘隙，水溺，舟敗。戊子，至杭州。己丑，如武林之山，臨曲波，觀輪轄，登石橋，宿高亭。晨望平湖，孤山江濤，窮竹道，上新堂，周眺群峰，聽松風，召靈山，永吟叫猿，山童學反舌聲。癸巳，駕濤江。逆波至富春。丙申，七里灘，至睦州。庚子，上楊盈川亭。辛丑，至衢州，以妻疾止行，居開元佛寺，臨江亭後。三月丁未朔，翱在衢州。甲子，女某生。四月丙子朔，翱在衢州，與侯高宿石橋。丙戌，去衢州。戊子，自常山上嶺，至玉山。庚寅，至信州。甲午，望弋陽山，怪峰直聳似華山。丙申，止於越亭。己亥，直渡擔石湖。辛丑，至洪州，遇嶺南使，游徐孺亭；看荷華。五月壬子，至吉州。壬戌，至虔州。己丑，與韓泰安平渡江，游靈應山居。辛未，上大庾嶺。明日，至湞昌。癸酉，上靈屯西嶺，見韶石。甲戌，宿靈鷲山居。六月乙亥朔，至韶州。丙子，至始興公室。戊寅，入東蔭山，看大竹笋如嬰兒。過湞陽峽。己卯，宿清遠峽山。癸未，至廣州。以上叙沿途蹤跡。自東京至廣州，水道出衢信七千六百里，出上元西江七千一百有三十里。總叙一筆，後再逐段細疏。自洛川下黃河汴梁過淮，至淮陰一千八百有三十里。順流自淮陰至邵伯三百有五十里。逆流自邵伯至江九十里。自潤州至杭州八百里，渠有高下，水皆不流。自杭州至常山六百九十有五里，逆流多驚灘，以竹索引船，乃可上。自常山至玉山八十里。陸道謂之玉山嶺。自玉山至湖七百有一十里；順流謂之高溪。自湖至洪州一百有一十八里，逆流自洪州至大庾嶺一千有八百里，逆流爲之漳江。自大庾嶺至湞昌一百有一十里，陸道謂之大庾嶺。自湞昌至廣州九百有四十里，順流謂之湞江，出韶州謂之韶江。以上叙南來道里行程。

皇甫湜，字持正，睦州新安人，元和元年進士，仕至工部郎中。韓愈有《陸渾山火和皇甫湜用其韻》、《寄皇甫湜》、《讀皇甫湜公安園池詩書其後》諸詩，見集中。而湜作《論業》一文，謂“韓吏部之文，如長江大注，千里一道，衝飆激浪，汙流不滯；然而施於灌溉，或爽於用。”若有不足之辭。又《送王膠序》曰：“今侍郎韓公，余之舊知。”辭意傲然。然兩人相較：愈之文，無句不跳脱，湜之文，無句不僵直；一則自然雄肆，一則格格不達；沾沾自喜，豈中與韓公作奴僕！傳有《皇甫持正文集》六卷。録文三首。

諭業

《逍遥遊》曰："適百里者宿舂糧。適千里者必聚糧。"此言務遠則積彌厚。成安君曰："千里饋糧，士有饑色。樵蘇後爨，師不宿飽。"此言持不實則危。一則寓論，一則武經，相發明，其義符也。故彊於内者外必勝。殖不固者發不堅。功不十倍，不可以果志。力不兼兩，不可以角敵。號猿貫蝨，徹札飲羽，必非一歲之決拾。仰馬出魚，理心順氣，必非容易之搏拊。淺闢庸種無嘉苗。纇絢疎織無良帛。夫欲利其獲，不若優其爲獲之方。若欲顯其能，不若營其爲顯之道。求諸人，不若求諸己。馳其華，不若馳其實。彼則趦趄於卿士之門，我則婆娑於聖賢之域。彼則巾車於名利之肆，我則冠屨於文史之囿。道寢而後進，業成而後索，以其勞於彼，曷若勤於此；以其背於路，曷若齎於家。求售者聲門而衒買。致賤者深匱而俟價。求聘者自容於靚糚。取賄者嫌扃於密影。鮪可薦也，不慮綸罟之不逢。橘可貢也。不慮包匭之不入。務出人之名，安得不厲出人之器。戰横行之陣，安得不振横行之略。書不千軸，不可以語化。文不百代，不可以知變。體無常軌，言無常宗，物無常用，景無常取，在譚其理，覈其微；賦物而窮其致；謌詠者，極情性之本；載述者，遵良直之旨；觸類而長，不失其要。此大略也。夫比文之流，其來尚矣。自六經、子、史，至於近代之作，無不備詳。當朝之作，則燕公張説悉以評之。自燕公已降，試爲子論之。以上論不可不以業自勗，而以己所業在文章，故歸結到比文之流，麗辭碌碌，不免語絮意複。燕公之文，如楩木枝幹，締構大廈，上棟下宇，孕育氣象，可以變陰陽，閲寒暑，坐天子而朝群后。許公蘇頲之文，如應鐘鼙鼓，笙簧錞磬，崇牙樹羽，考以宫縣，可以奉神明，享宗廟。李北海邕之文，如赤羽玄甲，延亘平野，如雲如風，有貙有虎，闞然鼓之，吁可畏也！賈常侍至之文，如高冠華簪，曳裾鳴玉，立於廊廟，非法不言，可以望爲羽儀，資以道義。李員外華之文，則如金輿玉輦，雕龍綵鳳，外雖丹青可掬，内亦體骨不饑。獨孤尚書及之文，如危峰絶壁，穿倚霄漢，長松怪石，傾倒谿壑；然而略無和暢，雅德者避之！楊崖州炎之文，如長橋新構，鐵騎夜渡，雄震威厲，動心駭耳；然而鼓作多容，君子所慎！權文公德輿之文，如朱門大第，而氣勢宏敞，廊廡廩廐，户牖悉周；然而不能有新規勝槩，令人竦觀！韓吏部之文，如長江大注，千里一道，衝飆激浪，汙流不滯；然而施於灌溉，或爽於用。李襄陽翺之文，如燕市夜鴻，華亭曉鶴，嘹唳亦足驚聽；然而才力偕鮮，瞥然高遠。故友沈諮議亞之之文，則隼擊鷹揚，滅没空碧，崇蘭繁榮，曜芬揚蕤，雖迅舉秀擢，而能沛艾絶景。其他握珠璣，奮組綉者，不可一二而紀矣。若數公者，或傳符於玄宰；或受命於神功；或鳳翥詞林，或虎踞文苑；或抗轡荀孟，攘袂班揚；皆一時之豪彦，筆硯之麟鳳！今皆游詠其波瀾；偃息其林藪。銓其一揖之舊也，而驟以敦業之言動子之志，誠未當也！遂絶意隨計，解裝退修，循力行待取之儒規，達先難後獲之通理；將爲勇退？真勇進也，斯可尚矣！子既信余之不欺，余亦貴子之不忽，因源流導業而列論焉。點題作結。○以上歷論唐代作者以敦所業。

答李生書

辱書，適曛黑，使者立復，不果一二。承來意之厚。傳曰："言及而不言，失人。"粗書其愚，爲足下答。以上叙得書爲答。來書所謂"今之工文，或先於奇怪者顧其文工與否耳！"夫意新，則異於常；異於常，則怪矣！詞高，則出衆；出衆則奇矣！喝明警闢。虎豹之文，不得不炳於犬羊；鸞鳳之音，不得不鏘於烏鵲；金玉之光，不得不炫於瓦石；非有意先之也，乃自然也！必崔嵬，然後爲岳。必滔天，然後爲海。明堂之棟，必橈雲霓。驪龍之珠，必固深泉。反覆曉譬，如層波疊浪，風起雲湧。足下以少年氣盛，固當以出拔爲意。學文之初，且自未盡其才，何遽稱力不能哉！圖王不成，其弊猶可以霸。其僅自見也，將不勝弊矣！孔子譏其身不能者，幸勉而思進之也！以上答來書"工文，或先奇怪"之説，而謂以奇爲主，抑揚爽朗，得未曾有。來書所謂浮艷聲病之文，恥不爲者；雖誠可恥，但慮足下方今不爾；且不能自信其言也！信同伸。何者？足下舉進士。舉進士者，有司高張科格，每歲聚者試之；其所取，乃足下所不爲者也。工欲善其事，必先利其器。足下方伐柯而捨其斧斤，可乎哉！恥之，不當求也！求而恥之，惑也！今吾子求之矣；是徒涉而恥濡足也；寧能自信其言哉！來書所謂急急於立法寧人者，乃在位者之事，聖人得所施爲也；非詩賦之任也。功既成，澤既流，詠歌紀述光揚之作作焉。聖人不得勢，方以文詞行於後。今吾子始學，未仕而急其事，亦太早計矣！近風教偷薄，進士尤甚；乃至一謙三十年之説，爭爲虛張以相高自謾。詩未有劉長卿一句，已呼阮籍爲老兵矣！筆語未有駱賓王一字，已罵宋玉爲罪人矣！書字未識偏傍，高談稷契。讀書未知句度，下視服鄭。此時之大病，所當嫉者。生美才，勿似之也！以上答來書恥"浮艷聲病之文"而"急急於立法寧人"，因極論風教之偷薄，進士之虛張。傳曰："唯善人能受盡言。"孔子曰："君子無所爭，必也射乎！"問於湜者多矣！以生之有心也，聊有復。不能盡，不宣。再拜。

韓文公墓銘

長慶四年八月，昌黎韓先生既以疾免吏部侍郎，書諭湜曰："死能令我躬所以不隨世磨滅者，惟子以爲囑！"其年十二月丙子，遂薨。明年正月，其孤昶使奉功緒之録，繼訃以至。三月癸酉，葬河南河陽。乃哭而叙銘其墓。其詳將揭之於神道碑云。以上叙受遺囑以誌墓。先生諱愈，字退之，後魏安桓王茂六代孫。祖朝散大夫桂州長史諱叡素。父秘書郎贈尚書左僕射諱仲卿。以上叙世系三代。先生七歲好學，言出成文。及冠，恣爲書以傳聖人之道。人始未信！既發不掩，聲震業光。人方驚爆而萃排之，乘危將顛，不懈益張，卒大信於天下！先生之作，無圓無方；至是歸工；抉經之心，執聖之權；尚友作者，跋邪觝異；以扶孔氏，存皇之極；知與罪非我計！茹古涵今，無有端涯；渾渾灝灝，不可窺校。及其酣放，豪曲快字，陵紙怪發，鯨鏗春麗，驚耀天下；然而栗密窈眇，章妥句適，精能之至，入神出天。嗚呼！極矣！後人無以加之矣！姬氏以來一人而已矣！以上叙學問文章合"《易》之奇而法"、"《詩》之正而葩"爲一手，乃與韓愈《貞曜先生墓誌》中間叙誌一段可爲千古絶唱。始先生以進士三十有一，仕歷官。其爲御史，尚書郎，中書舍人，前後三貶，皆以疏陳治事，廷議不隨爲罪。常惋佛老氏法，潰聖人之隄；乃唱而築之。及爲刑部侍郎，遂章言憲宗迎佛骨非是，任爲身恥；震怒天顏。先生處之安然，就貶八千里海上。嗚呼！古所謂"非苟知之，亦允蹈之"者耶！小作唱歎，以疏其氣。〇犯顔直諫，類聚爲一段。吴元濟反，吏兵久屯無功。國泗將疑，衆懼洶洶！先生以右庶子兼御史中丞行軍司馬；宰相軍出潼關；請先乘遽至汴，感説都統；師乘遂和，卒擒元濟。王廷湊反，圍牛元翼於深；救兵十萬，望不敢前。詔擇廷臣往諭。衆慄縮。先生勇行。元稹言於上曰："韓愈可惜！"穆宗悔，馳詔無徑入。先生曰："止，君之仁。死，臣之義！"遂至賊營，麾其衆責之。賊惶汗伏地，乃出元翼。《春秋》美臧孫辰告糴於齊，以爲急病；校其難易，孰爲宜褒？嗚呼！先生真古所謂大臣者耶！小作唱歎以疏其氣。〇平寇撫叛類聚爲一段。還拜京兆尹，斂禁軍，帖旱糴，蠶倖臣之鉅。再爲吏部侍郎，薨，年五十七，贈禮部尚書。以上叙歷官有績。與李翺爲行狀參觀詳略，各擅其勝：翺寫以暢肆，湜獨爲遒拗。先生與人，洞朗軒闢，不施戟級。族姻友舊不自立者，必待我，然後衣食嫁娶喪葬。平居雖寢食，未嘗去書，怠以爲枕，飡以飴口。講評孜孜，以講諸生。恐不完美，游以詼笑嘯歌，使皆醉義忘歸。嗚呼！可謂樂易君子鉅人者矣！小作唱歎以疏其氣。〇以上叙性行。夫人高平君范陽盧氏。孤，前進士昶。壻，右拾遺李漢，集賢校理樊宗懿。次女許嫁陳氏。三女未笄。以上叙妻子。銘曰：

維天有道，在我先生。萬頸胥延，坐廟以行。今望絶耶，痌此四方！以上叙衆望所歸而不得其年。惟聖有文！乖微歲千！先生起之，焯役於前。彍義滂仁，耿照充天。有如先生，而合亘年。按我章書，經紀大壞。噞不時施，昌極後昆。噫嘻永歸，奈知之悲！以上叙斯文所寄而不亘其年。

孫樵，字可之，又字隱之，自稱關東人。大中九年進士，授中書舍人。僖宗幸岐隴時，詔赴行在，遷職方郎中，品藻朝倫，旌其才行，曰："孫樵有揚、馬之文。"傳有《孫可之集》十卷。《與王霖秀才書》，自謂："得爲文真訣於來無擇，來無擇得之於皇甫持正，皇甫持正得之於韓吏部"者也。録文八首。

與高錫望書

文章如面，史才最難！到司馬子長之地，千載獨聞得揚子雲！唐朝以文索士，二百年間，作者數十輩，獨高韓吏部！吏部修《順宗實録》，尚不能當班孟堅，其能與子長、子雲相上下乎！足下乃小史，尚宜世嗣史法。矧足下才力雄獨，意語横闊；嘗序義復岡及樂武事，其説要害，在樵宜一二百言者；足下能數十字輒盡情狀，及意窮事際，反若有千百言在筆下。足下齒髮未及壯，其所得如此！則不知子長、子雲當足下年齒時，文章果何如也？以上論高之爲史才，以子長、子雲爲正陪，以韓吏部爲反襯，反覆低昂，詞氣鏗訇。然足下所傳史法，與樵所聞者異耶？折入不知史法，以所聞者異爲言，語極含蓄。古史有直事俚言者，有文飾者，乃特紀前人一時語以立實録；非爲俚言奇健，能爲史筆精魄；故其立言序事，及出没得失，皆字字典要；何嘗以俚言汩其間哉！今世俚言文章，謂得史法，因牽韓吏部曰如此如此；樵不知韓吏部以此欺後學耶？韓吏部亦未知史法耶？紀事抒言宜典要，不宜俚言，一事。又史家紀職官、山川、地理、禮樂、衣服，亦宜直書一時制度，使後人知某時如此，某時如彼；不當以禿屑淺俗，則取前代名品以就簡編。紀制度文物宜遵時制，不宜取前代名品，又一事。夫史家條序人物，宜存警訓；不當徒以官大寵濃，講文張字，故大惡大善，雖賤必紀；尸生浪職，雖貴得黜。至如司馬遷序周繆，班孟堅傳蔡義，尚可用耶？爲史官者，明不顧刑辟，幽不見神怪；若梗避於其間，其書可燒也！條序人物宜直筆，不宜避就，又一事。〇以上折以未知史法而告以所聞。古者國君不得視史。今朝廷以宰相監撰。大丈夫當一時寵遇，皆欲齊政房杜，躋俗太平；孰能受惡於不隱乎？史法不行於君相，一層。古者七十子不與筆削。今朝廷以史館叢文士儒家，擅一時胸臆，皆欲各任憎愛，手出黑白；孰能專門立言乎？史法不行於史館，又一層。樵未知《唐史》誠何如也！入《唐史》參以活筆，不坐實，妙能含蓄。〇以上論史法之不行。樵雖承史法於師，又嘗熟司馬遷、揚子雲書；然才韻枯梗，文過乎質。嘗序廬江何易于，首末千言；貴文則喪質；近質則太禿；刮垢磨痕，卒不到史！獨謂足下才力天出，最與史近；故以樵所受於師者致足下。直落老到。〇以上謙己之"卒不到史"，於起筆"史才最難"爲正映，於"足下才力天出"爲反跌而折落，以"所受於師者"相致，醒所以答之意。

與王霖秀才書

太原君足下。《雷賦》逾千百言，推之《大易》，參之《玄象》，其旨甚微，其辭甚奇，如觀駭濤於重溟；徒知褫魄眙目，莫得畔岸！誠謂足下怪於文，方舉降旗，將大詩朋從間，且疑子雲復生！極意揚詡。無何，足下繼以《翼旨》及雜題十七篇，則與《雷賦》相闊數百里。足下未到其壼，同閫。則非樵所敢與知；既入其域，設不如意，亦宜上下銖兩；不當如此懸隔。又極意抑。不知足下以此見嘗耶？襯筆。仰以背時戾衆，且欲哺糟啜醨以期苟合耶？正意。何自待則淺而徇人反深！找足一句，意更警聳。〇以下規爲文章不當徇人以苟合。鸞鳳之音必傾聽。雷霆之聲必駭心。龍章虎皮，是何等物。日月五星，是何等象，儲思必深，摛辭必高，道人之所不道，到人之所不到，趨怪走奇，執中歸正，以之明道，則顯而微；以之揚名，則久而傳。前輩作者正如是！譬玉川子盧仝《月蝕詩》，楊司成楊敬之《華山賦》，韓吏部《進學解》，馮常侍馮宿《清河壁記》，莫不拔地倚天，句句欲活，讀之如赤手捕長蛇，不施控騎生馬，急不得暇，莫可捉搦。又似遠人入大興城，茫然自失；詎比十家縣，足未及東郭，目以極西郭耶！以上論文章不嫌趨怪走奇。樵嘗得爲文真訣於來無擇，來無擇得之於皇甫持正，皇甫持正得之於韓吏部退之。然樵未始與人言及文章，且懼得罪於時。今足下有意於此，而自疑尚多，其可無言乎？以上自叙師承所自，以明立言之有本。樵再拜。

書何易于

何易于嘗爲益昌令。直起，老。縣距刺史治所四十里，城嘉陵河南。刺史崔朴嘗乘春，自上游多從賓客歌酒，泛舟東下，直出益昌旁；至則索民挽舟。易于即腰笏引舟上下。刺史驚叫問狀！易于曰："方春，百姓不耕即蠶，隙不可奪。易于爲屬令，當其無事，可以充役。"妙在低首下心，若無意於立厓岸。刺史與賓客跳出舟，偕騎還去。不役民以媚上官，一事。益昌民多即山樹茶，利私自入。會鹽鐵官奏重榷筦。詔下所在不得爲百姓匿。易于視詔曰："益昌不征茶，百姓尚不可活；矧厚其賦以毒民乎！"命吏劃去。吏爭曰："天子詔所在不得爲百姓匿。今劃去，罪愈重。吏止死；明府公寧免竄海裔耶！"易于曰："吾寧愛一身以毒一邑民乎！亦不使罪蔓爾曹。"即自縱火焚之。前以身任役，此以身任罪。前委曲，此激昂，各極其妙！觀察使聞其狀；以易于挺身爲民，四字以叙爲斷。卒不加劾。不斂民以奉朝廷，又一事。邑民死喪，子弱業破，不能具葬者。易于輒出俸錢，使吏爲辦。救喪，又一事。百姓入常賦，有垂白杖丈者。易于必召坐食，問政得失。問政，又一事。庭有競民。易于皆親自與語，爲指白枉直，罪小者勸，大者杖，悉立遣之，不以付吏。治獄，又一事。治益昌三年，獄無繫民，民不知役。總束一筆。改綿州羅江令，其治視益昌。以應爲叙，筆極簡老。是時，故相國裴公度刺史綿州，獨能嘉易于治；反映前崔朴，故曰獨。嘗從觀其政，導從不過三人，其全易于廉如此！以上叙易于爲令有惠政。會昌三年，會昌，武宗年號。樵道出益昌。民有能言易于治狀者；且曰："天子設上下考以勉吏，而易于考止中上，何哉？"樵曰："易于督賦如何？"曰："上請常期，不欲堅繩百姓，使賤出粟帛。""督役如何？"曰："度支費不足，遂出俸錢，冀優貧民。""饋給往來權勢如何？"曰："傳符外一無所與。""擒盜如何？"曰："無盜。"樵曰："予居長安，歲聞給事中校考，則曰：'某人爲某縣，得上下考，由考得某官。'問其政？則曰：'某人能督賦，先期而畢。某人能督役，省度支費。某人當道，能得往來達官爲好言。某人能擒若干盜。'縣令得上下考者如此。"邑民不對，笑去！冷雋！樵以爲當世上位者，皆知求才爲切。至如緩急補吏，則曰："吾患無以共治；"膺命舉賢，則曰："吾患無以塞詔；"及其有之，知者何人哉！冷雋！繼而思之，使何易于不有得於生，必有得於死者，有史官在！收轉！以慰藉爲憤慨。○以上論易于不得上考。

書褒城驛壁

褒城驛爲天下第一。極意揚詡。○起筆卓立如山。及得寓目，折視其沼，則淺混而汙；視其舟，則離敗而膠；庭除甚蕪，堂廡甚殘，烏覩其所謂宏麗者！反剔起句。又極意抑褒城驛爲天下第一是昔日聞；烏覩其所謂宏麗者，是今日見。訊於驛吏，則曰：借驛吏口作原叙。"忠穆公嘗牧梁州，以褒城控三節度治所，龍節虎旗馳驛奔軺，以去以來，轂交蹄劘；由是崇侈其驛以示雄大；蓋當時視他驛爲壯。所以褒城驛爲天下第一。且一歲賓至者不下數百輩；苟夕得其庇，饑得其飽，皆暮至朝去，寧有顧惜心耶！一篇之眼。至如棹舟，則必折篙破舷碎鷁而後止。魚釣則必枯泉汨泥盡魚而後止。至有飼馬於軒，宿隼於堂，凡所以汙敗室廬，糜毁器用，官小者，其下雖氣猛可制；官大者，其下益暴横難禁；由是日益破碎，不與曩類。其曹八九輩，雖以供饋之隙，一二力治之；其能補數十百人殘暴乎！”所以寓目不覩宏麗。○以上叙褒城驛。語未既，有老甿笑於旁，且曰：“舉今州縣皆驛也！一筆飏開。吾聞開元中。天下富蕃，號爲理平，踵千里者不裹糧，長子孫者不知兵。今天下無金革之聲，而户口日益破；疆場無侵削之虞，而墾田日益寡；生民日益困；財力日益竭；其故何哉？凡與天子共治天下者，刺史、縣令而已；以其耳目接於民，而政令速於行也。今朝廷命官，既已經任刺史、縣令；而又促數於更易。且刺史、縣令，遠者三歲一更，近者一二歲再更；故州縣之政，苟有不利於民，可以革去甚者；在刺史曰：“我明日即去，何用如此！”在縣令亦曰：“明日我即去，何用如此！”暗映上“暮至朝去，寧有顧惜心”語，而出以代言苟偷心理，描寫如繪。當愁醉醲，當饑飽鮮，囊帛櫝金，笑與秩終！嗚呼！州縣真驛耶！喝應。矧更代之隙，黠吏因緣，恣爲奸欺以賣州縣者乎！如此而欲望生民不困，財力不竭，户口不破，墾田不寡，難哉！以上因褒城而推論天下之州縣。予既揖退老甿，條其言書於褒城驛屋壁。直收，老到！

梓潼移江記

涪繚於鄭，迫城如蟠；淫潦漲秋，狂瀾陸高，突隄嚙涯，包城蕩墟；歲殺州民，以爲官憂！起叙江迫城之害，下語如鑄鐵。滎陽公始至，則思所以洗民患，頗聞前觀察使欲鑿江東壖地，别爲新江，使東北注，流五里，復匯而東即堤，墟舊江，使水道與城相遠，以薄江怒。次陳移江之計。遂命武吏發卒三千，跡其前謀。“洗民患”、“薄江怒”，跡具前謀。洗字薄字跡字選字，皆極遒鍊。役興三月，功不可就。成功無望八字，寫得斬釘截鐵，極意一跌，爲下文生發地步。○以上叙移江不成。有謁於滎陽公曰：一筆開出聚謀，使中路勢拓展，回旋有餘地。“公開新江，將抉民憂；然江勢不可決，訛言不可絶，公將何以終之？”以下問答皆就“何以終之”生發。滎陽公曰：“吾欲厚其直以勸其卒，可乎？”對曰：“饑卒欲厚直，民惜其田以覬得，不可！”一不可。滎陽公曰：“吾欲戮其將以動其卒，可乎？”對曰：“代之將者必苦吾卒，卒若叛，不可！”又不可。滎陽公曰：“奈何！”此奈何從兩“不可”逼出。對曰：“夫民可與樂終，難與圖始。固自役興以來，彼其民曰：‘夏王鞭促萬靈以導百川。今果能改夏王跡耶？非徒無功，抑有後災！’群疑牽綿，民心蕩摇。前時觀察使欲鑿新江，中輟議而罷；豈病此耶？公即能先堤，民言新江可度日而決也。”當日輿論如此，謂即先堤新江，江亦必決，見得移江必無成功。滎陽公諾。一諾無辭，若俯順輿情而不再有事於移者，再極力跌。妙！○以上叙群疑滿腹。明日，滎陽公視政加猛，決獄加斷。又明日，杖殺左右有所貳事，鞭官吏有所阻政者。遂下令曰：明日又明日兩層，不過盤旋騰挪，逼出“遂下令曰”此句。“開新江非我家事；將免鄞民於魚禍耳！民敢横議者死！”三言兩語，簡健爽辣，以前十餘行文字正跌反跌，只爲此數句令文抑揚作勢耳！鄞民以滎陽公嘗爲京兆，既憚其猛；以補叙爲提接。及是民心大慄，群舌如斬。造語如鑄。○横議一止，大功即成。未幾而新江告成，滎陽公歡，出臨視，班賞罷卒，已而歎曰：“民言不隄，新江其不決耶！”既告成功，則亦未嘗不採輿論。新江長步一千五百，闊十分其長之二，深七分其闊之一。不過云闊三百步，深四十二步有奇耳！而亦製練出之，無一率筆。盤隄既隆，舊江遂墟，凡得田五百畝。其年七月，水果大至，雖踰防稽陸，不能病民，其績宜何如哉！極意揚詡，又爲後奪俸反跌作勢。○以上叙移江成功。滎陽公既以上聞，有司劾其不先白。詔奪俸錢一月之半。樵嘗爲《褒城驛記》，恨所在長吏，不肯出毫力以利民。及覩滎陽公以開新江受譴，豈立事者亦未易耶！收，題外生波，咏歎有味。是歲開成五年也。

興元新路記

入扶風東臯門，十舉步，折而南，平行二十里，下念濟坂。下，折而西，行十里，渡渭，又十里到郿。以下迤邐叙去，就所聞見隨事布景，作小點綴，疏密有致。郿多美田，不爲中貴人所并，則籍東西軍。居民百一繫縣。自郿南平行二十五里，至臨溪驛。驛扼谷口；夾道居民皆籍東西軍。出臨溪百步，南登黄峰嶺，平行不能百步。又步登潗潗嶺，潗字無考，惟《文選》司馬長卿《上林賦》曰：“湁潗鼎沸。”李善注引《周成雜字》曰：“湁潗，水沸貌也。潗，子入切。”盤折而上，甚峻。下潗潗嶺，嶺稍平。二嶺之間，凡行十里。自臨溪，有支路，直絶澗，並山；復絶澗，虵行磧上，十里，合於大路。自注：秋夏此路當絶。下黄蜂嶺，復有支路，並澗，出潗潗嶺下，行亂石中，五六里，與澗西支路合。自注：秋夏此路亦絶。由大路十里，橋無定河。河東南來，觸西山下隳，號怒北去。河中多白石，磊磊如斛。又十里，至松嶺驛，逆旅三户，馬始食茅。自松嶺平行三里，逾二橋，登八里坂，甚峻。下坂，行十里，平如九衢。又高低行五里，行連雲驛。自連雲西，平行二十里，上五里嶺，路極盤折；凡行六七里，及嶺上，泥深滅踝。自注：行者多苦於此，可爲棧道以易之。路旁樹往往如挂塵纓，纚纚而長，從風紛然。訊於薪者，曰："此泥榆也。"豈此嶺常泥，而樹有此名乎？凡泥行十里，稍稍下去，又平行十里，則山谷四拓，原隰平曠，水淺草細，可耕稼，有居民，似樊川間景氣。又五里，至平川驛。自平川西並澗高下，行十里，復度嶺；自注：嶺東度澗可詣爲閣路，平行五十里，出嶺西，亦古道。上下嶺凡五里，復平；不能一里，復高低；有閣路，行七八里，扼路爲關。關北爲臨洮。關南爲河池。自黄峰嶺洎河池關，中間百餘里，皆故汾陽王私田，嘗用息馬，多至萬蹄，今爲飛龍租入地耳！借故汾陽王私田一事，將自黄蜂嶺洎河池關一段路小作束，神貫氣注。入關，行十里，皆閣路，並澗，閣絶；有人橋，蜿蜿如虹，絶澗西南去，橋盡，路如九衢，夾道植樹，步步一株。凡行六七里，至白雲驛，西並澗，皆閣道；行十里，巖上有石刻，横爲一行，曰"鄭淮造"，凡三字，不知何等人也？自注：人以淮爲准，蓋視之誤。又一十三里，至芝田驛，皆閣道，卒高下，多碎石。自芝田至仙岑，雖閣路，皆平行；往往澗旁閣中有桑柘，民多藥居，雞犬相聞，水益清，山益奇，氣候甚和。自仙岑南，行十三里。路左有崖壁，然而高出；其下殷其有聲，如風怒薄水；里人謂之鳴崖；豈石常鳴耶？抑俟人而鳴耶？又行十五里，至二十四孔閣。自注：古閣名也。閣上巖甚奇，有石刻；其刻云："褒中與閣主簿王顒，漢中郡道閣縣掾馬甫，漢中郡北部督郵逈通。都匠中郡將王胡，典知二縣匠衛績教、蒲池石，佐張梓等百二十人；匠張羌，教褒中石优、泉疆等百四十人；閣道教習常民學、川石等三人。"一本作"川五人"。凡七十字。其側則曰："太康元年正月二十九日。"按其刻，乃晉武平吴時，蓋晉由此路耳。又行十五里，至青松驛。驛自仙岑而南，路旁人煙相望，澗旁地益平曠，往往墾田至一二百畝，桑柘愈多。至青松，即平田五六百畝，谷中號爲夷地，居民尤多。自青松西行一二里，夾路多松竹；稍稍深入，不復有平田；以地益平曠，即平田。"不復有平田"，將自仙岑至青松，又自"青松西行"一段路小作開合，束上起下。行五六里，上小雪嶺，極峻；折嶺東，多泥土，疏而黑；嶺西尤峻，十里百折。上下嶺，凡十八里，西望多叢竹；又高低行十里，至山輝驛，居民甚少，行旅無庇。

自山輝西高低行二十里，上長松嶺，極峻；羊腸而上，羊腸，喻路之屈折也。十里，及嶺上；復羊腸而下，十五里，及嶺下。又高下行十里，至迴雪驛，南行三里，上平樂坂，極盤折，上下凡十五里，至福溪。自注：自福溪有路，並自山下，由大雪嶺平行五里，上長松嶺，北與山輝大路合。蓋古所通，乃坦途也。裨將將開此路，都將賈昭爭功，且欲折之，遂開古松嶺路。又高下行十里，至黃崖。崖南極峻折，上下黃崖，六七里，至盤雲驛。西行，復並澗行二十里，即背，絶小嶺，上下凡五六里，稍平，又行十里，至雙溪驛。自注：自盤雲驛西有路，並澗出白城西，又平行三十里至城，又行六十里至興元，亦古所通，尤坦途也。自雙溪南平行四里，至天苞嶺羊腸而上，凡十五里，極峻折，往往閣路。至嶺上，南望興元，煙靄中也！下嶺尤峻折，凡三十里，至文川驛。自文川南行三十五里，至靈泉驛。自靈泉平行十五里，至長柳店，夾道居民。又行十五里，至興元西，平行三十里，至褒城縣，與斜谷舊路合矣！自注：議者多以爲此路不及褒斜。此言不公耳！樵嘗淑中褒斜，一經文川，至於山川險易，道途迹，悉得條記。嘗用披校，蓋亦折衷耳。苟使賈昭盡心於滎陽公，如樵所條注，誠逾於褒斜矣！○以上叙興元新路。孫樵曰：“古人尚謀新，仍曰‘何必改作’，‘利不十，法不變’，豈謀新亦未易耶？滎陽公爲漢中，以褒斜舊路修阻，上疏開文川道以易之。觀其上勞及將，下勞及卒，其勤至矣！其始立心，誠無異於古人，將濟民於艱難也。然朝廷有竊竊之議，道路有唧唧之歎，豈滎陽公始望耶！況謀肇乎賈昭，事倡乎李倈，役卒督工者，不增品秩於天子，則加班列於滎陽公。滎陽公無毫利以自與，而怨咎獨歸滎陽公，豈古所謂爲民上者難耶！”以上爲創議闢路之滎陽公雪冤誣。然詞意迫促，未見警拔。

乞巧對

孟秋暮天，當庭布筵，有瓜於盤，有果於盆，拜而言，若祈於神者。從而問之？對曰：“七夕祈乞[①]祀也，若有求乎？”樵應之曰：“吾守吾拙，以全吾節。巧如可求，適爲吾羞！以上叙乞巧，揭醒本旨。彼巧在言，便便翻翻。出口簧然，媚於人間。革白成黑，蠹直殘德。譽跖爲聖，譖回爲賊。離間君

---

① 疑“乞”爲“巧”之誤字。

親，賣亂家國。巧言之害。彼巧在文，摘奇搴新。轄字束句，合度稽程。磨韻調聲，決濁流清。雕枝鏤英，花鬬窠明。至有破經碎史，稽古倒置。大類於俳，觀者啓齒。下醨沈謝，上殘《騷》《雅》。取媚於時，古風不歸。巧文之害。彼巧在官，竊譽假善。齚舌鉗口，媚竈賂權。忍恥如侮，愧畏如鼠。望塵掃門，指期九遷。君納於達，贊唱菲菲。翫世偷安，敗俗紊官。巧官之害。彼巧在工，瓌詭不窮。唾古笑朴，雕鏤錯落。憑雲亘天，矆霍延綿。窮侈殫麗，越禮踰制。繡紋綿幅，雲綃霧縠。若出鬼力，大蠹婦織。遂使俗尚浮華，各溺於奢。凋家磨國，未騁胸臆。蠱於化源，戕此民力。巧工之害。由此觀之，巧何足云！一筆總束。〇以上論巧適爲羞。吾寶吾拙，遥承“吾守吾拙”。雖與事闊。優遊經史，卧雲嘯月。領起。九衢喧喧，夾路朱門。曉鼓一發，車馳馬奔。予方高枕，偃然就寢。腹揺鼻息，夢到鄉國。安寢，一層。槐花撲庭，鳴蜩噪晴，懷軸囊刺，門門買聲。予方屏居，詠歌吾廬。對松欹石，莫知其餘！詠歌，一層。上天付性，吾豈無命，何求於巧，以撓吾靜！映上“巧如可求”句。吾方欲上叫帝閽，以窒巧門。使天下人各歸其根。無慮無思，其樂怡怡。耕食織衣，如上古時！巧乎巧乎！將何所施爲！”與“巧何足云”呼應，長歌作結。〇以上論守拙自全。

復召堰籍

會昌元年，漢波逾堤，陸走漂民，襄陽以渚！於是天子曰：“户部侍郎盧某，前爲廣州，治稱廉平，家無餘儲，府有羨財，耕夫無所徭，舶賈無所征，蠢蠢海隅，賴之而安。其以襄陽之殘民屬治之。”以上叙襄陽水詔起盧公。盧公既來襄陽，頂接。始用李從事胤之畫，能成新隄；出李從事“能成新隄”，輕帶一筆提過，爲復召堰襯筆。即問可以爲治狀？對曰：“天子以襄陽饑甿，寄活於公，宜有以休養之者。襄陽之屬城爲唐州。唐州之支邑爲泌陽。泌之東有二流走出，斷隄囓道而西，派于二流，南别爲溝，壤高岸頹，水不得行。昔召信臣嘗爲南陽，能爲民障水泉，廣溉灌，世賴其利，俗用蓄富。嘗披地圖，北盡南陽故地，豈古所謂召堰者耶？出“召堰”，止用活筆，妙！代邈時移，功不加修。隄割於流，浸洩爲波。自泌陽以南，平民以西，居民甚逋，墾田甚凋。公則能復信臣舊規，出“復”字。真民十世利者。”盧公立召管田部將，出卒與穀，率以聽命。李從事即爲條分程度，指畫經略；且使跡其故隄以鞕二渠，鑿其枯溝，折爲南流。水門既陳，百瀆脈分，蔓蔓於原，枝枝於屯，數百里間，野無隟田，旱無槁苗。召堰既成，秋田大登。八州之民，咸忘其饑。以上叙“復召堰”。范陽盧庠能道李從事佐盧公事，且曰：“盧公自南海主襄陽，再以李從事参畫軍事；凡其所居，鏗耀有聞。及爲潞州，聲光削然；發戍兵，甲興而譁。盧公駭咤，謂他從事曰：‘使李從事從我，寧及此耶!’是時，李從事陷於讒言，獲譴，當奪權；自盧公黜，留樂陽。如此，則李從事佐前盧公宜如何哉!”以上記盧庠之言，以叙李從事佐盧公始末。李從事去襄陽五年，頂接。召堰之利，益大於民；點題。歲增良田，頓至四萬。樵惜李從事之跡，不爲人知；起扼重盧公而結歸重李從事，所以醒出主位。作《復召堰籍》。

（商務印書館，1934年12月版）

附：韓文讀語

（一）總論

昌黎自言“約六經之旨而成文”。皇甫持正爲昌黎《墓誌》，亦云：“抉經之心，執聖之權；尚友作政①，邪觝異端②；以扶孔子，存皇之極”，要之游文六藝，留意仁義，蓋儒家之支與流裔云。

劉熙載《藝概》曰：“八代之衰，其文内竭而外侈，昌黎易之以萬怪惶惑，抑遏蔽掩，在當時真爲補虚消腫良劑。”又曰：“論文或專尚指歸，或專尚氣格，皆未免著於一偏，《舊唐書・韓愈傳》：‘經、誥之指歸，遷、雄之氣格。’二語推韓之意以爲言，可謂觀其備矣！”此兩條真道得韓文盡！

昌黎《答李翊書》稱：“非三代兩漢之書不敢觀。”《舊唐書・韓愈傳》“經、誥之指歸，遷、雄之氣格”，二語推韓之意以爲言指；歸本之六經，

① 政，《皇甫持正集》（四庫本）作“者”。

② 邪觝異端，《皇甫持正集》（四庫本）作“跋邪觝異”。

氣格融蜕兩漢，而所謂“遷、雄之氣格”者，又當分析而論，大抵行氣布局學司馬遷，選字造句出揚雄也。然而未盡！自余論之：昌黎議論學賈誼、董仲舒，序跋似劉氏向、歆，傳記撫《國策》、《史記》，碑表出班固、蔡邕，而選之以司馬遷之灝氣，澤之以楊子雲之奇字，韓文起八代之衰，只是集兩漢之成。

南北朝之末，文勝之極，窮則反本，宇文代周，創業文帝，頗欲有革於浮華，於是蘇綽倡言古文，務存質樸，惠章虞夏，作爲《大誥》，蓋經、誥之氣誥也，而昌黎之於經、誥，只是約其指歸，而不襲其氣格，所以倡古文與蘇綽同，而言氣格與蘇綽異。然昌黎亦有襲經、誥之氣格者，其《元和聖德詩》、《平淮西碑》諸篇乎！李義山詩所謂“點竄《堯典》《舜典》字”，是也。

《舊唐書》“遷、雄之氣格”一語，吾常析言之曰：“行氣布局學司馬遷，選字造句學揚雄”，今更申其意曰：“運以司馬遷之逸氣浩致，以上闚周秦諸子之閎肆，綴以揚子雲之奇字瑰句，以下概班、范二書之雅健。”柳子厚《答韋珩書》，以爲“雄文遣言措意，頗短局滯澀；不若退之猖狂恣睢，肆意有所作。”正以有奇字瑰句，而欠逸氣浩致也。時賢章太炎文亦然，儘有奇字瑰句而不能運，句都死著紙上。

昌黎之文所以開八家之宗而不爲傖野者，在運氣以駛辭，又鑄辭以凝氣，所以疏而能密，雄而不快！

就造辭論：韓、柳疏而能密，而歐、蘇、曾、王則下筆駿快，能疏而不能密矣！就結篇論：韓、柳密而能疏，而歐、蘇、曾、王，則匠心布置，能密而不能疏矣！特是柳之出筆峭，而韓之來勢雄，所以面目各異！

昌黎之文，李翺得其筆，皇甫持正得其辭，皆於氣上欠工夫，歐陽修得其韻，蘇氏父子得其氣，又於辭上欠工夫，昌黎所以爲不可及！

仁和譚獻《復堂日記》曰：“閲《唐書》，文體弘遠，亦云史才；好用新字，更改舊文，多可笑哂！如師老爲師耄，不可忍爲叵可忍，不敢動爲不敢搖，直兒童語！宋祁亦雅才，何以有此弊？殆退之作俑耳；宋與歐陽皆崇信退之乃學焉而皆得性之所近，此中消息，承學者參之！”章太炎嘗問業譚氏，而序吴江金天翮《天放樓文言》，謂“宋得韓氏之辭，歐陽得韓氏之勢”，蓋本之師説云。

（二）賦原《昌黎集》卷一

昌黎賦見於集者四；而《感二鳥》、《復志》、《閔己》三賦，獨爲悲激頓挫；體格依仿《離騷》。然《離騷》雅壯而多風，故倫序而寡狀，昌黎發軫以高驤，故卓出而多偏。又《離騷》文麗而意婉，美人香草，比興之辭多，昌黎情發而理昭，浩氣直節，賦之意多，曹子桓謂屈原優游緩節，吾獨謂昌黎鮮明緊健，優游緩節，所以咀味不盡，鮮明緊健，只是言盡意止，晁无咎遽以續《騷》，談何容易！

（三）雜著上原《昌黎集》卷十一、卷十二

閱《昌黎集》第十一、第十二兩卷雜著，相其體製，不外二端：其一原道析理，軒昂洞豁，汲《孟子》七篇之流；如《五原》、《對禹問》是也。姚鼐《古文辭類纂叙目》曰："論辨類者，蓋原於古之諸子，各以所學著書詔後世。"其一託物取譬，抑揚諷諭，爲"詩教"比興之遺。如《雜説》、《獲麟解》、《師説》、《進學解》、《圬者王承福傳》、《訟風伯》、《伯夷頌》是也。章學誠《文史通義·詩教篇》曰："學者惟拘聲韻之爲詩，而不知言情達志、敷陳諷諭、抑揚涵泳之文皆本於詩教。"

姚鼐言："論辨類，原於古之諸子，各以所學著書詔後世。"而《詩·大雅·毛傳》："直言曰言，論難曰語。"《説文·言部》同。諸子著書，有言有語。言者，抒所見而直言，老子、荀子是也。語者，假主客以詰難，孟子、莊子是也。昌黎論著，則《原道》、《原性》諸作，抒所見而直言也，《行難》、《對禹問》、《爭臣論》諸文，假主客以詰難者也，要之盡意期於雄肆，取譬出以詼詭。

主客之體，有以表情抒慨者，近於詞賦。如宋玉《對楚王問》，東方朔《客難》，司馬相如《子虛》、《上林》是也。昌黎《進學解》以之。有以論事析理者，毗於諸子，《孟子》、《戰國策》是也，昌黎《對禹問》、《爭臣論》以之。

揚子雲文章，工於造辭，而滯於行氣。昌黎所作《原道》、《原性》等篇，

史氏謂其“奥衍宏深，與孟軻、揚雄相表裏”。然余謂昌黎《五原》、《對禹問》之作，洞爽軒闢，筆力横恣，定得力於孟軻；而與揚雄之僻澀以爲古者異趣。

唐文疏，宋文密。唐文直起直落，意到筆隨。宋文間架先定，出以經營。昌黎《原道》，承周秦諸子之遺，直起直落，自然雄肆。《原性》開唐宋八家之蹊，匠心布置，間架已具。

議論之文，貴乎筆有斷制，語無挪移；娓娓鑿鑿，所論不必盡是而明白主張，自足以奪人之心，易人之意。讀昌黎《五原》、《對禹問》可見。

昌黎文有兩種筆力。《原道》筆能奔放，如風發雲湧，筆力之能雄肆者也。《對禹問》語有斷制，如刀斬斧截，筆力之能嶄峭者也。王介甫嶄峭而不雄肆；蘇東坡奔放而欠嶄峭；各得昌黎之一體。

《原道》之作，不始韓愈，《淮南鴻烈解》、劉勰《文心雕龍》皆以《原道》弁其書；而與愈同題而異趣。蓋韓愈原道於仁義，博愛之謂仁，行而宜之之謂義，由是而之焉之謂道。二劉原道於自然，韓愈將以有爲，二劉性任自然，此其較也。惟勰與安，則又同趣而異爲，蓋安以周秦政敗於多制，而民燋焉不樂其生；故著《原道》以明無爲之治。勰覩齊梁文競於雕華，而義牽焉以匿其旨；故標自然以救文勝之弊。義各有當，而指歸於一。

《論衡·本性篇》稱：“孟軻言人性善者，中人以上者也。孫卿言人性惡者，中人以下者也。揚雄言人性善惡混者，中人也。”此韓愈《原性》三品之説所由本也。《原道》筆有唱歎，《原性》語有裁斷。一以情勝，一以理勝。

《原毁》文氣疏宕，而化偶爲排，開蘇氏父子策論一派；《原道》力闢佛老；《原性》鋪説三品，而於性道之大原，俱欠發揮；只是説道説性，而未探原，獨此《原毁》入後言“有本有原”，頂門一針，於題義爲不漏。

《對禹問》“天之生大聖也不數”一段，意從韓非《難勢》中段脱胎；而筆勢恣横。

《雜説》談生之爲《崔山君傳》一首，從荀子《非相》、列子《黄帝》兩篇脱化而出。

《國策·楚策》汗明説春申君曰：“君亦聞驥乎？夫驥之齒至矣！服鹽車而上太行，蹄申膝折，尾湛胕潰，漉汁灑地，白汗交流，外坂遷延，負轅而不能上，伯樂遭之，下車攀而哭之，解紵衣以冪，驥於是俯而噴，仰而鳴，聲達于天，若出金石嚐者，何也？彼見伯樂之知己也。今僕之不肖，阨於州部，堀穴窮巷，沈洿鄙俗之日久矣！君獨無意湔祓僕，使得爲君高鳴屈于梁乎！”感慨淋漓，别有奇趣。昌黎《雜説》，“世有伯樂”一首，及《爲人求薦書》，皆用其意而變化之；然終遜汗明之奇俊！

《雜説一》、《雜説四》、《獲麟解》，短篇文字，而渾灝流轉，滂沛寸心，真有尺幅千里之勢！陳石遺先生論楊誠齋詩，以爲非厘筆透紙背也！言時，摺其衣襟，既向裏摺，又反而向表摺，因指示曰：“他人詩，一摺不過一曲折而已，誠齋則至少兩曲折，他人一折向左，再摺又向左。誠齋一折向左，再折向左，三折總而向右矣！”語見《談藝録》昌黎此數篇文心之妙，亦正似之！

自古短篇拗折，莫如王介甫《讀孟嘗君傳》。然介甫筆峭而勢不厚，瘦削崚嶒，不如退之之海涵地負，放恣横縱！退之雄峭而能渾化，遠勝介甫之鑱刻見骨。

閲昌黎《讀〈荀子〉》、《讀〈鶡冠子〉》、《讀〈儀禮〉》、《讀〈墨子〉》四篇。按《説文》，籒讀互訓，《言部》：“讀，籒書也。”《竹部》：“籒，讀書也。”楊雄《方言》：“抽，讀也。”“籒”、“抽”古通。《太史公自序》：“紬史記石室金匱之書。”字亦作“抽”。抽繹其書以發厥旨，是之謂“讀”。太史公作《史記》；曰“余讀高祖侯功臣”，曰“太史公讀列侯至便侯”，曰“太史公讀秦楚之際”，曰“余讀諜記”，曰“太史公讀《春秋譜諜》①”，曰“太史公讀《秦記》”，如此者不一，皆謂籒繹其書以發厥指也。昌黎《讀〈鶡冠子〉》、《讀〈墨子〉》，撮其指要以爲籒繹是謂正宗。至《讀〈荀子〉》、《讀〈儀禮〉》，則别出議論而不限於籒繹其書；斯變格矣！此亦文章辨體之所不可不知也。

《讀〈荀子〉》於四篇中爲最雄駿！以孟軻、楊雄作陪，借賓定主，一出一入，兔起鶻落。孫樵《與王霖書》謂：“韓吏部《進學解》，莫不拔天倚地，句句欲活。讀之如赤手捕長蛇，不施鞚勒騎生馬，急不得暇，莫可捉搦。”此真善道得韓文情狀，然《進學解》謹布置，未脱東方《客難》、楊雄《解嘲》窠臼。不如此《讀〈荀〉》筆情軒昂，乃復似之！柳子厚謂：“退之猖狂恣睢，肆意有所作。”“肆意”二字亦妙。即如《讀荀子》篇幅不長，而筆意自肆！

司馬光《揚子序》曰：“韓文公稱《荀子》，以爲‘在軻、雄之間’。又

① 《史記》通行本作“春秋曆譜諜”。

曰：'孟子，醇乎醇者也！荀與揚，大醇而小疵！'三子皆大賢，祖六藝而師孔子。孟子好《詩》、《書》，荀子好《禮》，揚子好《易》，古今之人所共宗仰。然揚子之書最多，監於二子而折衷於聖人，潛心以求道之極致，至於白首，然後著書；故其所得爲多。孟子之文直而顯，荀子之文富而麗，揚子之文簡而奧；惟其簡而奧也，故難知。"韓退之推盛孟，司馬光獨宗揚，宋儒多在韓退之門下討生活；歐、蘇、曾、王之論文，二程、張、朱之尊孟。其燦然者已！獨司馬光超然絶出，不囿風氣；其論學不信孟子，疑孟有書。其文章直起直落，質實駿爽，不爲描頭畫角，而真氣貫，注王安石今推其文類西漢，可謂卓然有以自立者！世人淺見寡識，論古文限於八家；而不知司馬光疏疏落落，直欲置身八家以上，余故特表而出之云。

（四）雜著下 原《昌黎集》卷十三、卷十四

《昌黎集》卷十三《子産不毁鄉校頌》，亦如《伯夷頌》，借古人以抒感慨。不過伯夷以自況，子産以諷時宰，言情達志，詩教之比興也，非止昌黎爲然，儒者論史，其指在陳古以監今。賈生過秦，必卒之曰"觀之上古，驗之當世"，又如左太沖、鮑明遠詠史諸什，皆意有所鬱結不得發；豈真閒管古人是非哉！知此者可與道古，可與論文。

《張中丞傳後叙》夾叙夾議，議論折衷一是以正流傳，叙事撰次所聞以補闕遺，出入剸截，其文縱厲而峭實。

《汴州東西水門記》渾樸簡峻，出自《詩》、《書》之《頌》、《誥》，東京班蔡有其雅練矜重，而無其鮮明緊健。

《畫記》學《周官·考工記》，於謹細中見神妙，於妥貼中臻變化，此與《汴州東西水門記》，皆徵學古人化，與楊雄、王通字摹句擬，死著句下者不同，楊王存其面目，出筆便僵，昌黎運以神明，無句不活，皇甫持正爲《昌黎墓誌》，以爲"茹古涵今，亡有端涯"；轉换無迹，乃見茹古者深！

《藍田縣丞廳壁記》寥寥短章，老健簡明，憤激而出以詼詭，感慨而寓之蕭閒，命意最曠而逸，得司馬子長之神髓矣！

閲《昌黎集》卷十四無出色者，獨《鄆州谿堂詩序》，句鍊而氣遒，《爭臣論》，文贍而義明。

《鄆州谿堂詩序》，廉而能肆，遒而得安，極以柳子厚早年文字，蓋合《國語》之雅練，《國策》之勁鷙，而融裁爲一乎者，故能儁桀廉悍如此！

以《鄆州谿堂詩序》之遒雅，與《汴州東西水門記》之端凝，而姚鼐選《古文辭類纂》，題下皆祇一圈；無亦過爲矜莊，以損神明；未能鋒發而韻流也！《爭臣論》，氣使疏蕩，此中消息，亦宜有以闚其微。

《鄆州谿堂詩序》，以《國語》之雅練，融《國策》之鷙勁，得筆之遒，而不入於危仄，《爭臣論》，以左氏之浮夸，化《國策》之恣肆，得氣之疏，而不流於矜張。

（五） 書啓原《昌黎集》卷十五之十九

《文心雕龍·書記篇》曰："詳總書體，本在盡言，言以散鬱陶，託風采，故宜條暢以任氣，優柔以懌懷，文明從容，亦心聲之獻酬。"若韓公書辭氣紛紜，有餘於條暢任氣，不足於優柔懌懷；散鬱陶而未能從容，託風采而失之激切，曾文正謂："古文中，惟書牘一門，竟鮮佳者，八家中韓公差勝，然亦非書簡正宗！"

柳子厚《答韋中立論師道書》自稱："每爲文章，未嘗敢以矜氣作之，懼其偃蹇而驕也。"讀韓公書，志氣盤桓，未免偃蹇而驕，作之於矜。

文之痛快者每不沈著，宋之蘇東坡是也。沈著者嫌不痛快，漢之劉子政是也。惟《國策》乃沈著而痛快；蓋韓公書體之所由仿也；文沈鬱頓挫，則又非《國策》之何有！

韓公書體博辨明快，蓋得《國策》之體。而沈鬱頓挫，又得太史公之神。《昌黎集》卷十五《與孟東野書》、《答尉遲生書》，皆以沈鬱頓挫見意；一卷之俊！

《上李尚書書》、《上襄陽于相公書》，同一談非其實；而《上于相公書》蕩軼飛揚，顧盼有奇致！

戰國策士之遊説，其用意類能預立地步，韓公書亦然。觀《上留守鄭相公啓》、《上張僕射書》、《與于襄陽書》、《應科目時與人書》、《答呂鑒山人書》，未爲人占地步，先自己站地步，高睨大談，不免矜心作意，而自兀岸可喜！至《上李尚書書》、《上襄陽于相公書》，檯得人家身分太高，便自己地位稱不過，文儘岸異，而氣未振絶！《上兵部李侍郎書》、《三上宰相書》、《與陳給事書》，并不爲自己留地步，徒爲伈伈俔俔，低首乞憐。惟《三上宰相書》之氣肆，肆則猖狂恣睢之中，不免聲竭嘶嘶。《上兵部李侍郎》、《與陳給事》兩書之辭婉；婉則文明從容之辭，益見氣卑辭靡。幾乎無適而可，此遣言措意之所以貴能預立地步也！

《答崔立之書》、《代張籍與李浙東書》、《與李翱書》、《與崔群書》、《應科日時與人書》、《答陳商書》諸首，不論篇幅長短；韓公自言“其文亦時有感激怒懟奇怪之辭”，寫出胸中一段憤鬱，直起直落，文勢極寬，衍而氣自緊括；沈鬱頓挫，學太史公神到秋毫顛。須與太史公《報任少卿書》同讀，方知其妙！

《答李翊書》、《答劉正夫書》、《答尉遲生書》、《與馮宿論文書》，自道文章用力甘苦，尤喫緊在“無望其速成，無誘於勢利”兩語；意自悲憤，而氣極浩落，亦得文章沈鬱頓挫之妙！

《與鄂州柳中丞》兩書，慨當以慷，雖未沉鬱而極頓挫！

（六）送人序原《昌黎集》卷十九之二十一

閱《昌黎集》卷十九、卷二十、卷二十一三卷送人序：其中有端凝簡峭而如史筆者，如《送幽州李端公序》、《送殷員外序》、《送鄭尚言序》、《送水陸轉運使韓侍御歸所治序》是也。有婀娜摇曳以爲多恣者，如《送許郢州序》、《送李愿歸盤谷序》、《送董邵南序》、《贈崔復州序》、《送王秀才含序》、《送楊少尹序》是也。大抵端凝簡峭，斯見勁，王介甫以之。婀娜摇曳則餘妍，歐陽永叔以之。

《送孟東野序》、《送寥道士序》、《送高閑上人序》，憑空發論，妙遠不測，如入漢武帝建章宫，隋煬帝迷樓；而正事正意止瞥然一見，在空際蕩漾，恍若大海中日影，空中雷聲；此太史公《平準》、《封禪》諸書，《伯夷》、《孟荀》、《屈賈》列傳法也，特其以轉掉作起落之勢，未極神妙自然之境。惟《寥道士序》，直落直轉，直接直，具無窮變化，純是潛氣内轉，得太史公筆意。《送孟東野》、《高閑上人》兩序，則得太史公之章法，而未得其筆意。章法可以迹求，筆意則神明之運。

《送許郢州序》、《贈張童子序》，不以頌而以規，深得古人以言相贈[①]之意。

《送石處士序》、《送温處士赴河陽軍序》，法章牝牡，自爲映帶，乃用太史公李廣與衛青霍去病兩篇，牝牡見意之法。

（七）祭文原《昌黎集》卷二十二、卷二十三

閲《昌黎集》卷二十二、卷二十三祭文，四言最多最佳，如《祭穆員外文》、《祭河南張員外文》、《祭侯主簿文》，難在話念平生，情事曲繪，而跌宕俊邁，鼓舞鏗鏘，不可以方物。四言韻文，其原出於《雅》、《頌》，雍容揄揚，漢魏人爲之，未嘗出其窠臼，多重鋪叙而韓公獨創爲刻畫，千形萬態，横恣溢出。又漢魏人爲四言韻文，亦效雅頌之凝重肅括，而韓公神彩飛揚，獨出以軼宕俊偉；雖叙實事，必驅遣陵跨，令於空際飛馳，《祭薛助教文》、《祭柳子厚文》，瘦折奥峭，又是一格。後來王介甫多摹之。

《潮州祭神文》第二首，别出才調，不爲四言；而峭健壁立，岸然入古，音節以幽噫喑啞而益臻沈鬱頓挫！

《祭十二郎文》，骨肉之痛，急不暇修飾。縱筆一揮，而於噴薄處見雄肆，於嗚咽處見深懇，提振轉折，邁往莫禦，如雲驅飆馳，又如龍虎吟嘯，放聲長號而氣格自緊健。

（八）碑誌原《昌黎集》卷二十四之三十五

碑誌文有兩體：其一蔡伯喈體，語多虚讚而緯以事歷，《文選》、《文苑英華》諸碑多屬此宗；其一韓昌黎體，事尚實叙而裁如史傳，唐宋八家以下多屬此宗。

《昌黎集》卷二十四之三十五碑誌：《清邊郡王楊燕奇碑文》、《曹成王碑》、《劉統軍碑》、《唐故檢尚書左僕射右龍武統軍劉公墓誌銘》、《唐故相權公墓碑》、《司徒兼侍中書令贈太尉許國公神道碑銘》，王侯將相也。《唐故江

① 此句有衍文“處”。

西觀察使韋公墓誌銘》、《唐故虞部員外郎張府君墓誌銘》、《唐故河南令張君墓誌銘》、《唐故江南西道觀察使太原王公神道碑銘》、《唐故朝散大夫尚書庫部郎中鄭君墓誌銘》、《唐故國子司業竇公墓誌銘》、《唐故江南西道觀察使贈散騎常侍太原王公墓誌銘》，文武具寮也。《施先生墓銘》、《貞曜先生墓誌銘》、《南陽樊紹述墓誌銘》，經生文儒也。《國子助教河東薛君墓誌銘》、《唐朝散大夫贈司勳員外郎孔君墓誌銘》、《試大理評事王君墓誌銘》、《殿中侍御史李君墓誌銘》、《故幽州節度判官贈給事中清河張君墓誌銘》，忠臣畸士也。《殿中侍御史李君墓誌銘》、《唐故監察御史衛府君墓誌銘》、《故太學博士李君墓誌銘》，服食方士也。《李元賓墓誌銘》、《柳州羅池廟碑》、《柳子厚墓誌銘》、《河南府法曹參軍盧府君夫人苗氏墓誌銘》、《韓滂墓誌銘》、《女挐壙銘》、《乳母墓銘》，至親好友也。隨事賦形，各肖其人，其氣渾灝以轉；其辭鑄煉以嶷，氣載其辭；辭凝其氣；奇字奥句，不見滯筆；豪曲快字，不見佻意，骨重氣駛，章妥句適，一集之中，此爲第一！後世唯元遺山足以嗣之。奇字奥句，不免滯筆者，龔定厂、魏默深、章太炎是也。豪曲快字，出以佻意者，蘇東坡、陳同甫、袁子才是也。

《曹成王碑》、《贈太尉許國公神道碑銘》、《柳子厚墓誌銘》，長篇雄恣，不見累句；《李元賓墓銘》、《登封縣尉盧殷墓誌》、《盧府夫人苗氏墓誌銘》、《虢州司户韓府君墓誌銘》、《韓滂墓誌銘》、《女挐壙銘》、《乳母墓銘》，短幅遒勁，亦有餘勢，所謂“氣盛則言之短長與聲之高下皆宜”。

昌黎《答李翊書》曰：“唯陳言之務去”；銘樊紹述曰“唯古於詞必己出”，觀其《平淮西碑》、《南海神廟碑》、《烏氏廟碑銘》、《魏博節度使沂國公先廟碑銘》、《袁氏先廟碑》，撫範《誥》、《頌》，故爲樸茂典重，而無一字一句襲《詩》、《書》；《施先生墓銘》、《唐故秘書少監贈絳州刺史獨孤府君墓誌銘》、《唐故相權公墓碑》、《故貝州司法參軍李君墓誌銘》，髣髴崔、蔡，出以矜慎簡練，而無一字一句襲班、范，祇是融其氣格，而不襲其字句，含英咀華，所以不可及！

曾滌生言：“韓文誌傳中有兩篇相對偶者；如曹成王、韓宏兩篇爲偶，張署、張徹兩篇爲偶，柳子厚、鄭君兩篇爲偶，推此而全集可以爲偶者甚多。”余廣其意曰：“曹成王、韓宏兩篇爲偶，以寫將略。柳子厚、鄭君兩篇爲偶，以叙交友。張徹當與孔戡爲偶，同一佐藩不屈，而昌黎筆意亦相類。張署當與薛公達爲偶，同一負氣自高，而昌黎銘辭尤相同。樊宗師與孟郊爲偶，以鉤章辣句。李虛中與李于爲偶，以服食長生。推之《烏氏廟碑銘》與《沂國公先廟碑銘》爲偶，一健一雅；《盧府君夫人苗氏墓誌銘》與《乳母墓誌銘》爲偶，一安一遒。

劉昌裔有《劉統軍碑》，又有《唐故檢校尚書左僕射右龍武軍統軍劉公墓誌銘》。柳宗元有《柳州羅池廟碑》，又有《柳子厚墓誌銘》。王仲舒有《故江南西道觀察使中大夫洪州刺史兼御史丞上柱國賜紫金魚袋贈左散騎常侍王公神道碑銘》，又有《故江南西道觀察使贈左散騎常侍太原王公墓誌銘》。一人兩叙而無一筆相犯；可以悟文章剪裁之妙。

《唐朝散大夫贈司勳員外郎孔君墓誌銘》、《唐正議大夫尚書左丞孔公墓誌銘》，一弟一兄，兩篇墓誌，瘦折奥峭，不用順文，而用逆叙，體特相類，而《司勳》筆情警矯如神龍，《右丞》神氣渾穆如木雞，文格有意相犯，筆意各自不同。

《曹成王碑》、《試大理評事王君墓誌銘》、《貞曜先生墓誌銘》，瑰字險句，造辭奇崛，皇甫持正專學之，而特遜其票姚之勢，緊健之格。

《柳州羅池廟碑》叙柳侯爲州之績，而徵其效於"宅有新屋，步有新船，池園潔修，豬羊鴨雞，肥大蕃息"，樸而彌旨。後來張皋文《書左仲甫事》叙左治霍邱，"父老數十人，來自下鄉之盛米於筐，有稻有秔，豚蹄鴨雞，傴僂提攜"云云，一篇文字，即自此胎化而出，文格亦相仿依!

《文心雕龍》論誄碑曰："屬碑之體，資乎史才，其序則傳，其文則銘。"蓋碑誌以叙事爲體，不以抒情爲本；以昭德爲美，不以議論爲貴，觀昌黎《殿中少監馬君墓誌》，撫今追昔，感慨存亡，指在抒情，而《故太學博士李君墓誌銘》，以李君服食致死，而歷著並時所見以藥敗者六七公以爲世戒；皆非碑誌正體。

《平淮西碑》與《元和聖德詩》體格相同。

（九）雜文原《昌黎集》卷三十六

《昌黎集》傳三篇：一《圬者王承福傳》，借題抒慨，筆太快利，而藴蓄不深厚，一《太學生何蕃傳》，有意作態，文似矜莊，而波瀾不老成。獨《毛穎傳》筆墨遊戲，而閎深肅括，自然老健，須玩其神氣有餘於篇章之外。若《王承福傳》，則意到筆隨，議論太盡，可以發人深省，而未足耐人咀味。至《何蕃傳》，則著意揚詡，語絮意矜，絶不見有蒼莽之勢，縹緲之神，衹見其氣窮而力竭耳。

昌黎《圬者王承福傳》與柳州《宋清橐駞》、《梓人》、《李赤》、《蝜蝂》諸傳，能近取譬，即小喻大，諸子之遺，而非史傳之體言文章辨體者當謹於此。

《送窮文》入後稱"吾立子名，百世不磨"；正與《進學解》歸結於"動而得謗，名亦隨之"同一機杼，惟《進學》譬解自己而此託之鬼口，意尤談詭。進學之文，閎放有氣勢；而此則節短勢險，文特峭健，能者亦何所不可！

司馬相如《諭巴蜀檄》以責備爲安慰。辭氣似嚴而意實寬。韓昌黎《驅鱷魚文》以慰遣爲放逐，意思本寬而辭特峻。又相如捭闔有縱横之意，而昌黎嚴峻得誥諭之體。曾文正乃謂《告鱷魚文》文氣似《諭巴蜀檄》，竊所未解。

（十）行狀原《昌黎集》卷三十七

行狀僅兩篇：一《贈太傅董公行狀》。一《唐故贈絳州刺史馬府君行狀》，而《董公行狀》，文特雄肆，直起直落，不著一句議論，前半實叙，後半虚寫，想係爵位既高，身家益重，持録固寵，無可稱説。觀其在宰相五年，在汴州三年，皆於無可著筆處著筆；行文儘俊偉，而細按無事實，虚摹風度，酣暢淋漓；可以悟文章虚實兼權之法。

《贈太傅董公行狀》與《贈太尉許國公神道碑》，大開大闔，同一精彩，惟《許國公碑》格緊詞峭，其勢峻。《董公狀》氣雄勢逸，其文肆，蓋碑施勒石，語貴矜練；而狀上史官，詞宜信達；所施攸宜，格亦隨之。

《與汝州盧郎中論薦侯喜狀》，兀岸中見嫵媚，情韻不匱。

（十一）表狀原《昌黎集》卷三十八之四十

《論佛骨表》，辨切而多風，急言竭論，氣自優衍。《潮州刺史謝上表》情高以全采，仰首鳴號，文却雅壯。跌宕昭章，不爲縹緲浮音！

學佛本非爲長生；而事佛必以凶折，却亦並無證據，韓公無中生有，兩兩相形；語出縣揣，却説來鑿鑿有據，可以悟文章翻空易奇之妙。

《黄家賊事宜狀》、《論淮西事宜狀》，鮮明緊健，又是一格！

（十二）外集

閲《昌黎外集》十卷，皆李漢四十卷之所不收者；菁華已竭！披沙揀金，獨《答劉秀才論史官書》，爲柳子厚所駁，人人以爲口實，然遜辭謝不能；而岸異雋桀之氣，躍躍字裏行間；如伏櫪老驥，氣雖不振，而顧盼偉然。《河南府同官記》，不過府主自詡宦達，稱其得意。冗絮處，獨以健倔出之，層見複叙，而筆力堅淨，他人無此也！

卷六之十《順宗實録》；一事之叙，必溯原委；一人之見，具詳生平；皮裏陽秋，具見經營，與普通排比作日記簿者不同。本集進《順宗皇帝實録表狀》，自稱："削去常事著其繫於政者，比之舊録，十益六七；忠良奸佞，莫不備書；苟關於時，無所不録。"頗能自道其實。惟記王伾、王叔文，未得其平；嘉定王鳴盛[1]西莊著《十七史商榷》力辨之。又過求詳實，未能精簡老健；亦與生平筆力不稱，

《韓文》又閲一過，自謂極盡利鈍。林琴南窮老盡氣，治此書未能逮吾十一；以琴南讀書太少，又思不深入；而吾則貫串書以讀一書，好爲深湛之思；宜有以勝之也！

（十三）附録上李翱

閲李翱《文公集》十八卷。大抵議論宗旨，多本孟子；鮮明主張，亦髣髴似之；而稍嫌辭費，遜其緊健！《復性書》，即推闡孟子性善之論，《平賦書》，亦變化孟子經界之説。議論文，韓愈學孟子，肆而得雄。李翱學孟子，肆而爲冗，此如秦武王無烏獲之力，而爲烏獲之舉鼎，不免絶臏。天分所限，

① "王鳴盛"原作"王鴻盛"，今改正。

無可如何！李翱《祭韓愈文》，稱其文章“開合怪駭，驅濤湧雲”，而《與陸傪書》則謂：“愈之文，其詞與其意適，當其下筆時，如他人疾書之，寫誦之，不是過也。”此真識得文章之妙！翱之所以不如愈，即在少此下筆疾書氣象；而有意爲開合，詞儘肆而不能與其意適。

李翱書牘，亦如韓愈氣矜之隆，一副正人君子面孔，令人難耐，其尤甚者，干乞之書，而架子十足；滿口不在乎此，而又仰首鳴號，絮聒不休，等於惡丐强乞；其病在一味滌蕩任氣，而優柔懌懷之意全無！此唐宋八家之所以不得爲書牘正宗也！《答獨孤舍人書》獨簡傲有雋意，《答皇甫湜書》便傷矜，《答朱一本作梁，一本作王載言書》，氣局緩散，雖有意爲肆，而通篇振不起；然藉此以徵李氏論文之旨。

《百官行狀奏》，雖未豪俊，而平止通達。

《韓愈行狀》，爲集中第一篇文字；只是從幼到老，順次叙去，而提挈頓挫，自然起伏。歸震川謂：“《史記》如平地忽見高山；如地高高下下相因，乃去得長；如水平平流去，忽然遇石激起來。”此文乃臻此妙。

《高愍女碑》、《楊烈婦傳》，翱《與皇甫湜[1]書》，自詡“不在班孟堅、蔡伯喈下”，然以議論爲波瀾，太著迹。李氏之文，病在不能强，又不爲弱；既不能爲孟軻、太史公之勇猛健舉；又不如班孟堅、蔡伯喈之優游緩節；一振不起，便覺聲嘶力竭。《楊烈婦傳》以議論作結，而纖系以贊曰，疊床架屋，誠不免劉知幾所譏！

《故東川節度使盧公傳》、《贈司空柏公神道碑》、《贈左僕射傅公神道碑》、《贈司空楊公墓誌銘》、《贈工部尚書武公墓誌銘》，皆佳；凝重而不傷板滯，平直而致有波瀾，洵現集中之勝！大抵李翱之文，不宜馳騁，不適舖排，衹是順理成章，自然安而得遒。

《故處士侯君墓誌》、《叔氏墓誌銘》、《昌黎韓君夫人京兆韋氏墓銘》，拗峭之筆，饒有嫵媚。王荆公碑誌，往往有此。

《祭吏部韓侍郎文》，作色張之，而行氣緩懦，布局散漫；轉不如《祭劉巡官文》之惻惻短篇，如從肝肺中流出。

《行己箴》，奕奕清暢。

---

① “皇甫湜”原作“皇甬湜”，今改正。

《來南録》沿途寫去，入後總挈道里，布置有法。

翺《答韓侍郎愈書》辭極矜慢，若敵以下相施；其稱呼或兄或公；而自署則曰不材，曰鄙人，祭文亦以兄呼，絶無先生長者之敬。

涵芬樓《四部叢刊》景印《明成化乙未本李文公集》，便體俗字，謬譌百出；雖舊板，亦奚以爲！

（十四）附録中皇甫湜

閲南海馮焌光光緒二年丙子校刊《汲古閣本皇甫持正集》六卷，《補遺》一卷，以兩餅金購得。《皇甫氏集》於十八年十一月閲讀一過，而以震於虚聲，頗多借譽之詞。今觀所作，欲學韓愈之怪怪奇奇而不能；識議文筆，不如李翺遠甚；而矜己自足過之！有意奥奇，襞積字句；而無大力控摶，轉成拙累！叙事不見端委；而拗調澀句，剌口棘舌，議論亦無本末；而矜氣兮調，連篇累章，又如《出世》、《春心》兩篇，不詩不文，造辭既欠雅練，結篇尤未緊湊。强調累詞，著力鋪排；非七寶樓臺，却自不成片段。披沙揀金，可誦不多！

《論業》前後庸詞濫調，無一語生新；掇拾漢魏六朝不食之餘，填砌滿紙，如弄死蛇。中路歷評唐代作者，語多取譬，足資論證；亦有未允。

《答李生》第一書、第二書論文以奇爲主，足見生平宗尚。文亦警拔，不落滯相。然第二書便有振不起處。

《韓文公墓誌銘》當爲集中第一篇文字；無一率筆，字字如履危崖而下；骨重而神流，遥逸横生，學韓公直到聖處。

李翺《帝王所尚問》似仿韓愈《對禹問》，《知鳳》仿《獲麟解》，尚是仿其體格，而皇甫氏《孟荀言性論》，直襲《原性》三品之説；《上江西李文夫書》，直襲《與于襄陽書》“上之人負其位，下之人負其才”之辭；竟是公然抄襲。然韓公縱筆一揮，如兔起鶻落，捉拿不住；而皇甫氏則跬步左次，無一句活脱：駑之視雄，何啻跛鼈之與騏驥！

《顧况詩集序》，皇甫氏極自負；然細讀其文；麗句縟典，雜出填砌，硬起突接，絶不見奇偉磊落；提不起，掉不轉，衹是笨伯呆做。昌黎云：“文從字順各適職。”而皇甫氏，則文横字逆各奪職也。

《送王膠序》曰："今侍郎韓公，余之舊知；"辭意傲然，若不相師。然余誦韓公之文，無句不跳脱；皇甫之文，無句不僵直；一則自然雄肆，一則格格不達；沾沾自喜，豈中與韓公作奴僕！

（十五）附録下孫樵

閲唐孫樵《可之文集》十卷。孫氏論文以奇爲主，具見《與王霖秀才》、《與友人論文》兩書，略與皇甫持正同旨。然清言奥旨，出以鎔鑄，筆峭而韻流，不以削薄爲嫌；遠勝皇甫之膚字縟句，硬砌生填，無裨文彩，徒爲冗累。皇甫以文句澀艱爲奇；孫氏以筆勢緊健爲奇。皇甫之學韓，不能古健而爲艱澀；孫氏之學韓，不能雄肆而爲峻峭。皇甫不免滯累；孫氏往往遒變。孫氏自云"得爲文真訣，溯之皇甫持正"；其言而信，可謂青出於藍！

《大明富賦》不用奇字，而句法特獎峭。

《與高錫望書》、《與王霖秀才書》，跌宕昭彰，逸氣貫注。其稱高云："意語横闊，序義復岡及樂武事，其説要害，在樵宜一二百言者，足下能數十字輒盡情狀，及意窮事際，反若有千百言在筆下。"此論文之辭簡而韻流也。又與王云："玉川子《月蝕詩》，楊司城《華山賦》，韓吏部《進學解》，馮常侍《清河壁記》，莫不拔天倚地，句句欲活；讀之如赤手捕長蛇，不施控騎生馬，急不得暇，莫可捉搦。又似遠人入大興城，茫然自失，詎比十家縣，足未及東郭，目已極西郭耶！"此言文之筆快而勢遠也。可謂善道得文章能事盡，至與高書，自云："才韻枯梗，文過乎質；嘗序廬江何易于，首末千言，貴文則喪質，近質則太禿，刮垢摩痕卒不到史。"亦頗自知其短；不如皇甫之沾沾自矜喜。大抵樵之文，有餘於峻峭，不足於闊遠。章實齋論《文史通義》，每謂："文人記叙，往往比志傳修飭簡淨，蓋有意於爲文也。志傳不盡出於有意，故文不甚修飭，然大體終比記事之文遠勝。蓋記事之文，如盆池拳石，自成結構；而志傳之文，如高山大川，神氣包舉，雖咫尺而皆具無窮之勢；即偶有文理乖刺，字句疵病，皆不足以爲累。"此孫氏"刮垢磨痕"之所以"卒不到史"也。

《書何易于》一篇，張皐文《書左仲甫事》即由之脱胎。而皐文從容遊衍，此特瘦削峭刻。

《書田將軍邊事》鮮明緊健。

《梓潼移江記》通體峭練，收特軼宕。

《興元新路記》略似李習之《來南録》。而習之安閒；孫氏矜莊；張弛攸異。

《孫氏西齋録》、《武皇遺劍録》，皆於峭整中出疏快；《迎春奏》，特於規戒中見嫵媚。

《乞巧對》歸直返樸，有老氏意。皇甫持正文亦雜佛老語。獨李習之純儒。

《文貞公笏銘》音響激切，工於渲染。

《舜城碑》有理致。

《讀開元雜録》，振筆直書，文特疏快；於孫氏爲别調。

《復召堰籍》起特峻重，得韓公筆法。

（原刊於《光華大學半月刊》第1卷第1期至第6期，
1932年10月10日、10月27日、11月4日、12月5日、
12月26日、1933年3月20日）

校訂後記

一九一七年一月，胡適在《新青年》上發表《文學改良芻議》一文，首先發難，揭開了“文學革命”的序幕。今天，當我們一次又一次地審視那段歷史的時候，是繼續對前人的“豐功偉績”報以熱烈的讚美，還是更應該冷靜地看到：這些白話文、白話文學的倡導者們爲了重建所謂的“文學正統”而惡意貶低乃至抹殺二千年的“古文傳統”，倒在血泊之中的不僅僅是古典文學本身。

陳獨秀以革命者的姿態，回應胡適，在《新青年》第二卷第六號發表《文學革命論》，將矛頭對準舊文學，明確點出當時統治文壇的三大流派的名字，施以抨擊：“今日吾國文學，悉承前代之蔽。所謂桐城派者，八家與八股之混合體也。所謂駢體文者，思綺堂與隨園之四六也。所謂西江派者，山谷之偶像也。”並視前後七子和歸有光、方苞、劉大櫆、姚鼐等人爲“十八妖魔”。同時，在這一期《新青年》的通信欄內，還刊載了錢玄同致陳獨秀的一封信，這封信裏，錢玄同首次使用了“選學妖孽，桐城謬種”的説法。這是一種比胡適、陳獨秀更爲鮮明的戰鬥口號。“選學妖孽，桐城謬種”八個字，是錢玄同的一大發明，從此成爲新文學運動者通用的語言，而爲舊派文人所痛心疾首。

那似乎是個“平等自由”的年代，文化界幾乎没有什么偶像不可以攻擊，不罵則不足以成名。因此，“文起八代之衰”的韓愈自然也不可能倖免。例如周作人《談韓退之與桐城派》説：“講到韓文，我壓根兒不能懂得它的好處”，他説讀韓文，“總是有舊戲似的印象”，“但見其裝腔作勢，搔首弄姿而已”。高則明《韓退之“挨罵”》説韓文“形式上（同樣在內容上），即表現的技巧上，是貧弱得很可憐的，只是那麼一套兜圈子、翻筋斗的把戲”。此外，還有一些學者結合韓文的具體作品進行貶抑。稍持異議者，難免墜入非此即彼式的門戶紛爭當中，泥足深陷，不能自拔。

在否定與破壞開始成爲時代之主流的背景下，無錫錢基博先生的可貴之處在於，他既不做“數典忘祖”的新派人物，又有别於面對新事理“深閉固拒”且空言“保存國粹”的遺老遺少，而是潛光含章，默默耕耘，不僅在理論上全面考察歷代文章的利病與其升降得失的歷史根源，並且分别對以韓愈爲首的“唐宋八大家”和桐城派兩大古文流派進行了深入的研究，力圖通過個人的創作實踐、理論研究和辦學理念等三個方面爲中國的古文傳統尋求一條更現實的生存之道。

首先值得一提的自然是他的文言文創作。錢先生早年以古文家聞名於世，其弟子宜興張振鏞所著《中國文學史分論》論及先生之文章，曰：“爲文初年學《戰國策》，喜縱横，不拘繩墨。既而澤之以漢魏，字矜句煉；又久而以爲厚重少姿致，敘事學陳壽，議論學蘇軾，務爲平易暢達。”而錢先生不以爲然，自謂：“所著文章，取詁于許《書》，緝采斆蕭《選》，植骨以揚、馬，駛篇似遷、愈，雄厚有餘，寧靜不足，密於綜覈，短於疏證。”平生所作論説、序跋、碑傳、書牘千餘首。四五十年來的國故民情，見微知著，多所徵見。它深刻地表現了人生、社會、道德、時代、人性、苦難、正義。在這些作品中傾注了他那浩瀚才智和豐富學識。運用了大量文史典故、博喻、古經子語，以求擺脱》時下文章家因襲唐宋的思維模式、陳腐概念和宗派作風。他的直面人生的創作態度，他的沉重而堅實的創作内容，形成了自己的嶄新風格①。湘鄉曾廣鈞，清末稱名臣老宿，讀其文譽之曰：“鎔史鑄子，裁以昌黎，從前

① 吴忠匡：《吾師錢基博教授傳略》，刊于《中國文化》，1991年第4期。

推孫淵如有此萌芽，錢竹汀略創輪椎。吾子運以豪氣，扛以健筆，四十歲後，篇題日富，必能開一文派。”南通張謇獎評曰：“大江以北，未見其倫。”侯官陳衍，年八十矣，詩學文學足稱文壇祭酒，貽書曰：“四部之學，以能文爲要歸；而文章獨以昌明博大爲上。題事繁多，而措之裕如者，畫家之層巒疊嶂也。後賢可畏，獨吾子爾！”一時大師耆儒推獎若此。

其次是他的古文學理論、評論和文學史研究。錢先生的一生，爲文史研究付出了難以估量的耕耘勞動，他本著繼承發展的觀點，凡中國數千年來傳統的文藝批評所產生的大量文談、詩詞曲賦話、書論、畫論、工藝論等等，皆一一納入歷史評述的範圍，昭明師法，窮原竟委。在評論歷代文論與作品的同時，註意運用排比綜合的方法，作通上下、前後、平行和縱直的研討，於同中求異，於異中求同，來揭示文學演變的軌跡，使文學史研究達到了較高深度和廣度，而自成一家之言，遺著篇幅浩繁，涉及面極廣。其中，關于“五四”以來飽受爭議和貶斥的桐城派和韓愈，錢先生均做出了紮實而系統的研究成果，前者有《〈古文辭類纂〉解題及其讀法》和《桐城文派論》，後者有《韓愈志》和《韓愈文讀》，皆是錢先生在廣徵博引的基礎上抉發文心，剖析源流，高挹群言，自出手眼的幾部大著作。

最后是在大學辦學理念和課程設計上固守中國傳統文化及教育精神的延續。作爲民國時期著名的國學大師，錢先生不僅長期執教國内各著名學府，杏壇耕耘，桃李滿天下，而且還先後擔任過無錫國學專修學校校務主任，上海光華大學文學院長兼國文系主任，以及湖南藍田國立師範學院國文系主任。而恰恰是在這三所學校中，他主持系政，纔真正實踐了其辦學思想和學術理想。無錫國專雖是一所規模很小的學校，但始終堅持用文言文進行教學科研的傳統，卻能保持極高的成材率。該校的辦學宗旨是：“研究本國歷史文化，明體達用，發揚光大，期於世界文化有所貢獻。”劉桂秋先生曾將其辦學特色歸納成四點：一是注重敦品礪節，强調學行合一。二是讀原著、讀元典與寫作實踐。三是堅持自身特色與順應時代潮流。四是注重培養學生的自我學習、實踐和自我管理的能力。[①] 從知識譜系上來説，國專崇尚的國學教育及其研

① 劉桂秋：《無錫國專編年事輯》，中國大百科全書出版社，2011 年，“引言”第 12—18 頁。

究方法，與上海光華大學國文系很相似。衆所週知，活躍於二十世紀二三十年代的光華大學，是上海一所著名的私立大學，從她創辦之初就已經被打上了深刻的文化保守主義的烙印。而當時的絕大多數大學國文系每每以“歐化”爲準，皆用現代學科設置和研究方法來指導課程設計，並且或早或晚，都設置了新文學課程。現以上海暨南大學國文系爲例，文學被按照詩歌、散文、小說、詞、曲、雜劇等門類嚴格地劃分開，同時，這些體裁又按照年代時間梳理過，如元明詩詞，昆劇產生後的明傳奇，清小說，先秦文，六朝詩賦，唐宋詩等。這種以時間爲經，各時代詩文詞曲並文辭要籍爲緯的教學安排，以時代作爲把握文學發展中心思路的教學理念和研究、著述方式，無疑更接近我們今天文學教育的基本模式。與社會上的流行風尚不同，光華大學國文系的課程都没有按照現代文學體裁劃分知識内容，也没有按照年代時間來梳理文學史，而是保持了中國傳統經、史、子、集的真面目，以此進行教學和研究。除英漢互譯外，也不包含外國文學的成分，更没有設置新文學課程。至于國立師範學院國文系的課程設計，雖然略有變通和增加，但仍然延續了光華大學國文系的辦學思路，獨立於現代學科設置和研究方法之外，也絲毫未給新文學課程留有一席之地。尤其值得註意的是：在上述三所學校中，錢先生均講授過“韓文研究”課程，用坊印本《東雅堂韓昌黎集》爲教本，以所著《韓愈志》及《韓愈文讀》作參考。

毋庸置疑，錢基博先生又是一位卓有成績的古文大師和文學史家，他對韓愈古文的學習和研究，可謂終其一生。自十歲那年，伯父仲眉公教他作策論，課以熟讀《史記》和儲氏唐宋八家文選，開始接觸韓愈的文章。十八歲，錢先生立志“爲文章以有聞於四方”，因讀《韩昌黎集》而“橅仿所爲”。二十三歲，入幕江西提法使陶大均行署，先籌辦江西司法改良，後做了一名專主文案的師爺，其弟錢基厚回憶說：“時叔兄已治古文有名，膺江西臬使山陰陶大均之聘，爲記室，喜讀昌黎文，于碑版尤有得。一時贛省碑版，多有出其手者，而人亦推服之云。”① 明言他寫作應疇之文而鑽研韓文有得。在錢先生存世的数以千万字计的著述宏文当中，内容异常丰富，舉凡論辨、序跋、書説、贈序、傳狀、碑誌、雜記、箴銘、頌贊、辭賦、哀祭等古文諸體皆備，

① 傅宏星：《錢基博年譜》，華中師範大學出版社，2007年，第21頁。

均可闚見他學習韓文的實績；至于談藝時而涉及對韓文韓詩體例與風格的議論，則更是俯拾即是，不勝枚舉。

本集迺《錢基博集》"韓愈研究"部分，全一册，輯入了錢先生畢生研究韓愈生平與文章的兩部精心結撰之作，即《韓愈志》和《韓愈文讀》，並附録一篇專題長文《韓文讀語》，約計四十萬字。

其中《韓愈志》一書，由錢先生在一九二八年開筆撰寫①，完成於一九二九年，交上海商務印書館遲至一九三五年初版問世；後又經作者增訂，於一九五八年重版。今即以一九五八年增訂本爲底本，並与初版本對校。關于韓愈在古文發展中的地位，自北宋蘇軾《潮州韓文公廟碑》有云："文起八代之衰，而道濟天下之溺，忠犯人主之怒，而勇奪三軍之帥。"後世雖稱之而未有異議，但對其人其文之議論，則多有分歧，可謂毀譽參半，莫衷一是，並非没有諷刺。錢先生《韓愈志》叙目曰："昌黎韓愈崛起中唐，世稱文宗，伯代所仰。……因就覩記所及，自新舊《唐書》旁逮唐、宋、元、明、清諸家文集及稗官野記之屬，其有片言隻字及於愈者，靡所不畢采；互勘本集以驗其信，旁涉詭聞以博其趣，成爲是志，凡六篇：曰《古文淵源篇第一》，《韓愈行實録第二》，《韓愈佚事狀第三》，《韓友四子傳第四》，《韓門弟子記第五》，而殿以《韓集籀讀録第六》。獨抒心裁，尤自得意。庶幾盡古文之流變，明韓氏之功罪。"镕裁成书，别具机杼，一如己出，读者便之。今人龍珍華先生指出："錢基博先生以深厚的學術基礎，採用傳統的國學方法，對韓愈進行了系統性的研究。二十世紀以來，對韓愈的研究不乏其人，但如錢先生以歷史科學的視角和方法去研究韓愈，爲韓愈立'志'，用史體著論，表現出鮮明的史觀意識者，似不多見。所謂'史體藏往，其用知來'，他將韓文放到文學史中去考察，探本溯流，不僅闡述了韓愈的一生行跡和文學成就，而且論述了韓文的原委及其影響，探討了中國古代散文的發展與流變。他'美惡不掩'，'直道而行'，在'述而不造'的基礎上，比勘衆説，獨抒己見，其體例

① 參見《錢子泉先生近簡》，刊于《南通報·文藝附刊》第 53 號，1928 年 8 月 12 日。文曰："現正編纂《韓愈志》，已大致脱稿，内分《古文淵源篇第一》，《韓愈行實録第二》，《韓愈逸事狀第三》，《韓友四子傳第四》，《韓門弟子記第五》，《韓文籀討略第六》，博采唐、宋、元、明總别，略及裨官小説筆語之屬，以至金石文字之有關韓氏者，似于洪譜外，别開一生面也。"

與觀點的獨創性，使之‘别出諸家而成一家之言’。”① 确爲不刊之論。

錢先生不僅重視研究古文淵源以及韓愈的生平與交遊，力求做到“知人論世”，“美惡不掩”，他對韓文的精細解讀也頗具有深意，藉用前輩學者馬厚文先生的話來説，即“能究韓文之閫奥，開選本之新途”。一九三四年十二月，《韓愈文讀》由上海商務印書館出版，至今從未再版或影印。該書分上下兩編，上編學古之篇，以所仿時代爲次，凡文三十六首。下編自變之格，以所作歲月爲次，凡文四十五首。復有附編，爲韓門弟子之文，以名輩先後爲次，則選李翺、皇甫湜、孫樵文各若干首，皆出於韓愈者也。《韓愈文讀》敘目略曰：“昔吾撰《韓愈志》，以付商務印書館；何嘗不殫見洽聞，欲以探韓文之源而盡其流變。特是旁搜遠紹以博涉韓集之外，而未好學深思以鋭入韓集之内，重寫是編，彌縫其闕，而題曰《韓愈文讀》。讀之爲言籀也，取籀繹其文，而心知其意云爾。……自來善道韓文者，莫如姚姬傳。其爲《古文辭類纂序》云：‘文士之效法古人，莫善於退之，盡變古人之形貌，雖有摹擬，不可得而尋其跡也。其他雖工于學古而跡不能忘，揚子雲、柳子厚于斯蓋尤甚焉；以其形貌之過似古人也！’……蓋深有體乎姚氏之言，而知愈之茹古者深，自出變化。功深者泯其痕跡，下編所録，是也。功淺者滯於形模，上編所録，是也。……門弟子不能徧觀而盡識也，學焉而皆得其性之所近：李翺得其氣之疏，皇甫湜、孫樵學其筆之遒；附編所録，是也。……觀於上編所録，自《詩》、《書》、《禮》、《春秋》、《左》、《國》以迄漢、魏、晉、宋，愈無所不擬，而亦無所不似。……其始必與古人合者也。下編所録，其後必與古人離也。而附編所録，則未能擬議以成變化者也。”由此可見，其於韓文用力之深，所得非淺，故該書在今日之重印，洵足以津梁後學。至於篇中評注，既解釋其事典，又批點其文法，簡而明，輕而妙，直得文中三昧。篇後采録何焯、曾國藩、林紓諸家評語，不襲舊文，多出新意，足資讀者鑒賞。②

本集附録《韓文讀語》爲錢先生的一篇滙評劄記，計一萬二千餘字，刊于一九三二年至一九三三年間的《光華大學半月刊》，六期連載，乃錢先生平

① 龍珍華：《錢基博先生“志”韓愈》，刊于《華中學術》（第三輯），華中師範大學出版社，2011年，第89頁。

② 馬厚文：《從錢子泉先生受業記》，刊于《華中師範大學學報》（紀念錢基博先生誕生百週年專輯），1987年12月15日。

日閲讀韓文之心得語録。未收録作品原文，雖可看作《韓愈文讀》的“精華版”或“濃縮版”，但又不同于前者的分類和品評方式，而是按體裁將韓愈與及門弟子之文章條分爲十五類：（一）總論，（二）賦，（三）雜著上，（四）雜著下，（五）書啓，（六）送人序，（七）祭文，（八）碑誌，（九）雜文，（十）行狀，（十一）表狀，（十二）外集，（十三）附録上（李翺），（十四）附録中（皇甫湜），（十五）附録下（孫樵）。大抵言簡意賅，片語解頤；識議閎通，所見至當。閩縣陳衍讀後則曰：“所論與鄙見相合者十居八九，黄祖所謂如祖腹中者，真有其事矣。《原道》原本董仲舒，未爲知道，足下雖不昌言之，已見特識。至深貶持正，甚揚可之，自是公道，尤與鄙見相同。……大箸惟于昌黎稍過推崇，習之稍過貶抑，與鄙見略殊；餘皆先得我心，並多鄙見所忽略者，欽佩何極！林琴南吾惟友，平日學無根柢，空抱一部《韓文》揣摩，自不能望足下項背；然其所有著作，惟研究韓柳文法，尚有心得。此外則一二短篇散文；稍大題則絀臏矣。”① 於此可知錢先生之韓文研究見重於當世如此。

錢先生嘗言：“余文質無底，抱朴杜門，論治不緣政黨，談藝不入文社；差喜服習父兄之教，不逐時賢後塵。”文字所傳達的，固然是他身上具有的一份堅持和操守。而當“歐化東漸，國人相競以詔”之時，錢先生依然堅持“辨章學術，考鏡源流”的治學原則，固守著傳統的以經、史、子、集爲核心的學術範式，推陳出新，潛心鑽研，並未隨波逐流，完全無條件地向所謂的現代學科理念靠攏。因此，在他的韓愈研究中，《韓愈志》以史體著論，不同於“五四”以來一般的文學家評傳，《韓愈文讀》則採用解題、夾注與文末集評相結合的編撰體例，亦非今日流行的文學作品導讀可比。該書對作家作品的論評，析理精微，敘事貴可考信，立信蘄於有本，比次有法，義不拘虚。兩書均以其體例的獨創性和見解的深刻性，成爲韓愈研究史上的重要著作。當然，由於時代的不同，他的學術觀點與研究方法都具有傳統學術的特點，對於今天的學者，恐怕需要多花一些力氣去進行探索和研究，才能真正理解其著述的要義和本旨。斯人已矣，來者難誣！希望本集的推出，能夠爲讀者

① 陳衍：《與錢子泉論韓文讀語書》，刊于《光華半月刊》第 7 期，1933 年 4 月 10 日。

提供錢基博先生此方面研究的完整文本，在充分閱讀的基礎上，平情而論，從而對古人多一些“温情與敬意”。私願足矣！由於個人學養有限，本册的編校錯誤在所難免，敬請讀者指教。

傅宏星

二〇一二年七月識於湖南科技學院國學研究所